Alois Riegl

Spätrömische Kunst-Industrie

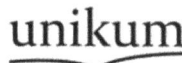

Alois Riegl

Spätrömische Kunst-Industrie

ISBN/EAN: 9783845720067
Erscheinungsjahr: 2011
Erscheinungsort: Bremen, Deutschland

© *Unikum Verlag in Europäischer Hochschulverlag GmbH & Co. KG, Fahrenheitstr. 1, 28359 Bremen. Alle Rechte beim Verlag und bei den jeweiligen Lizenzgebern.*

www.unikum-verlag.de | office@unikum-verlag.de

Bei diesem Titel handelt es sich um den Nachdruck eines historischen, lange vergriffenen Buches. Da elektronische Druckvorlagen für diese Titel nicht existieren, musste auf alte Vorlagen zurückgegriffen werden. Hieraus zwangsläufig resultierende Qualitätsverluste bitten wir zu entschuldigen.

Alois Riegl

Spätrömische Kunst-Industrie

ÖSTERR· ARCHÄOLOGISCHES INSTITUT

DIE SPÄTRÖMISCHE

KUNST·INDUSTRIE

NACH DEN FUNDEN IN

ÖSTERREICH-UNGARN

IM ZUSAMMENHANGE MIT DER
GESAMMTENTWICKLUNG DER BILDENDEN KÜNSTE
BEI DEN MITTELMEERVÖLKERN

DARGESTELLT VON

ALOIS RIEGL

MIT 23 TAFELN UND 100 ABBILDUNGEN IM TEXT

WIEN

DRUCK UND VERLAG DER KAISERLICH-KÖNIGLICHEN HOF- UND STAATSDRUCKEREI

1901

DIE 42. Versammlung deutscher Philologen und Schulmänner, welche zu Pfingsten 1893 in Wien tagte, veranlasste den Director des Österreichischen Museums für Kunst und Industrie, aus Privatsammlungen und Provincialmuseen eine namhafte Zahl antiker Kunsterzeugnisse in einer Ausstellung zu vereinigen, die den Alterthumsforschern übersichtlich den wichtigsten heimischen Antikenbesitz vorführte. Die Sorge für diese Ausstellung war dem Custos des Museums, Herrn Dr. Karl Masner, anvertraut, und bei dem mühevollen Sammeln, Aufstellen und Katalogisieren des Materials drängte sich ihm die Wahrnehmung auf, wie wenig es noch im Zusammenhange beachtet, entsprechend veröffentlicht und wissenschaftlich verwertet sei. Es entgieng ihm nicht, dass es dieses Schicksal im Grunde mit der kunstgewerblichen Production fast aller Provinzen des römischen Weltreiches, ja mit ganzen Zweigen des antiken Kunsthandwerks theile, und mit Recht vergegenwärtigte er sich, dass eine gründliche Bearbeitung des Stoffes über dessen räumliche wie zeitliche Beschränkung hinaus als Beitrag für eine zukünftige Geschichte der römischen Kunst, als Abschnitt einer Entwickelungsgeschichte der Kunstformen und Kunsttechniken des Alterthums, allgemeineren Nutzen bieten würde.

Aus diesen Erwägungen und mit solchen Absichten entwickelte sich Herrn Masner der Plan eines Werkes, das der antiken Kunstindustrie auf dem Boden von Österreich-Ungarn gewidmet sein sollte. In ausführlicher Begründung empfahl er ihn der obersten Unterrichts-behörde, und auf Antrag des Herrn Sectionschefs, späteren Herrn Ministers für Cultus und Unterricht, Seiner Excellenz Vincenz Grafen Baillet-Latour, dem die Pflege von Kunst und Kunstwissenschaft in Österreich so viele fruchtbare Förderungen dankt, ward ihm staatliche Unterstützung zutheil. Die Herstellung und der Verlag des geplanten Werkes wurde der Hof- und Staatsdruckerei, die Herausgabe unserem archäologischen Institute bei dessen Begründung über-tragen, Herr Masner aber in den Stand gesetzt, die begonnenen Studien auf Reisen zu erweitern und für die Veröffentlichung sich der Antheilnahme wissenschaftlicher Mitarbeiter zu versichern. Im Verein mit diesen gelang es ihm so im Laufe der Zeit einen beträchtlichen Grundstock von Originalaufnahmen zu erzielen und der breiten Fülle des Gesammelten eine Auswahl charakte-ristischer Vorlagen abzugewinnen, welche, nach Kunstgattungen und Culturperioden geschieden, Vorrömisches, Römisches und Spät- oder Nachrömisches in möglichster Treue der Wiedergabe veranschaulichen sollten.

Leider sind diese mit großer Liebe betriebenen Vorarbeiten durch die Berufung Herrn Masners nach Breslau als Director des schlesischen Museums für Kunstgewerbe und Alterthümer ins Stocken gerathen, und augenblicklich lässt sich kein sicherer Termin bezeichnen, bis zu dem sie abgeschlossen werden können. Vollendet ist zur Zeit nur der gegenwärtige, von Herrn Alois Riegl bearbeitete Band. Auch er umspannt nur den ersten Theil der von seinem Autor übernommenen, nachclassischen Periode, indem er die Kunstindustrie des ausgehenden Alterthums in ihrem Zusammenhange mit der Kunst der Mittelmeervölker schildert, während ein zweiter, bis auf Karl den Großen reichender Theil, dessen spätere Herausgabe gesichert ist, die weitere Umbildung des Überlieferten bei den nordischen Völkern verfolgen wird. Was Herr Riegl aber von dem ursprünglichen Plane ausführt, ist nach Inhalt und Eigenart der Behandlung derart abgeschlossen, dass sich ein gesondertes Erscheinen seiner Leistung und jedes ihrer beiden in sich selbständigen Theile als wünschenswert empfahl.

Ausdrücklich sei bemerkt, was nach dem Gesagten sich von selbst ergibt, dass die herausgebende Instanz an dem Dargebotenen nur insoweit Antheil hat, als sie die von Herrn Masner weitgeförderte Sorge für den illustrativen Theil und die äußere Form des Erscheinens zu Ende führte.

O. B.   R. v. S.

INHALT

Seite

Vorwort III

Einleitung 1

Plan und Zweitheilung des Werkes 1. — Rechtfertigung der Einbeziehung aller übrigen Gebiete der bildenden Kunst der Spätrömer in die Darstellung der spätrömischen Kunstindustrie 2. — Bisherige Vernachlässigung der spätantiken Kunst und ihre Ursachen 2. — Die ersten Versuche einer Klärung des „Unclassischen" in der spätantiken Kunst. Riegls „Stilfragen" 4. Die sogenannte Semper'sche Theorie und das Kunstwollen 5. Wickhoffs „Genesis" 6. — Die spätantike Kunst eine nothwendige Durchgangsphase zwischen der antiken und der neueren Kunst 7. — Rechtfertigung der Bezeichnung „spätrömische Kunst" 9. — Zeitliche Abgrenzung der spätrömischen Kunstperiode 10. — Eintheilung des Stoffes und Reihenfolge der Kapitel 11. — Charakter der gestellten Aufgabe und die ihrer Lösung entgegenstehenden inneren Schwierigkeiten 12.

I. Kapitel. Die Architektur 15

Centralbauten und Langbauten 15. — Das Neue in der spätantiken Baukunst: Raumbildung und Massencomposition 16. — Die ursprüngliche Tiefraumfeindlichkeit der Antike und ihre Ursachen 17. — Die drei Entwicklungsphasen der antiken Kunst und die zunehmende Emancipation des Raumes 20. — Das Verhältnis zum Raume in der Architektur der Altegypter 22, der classischen Griechen 23, der postclassischen Griechen, Centralbau 24. — Der Langbau in der römischen Kaiserzeit 28. Die Markt-Basilika kein geschlossener Innenraum 29. Die geschlossenen Säle in den Thermen wirkliche Innenräume 29. Die christliche Basilika kein monumentaler Innenraum 30. — Rhomäische und romanische Architektur 33. — Römischer Centralbau, griechischer Tempel und gothische Kirche 35. — Die architektonische Decoration 36. Die coloristische Kunstabsicht 38. Der unendliche Rapport 41.

II. Kapitel. Die Sculptur 45

Rohmaterial und Technik 45. — Die Constantin-Reliefs 46. — Die Vorstufen der Entwicklung des Reliefs im Alterthum. Das altegyptische Relief 51. Das classische Relief der Griechen 54. Das hellenistische Relief 56. Das augusteisch-flavisch-trajanische Relief 58. Die Bedeutung der Linie in der hellenistisch-kaiserrömischen Kunst 62. Fernsicht und gesteigerter Appell an das Erfahrungs-Bewusstsein in der Kunst der früheren Kaiserzeit 64. Cyklische Darstellungsreihen 65. Überwiegen der Gewandfiguren 66. Das Aufkommen von Disproportionen und seine Ursachen 66. — Das Relief der mittleren Kaiserzeit 67. Die Porträtsculptur. Commodus 69. Decius 70. Decorative Reliefs auf unterhöhltem Grunde 71. Die Entwicklung der Sarkophagsculptur von Marc Aurel bis Constantin 72. Diocletianische Reliefs. Die Ehrenbasis am römischen Forum 81. Reliefs in Spalato 84. — Das spätrömische Relief 85. Sarkophag der Constantina 86, der Helena 90, des Junius Bassus 93, des Anicius Probus 94. Sarkophag aus San Paolo fuori 95. Andere christliche Sarkophage in Rom 97. Die ravennatische Sarkophagsculptur 99. Grabrelief aus Salona 105. Silberkasten aus San Nazaro in Mailand 105. Elfenbeinreliefs des vierten Jahrhunderts 107. — Die Rundsculptur des vierten Jahrhunderts 107. — Die Consulardiptychen des fünften und sechsten Jahrhunderts 112. — Das spätrömische Relief in der Zeit nach Justinian 117. — Die byzantinische Frage 119. Oströmische Reliefs 120. — Koptische Reliefs 122.

III. Kapitel. Die Malerei 125

Schwierigkeiten, die einer erschöpfenden Behandlung der spätrömischen Malerei entgegenstehen 125. — Das spätrömische Mosaik. Sein Colorismus 126. Die Mosaiken von Santa Costanza 127, von Santa Pudenziana 129, von Santa Maria Maggiore 130. Objectivismus, Typisierung, Axialität 130. Mosaiken von San Vitale in Ravenna. — Die spätrömische Buchmalerei 134. Der vaticanische Virgil Nr. 3225 136. Die Wiener Genesis 137. Der Wiener Dioscorides 138.

b

Seite

IV. Kapitel. **Die Kunstindustrie** 139

Die Metallarbeiten und die für ihre coloristische Behandlung geeigneten Techniken 139. — Durchbrochene Arbeiten 140. Complementäre Motive 142. Die Entwicklung des Durchbruches im vierten und fünften Jahrhundert 144. Die parallele Entwicklung der Fibelformen 148. Die durchbrochenen Arbeiten des sechsten und siebenten Jahrhunderts 152. — Der Keilschnitt 154. Seine coloristische Kunstabsicht 155. Seine Motive 156. Thierfiguren an Keilschnittarbeiten 157. Die Entwicklung der Schnalle 159. Fundstatistik der Keilschnittarbeiten 160. Chronologie des Keilschnittes 161. Gepunzte Arbeiten 168. — Gläser mit Verzierungen in Hohlschliff und Gravirung 170. — Die Granaten-Einlage in Gold 172. Wesen und Kunstabsicht derselben 172. Polychromie und Colorismus 175. Massencomposition 178. Die mittelländische nichtbarbarische Herkunft der Granateinlage in Gold 179. Geschichte der Granat-Einlage in Gold. Ihre Anfänge 182. — Das Email 184. Egyptisches und griechisches Email 185. Das Rothemail 186. Die römischen Emails 187. Erste Gruppe. Die Flasche von Pinguente 188. Andere Beispiele aus England 191, vom Rhein 193. Der wechselnde Grund 194. Zweite Gruppe 195. Dritte und vierte Gruppe 198. Mittelländische Herkunft der „römischen" Emails 199. — Spätere Schicksale der Granat-Einlage in Gold bei den Mittelmeervölkern. Die westgothischen Kronen 202. Das Strichpunkt-Ornament 204. Der Übergang der Granat-Einlage in Gold an die Barbaren 205.

V. Kapitel. **Die Grundzüge des spätrömischen Kunstwollens** 209

Die gemeinantiken und die nichtantiken Züge der spätrömischen Kunst 209. — Literarische Äußerungen der Spätrömer über den Charakter ihres Kunstwollens 210. Der heilige Augustinus 211. — Parallelismus zwischen bildender Kunst und Weltanschauung des Alterthums von ihren Anfängen bis in die abschließende spätrömische Phase 215.

Verzeichnis der Abbildungen im Texte 219

Verzeichnis der Tafeln 221

EINLEITUNG.

ALS vor einigen Jahren seitens des k. k. Unterrichtsministeriums an mich die Aufforderung ergieng, für eine Publication von Denkmälern der antiken Kunstindustrie in Österreich-Ungarn den auf die nachconstantinische Zeit und die sogenannte Völkerwanderungsperiode entfallenden Antheil zu übernehmen, habe ich derselben umso freudiger entsprochen, als sich mir damit die willkommene Gelegenheit eröffnete, meine ornament-geschichtlichen Untersuchungen auf einem hiefür außerordentlich wichtigen und dankbaren Gebiete zu erweitern und zu vertiefen. Die gestellte Aufgabe ließ von selbst eine Zweitheilung geboten erscheinen: der erste Theil hatte die Frage nach den Schicksalen der Kunstindustrie bei den bisherigen Trägern der allgemeinen Entwicklung — den Mittelmeervölkern — zu beantworten, der zweite hingegen das Maß des schöpferischen Antheiles der damals in die Culturwelt neu eingetretenen nordischen Barbarenvölker an der Gestaltung der bildenden Kunst in den fünfthalb Jahrhunderten zwischen Constantin dem Großen und Karl dem Großen festzustellen. Der erste Theil sollte die verbindenden Fäden aufdecken, die zur vergangenen Antike zurückleiteten, der zweite Theil die frühesten Keime der mittelalterlichen Kunst bloßlegen, wie sie sich später, vom neunten Jahrhundert ab, bei den germanischen und romanischen Völkern Europas entwickelt hat. Der erste Theil erschien mir seit jeher als der wichtigere, denn ohne eine vorangegangene befriedigende Beantwortung der in diesem Theile aufgeworfenen Fragen war offenbar an eine erfolgreiche Lösung der dem zweiten Theile vorbehaltenen Aufgabe nicht zu denken.

Indem ich nun den ersten Theil der Öffentlichkeit übergebe, habe ich vor allem eine Erklärung dafür zu liefern, warum der Inhalt desselben den durch den gemeinsamen Obertitel des zweitheiligen Werkes erweckten Erwartungen gegenüber einerseits zu wenig, anderseits zu vieles zu bieten scheint: zu wenig, denn es finden sich darin keineswegs alle Denkmälergattungen der spätrömischen Kunstindustrie publiciert und erörtert, — zu vieles, denn neben der Kunstindustrie erscheinen auch die drei übrigen großen Kunstgattungen, und darunter insbesondere die Sculptur, in nahezu gleichgestelltem Maße berücksichtigt.

Die Erklärung für diese anscheinende Incongruenz zwischen Titel und Inhalt möge man erstlich in dem Umstande erblicken, dass meine Absicht nicht so sehr auf die Publication von Einzeldenkmälern, als vielmehr auf die Aufzeigung der leitenden Gesetze der Entwicklung in der spätrömischen Kunstindustrie gerichtet war; diese Gesetze aber, die wie immer und allezeit, so auch während der spätrömischen Periode, für alle Kunstgattungen gemeinsame waren, so dass die Beobachtungen auf jedem einzelnen Gebiete zugleich auch für alle übrigen gelten und einander somit wechselseitig stützen und ergänzen, haben bisher selbst für die Architektur, Sculptur und Malerei der spätrömischen Periode noch niemals eine genauere Feststellung erfahren, hauptsächlich unter der Herrschaft des eingewurzelten Vorurtheiles, dass es überhaupt vergeblich sein möchte, in der spätesten Antike nach positiven Entwicklungsgesetzen zu suchen. Wer also heute das Wesen der spätrömischen Kunstindustrie zu schildern unternimmt, sieht sich schon durch äußere Verhältnisse gezwungen, diese Schilderung zu einer Charakteristik der spätrömischen Kunst überhaupt zu erweitern.

Die späteste Phase der antiken Kunst ist eben der dunkle Welttheil auf der Karte der kunstgeschichtlichen Forschung. Nicht einmal ihr Name und ihre Grenzen stehen auf eine Weise fest, die auf Allgemeingiltigkeit Anspruch erheben könnte. Die Ursache dieser Erscheinung hat man keineswegs in einer äußeren Unzugänglichkeit des Gebietes zu suchen; dieses liegt vielmehr nach allen Seiten hin offen da und bietet eine reiche Fülle an Beobachtungsmaterial, das sogar zu einem ansehnlichen Theile publiciert vorliegt. Aber es fehlte bisher die Lust, sich darein zu versenken; man versprach sich von solcher Entdeckungsreise weder hinreichende persönliche Befriedigung, noch entgegenkommendes Verständnis beim Publicum. Es offenbart sich darin die nicht mehr zu übersehende Thatsache, dass selbst die Wissenschaft trotz aller anscheinenden Selbständigkeit und Objectivität ihre Richtung im letzten Grunde doch von den jeweilig führenden geistigen Neigungen erhält und auch der Kunsthistoriker über die Eigenart des Kunstbegehrens seiner Zeitgenossen nicht wesentlich hinauskann.

Wenn nun im nachfolgenden der Versuch unternommen wird, das bisher vernachlässigte Gebiet wenigstens auf seine allgemeinsten und maßgebendsten Charakterzüge hin zu untersuchen, so geschieht dies nicht etwa, weil der Verfasser sich über die beklagte Unvollkommenheit des menschlichen Geistes erhaben wüsste, sondern weil er empfindet, dass unsere geistige Entwicklung auf einem Punkte angelangt ist, wo die Lösung der Frage nach dem Wesen und den treibenden Kräften der ausgehenden Antike dem Interesse und Verständnisse der Gesammtheit begegnen könnte.

Ist es aber nicht Übertreibung, die bildende Kunst des ausgehenden Römerreiches so als ein völlig unerforschtes Gebiet hinzustellen? Was einmal die heidnischen Denkmäler darunter betrifft, so wird man dem Gesagten allerdings kaum widersprechen können. Beispielshalber sei nur erwähnt, dass ein wohldatiertes Hauptdenkmal der gedachten Art, der Complex diokletianischer Bauten zu Spalato, eine vollständige, auf wissenschaftliche Untersuchungszwecke berechnete Publication seit dem vorigen Jahrhunderte nicht mehr erfahren hat. Nach der bisher geübten Arbeitstheilung wäre diese Aufgabe der classischen Archäologie zugefallen; wer wollte es aber dieser verdenken, wenn sie in einer Zeit, die Mykenä und Pergamon dem Schutte entsteigen sah, für die Agonie der Antike kein Interesse übrig hatte? Wenn sie sich hie und da dennoch entschloss, ein solches Spätwerk zu behandeln, so geschah es in der Regel um des antiquarisch-historischen Inhaltes und nicht um der künstlerischen Form willen. Begegnet man aber einmal einer Ausnahme, so gieng sie gewiss von einem Forscher aus, dessen Interesse für die bildende Kunst an der Grenze der Classik nicht Halt macht, und ihn dadurch in Stand setzt, selbst an den Werken der spätesten Antike, inmitten der Zeichen des Absterbens und der Verwesung, die Keime neuen Werdens und Blühens zu erkennen. So stammt auch das Beste, was bis jetzt überhaupt von der Kunst des dritten und vierten Jahrhunderts der römischen Kaiserzeit

gesagt worden ist, von einem Kunsthistoriker der alten Schule, dem jede Arbeitstheilung fremd
gewesen war, und der gerade darum einer der Größten und Einsichtigsten geworden ist: Jak.
Burckhardt, Die Zeit Constantins des Großen, 2. Aufl., S. 260 ff.

Die Denkmäler von ausgesprochen heidnischem Charakter bilden aber die Minderzahl,
namentlich wenn man den Zeitraum, um welchen es sich hier handelt, erst mit dem Mailänder
Edict Constantins anheben lässt. Weitaus das meiste an Kunstsachen ist in dieser Zeit für christliche Besteller gefertigt worden und verräth diese Bestimmung mehr oder minder deutlich schon
durch äußere Merkmale. Sollen nun auch diese christlichen Kunstdenkmäler einem unerforschten
Gebiete angehören? Gibt es denn nicht längst und widerspruchlos einen Namen dafür: die altchristliche Kunst? Und hat diese nicht schon eine schier unübersehbare Literatur hervorgebracht?

In der That sind die altchristlichen Kunstwerke nicht allein in großer Anzahl (wenn auch
keineswegs mit Vollständigkeit und am wenigsten mit der wünschenswerten Genauigkeit) publiciert, sondern auch schon öfter einer geschichtlichen Behandlung unterzogen worden. Aber man
nehme ein beliebiges dieser Bücher zur Hand, und man wird auf die Frage, worin denn das Wesen
der altchristlichen Kunst bestanden habe, immer ungefähr folgende Antwort finden: die altchristliche Kunst wäre nichts anderes, als die heidnische antike Kunst gewesen, die man lediglich
aller äußeren und darum anstößigen Merkmale des Heidenthumes entkleidet hat. Worin aber
das innere künstlerische Wesen der heidnischen Antike jener Spätzeit bestanden habe, findet der
Geschichtschreiber der christlichen Kunst natürlich nicht nöthig zu sagen; wir sind daher
gezwungen, diesbezüglich an die Geschichtschreiber der heidnischen Antike zu appellieren, und
diese sagen uns über die Schlussphase ihrer Entwicklung, wie schon vorhin bemerkt wurde, so
gut wie nichts.'

Die Behandlung, welche die altchristliche Kunst in den letzten Jahrzehnten der Forschung in
so reichem Maße erfahren hat, ist eben keine kunstgeschichtliche, sondern eine antiquarische
gewesen. Dieses Bekenntnis ist umsoweniger als Vorwurf gegen die bisherige Methode der
Forschung und ihre Vertreter gemeint, als nicht allein die Erfolge, die man damit erzielt hat, als
Fundamente auch für die eigentliche Kunstgeschichte unersetzlichen Wert haben, sondern auch
die ganze Tendenz der Forschung in den letzten dreißig Jahren jene antiquarische Richtung
geradezu zwingend gefordert hat.

Das charakteristische Merkmal der Geschichtsforschung von Seiten der Generation, die sich
heute anschickt, einer anderen, neuen Zielen zugewandten Platz zu machen, bestand in der einseitigen Bevorzugung der Hilfswissenschaften. In der Kunstgeschichte — der antiken wie der
neueren — äußerte sich dies in einer einseitigen Pflege und Überschätzung der Ikonographie.
Kein Zweifel, dass die Beurtheilung eines Kunstwerkes eine wesentliche Beeinträchtigung ihrer
Sicherheit erfährt, wenn man über den Vorstellungsinhalt, der darin seine Versinnlichung gefunden
hatte, im Unklaren ist. Um die Mitte des abgelaufenen Jahrhunderts hatte man begonnen, die
Lücken in dieser Beziehung drückend zu empfinden, und weil dieselben nur vermittels einer
umfassenden Heranziehung literarischer, nicht eigentlich mit der bildenden Kunst zusammenhängender Behelfe ausgefüllt werden konnten, kam es zu den ungeheuren quellenmäßigen
Untersuchungen, in denen sich unsere kunstgeschichtliche Literatur der letzten drei Jahrzehnte
zum größeren Theile erschöpfte. Es wird niemand bestreiten wollen, dass damit ein unentbehr-
liches Fundament für einen gesicherten Zukunftsbau der Kunstgeschichte gelegt worden ist;

aber ebensowenig wird man leugnen können, dass durch die Ikonographie eben nur ein verstärktes Fundament gewonnen wurde, und dass die Aufführung des eigentlichen Baues nun erst durch die Kunstgeschichte zu erfolgen hat.

Damit glauben wir die Berechtigung erwiesen zu haben, auch von den christlichen Denkmälern der spätesten antiken Kunst behaupten zu dürfen, dass sie wenigstens hinsichtlich des daran zutage tretenden rein künstlerischen Charakters — als Umriss und Farbe in Ebene oder Raum — heute noch ein im wesentlichen unerforscht gebliebenes Gebiet darstellen. Was man zur näheren Bezeichnung dieses Charakters vorzubringen pflegt, erschöpft sich noch immer in demjenigen, was man schon vor einem Halbjahrhundert darüber zu sagen gewusst hat: man nennt diese späteste antike Kunst einfach „unclassisch".

Man denkt sich eine unüberbrückbare Kluft aufgerissen zwischen der spätrömischen Kunst und der vorangegangenen classischen Antike. Auf dem Wege natürlicher Entwicklung, meint man, hätte aus der classischen Kunst niemals eine • spätrömische werden können. Diese Anschauung muss auffallend erscheinen, zumal in einer Zeit, welche den Begriff der Entwicklung zum Princip aller Weltanschauung und Welterklärung gemacht hat. Und in der Kunst der ausgehenden Antike sollte die Entwicklung ausgeschaltet gewesen sein? Eine solche Annahme wäre wohl unzulässig gewesen, und so half man sich mit der Vorstellung einer gewaltsamen Unterbrechung der Entwicklung durch die Barbaren. Die bildende Kunst wäre von dem hohen Stande der Entwicklung, zu dem sie es bei den Mittelmeervölkern gebracht hatte, durch das zerstörende Eingreifen barbarischer Völkerschaften im Norden und Osten des römischen Weltreiches herabgeschleudert worden, so dass sie von Karls des Großen Zeit an eine aufsteigende Entwicklung vom neuen beginnen musste. Das Princip der Entwicklung war somit zwar gerettet, aber daneben auch das gewaltsame Eingreifen von Katastrophen zugelassen, wie weiland in der geologischen Schöpfungsgeschichte.

Es ist nun bezeichnend, dass es niemand jemals unternommen hat, den behaupteten Process der gewaltsamen Zerstörung der classischen Kunst durch die Barbaren des näheren zu untersuchen. Man sprach nur im allgemeinen von „Barbarisierung" und beließ die Details derselben in einem undurchdringlichen Nebel, dessen Zerstreuung die Hypothese freilich nicht vertragen hätte. Aber was hätte man auch an ihre Stelle setzen können, da es doch als ausgemacht galt, dass die spätrömische Kunst nicht einen Fortschritt, sondern nur einen Verfall bedeuten konnte?

Dieses Vorurtheil zu brechen, ist das Hauptziel aller in diesem Bande niedergelegten Untersuchungen. Doch soll sofort bekannt sein, dass dies nicht der erste Versuch in der angedeuteten Richtung ist, sondern dass ihm bereits zwei vorangegangen sind: der eine wurde von mir in den im Jahre 1893 erschienenen „Stilfragen", der zweite von F. Wickhoff im einleitenden Texte zu seiner im Vereine mit W. v. Hartel durchgeführten Publication der Wiener Genesis (Wien, 1895) unternommen.

In den „Stilfragen" glaube ich den Nachweis erbracht zu haben, dass das byzantinische und saracenische Pflanzenrankenornament des Mittelalters im Wege directer Entwicklung von dem classisch-antiken Pflanzenrankenornamente abstammt, und dass die Zwischenglieder hiefür in der Kunst der Diadochen- und der römischen Kaiserzeit vorliegen. Also mindestens für das Pflanzenrankenornament bestünde hienach in der spätrömischen Zeit kein Verfall, sondern ein Fortschritt, oder doch wenigstens eine Fortbildung von selbständigem Werte.

Die Aufnahme, die diese meine Ermittlungen bei den hiebei interessierten Forschern gefunden haben, war eine in bemerkenswerter Weise getheilte: am ehesten erklärten sich damit diejenigen einverstanden, die, wie Otto v. Falke, A. Kisa u. A., ein praktisches Verhältnis zu den einschlägigen Kunstwerken unterhielten; dagegen verhielten sich die Forscher von mehr theoretischer Richtung passiv; ein directer Widerspruch ist aber, soviel ich weiß, von keiner Seite laut geworden.

Es sind seit 1893 wiederholt Abhandlungen gedruckt worden, die namentlich das byzantinische Ornament zum Gegenstande hatten, und die, wie bisher immer geschah, vom Motiv und seiner gegenständlichen Bedeutung und nicht — wie ich es unternahm — von der Behandlung des Motives als Form und Farbe in Ebene und Raum ausgegangen waren, ohne dass dabei meiner Aufstellungen Erwähnung gethan worden wäre. Diese beharrliche Vermeidung nicht allein der Zustimmung, sondern auch des Widerspruches lässt sich offenbar nur in der Weise erklären, dass man sich in meine grundsätzliche Auffassung vom Wesen der Kunstentwicklung nicht zu finden und darum auch meinen Ausführungen nicht zu folgen vermocht hat. Die betreffenden Forscher brachten es nicht zuwege, sich von der älteren Auffassung loszusagen, welche die Vorstellung vom Wesen des bildenden Kunstschaffens in den letzten dreißig bis vierzig Jahren durchaus beherrscht hat.

Es ist dies jene Theorie, die in der Regel mit dem Namen Gottfried Sempers in Verbindung gebracht wird, und derzufolge das Kunstwerk nichts anderes sein soll, als ein mechanisches Product aus Gebrauchszweck, Rohstoff und Technik. Diese Theorie wurde zur Zeit ihres Aufkommens mit Recht als ein wesentlicher Fortschritt gegenüber den völlig unklaren Vorstellungen der unmittelbar vorangegangenen Zeit der Romantik angesehen; heute ist sie aber längst reif dazu, endgiltig der Geschichte einverleibt zu werden, denn wie so viele andere Theorien aus der Mitte des abgelaufenen Jahrhunderts, in denen man ursprünglich den höchsten Triumph exacter Naturforschung vermuthete, hat sich auch die Semper'sche Kunsttheorie schließlich als ein Dogma der materialistischen Metaphysik herausgestellt.

Im Gegensatze zu dieser mechanistischen Auffassung vom Wesen des Kunstwerkes habe ich — soviel ich sehe als Erster — in den „Stilfragen" eine teleologische vertreten, indem ich im Kunstwerke das Resultat eines bestimmten und zweckbewussten Kunstwollens erblickte, das sich im Kampfe mit Gebrauchszweck, Rohstoff und Technik durchsetzt. Diesen drei letzten Factoren kommt somit nicht mehr jene positiv-schöpferische Rolle zu, die ihnen die sogenannte Semper'sche Theorie zugedacht hatte, sondern vielmehr eine hemmende, negative: sie bilden gleichsam die Reibungscoëfficienten innerhalb des Gesammtproductes.

Mit dem Kunstwollen war nun in die Entwicklung ein leitender Factor eingeführt, mit dem die in der bisherigen Auffassung befangenen Forscher zunächst nichts anzufangen wussten und aus diesem Umstande glaube ich eben die zuwartende Stellung erklären zu sollen, die der größere Theil der Mitarbeiter auf den gleichen Kunstgebieten noch heute, nach sieben Jahren, den in den „Stilfragen" niedergelegten Anschauungen gegenüber einnimmt. In zweiter Linie mag dazu der Umstand beigetragen haben, dass sich meine Untersuchungen in den „Stilfragen" ausschließlich auf das decorative Gebiet beschränkten; da aber ein allgemein verbreitetes Vorurtheil die Figurenkunst nicht allein für die höherstehende ansieht, sondern sich dieselbe auch als ganz besonderen Gesetzen folgend vorstellt, so war es kaum zu vermeiden, dass selbst unter denjenigen, welche die Stichhältigkeit meiner Ausführungen über das Pflanzenrankenornament zugaben, manche die allgemeine Tragweite der bezüglichen Ermittlungen nicht zu erkennen vermochten.

Namentlich mit Rücksicht auf die zuletzt erwähnte Unterschätzung der Bedeutung der decorativen Kunst war es nun ein neuer wichtiger Schritt in der von mir bereits eingeschlagenen Richtung, als F. Wickhoff in seiner Publication der Wiener Genesis den unwiderleglichen Nachweis erbrachte, dass auch ein nichtdecoratives Kunstwerk mit figürlichen Darstellungen aus der spätrömischen Zeit (wie man gemeinhin annimmt aus dem fünften nachchristlichen Jahrhunderte) nicht mehr mit dem Maßstabe der classischen Kunst gemessen (und schlankweg verurtheilt) werden dürfe, sondern dass sich zwischen diese beiden Künste eine vermittelnde dritte in der beginnenden römischen Kaiserzeit einschiebt, die einerseits zweifellos noch in die Antike einbezogen werden muss, andererseits aber mit einem spätrömischen Werke wie die Wiener Genesis ganz wesentliche Berührungspunkte gemein hat.

Damit war die Continuität der Entwicklung auch auf dem Gebiete der Figurenkunst thatsächlich hergestellt, und wenn dieses Ergebnis in seiner bahnbrechenden Bedeutung noch nicht bei allen betheiligten Forschern die gebürende Anerkennung gefunden hat, so liegt dies namentlich an der allzu einseitigen und schroffen Absonderung, in welche Wickhoff die römische Kunst gegenüber der griechischen setzen zu müssen geglaubt hat. Aber was die Entwicklung der spätrömischen Kunst aus derjenigen der früheren Kaiserzeit betrifft, so ist hierin selbst Wickhoff, offenbar durch einen Rest kunstmaterialistischer Anschauungen bestimmt, auf halbem Wege stehen geblieben. Worin sich Genesis und flavisch-trajanische Kunst berühren, darin beweist ihm die Genesis gegenüber der classischen Kunst einen Fortschritt; worin aber die Genesis von der Kunst der früheren Kaiserzeit abweicht, das gilt ihm nicht mehr als Fortschritt sondern als Verfall. So geräth auch Wickhoff schließlich in die Katastrophentheorie, die ihn unrettbar zwingt, zur „Barbarisierung" seine Zuflucht zu nehmen.

Was ist es nun, das selbst so vorurtheilsfreie Forscher wie F. Wickhoff bisher verhindert hat, das Wesen der spätrömischen Kunstwerke mit unbefangenem Auge zu würdigen? Nichts anderes als die subjective Kritik, die unser moderner Geschmack an den uns vorliegenden Denkmälern vornimmt. Dieser Geschmack verlangt vom Kunstwerk Schönheit und Lebendigkeit, wobei die Wage abwechselnd nach der ersteren oder der letzteren Seite neigt. Beides hatte die vorantoninische Antike besessen — von Schönheit mehr die classische, von Lebendigkeit mehr diejenige der römischen Kaiserzeit —, keines von beiden aber, wenigstens in einem für uns zureichenden Maße, die spätrömische Kunst. Daher unsere Begeisterung einmal für die classische Kunst, dann neuerlich (nicht zufällig) für die durch Wickhoff gepriesene flavisch-trajanische. Dass aber jemals auf Hässlichkeit und Leblosigkeit, wie wir ihnen in der spätrömischen Kunst zu begegnen glauben, ein positives Kunstwollen gerichtet gewesen sein könnte, erscheint uns vom Standpunkte des modernen Geschmackes schlechthin unmöglich. Es kommt aber alles darauf an, zur Einsicht zu gelangen, dass weder mit demjenigen, was wir Schönheit, noch mit demjenigen, was wir Lebendigkeit nennen, das Ziel der bildenden Kunst völlig erschöpft ist, sondern dass das Kunstwollen auch noch auf die Wahrnehmung anderer (nach modernen Begriffen weder schöner noch lebendiger) Erscheinungsformen der Dinge gerichtet sein kann.

Es soll also in diesem Buche nachgewiesen werden, dass auch die Wiener Genesis gegenüber der flavisch-trajanischen Kunst vom Standpunkte universalhistorischer Betrachtung der Gesammtkunstentwicklung einen Fortschritt und nichts als Fortschritt bedeutet, und dass sie nur mit dem beschränkten Maßstabe der modernen Kritik beurtheilt, sich als Verfall darstellt, den es thatsächlich in der Geschichte nicht gibt; ja, dass die neuere Kunst mit ihren Vorzügen überhaupt niemals möglich gewesen wäre, wenn ihr nicht die spätrömische Kunst mit ihrer unclassischen Tendenz die Bahn gebrochen hätte.

An dieser einleitenden Stelle mag in der gedachten Hinsicht nur noch diejenige Seite vorläufige Andeutung finden, von welcher aus dem verkündeten Sachverhalte, wiewohl er den meisten auf den ersten Blick befremdlich erscheinen mag, von vorneherein noch am ehesten beizukommen ist. Niemand bezweifelt, dass die modernen Zustände auf allen Gebieten, auf denen sich das menschliche Wollen bethätigen kann, bestimmte Vorzüge gegenüber denjenigen der antiken Welt aufweisen: so in Staatswesen, Religion, Wissenschaft. Damit aber die modernen Zustände platzgreifen konnten, mussten die Voraussetzungen, an welche die antiken Zustände gebunden waren, zertrümmert werden und Übergangsformen platzmachen, die uns zwar an sich minder gefallen mögen als gewisse antike Formen, aber dennoch in ihrer Bedeutung als nothwendige Vorstufen für die modernen Formen nicht in Zweifel gezogen werden können.

So hat zum Beispiel der diokletianisch-constantinische Staat der modernen Emancipation des Individuums innerhalb der Gesammtmenschheit in entscheidendem Maße vorgearbeitet, wiewohl uns seine äußere despotische Regierungsform gegenüber der athenischen in der Zeit des Perikles oder der römischen in der Zeit der Republik eher Missfallen erweckt.

Ganz ähnlich liegt das Verhältnis in den bildenden Künsten offen zutage. Niemand bezweifelt zum Beispiel, dass die Linienperspective in der modernen Kunst weit richtiger und vollkommener gehandhabt wird, als dies jemals in der antiken Kunst der Fall gewesen war. Die antike Menschheit gieng eben in ihrem Kunstschaffen von bestimmten (an entsprechender Stelle näher auszuführenden) Voraussetzungen aus, die es ihr schlechterdings unmöglich machten, für unsere moderne Auffassung von der Linienperspective ein Verständnis zu fassen. Die spätrömische Kunst zeigt nun allerdings noch nicht die moderne Art der Beobachtung der Linienperspective, ja sie scheint sich von dieser, gegenüber der vorangegangenen Antike, eher noch weiter zu entfernen; aber sie hat an Stelle jener antiken Voraussetzungen des Kunstschaffens neue gesetzt, auf Grund deren allmählich in der nachfolgenden Zeit sich die moderne Übung der Linienperspective entwickeln konnte. Damit ist jedoch, wie zur Vermeidung eines naheliegenden Missverständnisses auf das entschiedenste betont werden muss, durchaus nicht gemeint, als ob der spätrömischen Kunst bloß die negative Aufgabe des Niederreißens, um für neue Bildungen Platz zu schaffen, zugefallen wäre; vielmehr hat sich auch die spätrömische Kunst jederzeit von positiven Zielen leiten lassen, die nur deshalb bisher Verkennung gefunden haben, weil sie von den uns geläufigen Zielen der neueren Kunst und den damit in bestimmtem Maße verwandten Zielen der classischen und der augusteisch-trajanischen Kunst so fernab liegen.

Desgleichen wird jedermann von vornherein geneigt sein, in der Vernachlässigung des Schlagschattens seitens der spätrömischen Kunst einen Rückschritt gegenüber der vorangegangenen Antike zu erblicken, die schon in hellenistischer Zeit (das lateranische Asaroton) die Dinge mit dem Boden, auf dem sie auflagen, mittels des Schlagschattens in Verbindung zu setzen gewusst hat. Unser modernes Kunstwollen verlangt eben gleichfalls eine Verbindung der im Bilde dargestellten Dinge untereinander, wobei der Schlagschatten eine sehr wichtige Rolle spielt. Sobald man sich aber erst völlig klargemacht hat, was die hellenistisch-römische Kunst mit dem Schlagschatten gewollt hat und was anderseits wir heutzutage von demselben verlangen, so wird man zu dem Resultate gelangen, dass die Schattenlosigkeit der spätrömischen Bilder unserer eigenen Auffassung nähersteht als der Schlagschatten der vorangegangenen Antike. Denn diese trachtete das Einzelding stets nur mit dem unmittelbar benachbarten Ding, mit dem es annähernd in einer Ebene zu liegen schien, zu verbinden: die Antike suchte die Verbindung unter den Einzelformen lediglich in der Ebene. Wir hingegen verlangen von der bildenden Kunst und somit auch vom Schlagschatten die Verbindung der Einzelformen im Raume. Um zu dieser letzteren zu gelangen, bedurfte es einer Loslösung der Einzelform aus der Ebene, womit natürlich unter anderem auch das Verbindungsmittel des Schlagschattens in Wegfall kommen musste; diese Loslösung hat aber eben die spätrömische Kunst vollzogen, und indem diese also bereits die Einzelform als cubisch räumlich fasst (ohne freilich den freien Raum als solchen bereits offen anzuerkennen), steht sie mit ihrer Auffassung der modernen Kunst näher als die in der Ebene befangene classische, hellenistische und frühere römische Antike.

In diesem Lichte betrachtet erscheint auch der Goldgrund der byzantinischen Mosaiken als ein Fortschritt gegenüber dem blauen Luftgrund der römischen Mosaiken. Denn dieser ist stets die Ebene geblieben, aus welcher die Einzeldinge, durch verschiedene Färbung (Polychromie) kenntlich, herauswachsen, wie sie sich eben unmittelbar unserem Gesichtssinne, unter möglichstem Ausschluss jeder Reflexion darstellt, mag sich auch allmählich zwischen die Vorderfigur und die Grundebene der sogenannte Hintergrund eingeschoben haben. Der Goldgrund der byzantinischen Mosaiken hingegen, der den Hintergrund im allgemeinen ausschließt und damit zunächst einen Rückschritt zu bezeichnen scheint, ist nicht mehr Grundebene, sondern idealer Raumgrund, welchen die abendländischen Völker in der Folge mit realen Dingen bevölkern und in die unendliche Tiefe ausdehnen konnten. Die Antike kannte Einheit und Unendlichkeit nur in der Ebene, die neuere Kunst hingegen sucht beide im Tiefraume; die spätrömische Kunst steht zwischen beiden mitten inne, denn sie hat die Einzelfigur aus der Ebene losgelöst und damit die Fiction der allgebärenden Grundebene überwunden, aber sie anerkennt den Raum — darin noch immer der Antike folgend — nur als geschlossene (cubische) Einzelform und noch nicht als unendlichen Freiraum.

Noch eine zweite Spur, die zum tieferen Verständnisse der spätrömischen Kunst zu leiten geeignet ist, mag hier Andeutung finden. Es ist bekannt, mit welcher Sorgfalt die Alten alles, was an Unheil und Widerwärtigkeit irgendwelcher Art erinnern konnte, aus der Namengebung von Personen, Ortschaften und dergleichen entfernt zu halten suchten und diese womöglich aus Bezeichnungen des Glückes und des Sieges, des Guten und Angenehmen componierten. Nun höre man dagegen die Namen, wie sie bei den spätrömischen Altchristen entgegentreten: Foedulus, Maliciosus, Pecus, Projectus, Stercus, Stercorius (vergl. Leblant in der Revue archéol. 1864, S. 4 ff.). In diesen Namen erscheint just Dasjenige, was der classischen Menschheit Gefallen erweckt hatte, vermieden und dafür das Gegentheil, dem man früher mit peinlicher Sorgfalt ausgewichen war, zum Gegenstande des Gefallens gemacht: wollte man früher von Sieg und Herrlichkeit hören, so jetzt von Schande und Abscheulichkeit. Freilich liegen hier lediglich äußerste Extreme vor, die im allgemeinen selten erreicht wurden; aber sie bezeichnen scharf und klar die Richtung, nach welcher die neue „unclassische" Empfindungsweise der spätrömischen Welt hindrängte. Es ist nun gewiss nicht gemeint, den Schluss nahezulegen, dass die spätrömischen Altchristen deshalb, weil sie in ihren Namen die Anknüpfung an Widerwärtiges suchten, in ihrem Kunstschaffen das Hässliche gesucht haben müssen: denn eine solche Vereinigung von zwei verschiedenen Gebieten angehörigen Erscheinungen in ein Causalitäts-verhältnis wäre unwissenschaftlich und darum unstatthaft. Jener Umschwung in der Namen-gebung ist vielmehr lediglich eine parallele Erscheinung zum gleichzeitigen Umschwunge in der bildenden Kunst: sie sind offenbar beide von einem gemeinsamen höheren Wollen dictiert, das gleichmäßig in der Namengebung und in der bildenden Kunst die Harmonie in solchen Formen suchte, die den früheren Generationen der Antike Disharmonie erweckt hatten. Nun aber zur entscheidenden Frage: ist jener Umschwung in der Namengebung auf Rechnung des Einflusses der Barbaren zu setzen? Es dürfte wohl niemanden geben, der diese Frage bejahte, und nicht vielmehr auf die Demuth als namentlich durch das griechisch-orientalische Christenthum neu begründete, durchaus unclassische Empfindungsweise der Mittelmeervölker in der spätrömischen Zeit hinwiese. Wir heutzutage verstehen und würdigen das Übermaß an Demuth, das sich in jenen Namen ausspricht; doch würden sich wohl nur die Wenigsten unter uns zur Nachahmung dieser Sitte entschließen, denn sie entspricht durchaus nicht unserem Geschmacke. Warum sollen wir nun nicht auch die spätrömische Kunst in ihrer positiven harmoniespendenden Bedeutung für die Altchristen (und Spätheiden) verstehen und würdigen, bloß weil sie unserem modernen Geschmacke nicht entspricht?

Zur allgemeinen Bezeichnung der Kunstperiode, deren maßgebendste Charakterzüge in diesem Bande Darstellung finden sollen, wurde das Wort „spätrömisch" gewählt und als Zeit-grenzen die Regierungsepochen Constantins des Großen und Karls des Großen genannt. Die Rechtfertigung dieser beiden Festsetzungen wird sich aus dem Inhalte von selbst ergeben; nur der Möglichkeit missverständlicher Auffassungen muss von vornherein an dieser Stelle vor-gebeugt werden.

Unter den Namen, mit denen man die in Rede stehende Periode zu belegen pflegt, findet sich kein einziger, bei dessen Gebrauch ein Missverständnis absolut ausgeschlossen wäre. Am meisten irreführend in kunsthistorischer Hinsicht scheint mir die Bezeichnung als „Völker-wanderungszeit"; am nächsten dürfte dem wirklichen Sachverhalte das Wort „Spätantik" kommen, denn das oberste Kunstziel war auch jetzt noch das gemeinantike — die Darstellung der Einzelform in der Ebene — und noch nicht dasjenige der neueren Kunst — die Darstellung der Einzelform im Raume; nur indem die nachconstantinische Kunst die Einzelform innerhalb der Ebene isoliert hat, vollzog sie den nothwendigen Übergang von der antiken Ebenen-Vorstellung zur neueren Raum-Vorstellung.

Wenn ich mich trotzdem schließlich für die Wahl des Wortes „spätrömisch" entschieden habe, so geschah es erstlich darum, weil ich ein Hauptgewicht darauf legen zu sollen glaubte, den in Rede stehenden Entwicklungsprocess in den bildenden Künsten von vornherein als einen im ganzen römischen Weltreiche — in dessen östlicher und westlicher Hälfte — gleichmäßig verbreiteten und vollzogenen hinzustellen; des weiteren, weil man die Schlussgrenze der Antike, das ist des Alterthums gewöhnlich mit dem Jahre 476 n. Ch. anzusetzen pflegt, wogegen unsere Darstellung weit über dieses Datum hinausgreifen muss, und mindestens das oström ische Reich in der That nach 476 die Continuität des römischen Welt-reiches repräsentiert hat, bis ihm in den Tagen Karls des Großen ein ebenbürtiges und völlig selbständiges abendländisches Römerreich entgegengesetzt wurde.

2

Bei der Wahl des Wortes „Römisch" an Stelle des Wortes „Antik" habe ich somit das römische Weltreich im Auge gehabt, nicht aber — wie ich hier von vornherein auf das nachdrücklichste betone — die Stadt Rom oder die Italiker oder die Völker der weströmischen Reichshälfte überhaupt. Es ist vielmehr meine Überzeugung, dass die schöpferische Rolle im Kunstschaffen auch noch nach Constantin demselben Volke verblieben ist, das diese Rolle durch das ganze Alterthum hindurch, seit dem Niedergange der altorientalischen Völker, ausgeübt und zu unerhörten Erfolgen gebracht hatte. Wie die Philosophie seit Augustus keine römische, sondern eine griechische in der römischen Kaiserzeit, der Cultus kein römischer, sondern ein griechischer mit orientalischen Vorstellungen durchsetzter gewesen ist, und die Bekenner der heidnischen Culte noch von den Christen des vierten und fünften Jahrhunderts schlechtweg als „Hellenen" bezeichnet wurden, so ist auch die Kunst der römischen Kaiserzeit im wesentlichen noch immer eine griechische zu nennen. Dass der Westen wie in Staatswesen und Cultur so auch in der Kunst allmählich sich differenziert und schließlich eine besondere Richtung ausgebildet hat, wird natürlich niemand leugnen, und wir werden im Laufe unserer Untersuchungen fortwährend Gelegenheit finden, auf das Aufkommen solcher Unterschiede zu achten. Aber es wird sich ergeben, dass die entscheidenden positiven Leistungen in dieser ganzen Periode doch stets von der oströmischen Reichshälfte ausgegangen sind, und die Eigenart der Weströmer sich hauptsächlich darin geäußert hat, dass sie nur einen Theil der griechisch-orientalischen Neuerungen übernommen, den Rest hingegen grundsätzlich zurückgewiesen haben. Die Zeit, in welcher die von orientalischen Einflüssen von Haus aus in minderem Grade berührten westeuropäischen Völker ihr specifisches Kunstwollen entfalten durften, war noch nicht gekommen; sie liegt erst jenseits der Epoche Karls des Großen.

Wer wie der Verfasser dieses Bandes von der Überzeugung durchdrungen ist, dass es in der Entwicklung nicht allein keinen Rückschritt, sondern auch keinen Haltpunkt gibt und vielmehr alles beständig vorwärts fließt, muss die Einsperrung einer Kunstperiode in feste Jahresgrenzen als die nackte Willkür empfinden. Und doch würden wir zu keiner klaren Einsicht in die Entwicklung gelangen, wenn wir nicht einzelne Kunstperioden zu unterscheiden unternähmen; und entschließt man sich einmal zur Auftheilung der Gesammtentwicklung in einzelne Zeitperioden, so muss man denselben nothwendigermaßen auch Anfang und Ende geben. In solchem Sinne meine ich auch die Wahl des Mailänder Edictes (313 n. Ch.) und des Regierungsantrittes Karls des Großen (768 n. Ch.) als Zeitgrenzen der spätrömischen Kunstperiode rechtfertigen zu können. Es möge aber sofort einschränkend bemerkt sein, dass manche charakteristische Züge der Kunst des vierten Jahrhunderts sich in stetig abnehmender Dichtigkeit bis in den vorchristlichen Hellenismus zurück verfolgen lassen, und dass ich selbst eine zeitlang geschwankt habe, ob nicht etwa an Stelle der Epoche Constantins diejenige Marc Aurels als Anfangstermin zu setzen wäre. Von einer Untertheilung der Gesammtperiode, die fünfthalb Jahrhunderte umfasst, habe ich dermalen noch absehen zu müssen geglaubt; dass im vorliegenden ersten Theile dieses Werkes überwiegend die Zeit von Constantin bis Justinian, im zweiten diejenige von Justinian bis auf Karl den Großen (und was das unter byzantinischem Einflusse stehende Gebiet Österreich-Ungarns betrifft, sogar noch ein bis zwei Jahrhunderte weiter hinaus) Behandlung finden wird, dürfte sich jedermann unschwer sowohl aus äußeren Verhältnissen (Denkmälerstatistik) als aus der wachsenden Entfremdung und Verselbständigung der Barbaren gegenüber den Mittelmeervölkern seit der Mitte des sechsten Jahrhunderts erklären.

Der Vertheilung des überreichen, kaum in seinen bekanntesten Hauptvertretern auch nur annähernd erschöpften Stoffes wurde die Scheidung nach Kunstgattungen zugrunde gelegt. Die obersten Gesetze sind natürlich für alle vier Gattungen ebenso gemeinsam wie das Kunstwollen, von dem sie dictiert sind; aber nicht in allen Gattungen sind diese Gesetze mit gleich unmittelbarer Deutlichkeit zu erkennen. Am ehesten ist dies in der Architektur der Fall und des weiteren im Kunstgewerbe, namentlich soweit dasselbe nicht figürliche Motive verarbeitet: Architektur und Kunstgewerbe offenbaren die leitenden Gesetze des Kunstwollens oftmals in nahezu mathematischer Reinheit. Dagegen treten diese Gesetze an den figuralen Werken der Sculptur und Malerei nicht mit völliger Klarheit und Ursprünglichkeit zutage; es liegt dies jedoch keineswegs an der menschlichen Figur als solcher, das heißt an der Beweglichkeit und dadurch bedingten scheinbaren Asymmetrie derselben, sondern an dem „Inhalte", das ist den Gedanken poetischer, religiöser, didaktischer, patriotischer u. s. w. Art, die sich mit den menschlichen Figuren — beabsichtigter- oder unbeabsichtigtermaßen — verknüpfen und den Beschauer — namentlich den an die Arbeit mit Begriffen und an fernsichtige flüchtig-optische Betrachtung von Natur- und Kunstwerken gewöhnten modernen Beschauer — von dem eigentlichen Bildkünstlerischen im Kunstwerk, das ist der Erscheinung der Dinge als Form und Farbe in Ebene oder Raum, ablenken. Dementsprechend wurde das Capitel über die Architektur vorangestellt, das uns sofort die grundsätzliche Auffassung der Spätrömer vom Verhältnisse der Dinge zu Ebene und Raum erschließen soll.

An zweiter Stelle hätte das Kunstgewerbe Platz finden sollen; thatsächlich wurde es aber an die letzte Stelle gerückt, und diese Verschiebung fordert eine Erklärung. Sie lautet dahin, dass es bisher in der kunstgeschichtlichen Literatur trotz einzelner Anläufe auf speciellen technischen Gebieten (wofür ich die trefflichen Arbeiten A. Kisa's über rheinische Gläser und Metallarbeiten als Beispiel nennen möchte) kein ausgemachtes und allgemein bekanntes und anerkanntes spätrömisches Kunstgewerbe gegeben hat, und zu einer Feststellung desselben in diesem Bande erst der Grund gelegt werden musste. Wir haben es hier abermals mit einer Folgeerscheinung der grundsätzlichen Verachtung des Kunstgewerbes zu thun, dem die theoretischen Forscher der Kunstgeschichte bisher nur dann Beachtung schenken zu sollen glaubten, wenn es (wie an den griechischen Vasen) figürliche Darstellungen verarbeitet hat, oder wenn (wie in Mykenä) figurale Zeugnisse von einer bestimmten Kunstperiode vollständig oder doch nahezu fehlen; in letzterem Falle hat man dann zwar selbst die Technik in Betracht gezogen, aber wiederum nur, um die Entstehung des Motivs zu erklären (ein noch immer nicht völlig verlassener Irrweg), und nicht um das Kunstwollen zu erfassen, das die bestimmte Technik ergreifen hieß. Da aber das spätrömische Kunstgewerbe weder die menschliche Figur in reicherem Maße verwertet hat, noch einen primitiven Charakter trägt, ist seine Existenz bisher im allgemeinen so gut wie übersehen worden, und in dieser Nichtbeachtung des spätrömischen Kunstgewerbes und der in dem letzteren zum Ausdrucke gelangten positiven Kunstwollensziele haben wir die Hauptwurzel aller jener Missverständnisse und unklaren Vorstellungen zu erblicken, die sich hinter den Schlagworten „Barbarisierung" und „Völkerwanderungselemente" verbergen. Weil nun für die einzelnen Denkmäler, die in diesem Werke für die spätrömische Kunstindustrie in Anspruch genommen werden, nur in seltenen Fällen der Ursprung auf römischem Reichsboden aus äußeren Kriterien festzustellen ist, und ihre Zuweisung an diesen Ursprung hauptsächlich auf Grund der daran zu beobachtenden Kunstschaffensgesetze erfolgen muss, ergibt sich von selbst die Nothwendigkeit, eben diese Gesetze als der spätrömischen Kunst eigenthümliche zuerst an Denkmälern solcher Kunstgattungen zu erweisen, deren reichsrömische Herkunft von niemandem bezweifelt werden kann. Daher wurde der Betrachtung der Architektur diejenige der beiden Figurenkünste unmittelbar angereiht, wobei wiederum die Sculptur gegenüber der Malerei die größere Berücksichtigung erfahren hat: einmal aus dem äußeren Grunde, weil davon eine ungleich größere und in besseren Reproductionen bekanntgewordene Zahl von Denkmälern vorliegt, aber auch wegen der näheren Verwandtschaft, in welcher diese Kunstgattung zu den als vornehmstes Substrat unserer Erörterungen über das Kunstgewerbe gewählten Metallarbeiten steht.

Es wird niemand bestreiten, dass der Zeitraum, dessen Kunst in diesem Bande ihre Bearbeitung gefunden hat, zu den bedeutsamsten zählt, welche die Weltgeschichte bisher zu verzeichnen gehabt hat. Völker, die ein Jahrtausend und länger die Führung in der allgemeinen Culturbewegung der Menschheit innegehabt hatten, schicken sich an, dieselbe aus den Händen zu legen; an ihre Seite drängen sich andere Völker, von denen man wenige Jahrhunderte früher kaum die Namen gekannt hat. Anschauungen vom Wesen der Gottheit und ihrem Verhältnisse zur sichtbaren Welt, die seit Menschengedenken in Geltung gestanden hatten, werden erschüttert, preisgegeben und durch neue Anschauungen ersetzt, denen abermals jahrtausendelange Dauer, bis zum heutigen Tage, beschieden sein sollte. Und aus solcher gährender Zeit, in der sich zwei Weltalter gegeneinander scheiden, liegt uns eine schier unabsehbare Zahl von Kunstdenkmälern vor, zumeist anonym und undatiert, die den ganzen aufgewühlten Charakter der damaligen geistigen Zustände getreu wiederspiegeln. Kein Billiger wird unter solchen Umständen von dem ersten Bearbeiter dieser Kunst eine erschöpfende Beschreibung auch nur der wichtigsten ihrer Denkmäler verlangen. Aber selbst angesichts der Beschränkung der Aufgabe auf die Darlegung der großen allgemeinen Charakterzüge und Tendenzen mag der gerecht abwägende Leser niemals außeracht lassen, dass in einer so zwiespältig bewegten Zeit und namentlich im vierten Jahrhundert n. Ch. der Entwicklungsprocess unmöglich ein streng einheitlicher und gleichmäßig fortschreitender sein konnte, und vielmehr in sprunghaften Phasen unter stetigen Rückschlägen verlaufen musste, was in zahlreichen crassen Anachronismen — archaischem Beharren hier, radicalem Anticipiren geradezu moderner Auffassungen dort — zum unzweideutigen Ausdrucke gelangt.

Zu den Schwierigkeiten, welche solchermaßen die dem vorliegenden Bande gestellte Aufgabe in sich trägt, gesellt sich die Verstreuung des Denkmälervorrathes über das ungeheure Gebiet des ganzen ehemaligen römischen Weltreiches und darüber hinaus, wobei ich einbekennen muss, dass beträchtliche Theilgebiete, wie das syrische, arabische und westafrikanische, das südfranzösische und englische meiner Prüfung um äußerer Hindernisse willen bisher so gut wie entzogen bleiben mussten. Wenn ich nichtsdestoweniger mit der Veröffentlichung der Resultate, zu denen mich mehrjährige Arbeit geführt hat, nicht länger zögern zu sollen glaubte, so habe ich die Zuversicht auf ein Gelingen dieses Versuches hauptsächlich aus der Wahrnehmung geschöpft, dass mir bei der Betrachtung eines jeden spätrömischen Kunstwerkes ohne Ausnahme aus der sinnlichen Erscheinung desselben der gleiche Stempel zwingender innerer Nothwendigkeit entgegenleuchtet, wie nur jemals aus irgend einem classischen oder Renaissancewerke. Über das Wesen dieser inneren Nothwendigkeit, die ich angesichts eines jeden spätrömischen Kunstwerkes instinctiv empfinde und die man als „Stil“ zu bezeichnen pflegt, habe ich mir und Anderen in den einzelnen Capiteln dieses Bandes mit klaren Worten Rechenschaft zu geben versucht. Was ich hiemit darbiete, ist eine Darlegung des Wesens des spätrömischen Stiles und seines geschichtlichen Werdens; ich glaube damit die letzte große und bereits allzulange offengebliebene Lücke in unserer Kenntnis der allgemeinen Kunstgeschichte der Menschheit, wenigstens im Ganzen und Groben, geschlossen zu haben.

I.

DIE ARCHITEKTUR.

VON Werken der spätrömischen Architektur sind fast nur solche auf uns gekommen, die von allem Anbeginn für christliche Cultzwecke bestimmt gewesen sind. Es leidet gar keinen Zweifel und ist in einzelnen Fällen selbst durch überlieferte Zeugnisse erweisbar, dass mindestens im vierten Jahrhundert im Römerreiche auch noch für heidnische Cultzwecke gebaut worden ist. Parallel damit ist auch das Verhältnis des Staates und des einzelnen Reichsbürgers zu der idealen Gemeinschaft in der Kirche nicht mit einem Schlage ein so untergeordnetes und selbstverzichtendes geworden, dass für die Fortdauer eines künstlerischen Profanbaues alle Voraussetzungen erloschen wären. Ist nun der Verlust aller spätesten heidnischen Cultstätten und aller spätrömischen Profanbauten (bis auf geringe, wenig aussagende Theilreste) zweifellos zu beklagen, so hindert er uns gleichwohl durchaus nicht, die maßgebenden Gesetze der Entwicklung in der spätrömischen Baukunst in hinlänglicher Klarheit zu erkennen, denn die Zukunft dieser Entwicklung war eben ausschließlich im Kirchenbau gelegen und das eigenartige Kunstwollen der spätrömischen Periode hat daher gerade im christlichen Kirchenbau seinen reinsten Ausdruck finden müssen. Kirchen, d. h. Häuser für die Feier des Gottesdienstes der versammelten christlichen Gemeinden sind es somit, die das vornehmste Substrat für unsere Betrachtung liefern.

Die besonderen Gattungen der Taufkirchen und Grabmalkirchen, so wichtig sie in ihrer symptomatischen Bedeutung sein mögen, dürfen in einer Untersuchung, die bloß die Hauptlinien der Entwicklung festlegen will, außer Betracht bleiben, weil sie schon vom Standpunkte ihres Gebrauchszweckes einen Mischtypus darstellen, der zwischen Architektur und Sculptur inmitten steht.

Die spätrömischen Kirchenbauten befolgen zweierlei System: Langbau (Basilika) und Centralbau. Diese zwei Systeme verhalten sich gegensätzlich zu einander, wie Bewegung und Ruhe; der Frage, auf welches von beiden die Wahl eines bestimmten Kunstvolkes in einer bestimmten Periode gefallen ist, kommt daher schon an und für sich grundwichtige Bedeutung zu. Aber es war nicht ausgeschlossen und ist seit der altegyptischen Kunst wiederholt nachzuweisen, dass dieselben Kunstvölker zu gleicher Zeit beide Systeme nebeneinander angewendet haben, indem sie dieselben durch Beruhigung des Langbaues und Beweglichmachung des Centralbaues gewissermaßen einander anzunähern sich bestrebten. Solches war mindestens in Ostrom auch in spätrömischer Zeit der Fall, und wir werden füglich an erster Stelle nach dem Gemeinsamen fragen, das im Centralbau und in der Basilika in gleichem unverkennbaren Maße zum Ausdrucke gelangt ist. Dieses Gemeinsame, durch das sich die spätrömischen Kirchenbauten namentlich von den Bausystemen des vorangegangenen Alterthums unterscheiden, liegt einerseits in der Raumbildung, anderseits in der Massencomposition. Die spätrömischen Kirchen enthalten ausgedehnte Innenräume, die aber offenbar nicht eine durch den Gebrauchszweck unvermeidlich geforderte Nebensache, sondern das Problem künstlerischer Verarbeitung gebildet haben. Desgleichen stellen sich die spätrömischen Kirchen nicht mehr als einfache stereometrische Grundformen (Pyramide, Würfel, Prisma, Cylinder) dar, sondern sind aus mehreren solchen Grundformen componiert, wobei allerdings eine über alle übrigen zu dominieren pflegt. Die Eigenthümlichkeit der Raumbildung gelangt naturgemäß hauptsächlich im Innern, diejenige der Massencomposition hingegen am Äußern zum Ausdrucke. Hiebei darf aber nicht übersehen werden, dass die gleiche Auffassung vom Raume als einer cubisch aufzutheilenden (also gewissermaßen stofflichen) Größe dem Baukünstler auch beim Entwurfe des Äußern gegenwärtig war und dass umgekehrt die Massencomposition nicht minder im Innern ihre Anwendung gefunden hat. In letzterer Hinsicht genügt es beispielshalber auf die Nischen hinzuweisen, die als halbcylindrische Seitenräume den vollcylindrischen (polygonen, quadraten) Hauptraum begleiten; die Wiederkehr der inneren Raumauffassung in der Behandlung des Äußern lässt sich allerdings nicht mit so wenigen Worten unmittelbar evident machen, und ihre Klarstellung muss daher dem weiteren Verlaufe unserer Untersuchung vorbehalten bleiben. Auch die Einsicht in das innige Wechselverhältnis zwischen Raumbildung und Massencomposition wird sich erst aus der Betrachtung der Entwicklung ergeben. Nur eine bloße historische Thatsache mag hier vorläufige Erwähnung finden: am Pantheon zu Rom sind im Innern des Mauerringes bereits Nischen ausgespart, während das Äußere noch einen reinen ungebrochenen Cylinder bildet. Hier tritt also die Massencomposition bereits im Innenraume auf, während sie am Äußern noch fehlt. Durch solche Wahrnehmungen wird uns von vorneherein die Vermuthung nahegelegt, dass wir in der Raumbildung das eigentlich treibende Element in der Entwicklung der Baukunst in der römischen Kaiserzeit zu erkennen haben.

Ist aber nicht seit dem frühesten Culturerwachen der Menschheit die Absicht aller und jeder Baukunst, die über die Schaffung eines bloßen Males hinausgieng, auf Raumbildung gerichtet gewesen? Die Architektur ist doch eine gebrauchszweckliche Kunst, und ihr Gebrauchszweck lautete in der That allezeit auf Bildung begrenzter Räume, innerhalb deren dem Menschen die Möglichkeit freier Bewegung offen stehen sollte. Wie aber schon diese Definition lehrt, zerfällt die Aufgabe der Baukunst in zwei Theile, die einander nothwendigermaßen ergänzen und bedingen, aber gerade darum in einem bestimmten Gegensatze zu einander stehen: die Schaffung des (geschlossenen) Raumes als solchen und die Schaffung der Raumgrenzen. Damit war dem menschlichen Kunstwollen seit Anbeginn die Möglichkeit geöffnet, den einen Theil der Aufgabe einseitig auf Kosten des anderen zu betreiben. Man konnte die Raumgrenzen derart überwuchern lassen, dass das Bauwerk in ein plastisches Bildwerk übergieng; man konnte anderseits die Raumgrenzen in solche Ferne hinausschieben, dass im Beschauer dadurch der Gedanke an die Unendlichkeit und Unmessbarkeit des freien Raumes erweckt wurde. Die Frage ist nun, wie sich das Alterthum und insbesonders seine abschließende spätrömische Phase zu dem gedachten Gegensatze gestellt hat.

Die Culturvölker des Alterthums erblickten in den Außendingen nach Analogie der ihnen (vermeintlich) bekannten eigenen menschlichen Natur (Anthropismus) stoffliche Individuen, zwar von verschiedener Größe, aber jedes aus fest zusammenhängenden Theilen zu einer untrennbaren Einheit abgeschlossen. Ihre sinnliche Wahrnehmung zeigte ihnen die Außendinge verworren und unklar untereinander vermengt; mittels der bildenden Kunst griffen sie einzelne Individuen heraus und stellten sie in ihrer klaren abgeschlossenen Einheit hin. Die bildende Kunst des gesammten Alterthums hat somit ihr letztes Ziel darin gesucht, die Außendinge in ihrer klaren stofflichen Individualität wiederzugeben und dabei gegenüber der sinnfälligen Erscheinung der Außendinge in der Natur alles zu vermeiden und zu unterdrücken, was den unmittelbar überzeugenden Eindruck der stofflichen Individualität trüben und abschwächen konnte.

Schon diese allgemeinste Definition des Endzieles, welches der bildenden Kunst im ganzen Alterthum vorgeschwebt hatte, lässt einen Schluss auf das Verhältnis zu, in welchem diese Kunst zum Raume gestanden haben muss. Der mit atmosphärischer Luft erfüllte Raum durch den für die naive sinnliche Betrachtung die einzelnen Außendinge von einander getrennt erscheinen, ist für eben diese Betrachtung kein stoffliches Individuum, ja die Negation des Stoffes, und somit ein Nichts. Der Raum konnte daher ursprünglich gar nicht Gegenstand des antiken Kunstschaffens werden, denn er lässt sich nicht stofflich individualisieren. Die antike Kunst musste aber bei völlig strenger Auffassung ihrer Aufgabe noch weiter gehen: sie musste geflissentlich die Existenz des Raumes verneinen und unterdrücken, denn er war der klaren Erscheinung der absoluten geschlossenen Individualität der Außendinge im Kunstwerk nachtheilig. Daraus ergibt sich die nothwendige Folge, dass die Architektur des Alterthums wenigstens ursprünglich von den beiden ihr gesetzten Aufgaben diejenige der Raumbegrenzung nach Möglichkeit gefördert und in den Vordergrund gerückt, jene der Raumbildung hingegen zurückgedrängt und verhehlt haben muss.

War somit ein gemeinsames Ziel für alle antike Kunst gegeben, so ist es doch innerhalb desselben nicht ohne stufenweise Entwicklung geblieben; diese Entwicklung war dictiert durch die wechselnden Ausdrucksformen, in denen man sich in den verschiedenen Perioden des Alterthums die allgemein gesuchte individuelle Einheit der Dinge im Kunstwerk zutage tretend gedacht hat.

Zu allererst trachtete man die individuelle Einheit der Dinge auf dem Wege der reinen sinnlichen Wahrnehmung, unter möglichstem Ausschluss jeglicher aus der Erfahrung stammenden Vorstellung zu erfassen. Denn so lange es Voraussetzung war, dass die Außendinge wirklich von uns unabhängige Objecte sind, musste jede Zuhilfenahme des subjectiven Bewusstseins, als die Einheit des betrachteten Objectes störend, instinctiv vermieden werden. Das Sinnesorgan nun, das wir am weitaus häufigsten gebrauchen, um von den Außendingen Notiz zu nehmen, ist das Auge. Dieses Organ zeigt uns aber die Dinge bloß als farbige Flächen und keineswegs als undurchdringliche stoffliche Individuen; gerade die optische Wahrnehmung ist es eben, die uns die Dinge der Außenwelt in chaotischer Vermengung erscheinen lässt. Sichere Kunde von der geschlossenen individuellen Einheit einzelner Dinge besitzen wir nur durch den Tastsinn. Durch ihn allein verschaffen wir uns Kenntnis von der Undurchdringlichkeit der das stoffliche Individuum abschließenden Grenzen. Diese Grenzen sind die tastbaren Oberflächen der Dinge. Aber dasjenige, was wir unmittelbar tasten, sind nicht die ausgedehnten Flächen, sondern bloß einzelne Punkte. Erst indem sich die Wahrnehmung undurchdringlicher Punkte an einem und demselben stofflichen Individuum rasch nacheinander und nebeneinander wiederholt, gelangen wir zur Vorstellung der ausgedehnten Fläche mit ihren zwei Dimensionen der Höhe und Breite. Diese Vorstellung ist also nicht mehr durch eine unmittelbare Wahrnehmung des Tastsinns, sondern durch eine Combination mehrerer solcher Wahrnehmungen gewonnen, die nothwendigermaßen die Dazwischenkunft des subjectiven Denkprocesses voraussetzt. Es ergibt sich hieraus, dass schon die Überzeugung von der tastbaren Undurchdringlichkeit als wesentlichste Voraussetzung der stofflichen Individualität nicht mehr allein auf Grund sinnlicher Wahrnehmung, sondern unter ergänzender Zuhilfenahme des Denkprocesses zustande kommt. Im antiken Kunstschaffen muss daher seit seinen elementaren Anfängen ein innerer Gegensatz latent gewesen sein, indem trotz der grundsätzlich gewollten objectiven Auffassung der Dinge eine subjective Beimischung von Anbeginn nicht zu vermeiden war. Und in diesem latenten Gegensatze lag zugleich der Keim aller späteren Entwicklung.

Damit war aber das unumgänglichste Maß subjectiver Trübung der objectiven Individualität der stofflichen Außendinge für das älteste antike Kunstschaffen noch nicht erschöpft. Der Tastsinn ist wohl unentbehrlich, um uns von der Undurchdringlichkeit der Außendinge zu vergewissern, aber keineswegs um uns auch von deren Ausdehnung zu unterrichten. In letzterer Hinsicht wird er vielmehr vom Gesichtssinn weitaus an Leistungsfähigkeit übertroffen. Das Auge vermittelt zwar nur Farbenreize, die nicht minder wie die Reize der Undurchdringlichkeit sich bloß auf einzelnen Punkten mittheilen; und die Vorstellung von Farbenflächen als vervielfältigten Punkten gewinnen wir genau auf dem gleichen Wege des Denkprocesses wie diejenige von den tastbaren Oberflächen. Aber das Auge vollzieht die Operation der Vervielfältigung der Einzelwahrnehmungen weit rascher als der Tastsinn, und daher ist es auch das Auge, dem wir unsere Vorstellung von Höhe und Breite der Dinge hauptsächlich verdanken. Es kommt infolgedessen zu einer neuerlichen Combination von Wahrnehmungen im Bewusstsein des denkenden Beschauers: wo das Auge eine zusammenhängende Farbenfläche von einheitlichem Reiz wahrnimmt, dort taucht auf Grund der Erfahrung auch die Vorstellung von der tastbar undurchdringlichen Oberfläche einer abgeschlossenen stofflichen Individualität auf. Auf solchem Wege konnte es frühzeitig geschehen, dass die optische Wahrnehmung allein für genügend befunden wurde, um von der stofflichen Einheit eines Außendings Gewissheit zu schaffen, ohne dass hiebei der Tastsinn zur unmittelbaren Zeugenschaft herangezogen werden musste. Aber die wesentlichste Vorbedingung hiebei blieb zunächst immer, dass die absolute Ebene eingehalten, die Ausdehnung auf die Dimensionen der Höhe und Breite beschränkt blieb.

Dagegen muss die antike Kunst die Existenz der dritten Dimension — der Tiefe — die wir für die Raumdimension im engeren Sinne anzusehen pflegen, von Anbeginn grundsätzlich verleugnet haben. Die Tiefe ist nicht allein mit keinem Sinne wahrnehmbar — das Gleiche haben wir auch von den beiden Flächendimensionen geltend befunden — sondern auch erst auf einem weit verwickelteren Wege des Denkprocesses zu begreifen als die Flächendimensionen. Das Auge verräth uns nur Ebenen; wir wissen zwar freilich aus verkürzten Umrisslinien und aus Schatten auf Veränderungen in der Tiefe zu schließen, aber nur an bekannten Objecten, bei deren Wahrnehmung uns die Erfahrung zur Seite steht, während beim Anblicke unbekannter Objecte wir zunächst im Unklaren bleiben, ob die wahrnehmbaren krummen Umrisse und dunklen Farbflecken nicht in einer Ebene liegen. Wiederum ist es der Tastsinn, der uns vom Vorhandensein von Tiefenveränderungen die erste sichere Kunde gibt, weil seine vielverzweigten Organe das Einsetzen der Prüfung auf verschiedenen Punkten zu gleicher Zeit ermöglichen; aber schon die Erkenntnis von

Tiefenveränderungen an der Oberfläche und vollends diejenige des Zusammenschlusses in der vollen dreidimensionalen Rundform erfordert eine weit ausgiebigere Zuhilfenahme des Denkvermögens, als die Construierung der Flächenvorstellung aus den Einzelwahrnehmungen punktueller Reize. Wenn also bereits ebene Flächen nicht mehr allein auf Grund sinnlicher Wahrnehmung, sondern nur unter Appell an die subjective Reflexion aufgenommen werden können, so ist die Heranziehung der letzteren in noch weit höherem Maße bei der Aufnahme von gebogenen, gekrümmten Flächen nothwendig. Diese Unterscheidung von zweierlei Flächen, ebenen und gekrümmten, ist ebenso wichtig in der Kunstgeschichte, wie diejenige von Umriss und Farbe, denn in ihr gelangt bereits die fundamentale Scheidung zwischen Ebene und Raum zum Ausdrucke. [1]

Wir gelangen somit zu folgendem Ergebnisse. Die Kunst des Alterthums, die auf möglichst objective Wiedergabe der stofflichen Individuen ausgegangen ist, muss infolgedessen die Wiedergabe des Raumes als einer Negation der Stofflichkeit und Individualität nach Möglichkeit vermieden haben: nicht als ob man sich schon damals klar bewusst gewesen wäre, dass der Raum bloß eine Anschauungsform des menschlichen Verstandes ist, sondern weil man sich schon durch das naive Bestreben nach reinem Erfassen der sinnfälligen Stofflichkeit instinctiv auf möglichste Einengung der räumlichen Erscheinung hingedrängt gefühlt haben muss. Von den drei Raumdimensionen im weiteren Sinne sind aber die zwei Flächen- oder Eben-Dimensionen der Höhe und Breite (Umriss, Silhouette) unentbehrlich, um überhaupt zur Vorstellung einer stofflichen Individualität zu gelangen; sie werden daher von der antiken Kunst vom Anbeginne zugelassen. Die Tiefendimension hingegen erscheint hiefür nicht unbedingt nothwendig, und da sie überdies den klaren Eindruck stofflicher Individualität zu trüben geeignet ist, wird sie von der antiken Kunst zunächst nach Möglichkeit unterdrückt.

Die antiken Culturvölker haben also die Aufgabe der bildenden Kunst dahin aufgefasst, die Dinge als individuelle stoffliche Erscheinungen nicht im Raume (worunter von nun an stets der Tiefraum verstanden sein soll), sondern in der Ebene hinzustellen. Wie soll sich aber die stoffliche Individualität innerhalb der Ebene bemerkbar machen, wenn sie nicht aus der Ebene, wenn auch nur um ein noch so Geringes heraustritt? Damit war die Nothwendigkeit einer bestimmten Anerkennung auch der Tiefendimension von Anbeginn gegeben und auf diesem latenten Gegensatze beruht nicht allein die Reliefauffassung der antiken Kunst, sondern auch zur einen Hälfte die Entwicklung, die sich innerhalb der bildenden Kunst des Alterthums vollzogen hat. Zur anderen Hälfte ist diese Entwicklung, wie schon früher betont wurde, durch das allmähliche Eindringen der subjectiven Anschauung in die rein sinnliche Wahrnehmung von der stofflichen Individualität der Dinge bewirkt worden.

Die Entwicklung der bildenden Kunst im Alterthum bei den führenden Culturvölkern hat folgende drei Hauptphasen durchlaufen:

---

[1] Das Wesen der sinnlichen Wahrnehmung des Sehens und Tastens wurde im Obigen gemäß derjenigen Theorie zur Darlegung gebracht, die sich als die empiristische bezeichnet. Ihr steht die nativistische gegenüber, die nicht allein die Ausdehnung in Höhe und Breite, sondern auch in der Tiefe bereits in der sinnlichen Empfindung enthalten sein lasst. Aber auch diese Theorie versteht hierunter nicht mehr als die elementare Disposition zur Wahrnehmung des Raumes, zu deren Entfaltung die Hilfe des Bewusstseins unbedingt vonnöthen ist (vergl. zum Beispiel C. Siegel, Entwicklung der Raumvorstellung, S. 23: ist das Körpersehen, das ja mit der Tiefenempfindung gegeben ist, zwar seinem Ursprunge nach in der Gesichtsempfindung selbst gelegen, seiner entwickelten Form nach aber das Product vieler Factoren in der Erfahrung wurzelnder Factoren ...). Die obigen Ausführungen über den Zusammenhang zwischen der Gedankenscheu und Raumscheu der primitiven, auf möglichst reine Darstellung objectiver Sinnlichkeit ausgehenden Kunst bleiben somit auch dann zu Recht bestehen, wenn man die Rolle des Bewusstseins bei der Seh- und Tastempfindung um das von der nativistischen Theorie geforderte winzige Maß einschränkt.

1. Größte Strenge der rein sinnlichen Auffassung von der (vermeintlich objectiven) stofflichen Individualität der Dinge und infolge dessen möglichste Annäherung der stofflichen Erscheinung des Kunstwerkes an die Ebene. Diese Ebene ist nicht die optische, die uns das Auge bei einiger Entfernung von den Dingen vortäuscht, sondern die taktische, die uns die Wahrnehmungen des Tastsinnes suggerieren, denn von der Gewissheit der (tastbaren) Undurchdringlichkeit hängt auf dieser Stufe der Entwicklung auch die Überzeugung von der stofflichen Individualität ab. Vom optischen Standpunkte betrachtet, ist diese Ebene diejenige, die das Auge dann wahrnimmt, wenn es an die Oberfläche eines Dinges so nahe heranrückt, dass alle Umrisse und namentlich alle Schatten, durch welche sich eine Tiefenveränderung verrathen könnte, verschwinden. [1] Die Auffassung von den Dingen, die dieses erste Stadium des antiken Kunstwollens kennzeichnet, ist somit eine taktische, und soweit sie nothgedrungen bis zu einem gewissen Grade auch eine optische sein muss, eine nahsichtige; sie findet sich verhältnismäßig am reinsten in der altegyptischen Kunst zum Ausdrucke gebracht. [2] Verkürzungen und Schatten (als Verräther des Tiefraumes) sind darin ebenso peinlich vermieden, wie Äußerungen geistiger Affecte (als Verräther des subjectiven Seelenlebens). Dagegen ist der Hauptaccent auf die Umrisse gelegt, und zwar sind diese nach Möglichkeit symmetrisch gehalten, weil sich in der Symmetrie der ununterbrochene taktische Zusammenhang innerhalb der Ebene am Überzeugendsten dem äußeren Anblicke verräth. Die Symmetrie haftet nämlich an den Flächendimensionen und wird durch die Tiefe beeinträchtigt, wo nicht aufgehoben; daher ist die Symmetrie innerhalb der bildenden Kunst des ganzen Alterthums das wesentlichste Mittel gewesen, um die Abgeschlossenheit der stofflichen Individuen in der Ebene zu demonstrieren.

2. An der Oberfläche der Dinge im Kunstwerke werden Tiefenveränderungen (Ausladungen) nicht allein nothgedrungen zugelassen, sondern bereitwillig zugestanden. Umso strenger wird auf klare Verbindung der ausladenden Dinge mit der gemeinsamen Grundebene und der einzelnen Ausladungen untereinander gesehen. Denn noch immer ist die Erweckung der Wahrnehmung von der tastbaren Undurchdringlichkeit als Bedingung der stofflichen Individualität unbedingtes Hauptziel der bildenden Kunst; der geschlossene und taktische Zusammenhang der Theilflächen untereinander darf daher noch keine Unterbrechung erleiden. Anderseits darf nun aber auch das Auge als das wichtigste Berichterstattungsorgan das Vorhandensein von ausladenden Theilgliederungen wahrnehmen; diese verrathen sich vor allem durch Schatten, und um dieselben wahrzunehmen, muss das Auge aus der Nahsicht etwas weiter abrücken: nicht so weit, dass der ununterbrochene taktische Zusammenhang der Theile nicht mehr klar erkennbar wäre (Fernsicht), aber doch in eine Distanz, die zwischen Nahsicht und Fernsicht in der Mitte liegt und die wir als Normalsicht bezeichnen dürfen. Die Auffassung von den Dingen, die dieses zweite Stadium der antiken Kunst kennzeichnet, ist somit eine taktisch-optische und in optischer Hinsicht genauer eine normalsichtige; sie ist verhältnismäßig am reinsten in der classischen Kunst der Griechen zum

---

[1] Man kann darauf hin eine Probe anstellen, wenn man z. B. altegyptische Statuen zuerst aus einiger Entfernung ansicht, wobei sie einen flachen und völlig leblosen Eindruck machen, sodann aber allmählig in größere Nähe bringt, wobei die Flächen immer mehr an Lebendigkeit gewinnen, bis man endlich die Feinheit der Modellierung im vollsten Maße erst dann gewahr wird, wenn man die Fingerspitzen betastend darüber hinweggleiten lässt.

[2] Doch ist auch die altegyptische Kunst, wie sich bei ihrer jahrtausendelangen Entwicklungsdauer begreift, auf verschiedenen Punkten über das angegebene Stadium bereits hinausgekommen; anderseits sind aber noch die Griechen einer vorgeschrittenen Zeit theilweise darin befangen gewesen.

Ausdrucke gelangt.[1] Neben Verkürzungen dürfen nun auch Schatten auftreten, aber lediglich Halbschatten, die den taktischen Zusammenschluss der Oberfläche nicht gleich Tiefschatten unterbrechen; desgleichen sind Äußerungen geistiger Affecte soweit zugelassen als dadurch das Interesse
des Beschauers an der stofflichen Individualität des betreffenden Trägers geistiger Affecte nicht in
den Hintergrund gedrängt wird. Die Symmetrie (sei es der gleichmäßigen Reihung, sei es des
Contrastes, wie im Wappenstil) erfährt eine Lockerung ihrer Strenge, aber niemals eine Aufhebung, wenngleich sie sich öfter erst bei einigem Abrücken aus der Nähe des Kunstwerkes
in voller Wirkung offenbart.

3. Den Dingen wird im Kunstwerk volle Dreidimensionalität zugestanden. Damit erscheint
auch die Existenz des Raumes anerkannt, aber nur soweit, als er an den stofflichen Individuen
haftet, das heißt als undurchdringlich abgeschlossener, cubisch meßbarer Raum, nicht als unendlicher Tiefraum zwischen den stofflichen Einzeldingen. Denn auch diese dritte und letzte Phase
der antiken Kunst erblickt ihre einzige Aufgabe noch immer in der klaren Wiedergabe stofflicher
Individuen an und für sich, ohne Rücksicht auf den Raum, in dem sie sich bewegen. Daher wird
nach wie vor die Einzelform nicht in den Raum, sondern in die Ebene gestellt, ja diese Ebene
wird jetzt sogar nur um so strenger und nachdrücklicher betont, je mehr die Einzelformen sich
auch nach der dritten Dimension in sich abschließen. Das Entscheidende ist, dass die einzelnen
stofflichen Individuen ihre bisher stets festgehaltene taktische Verbindung mit der Grundebene
aufgeben und sich damit von der Ebene isolieren, wenngleich sie in Reih und Glied mit derselben
verharren. Auch die einzelnen Theile (Ausladungen) der Individuen isolieren sich gegeneinander
und lösen damit den früheren taktischen Zusammenhang der Oberfläche; die Ausladungen selbst
aber verflachen sich wieder nahezu zur Ebene. Diese Ebene ist keineswegs mehr die taktische,
denn sie enthält Unterbrechungen mittels tiefer Schatten; sie ist vielmehr die optisch-farbige, in
welcher die Dinge in der Fernsicht uns erscheinen und in welcher sie auch mit ihrer Umgebung
verschwimmen.[2] Die Auffassung von den Dingen, die diese dritte Phase der antiken Kunst
kennzeichnet, ist somit eine wesentlich optische, und zwar eine fernsichtige, und tritt uns
verhältnismäßig am reinsten in der Kunst der späteren römischen Kaiserzeit entgegen.

---

[1] So viel sich heute auf Grund der bisherigen Ermittlungen der Kunstgeschichte entscheiden lässt, hat es trotz der latenten Gegensätze in der altorientalischen Kunst, wodurch die spätere Entwicklung im Keime vorbedingt war, dennoch der Dazwischenkunft des indogermanischen Volkes der Griechen bedurft, um die allerdings vorgezeichnete Entwicklung in rechten Fluß zu bringen. Die altorientalischen
Völker haben offenbar die Neigung gehabt, bei ihrer streng taktisch-objectiven Auffassung der Sinnenwelt zu verharren. Dagegen müssen
die Griechen (und wahrscheinlich alle indogermanischen Völker) ursprünglich eine andere Auffassung von der Aufgabe der bildenden Kunst
gehabt haben, die nicht auf tastendes Erfassen der stofflichen Individualität in der Nahsicht, sondern auf eine wesentlich optisch-fernsichtige und daher auch weit mehr subjective Aufnahme gerichtet war. Gewisse Erscheinungen der mykenischen und vormykenischen Kunst
lassen sich gar nicht anders befriedigend erklären; und auch bei den Germanen sehen wir später die gleiche nebelhaft subjective Auffassung
deutlich wiederkehren. Eine bildende Kunst, wie die classische der Griechen, ließ sich freilich nur auf der Grundlage einer genauen
taktischen Aufnahme der Dinge aufbauen, und diese Grundlage war ihnen eben durch die Altorientalen überliefert worden. Andrerseits haben
die Griechen ihre nationale Neigung zu optischer und subjectiver Betrachtung der Dinge hinzu gebracht und durch Synthese beider Richtungen das Problem der vollendeten Wiedergabe der stofflichen Einzelform in der bildenden Kunst zur Lösung geführt. In der neueren Kunst,
welche die Darstellung der stofflichen Individuen im freien unendlichen Raume und mit dem Raume zum Gegenstande hat, sind die Rollen
in ähnlicher Weise zwischen Romanen und Germanen vertheilt, indem die ersteren im allgemeinen das taktische, die letzteren das optische
Problem mit einseitiger Vorliebe verfolgen.

[2] Diese letztere Beobachtung, die wir beständig beim natürlichen Sehen machen und deren Wiedergabe bekanntlich ein Lieblings-
problem der modernen Kunst bildet, ist von der streng individualisirenden Antike, selbst in dieser ihrer dritten Phase, stets auf das Pein-
lichste unterdrückt worden. Infolgedessen setzen sich die spätrömischen Bauwerke und Figuren (sculptierte wie gemalte) trotz ihrer
fernsichtig-skizzenhaften Behandlung hart und scharf gegen ihre Umgebung ab und erregen dadurch das Missfallen des modernen Beschauers,
der darin einen offenbaren Widerspruch, Stillosigkeit, Barbarei erblickt, während der Spätrömer vermuthlich das gleiche absprechende
Urtheil über den modernen Impressionismus fällen würde.

Die Schatten sind tiefe und wirken daher innerhalb der Fläche trennend; die gemein antike Aufgabe, die Geschlossenheit der stofflichen Individualität klar aufzuzeigen, wird nun in dieser letzten Periode des Alterthums zu einem wesentlichen Theile und mit voller Absicht der ergänzenden Mithilfe des subjectiven Bewusstseins übertragen. Mit der neuerlichen Verflachung in der Ebene wird auch die Beobachtung der Symmetrie abermals eine strengere.

Dem Ausgange der zuletzt genannten dritten Phase gehören die christlichen Basiliken und Centralbauten der spätrömischen Periode an. Die Betrachtung einzelner typischer Beispiele aus allen drei Phasen wird erweisen, dass die beiden spätrömischen Bautypen mit ihrer Raumbildung und Massencomposition nur das consequente Endergebnis des vorausgegangenen, das ganze Alterthum beherrschenden Entwicklungsprocesses gewesen sind.

Das Architekturideal der Altegypter ist wohl im Grabmaltypus der Pyramide zum reinsten Ausdrucke gelangt. Vor welche der vier Seiten immer der Beschauer sich hinstellt, sein Auge gewahrt stets bloß die einheitliche Ebene des gleichschenkeligen Dreiecks, dessen scharfabschließende Seiten in keiner Weise an den Tiefenanschluss dahinter gemahnen. Gegenüber dieser wohlüberlegten und mit größter Schärfe betonten Begrenzung der äußeren stofflichen Erscheinung in den Flächendimensionen tritt hier die eigentliche gebrauchszweckliche Aufgabe — die Raumbildung — vollständig zurück. Sie beschränkt sich auf die Anlage einer kleinen Grabkammer mit unansehnlichen Zugängen, die für den Anblick von außen so gut wie nicht vorhanden waren. Die Pyramide ist eher ein Bildwerk, denn ein Bauwerk zu nennen. Die stoffliche Individualität im strengsten altorientalischen Sinne konnte kaum einen vollendeteren Ausdruck finden.

Ein solches Auskunftsmittel genügte nicht mehr bei Bauten, die nicht den Todten, sondern den bewegungsfrohen Lebenden gewidmet waren. Aber auch hier wurde die krystallinische Form des Äußern, die nur schattenlose ungegliederte Flächen aufwies, so gut es gieng, beibehalten. Das Lehmhaus der heutigen Fellachen bewahrt noch treu die Pyramidenstutzform des altegyptischen Wohnhauses; was sich hinter den fensterlosen kurzen Mauern an Raum verbirgt, verräth sich in keiner Weise dem von außen Blickenden. Ernster gestaltete sich aber der Kampf zwischen dem praktischen Raumerfordernis und der künstlerischen Raumscheu im egyptischen Tempelbau; seine Betrachtung ist darum so lehrreich, weil wir daraus ersehen, in welch raffinierter Weise die Egypter dem praktischen Bedürfnisse zu genügen und das Kunstprincip dennoch zu retten mit Erfolg bestrebt gewesen sind. Zunächst wurde der vom Gebrauchszwecke geforderte Raum in eine Reihe dunkler Kammern zersplittert, in deren Enge ein künstlerischer Raumeindruck ohnehin nicht aufkommen konnte. Damit fand man aber noch nicht das Auslangen; für gewisse Ceremonien bedurfte es vielmehr großer Räume. Man gestaltete diese einmal als offene Höfe, denen also mit dem Abschlusse nach oben die volle Innenräumlichkeit fehlte und wobei überdies den die Seiten abschließenden Wandflächen Säulenreihen (das heißt isolierte Formgebilde) vorgesetzt wurden, um den optischen Flächeneindruck der Wand dahinter zu brechen und dafür taktische Einzelformen dem Beschauer vor Augen zu rücken.

Daneben gab es aber auch wirklich vollständig geschlossene colossale Säle (Karnak) mit fester Decke; diese hätten mit den weiten, vom Auge entfernten und daher optisch wirkenden Flächen der vier Wände, Decke und des Paviments einen Raumeindruck hervorgebracht, der dem Egypter das höchste Unbehagen hätte verursachen müssen. Die Säle sind daher mit einem Walde deckenstützender Säulen in nahen Abständen derart dicht angefüllt, dass alle jene Flächen, die im räumlichen Sinne hätten wirken können, zerschnitten und zerstückelt wurden: dadurch war der Eindruck des Raumes trotz der beträchtlichen Ausdehnung zurückgedrängt, ja vernichtet und dafür der Eindruck der Einzelformen (Säulen) dem Auge aufgedrängt. An den geböschten Außenflächen der Umfassungswände (in der charakteristischen Configuration der Pyramidenstutz-wände) ist absolut jede Erinnerung an das Innere unterdrückt; die krönende Hohlkehle ist mit ihrer Betonung der freien überfallenden Endigung ein förmlicher Protest gegen die Annahme eines Daches dahinter; Fenster, die eine unmittelbare Communication zwischen Innen und Außen herge-stellt hätten, fehlen grundsätzlich, weil sie nur als störende Löcher in der geschlossenen taktischen Form erschienen wären; Thüren sind als nothwendige Übel so spärlich als möglich angebracht. Nach außen steht der egyptische Tempel mit seinen ungegliederten Mauern da, wie eine taktische Einheit in der Welt; im Innern zerfällt er in Mikrokosmen, die wieder ihrerseits mit Einheitsformen (Säulen) ausgefüllt sind. Er enthält aber bereits zwei Elemente der späteren Entwicklung: in den oblongen Höfen (entsprechend der Bewegungsrichtung der Besucher), das Element des Lang-baues gegenüber der krystallinisch-centralen Kunstform der Pyramide; in der freilich in loser Aufeinanderfolge zusammengestellten Vielzahl der Höfe und Säle das Element des Massenbaues. In solchen Gegensätzen lag zugleich die Möglichkeit und die Forderung einer Entwicklung.

Das griechische Säulenhaus unterscheidet sich schon äußerlich dadurch vom egyptischen Tempel, dass es trotz der in seinem Innern enthaltenen, allerdings beschränkten Mehrzahl von Räumen eine leicht überschaubare, wenn auch nicht streng centralisierte Einheit bildet. Seine einzelnen Seiten sind ferner zwar im Ganzen immer noch Ebenen, aber im Einzelnen nicht mehr ungegliederte taktische Flächen, sondern in die Formenreihen der Säulenportiken aufgelöst; will sie das Auge in ihrem gewollten Verhältnisse als Theilglieder eines harmonischen Ganzen genießen, so muss es in einige Entfernung von den Theilflächen abrücken, woraus sich ergibt, dass die Aufnahme des griechischen Tempels aus jener der Normalsicht entsprechenden mäßigen Entfer-nung zu erfolgen hat, in welcher taktische Klarheit der Details und optische Übersicht über das Ganze in gleichem Maße zur Geltung gelangen können.

Eine solche Accentuierung des Verhältnisses der Theilflächen zum Ganzen ist aber ohne eine Durchbrechung der starren Einheit der Ebene nicht durchführbar, und in der That begegnen wir am griechischen Säulenhaus den ersten Anerkennungen der Dreidimensionalität, des Schattens und des Raumes. Die Hauptaufgabe der Baukunst blieb zwar zunächst noch immer die Raumbegrenzung im Gegensatze zur Raumbildung; aber die Existenz des Raumes als solchen wird nicht mehr so grundsätzlich verhehlt. Auf Schaffung von Innenräumen sind allerdings auch die Griechen der classischen Zeit noch keineswegs ausgegangen: der einzige größere Raum im Tempelinnern, die Cella, wurde durch die Hypäthralität auf die Entwicklungsstufe des egyptischen Hofes zurück-gedrängt, und das heute so selbstverständliche Communicationsmittel zwischen Innerem und Äußerem eines Bauwerkes — das Fenster — fehlt dem griechischen Tempel (bis auf wenige, aus besonderen Verhältnissen zu erklärende Ausnahmen) noch durchaus. Es ist vielmehr nebst dem Dache ausschließlich die oblonge Gesammtform, in der sich (an den Flanken, nicht an der streng centralisierten Front) die Existenz eines der Bewegung von Menschen eingeräumten Innern nach Außen verräth. In den Säulenportiken, die gleich den Faltenhöhlen der classischen Draperie den Schatten sammeln, gelangt eine weitere Anerkennung der Tiefe und des Raumes an den Dingen zum beschränkten Ausdruck, wobei aber das Auge sofort an der geschlossenen Cellawand seinen Halt findet, wie an der ebenen Grundfläche eines Reliefs. Aus alledem ergibt sich, dass die griechische Kunst neben der noch immer vorwaltenden greifbar materiellen und als solche unmittelbar sinnlich wirkenden Erscheinung bereits die Ergänzung ihrer Wirkung durch den aus der Erfahrung stammenden Gedanken, also ein subjectiv-geistiges Moment, wenigstens im bescheidenen Ausmaße zulässig befunden hat.

Dass unter den Diadochen ein entschiedener Fortschritt in der Richtung auf Ausbildung von Innenräumen geschehen ist, wird man kaum bezweifeln dürfen; doch fehlen alle Anhalts- punkte, um das Maß dieses Fortschrittes im einzelnen zu bestimmen.

Den ältesten erhaltenen, völlig geschlossenen Innenraum von wahrhaft bedeutenden Dimen- sionen und offenbar künstlerischen Absichten birgt das Pantheon in Rom, dessen heutige Gestalt im wesentlichen erst auf die erste Hälfte des zweiten nachchristlichen Jahrhunderts zurück- geht. Seine ursprüngliche Bestimmung steht zwar nicht mit Sicherheit fest, aber wir werden es unbedenklich als Zeugnis des monumentalen Kunstwollens der früheren römischen Kaiserzeit gelten lassen dürfen. Das Säulenhaus war hiefür gewiss nicht mehr maßgebend, denn wenn auch griechische Säulentempel, in denen die alten Olympier verehrt wurden, die ganze Kaiserzeit hin- durch immer auf's neue gebaut worden sind, so steht doch anderseits fest, dass die wahre Ver- ehrung des Römers der Kaiserzeit nicht den vererbten Staatsgöttern, sondern gräcisierten orien- talischen Gottheiten, wie der Isis, dem Mithras und anderen gegolten hat; und so müssen es auch die von den alten Tempeln verschiedenen Heiligthümer, die dem Cult dieser neuen Götter bestimmt waren, gewesen sein, in denen das specifische Kunstwollen ihrer Entstehungszeit zum wahren Ausdrucke gelangt ist.

Zunächst einige Worte über das Äußere des Pantheon. Abgesehen von dem angelehnten Giebelportikus stellt es eine reine Rotunde dar, die wenigstens für den fernsichtigen Anblick ein absolut symmetrisches Flächenbild ergibt. Die centrale taktische Formeinheit ist somit hier nicht allein noch immer, gleich wie im früheren Alterthum, als oberstes Kunstziel festgehalten, sondern sogar in weit höherem Grade erreicht, als am griechischen und vollends am altegyptischen Tempel. Das Mittel aber, wodurch dieses Resultat erzielt wurde, ist ein solches, wovon weder die Egypter noch die classischen Griechen Gebrauch gemacht hätten: alle krystallinische Brechung in klar gesonderte, ebene Außenflächen erscheint aufgehoben, an Stelle der absolut ruhigen Ebene des egyptischen Kunstideals die ruhelose, tiefensuchende Curve, an Stelle der am Säulenhaus beobachteten Außengliederung in Theilformen das unterschiedslose Aufgehen aller denkbaren Theilchen in der Form des Ganzen gesetzt. Das fensterlose Pantheon steht darin noch auf gemeinantikem Boden, dass es ein zu klarer Einheit geformtes, in feste Grenzen gefasstes stoff- liches Individuum sein will und darum auch außen eine Massencomposition noch vermeidet (denn die Vorhalle ist doch wesentlich nur eine Bereicherung des Portals, nicht eine Composition der Rotunde mit dem oblongen Säulenhaus); mit seinem Streben nach unendlicher Tiefenänderung innerhalb seiner festen Grenzen bezeichnet es den extremen Gegensatz zum altegyptischen Stil und zugleich seine Verwandtschaft mit der griechischen Kunst, deren auf maßvolle Bewegung der Oberfläche gerichtete Ziele es freilich ins Äußerste verfolgt; mit seiner unbedingten Beugung aller möglichen Theile unter die absolute Einheit des Ganzen tritt es anderseits in Gegensatz zur griechisch-classischen Kunst und nähert sich damit abermals dem altegyptischen Stil, der eben- falls bloß gliederlose Außenflächen gekannt hat.

Pyramide und Pantheon bezeichnen somit zwei entgegengesetzte Extreme der antiken centralisierenden Baukunst, das griechische Säulenhaus dazwischen gewissermaßen die ausgleichende classische Mitte. Beruhte die Pyramide auf der nahsichtigen, das Säulenhaus auf der normalsichtigen Aufnahme, so muss beim Pantheon die Fernsicht eintreten; denn nicht zwei Punkte einer Zone desselben liegen in der gleichen Ebene und es bedarf daher der einheitlichen Übersicht über sie alle, um die begehrte Einheit (Symmetrie in Höhe und Breite) wahrzunehmen, während vor der griechischen Giebelfront das Auge noch mit Wohlgefallen in der Nähe der plastischen Theilglieder verweilt hatte. Diese stetige Tiefenänderung zieht ferner den Blick des Beschauers unwiderstehlich nach der Tiefe; da diese aber theils nur unvollkommen (an den Flanken), theils gar nicht (an der Rückseite) wahrzunehmen ist, so appelliert das Pantheon (wie jedes auf Fernsicht berechnete Kunstwerk) in weit höherem Grade als die classischen und vollends die egyptischen Denkmäler an die ergänzende Hilfeleistung des subjectiven Bewusstseins im Beschauer. Damit verräth das Äußere des Pantheon zugleich das Bestreben, sich nicht bloß nach den Flächendimensionen hin, wie die egyptischen und classischen Bauten, sondern auch nach der Tiefe zu isolieren, worin eine offene Anerkennung des cubischen Raumes enthalten ist.

Das Pantheon ist keineswegs die älteste Rotunde, die wir kennen; es gehen ihm mindestens die so gut wie innenraumlosen Mausoleen und die Hofbildungen der Amphitheater voran, so dass wir mit den Anfängen bis in die Diadochenzeit hinaufgelangen. Das schlechthin Neue am Pantheon ist, so viel sich heute sagen lässt, der e i n e g e s c h l o s s e n e R a u m in seinem I n n e r n. Wohin das Auge des Eingetretenen blickt, auf Seitenwände oder Kuppelwölbung (in deren Scheitel die kleine Lichtöffnung eher als Schlusstein denn als Durchbrechung erscheint), überall stößt es auf tiefenverändernde Flächen, die sich aber nirgends zur Form abgrenzen, sondern continuierlich in sich selbst zurücklaufen. So entsteht im Beschauer der Begriff des Raumes; aber im übrigen ist im Pantheon alles darauf hin berechnet, um zugleich auch das Bewusstsein von den stofflichen Grenzen des Raumes wachzurufen, an Stelle des reinen Begriffes nach Möglichkeit die sinnliche Vorstellung der taktischen Einheitsform, an Stelle der Tiefe die Ebene (Höhe und Breite) zu setzen. Der Eintretende merkt nämlich sofort beim ersten Blick auf die Bodenfläche die Kreisform der begrenzenden Mauer und schließt daraus, dass die Abmessungen der Tiefe und Breite die gleichen sind; dazu gesellt sich die weitere unmittelbare Wahrnehmung, dass auch die Höhe der Breite (und somit auch der Tiefe) gleich ist: dadurch wird im Beschauer zwingend das taktische Gefühl der Einheit in den Maßen der begrenzenden Flächen erweckt. Mehr als irgend ein anderer Innenraum der Welt hat sich der des Pantheon jene der Reflexion unbedürftige echt antike Klarheit und geschlossene Einheit bewahrt, die streng genommen nur der undurchbrochenen festen stofflichen Form zukommen kann. Die frühere römische Kaiserzeit hat also das Raumproblem im Inneren in der Weise zur Lösung gebracht, dass sie d e n R a u m g l e i c h s a m a l s c u b i s c h e n S t o f f b e h a n d e l t e und denselben in absolut gleiche und darum klare Abmessungen einfieng. Damit war das bisher unmöglich scheinende zur Wirklichkeit gemacht, der freie Raum individualisiert.

In der untersten Zone des Mauercylinders findet sich im Inneren des Pantheon eine Reihe von Nischen [1] ausgespart, die zur Hälfte am Eingang mit einem Säulenpaar verstellt und dadurch zu gewissermaßen abgetrennten Seitenräumen gestempelt erscheinen; die dunklen Schatten, die sich in ihren Höhlungen sammeln, erzielen mit den hellen trennenden Flächen der Rotundenwand dazwischen eine farbige, das heißt optisch-fernsichtige Contrastwirkung. Beides ist für die Folge-

---

[1] Die Vorliebe der römischen Baukunst für die Nische erklärt sich offenbar daher, dass dieselbe nicht minder wie der geschlossene Cylinder die Einfangung des Raumes in eine cubisch meßbare Größe und somit eine Individualisierung des Raumes bedeutet.

zeit, wie sich zeigen wird, von größter Bedeutung geworden. Sowohl die Massencomposition des Centralraumes mit nicht minder centralen (aber halbierten) Seitenräumen, als die Bestrebungen auf rhythmische coloristische Flächenbelebung werden wir als wesentliche Charakterzüge der spät-römischen Kunst wiederfinden; beide wurzeln äußerlich in dem für die dritte Phase der antiken Kunst charakteristischen Bestreben, die taktischen Ebenen durch Tiefschatten zu unterbrechen. Das tiefere Kunstziel aber, das man mit der Anbringung von begleitenden Seitenräumen verfolgt hat, lag in der wirksameren Abschließung des individualisierten centralen Innenraumes nach der Tiefe und in seiner augenfälligeren Isolierung gegenüber der Grundebene. Dieses Sachverhältnis, von dessen richtiger Erkenntnis das Erfassen der spätrömischen Baukunst in ihrem entscheidendsten Punkte abhängt, wird uns im Laufe der nachfolgenden Untersuchungen noch klarer werden.

Neue Elemente in der monumentalen Baukunst (freilich nicht in der Nutzbaukunst) der römischen Kaiserzeit waren auch Bogen und Wölbung; in der altegyptischen und classischen Baukunst hatte ihnen der gerade Architrav und die Flachdecke entsprochen. Im geraden Archi-trav über zwei Stützen ist das Verhältnis zwischen Kraft und Last auf den gemeinverständ-lichsten und einfachsten, unmittelbar klar wirkenden Ausdruck zurückgeführt. Das Kräftespiel im Bogen ist dagegen ein verborgenes und ähnlich wie die Rundung nach der Tiefe, nur auf dem Wege der geistigen Reflexion und der Erfahrung zu verstehen. Genau in dem gleichen Verhältnisse stehen Flachdecke und Wölbung zu einander. Der Bogen brachte schon in seinem Zwickel die künftige Anerkennung der Mauer mit sich; an den Theatern der früheren Kaiserzeit glaubte man aber die Mauerfläche noch in Scheinportiken auflösen zu sollen. Erst die dio-cletianische Zeit stellte, so viel wir heute wissen, den Bogen unvermittelt auf die Säule und darüber die Mauer: diese wiederum eine Ebene wie die altegyptische Mauer, aber nicht mehr eine undurchbrochene taktische, sondern eine von tiefschattenden Fenstern durchsetzte optische Ebene.

Die nächste Etappe der Entwicklung führt uns bereits in die spätrömische Periode selbst, wenngleich der Bau, den wir hiefür in Anspruch nehmen — der sogenannte Tempel der Minerva Medica zu Rom — keine sichere Datierung gestattet. Vor allem ist es ein Massenbau, denn die Apsiden, die im Pantheon nur im Innern ausgespart waren, treten hier schon außen heraus und fallen somit in die Silhouette des Ganzen, werden aber vollständig vom Mittelbaue dominiert.

Wir haben es also hier nicht mehr mit einem einzigen Bauindividuum, sondern mit einer ganzen Anzahl solcher — einem überragenden großen und mehreren kleineren — zu thun, wobei die kleineren durch das Größere zum Theil gleichsam verdeckt erscheinen. Erinnert man sich, dass die Schaffung klar begrenzter, centralisierter Einheiten das grundsätzliche Ziel der antiken Baukunst (und bildenden Kunst überhaupt) ausgemacht hatte, so ergibt sich, dass mit dem Auf-treten der Massencomposition das architektonische Kunstwollen in einem nicht minder grund-wichtigen Punkte durchbrochen und außer Kraft gesetzt erscheint, wie mit der Emancipation des Raumes. Und wie die letztere lässt sich auch die Massencomposition in der Architektur an einzelnen Vorläufern mindestens bis in die frühere Kaiserzeit zurückverfolgen.

Das Aufkommen des Massenbaues fügt sich aber ebenso harmonisch wie dasjenige der Innenraumbildung in den Entwicklungsgang der antiken Kunst ein, sobald wir nach der Absicht fragen, welche dazu geführt haben mag. Diese Absicht erhellt aus der Wirkung, die der centrale Massenbau auf den Beschauer äußert, von welcher Seite immer dieser an den Bau herantritt. Von dem großen massiven Baukörper löst sich stets eine Nische (oder mehrere) los und tritt dem Beschauer geradewegs entgegen. Wenn also die Silhouette des Ganzen, dank der absoluten

Symmetrie der centralen Anlage, sich immer noch als Ebene darstellt, so sollen die unten in starker Ausladung heraustretenden Nischen dem Beschauer zu deutlicherem Bewusstsein bringen, dass der Bau sich auch in der Tiefen:dimension zu einem isolierten Individuum abschließt, und sich damit zugleich gegenüber der Grundebene isoliert. Die kleinen Centralbauten (Nischen) bilden gleichsam einen eigenen gemusterten Grund, von welchem der dominierende Centralbau um so wirksamer heraus springt: ein Gesetz, dem wir noch wiederholt und insbesondere in der Decoration der spätrömischen Kunst begegnen werden. Jetzt erschließt sich uns aber auch in vermehrter Klarheit die Bedeutung der Seitenräume im Innern, wie wir sie vorhin (S. 25 f.) am Pantheon angetroffen hatten. Denn der Raum wurde, wie wir am Pantheon gesehen haben, als cubische Stofflichkeit aufgefasst und danach in eine streng regelmäßige, auf den ersten Blick als individuelle Masse erkennbare Form gebracht; indem ihm nun eine Reihe von Seitenräumen als Trabanten beigegeben wird, erscheint er ebenfalls wirksamer abgerundet. Das Verhältnis zur früheren Antike lässt sich aber folgendermaßen formulieren:

Noch immer handelt es sich in letzter Linie um die abgeschlossene Darstellung eines stoff-lichen Individuums. Aber dieses wird jetzt nicht mehr einfach in die Ebene hingestellt und mit dieser verbunden, sondern es soll sich in seiner vollen Dreidimensionalität aus der Grundebene loslösen. Infolge dessen wird zwischen die Grundebene und das Individuum eine Reihe kleinerer Individuen eingeschoben, die das größere wirksamer aus der Ebene heraustreiben. Am klarsten tritt dieses Verhältnis in der spätrömischen Decoration entgegen; man vergleiche auf Taf. XVI, 2 das grosse Kreuz auf dem durchbrochenen Mäandergrunde, an welchem Beispiele das echt spät-römische Zusammenwirken des Beharrens in der Ebene einerseits, der wechselseitigen Isolierung der Einzelformen anderseits völlig typisch entgegentritt.

Eine nicht minder wichtige Neuerung bedeutet am Tempel der Minerva Medica die An-bringung von Fenstern im Tambour (und sogar in der Kuppelwölbung). In Nutzbauten waren Seitenlichter seit altorientalischer Zeit unvermeidlich gewesen; der Monumentalbau hat sie grund-sätzlich verworfen, denn vom Standpunkte einer Kunst, die darauf ausgeht, den Stoff zu geschlossenen Einheiten zu formen, ist das in der Nahsicht oder Normalsicht gesehene Fenster ein störendes Loch in der Wand, eine missfällige Unterbrechung des Taktisch-stofflichen durch ein rein optisch-farbiges wesenloses Nichts, gleich dem Schatten. An classischen Monu-mentalbauten sind daher Fenster überaus seltene Ausnahmen, und wo sie eines äußeren Zwanges halber Eingang fanden, wurden sie durch eine sorgfältige Einrahmung gleichsam zu selbständigen Bauindividuen gestempelt. Die Voraussetzung für die Zulassung des Fensters in die Monumental-kunst war somit eine fernsichtige Aufnahme, welche die schattenden Höhlungen in ihrem rhyth-mischen Wechsel (Symmetrie der Reihung) mit den hellen Wandpartien dazwischen in einer Ebene als zusammenhängende optische Einheit erscheinen ließ. Diese Voraussetzung gelangte in der spätrömischen Kunst in Erfüllung, und indem nun das Fenster selbst an Monumental-bauten als legitimes und nothwendiges Element allgemein zugelassen wurde, war damit erstens eine endgiltige seither bis zum heutigen Tage nie mehr völlig verlassene Herstellung von unmittel-baren Beziehungen zwischen Innen und Außen (die noch dem pompejanischen Hause gefehlt hatte, im Orient vielfach selbst heute fehlt) vollzogen; zweitens vom Standpunkte einer fern-sichtigen Betrachtung ein neues decoratives System geschaffen, das auf der rein optischen Grundlage des regelmäßigen Wechsels von dunklen Durchbrechungen mit hellen Wandflächen dazwischen beruht. Auch für das Innere hat der endgiltige Verzicht auf die Fensterlosigkeit eine mit keinen

Mitteln zu beseitigende Durchbrechung des geschlossenen Raumeindruckes zur Folge gehabt. Wer den Tempel der Minerva Medica betrat, genoss nicht mehr jenes Zaubers absoluter beruhigender Einheit, der noch heute vom Innenraum des Pantheon ausströmt, trotzdem auch dort die Abmessungen nach allen drei Dimensionen untereinander noch ziemlich gleich waren; die somit erfolgte Veränderung lag nicht so sehr an der vermehrten Zahl der Nischen, die nun in ununterbrochener Reihe auf einander folgten, sondern hauptsächlich an den Fensteröffnungen, die einerseits eine coloristische Belebung der Wandflächen bewirkten, aber zugleich auch den Blick aus der stofflichen Hülle hinaus in den unendlichen Raum lockten.

Gerade an diesem Beispiele zeigt sich zwingend, dass die antike Tendenz auf absolute Geschlossenheit des Individuums nun auf die Dauer nicht mehr aufrecht zu erhalten war, und dass ihre Sprengung vom inneren Raumbedürfnisse ausgegangen ist. Mit den Fenstern, die den Blick aus der geschlossenen Enge hinaus ins Freie eröffnen, kündigt sich zum erstenmale eine neue Zukunftskunst an, welche die Einzelform nicht in ihrer isolierten Existenz und auch nicht in einer Massencomposition mit mehreren gleichartigen Formen, sondern im Zusammenhang mit dem unendlichen und unmessbaren Raume darstellen will.

Die gegen Mitte des vierten Jahrhunderts erbaute Grabkirche Sta. Costanza zu Rom zeigt das System der Minerva Medica insoferne fortentwickelt, als der Kranz von Nischen in einen ununterbrochenen Umgang zusammengeschmolzen erscheint, der vom Mittelraum durch einen Kreis von Doppelsäulen getrennt ist. Es sind also zwei concentrische Rotunden vorhanden, deren äußere von der inneren überragt und dominiert wird. Die stilistisch wichtige Neuerung besteht hiebei in der Unterdrückung aller Gliederung (Nischen) zugunsten eines einfach-massigen Umrisses. Die eigentliche Fortbildung des römischen Centralbaues für christliche Cultzwecke ist aber nicht in der Stadt Rom, sondern auf oströmischem Boden vor sich gegangen. Um diese richtig zu verstehen, muss man die inzwischen erfolgte Ausbildung des christlichen Langbaues kennen.

Die von der antiken Kunst begehrte klare und geschlossene Einheit des stofflichen Individuums fand, soweit die Architektur in Betracht kommt, offenbar ihre höchste Befriedigung im Centralbau; aber das eigentlich treibende Element ist doch der L a n g b a u gewesen, und dies aus leicht ersichtlichen Gründen. Der Langbau ist für die Bewegung von Menschen in seinem Innern geschaffen; Bewegung bedingt aber Verlassen der Ebene, Berücksichtigung des Tiefraumes, Hinaustreten der Individualität aus sich selbst in Verkehr mit dem Raume. Die antike Kunst war fortwährend bemüht, diesen latenten Gegensatz zu überbrücken oder doch zu verschleiern; aber gerade in diesen Bemühungen lag ein Problem und damit ein zwingender Anlass zu unablässiger Entwicklung. So sehen wir auch in der classischen Kunst die Auflösung der taktischen Außenwand in Portiken nicht an einem Centralbau, sondern an einem Langbau (dem Tempel) sich vollziehen.

Das Problem der Kaiserzeit lag nun darin, die Raumbildung innerhalb des Langbaues in der gleichen Weise durchzuführen, wie es im Centralbau (Pantheon) geschehen war: das heißt durch Individualisierung des Raumes im Wege der Formung gleichmäßig begrenzter cubischer Raummassen. Wann man dieses Problem in bewusster Weise aufgegriffen hat, ist heute nicht auszumachen. Im ersten Jahrhunderte der römischen Kaiserzeit lehrt schon das pompejanische Haus, wie man sich wenigstens im profanen Wohnbaue noch immer grundsätzlich gegen jedwede Innenraum-Bildung gesträubt hat; es gibt dort streng genommen noch keinen absolut geschlossenen Raum, denn fast alle Gelasse öffnen sich gegen das Atrium, einen offenen Hof, der das eigentliche Bewegungsmedium bildet. Gleichzeitig hat es allerdings nachweislich schon Basiliken gegeben. Da hätten wir also einen longitudinalen Massenbau, das heißt einen hohen Saal, concentrisch in einen größeren, aber niedrigeren hineingesetzt, bereits für das erste Jahrhundert der Kaiserzeit bezeugt. Aber die Genesis der Marktbasilika geht offenbar auf den offenen Hof zurück, den man aus Noth- und Nutzrücksichten überdeckt hat. Es leidet zwar keinen Zweifel, dass schon in dieser Zurichtung eines Nutzbaues ein Symptom und eine Vorstufe der kommenden Entwicklung anzuerkennen ist; aber es ist doch anderseits wichtig zu vermerken, dass die Elemente des geschlossenen Saalbaues zuerst an einem Nutzbaue und nicht an einem Monumentalbaue zutage getreten sind. Übrigens sind wir nicht hinreichend darüber informiert, auf welche Weise ursprünglich die Überhöhung und Überdeckung des Hofraumes hergestellt worden ist, denn die Reste von Basiliken des ersten Jahrhunderts der Kaiserzeit sind zu fragmentarisch erhalten und die bildlichen Darstellungen in Wandmalerei lassen vielen Zweifeln Raum übrig. Die wichtigste Frage wäre, ob bereits damals eine hohe massive Obermauer vorhanden war; ich möchte dieselbe a priori verneinen und lieber an metopenartige Behandlung denken. Worüber aber jeder Zweifel ausgeschlossen ist, das ist die Eindeckung der Basiliken durch einen offenen (oder auch verschalten) hölzernen Dachstuhl, während jeder geschlossene Innenraum (also namentlich jeder Centralbau) die gewölbte Decke zwingend erforderte. Solange der hölzerne Dachstuhl über dem Mittelschiffe der Basilika in Übung blieb, kann dasselbe nicht als wahrhaft geschlossener Innenraum aufgefasst worden sein. Erst die romanische Kunst hat die Basilika eingewölbt; sie ist es aber auch, welche die Perspective, das heißt einen begrenzten Ausschnitt aus dem unendlichen Raume in das Mittelschiff gebracht und damit aus der Basilika einen wirklichen Richtungsbau gemacht hat. Der Römer der Kaiserzeit hingegen hat im Mittelschiffe bloß die abschließenden Wandebenen, nicht aber den von ihnen eingeschlossenen Raum gesehen — eben weil der monumentale Abschluss nach oben (die Wölbdecke) fehlte.

Sehr wichtig für den bevorstehenden Stilwandel war jedenfalls der Umstand, dass in der Basilika die seitlichen Oberlichter (Fenster) von innen und außen sichtbar gemacht werden mussten. Am altegyptischen Saalbaue waren sie auch vorhanden, aber so versteckt angebracht, dass man sie als Durchbrechungen der Mauer weder von innen noch von außen wahrnehmen konnte. Wie sehr sich aber der antike Bausinn noch in der früheren Kaiserzeit gegen die Durchlöcherung der (taktischen) Wand mit Fenstern gesträubt hat, beweist das fensterlose, nach außen ganz ablehnende pompejanische Haus, und von Monumentalbauten das Pantheon der hadrianischen Zeit.

Die ersten großen geschlossenen Saalbauten kennen wir aus dem dritten Jahrhundert der Kaiserzeit. Nach außen scheinen sie absichtlich nicht freigelegt worden zu sein. Der oblonge Saal der Caracalla-Thermen bildet den Kern einer Anlage aus vielen Gemächern, die von einer gemeinsamen quadratischen Mauer umschlossen gewesen waren, und ähnlich scheint es in den Diocletians-Thermen gewesen zu sein. Darin lag jedenfalls Absicht, die auf nichts anderes gerichtet sein konnte, als auf zunehmende Unterdrückung der äußeren Gliederung; klarer liegt aber das Ziel zutage, das man im Innern hinsichtlich der Raumbildung angestrebt hat, weshalb es sich empfiehlt, sofort das Innere der oblongen Säle der mittleren Kaiserzeit in Betracht zu ziehen.

Der Beschauer betritt ein Mittelschiff, das in drei quadratische, centrale Compartimente zerlegt ist. Diese Quadrate werden scharf markiert durch gewaltige Pfeiler mit Riesensäulen davor, und durch die auf den letzteren unmittelbar (ohne Obermauer dazwischen) aufruhenden Kreuzgewölbe, deren Scheitel genau über dem Mittelpunkte eines jeden Quadrates liegen. Der Beschauer merkt beim Eintritte auf Grund der Betrachtung der Bodenfläche die gleichen Abstände der Höhe und Breite des ersten ihm zunächst liegenden Quadrates, und da er beim Vorwärtsschauen in der vorgezeichneten Tiefenrichtung dieses Quadrat dreimal wiederkehren sieht, gewinnt er damit eine Abschätzung der Gesammttiefe und die beruhigende Empfindung des Gleichmaßes und der Sicherheit. Die Lösung der Spannung ist somit durch eine Zerlegung des Oblongums in drei Centralräume erreicht; da dieselben untereinander völlig gleich sind, werden sie durch die Symmetrie der Reihung, wie die Portiken am griechischen Säulenhaus, zur Einheit vereinigt. Allerdings ergibt sich die Einheit hier nicht mehr so unmittelbar wie am Pantheon, denn es bedarf nun mindestens einer summierenden Reflexion; aber das entscheidende ist, dass es doch rein symmetrische Mittel sind, durch deren Wahrnehmung der Beschauer zur Vorstellung der individuellen Einheit gebracht wird; denn an der Symmetrie haftet untrennbar die Vorstellung der Ebene, und an dieser wiederum diejenige der Stofflichkeit. Gelangte darin der Zusammenhang mit der früheren Antike zum Ausdrucke, so verräth sich die charakteristische Neuerung der späten Antike, das Hinausstreben des Individuums aus der Ebene darin, dass sowohl in der sogenannten Maxentius-Basilika, als in den großen Sälen der Caracalla- und Diocletians-Thermen der eigentliche Hauptraum von Seitenräumen begleitet ist, worin sich die Function der Seitenschiffe zum Mittelschiffe, des kleingemusterten Grundes zum großen Muster ausspricht. Dadurch war erreicht, dass das Auge in allen den genannten Räumen nirgends auf ebene Abschlusswände stieß, sondern im Richtungsblick nach vorne auf die geformte Krummwand der Apsis, in der Höhe auf die nicht minder gebogenen Kreuzgewölbe; zu den Seiten endlich drang es in die großen Nebenräume, die jedes Mittelschiffquadrat in voller Breite beiderseits begleiten; sogar die Lunetten unter den Kreuzgewölben waren großentheils mit Fenstern durchbrochen, deren Form derjenigen der Lunette folgte.

Der Langbau der christlichen Basilika unterscheidet sich von den genannten Saalbauten vor allem dadurch, dass das Mittelschiff nicht mit einer Wölbdecke zu einem geschlossenen Innenraum abgegrenzt, sondern noch immer gleich der Marktbasilika mit einem Holzdach eingedeckt wurde: das Mittelschiff der christlichen Basilika ist somit fortdauernd ein offener und gleichsam nur provisorisch gedeckter Hof. Das Auge des spätrömischen Beschauers erblickte darin wohl säulendurchbrochene ebene Wände und eine halbrunde Apsis, aber keinen allseits (das heißt auch oben) abgeschlossenen Raum. Infolgedessen fiel jede Nothwendigkeit hinweg, das Mittelschiff wie an den heidnischen Saalbauten in mehrere Centralräume (Raumwürfel) zu zerlegen.

Das Mittelschiff der christlichen Basilika ist begleitet von Säulen, die so enggestellt sind, dass sich darauf eine übersichtliche Eintheilung der Bodenfläche nicht mehr begründen lässt, ferner von einer massiven Obermauer, die nur von Fenstern durchbrochen ist und gar keine wie immer geartete verticale Eintheilung aufzuweisen hat; endlich von der geraden Decke, die nicht minder die Gliederung der kreuzgewölbten Thermensäle vermissen lässt. Der moderne Besucher einer römischen Basilika wähnt sich daher in der Regel in einen auf perspectivische Reize angelegten Raum versetzt; ein solcher ist aber stets als (begrenzter) Ausschnitt aus dem unendlichen Raume gemeint, und es ist klar, dass in dem Falle, als die Altchristen wirklich von einer perspectivischen Absicht geleitet gewesen wären, das Aufkommen ihrer Basilika nicht anders gedeutet werden könnte, denn als ein jäher Bruch mit einer jahrtausendlangen Kunstüberlieferung, und ein unvermittelter Sprung in eine der heutigen bereits nächstverwandte Kunsttendenz. Eine nähere Betrachtung lehrt aber, dass ein solcher unnatürlicher Riss in der gleichmäßigen Entwicklung nicht existiert, und dass die römischen Altchristen mit dem Mittelschiffe der Basilika gar keinen geschlossenen Innenraum und somit auch keinen perspectivischen Raumausschnitt schaffen wollten, den vielmehr bloß der moderne Beschauer hineindeutet.

Schon die erste Wahrnehmung, die sich dem Besucher einer christlichen Basilika sofort aufdrängt, muss uns auf die angedeutete Fährte führen: die Höhe und Breite des Mittelschiffes sind in ein wohlthuendes Gleichmaß zu einander gebracht, und damit von vorneherein im Beschauer ein bestimmter Eindruck der Symmetrie und der Ebene hervorgerufen; man braucht sich bloß der Verschiebung dieser Verhältnisse, der einseitigen Steigerung der Höhe im germanischen Mittelalter zu erinnern, um sich klar zu werden, wie enge die christliche Basilika noch mit grundsätzlichen Anforderungen des gemeinantiken Kunstwollens zusammenhängt.

Die Behandlung der Theile, die nun den letzten Rest taktischer Verbindung abgestreift hatten, konnte keine andere werden, als eine coloristische; sie äußert sich unten in dem raschen Wechsel der dichtgestellten Säulen mit ihren Intercolumnien, an der Obermauer in der durchgebrochenen Reihe von Fenstern. Das gleiche Streben nach Isolierung zeigt sich auch im Verhältnisse zwischen den einzelnen Theilen, zum Beispiel zwischen den Horizontalgliedern untereinander. Abgesehen von der oberflächlichen, auf flüchtigen Fernblick berechneten Bildung aller Details, gewahren wir über den Säulen eine Mauer, über der Mauer eine Flachdecke, ohne dass zwischen diesen einzelnen Reihen eine passende Verbindung hergestellt wäre. Die Einschiebung der Mauer zwischen Säulen und Decke bedeutet allein schon eine Zerreißung des nothwendigen Zusammenhanges zwischen Stützen und Decke: zum bezeichnenden Unterschiede gegenüber dem griechischen Säulenhause. Es ist, als ob man es geflissentlich darauf angelegt hätte, alle Versinnlichung eines Causalzusammenhanges zwischen den Theilen aus dem Wege zu räumen. Wenn das Unbefriedigende, das für den heutigen Geschmack darin liegt, und das namentlich im Widerspruche zwischen den schlanken Säulen und der vasten Mauer zutage tritt, vom modernen Besucher häufig übersehen wird, so liegt es an der perspectivischen Wirkung, durch die er sich gefangen nehmen lässt, und die dem ursprünglichen Zustande schon allein der (erst in der Barockzeit beseitigten) Einbauten in der Mitte des Schiffes (Cancelli und Ambonen) halber gar nicht eigenthümlich gewesen sein konnte. Die altchristliche Basilika bildet in dieser Hinsicht ein Unicum, das sich seither in der Kunstgeschichte nicht mehr wiederholt hat. Die mittelalterliche Kunst des Nordens hat die Mauer wieder hinweggeräumt und abermals cubische Raumeinheiten geschaffen, die aber mit Bewusstsein aus der Ebene in den unendlichen Raum übergeführt werden. Die Barockkunst hat zwar die geschlossene Mauer retabliert, aber in Nischen gegliedert und darüber bloß einen vermittelnden Fries angebracht und lieber die Fenster in das Tonnengewölbe eingeschnitten, als dass sie eine Wandfläche von größerer Ausdehnung als Obermauer zugelassen hätte.

Die geflissentliche Aufhebung aller taktischen Verbindungen zwischen den Theilen eines Baukörpers an der altchristlichen Basilika hat zur Folge gehabt, dass jener Eindruck der Nothwendigkeit und des innigen organischen Zusammenhanges aller Theile, den die classische und auch die neuere Kunst von der Composition verlangt, in der altchristlichen Basilika (und auch im Centralbau, an diesem aber in minderem Grade) so gut wie verloren gegangen ist. Es ist dies genau die gleiche Erscheinung, die uns in der gleichzeitigen Sculptur und Malerei als Hässlichkeit und Roheit der Figuren entgegentritt; und auch die treibenden künstlerischen Ursachen sind da und dort die gleichen gewesen, wie sich bei Gelegenheit der Untersuchung der spätrömischen Entwicklung in der Sculptur des näheren wird ausweisen lassen. Die Parallele verdient deshalb schon an dieser Stelle angemerkt zu werden, weil die Ausbildung des Bautypus der Basilika wohl von niemandem dem Einflusse der nordischen Barbaren zugeschrieben werden dürfte, und somit wenigstens auf architektonischem Gebiete der mittelländische Ursprung für eine Erscheinung sichergestellt ist, deren entschieden anticlassischer Charakter nicht allein in der Detailbehandlung, sondern in der allgemeinen Grundanlage, gemäß der bisherigen Anschauung auf Rechnung der „Barbarisierung" gesetzt werden müsste.

Das Äußere der christlichen Basilika trägt alle Merkzeichen eines Massenbaues zur Schau. An jeder der vier Seiten tritt aus der ebenen Wand des Hauptbautheiles — des Mittelschiffes — unten ein Nebenbau heraus: an der Façade das Atrium (weshalb es innerhalb der altchristlichen Basilika zum Begriffe einer Façade niemals gekommen ist), an den Flanken die Seitenschiffe (und eventuell die Querarme eines Transepts), an der Abschlusswand die Apsis. Das Herausspringen des Bauwerkes in seiner Gesammtheit aus der Grundebene ist dadurch wirksam angedeutet, wiewohl dasjenige, was vom Hauptbau jeweilig sichtbar ist, eine ebene Wandfläche bildet. [1]

Der charakteristische Unterschied gegenüber dem centralen Massenbau liegt in dem geflissentlichen Vermeiden einer alle Seiten gleichmäßig beherrschenden Dominante. Das Widerstreben dagegen war so groß, dass die altchristliche Basilica sogar den Thurm grundsätzlich abseits gestellt hat, während die Nordländer bezeichnendermaßen sich dieses Mittels zur stofflichen Vereinheitlichung des Bauwerks durch einen krönenden Abschluss nach oben sofort bemächtigt haben. Für den Centralbau war die Dominante (als centrale Kuppel) ein Mittel zu einer (freilich nur mehr losen) Verbindung mit der Grundebene, für den romanischen und gothischen Dom (als Thurm) ein Mittel zur Verbindung mit dem unendlichen Raume: die altchristliche Basilika hat beide Arten der Verbindung grundsätzlich abgelehnt, den unendlichen Raum überhaupt nicht anerkannt, gegenüber der Grundebene aber sich denkbar schroff isoliert.

Lehrreich ist es auch, das Äußere der altchristlichen Basilika mit demjenigen des griechischen Peripteros zu vergleichen, weil beide Langbauten im oblongen Vierecke sind, und ihr Vergleich uns daher den klarsten Aufschluss darüber verschafft, worin sich die spätrömische Auffassung

---

[1] Dass das grundsätzliche Hervorkehren der cubisch-räumlichen Dreidimensionalität der Bauform das oberste Leitmotiv aller damaligen Baukunst gebildet hat, zeigt sich am schlagendsten an den Gebäuden, die auf Gemälden oder Reliefs der römischen Kaiserzeit und der darauffolgenden Jahrhunderte dargestellt sind, und wenn sie in Viereckform angelegt waren, stets geflissentlich übereck gestellt und womöglich in Obersicht genommen erschienen. Damit wurden sie ausdrücklich als raumfüllende Individuen hingestellt; dagegen wird die Existenz des freien Raumes ringsherum ebenso nachdrücklich verneint, indem die möglichst einfachen und massig geschlossenen Umrisse alle Verbindung mit dem äußeren Raume ablehnen. — Den gleichen Kunstzweck verfolgte man mit einer Drehung von Langbauten um 90°, wie zum Beispiel an dem Relief einer Sarkophag-Schmalwand im Lateran (abgebildet bei Grisar, Geschichte Roms, I. 376, Fig. 110), wo ein vermuthlich einschiffig gedachter Kirchenbau mit der Apsispartie im Profil beginnt, dann gegen die Façade hin sich um einen rechten Winkel dreht, wobei das Dach in perspectivischer Krümmung der Tegulae-Reihen mitfolgt, bis endlich die Eingangseite en face gegen den Beschauer gekehrt dasteht. Da es sich hiebei nicht, wie man bisher wohl meinen mochte, um barbarische Unbehilflichkeit, sondern um ein positives Wollen handelt, darf es nicht überraschen, die gleiche Art der Drehung auch in figürlichen Darstellungen (zum Beispiel am sogenannten Constantius des barberinischen fünftheiligen Diptychons) beobachtet zu sehen. Es drückt sich darin zugleich auch wiederum eine Art Objectivierung aus, die an die altegyptische (S. 52, 55 f.) erinnert, und deren Spuren wir mindestens bis zu den Grimani'schen Brunnenreliefs im Wiener Hofmuseum (Hütte auf dem Relief mit dem Schafe) zurückzuverfolgen vermögen.

von der classischen unterscheidet. Am griechischen Tempel ist die Außenfläche einer jeden der vier Seiten in Ausladungen (Säulen) gegliedert, die aber in der Gesammtheit eine Ebene einhalten und daher aus einer Grundebene herauszuspringen scheinen; an der Basilika sind die Außenflächen ebene Wände, die gar keine taktischen Ausladungen zeigen und dafür in optischer Weise durch schattende Fensteröffnungen durchbrochen sind; hingegen ist jeder Seite im Wege des Massenbaues ein Nebenbau (Seitenschiff, Atrium, Apsis) vorgelegt, wodurch an Stelle der Projection in der Grundebene die Abstufung in der Tiefendimension tritt.

Beide spätrömisch-christlichen Bautypen — die Basilika und der Centralbau — gehorchten somit einer und derselben leitenden Tendenz; aber der Langbau hat das Problem in radicalerer Weise gelöst. Während der Centralbau nach antiker Tradition selbst dann, als er die strengste Individualität preisgegeben hatte und zur Massencomposition übergegangen war, noch immer eine gewisse Verbindung mit der Grundebene aufrecht erhielt, hat der Langbau diese Verbindung bewusstermaßen preisgegeben und damit recht eigentlich den Weg freigemacht, auf welchem die mittelalterliche und die neuere Kunst dazu gelangt ist, das Individuum in den freien Raum zu stellen. Freilich war der Erfolg — vom modernen Standpunkte aus beurtheilt — um einen harten Preis erkauft, denn die Isolierung der Individuen und ihrer Theile innerhalb der Ebene hat, wie schon oben gesagt wurde, dieser altchristlichen Kunst jenen Stempel der Naturwidrigkeit und Roheit aufgeprägt, den wir in der ganzen Kunstgeschichte kein zweitesmal mehr antreffen. Aber schon die perspectivische Wirkung der basilikalen Innenräume hat uns belehren können, wie sich gerade mit diesem Systeme alle Zukunftshoffnungen verknüpfen mussten, während der gleichzeitige Centralbau den Zusammenhang mit der antiken Reliefauffassung nicht schlankweg preisgeben wollte, und sich damit selbst die Bahn zu einer fruchtbaren Fortentwicklung verlegte. Ist also die durch die Basilika repräsentierte Seite des spätrömischen Kunstwollens gegenüber dem Centralbaue entschieden die für den modernen Beschauer minder ansprechende gewesen, so beruhte doch anderseits auf der ersteren alle Möglichkeit einer zukünftigen Entwicklung.

Man pflegt das Verhältnis zwischen beiden Bautypen in Bezug auf ihre topographische Verbreitung im römischen Reiche gewöhnlich so darzustellen, dass der Centralbau vom Osten, die Basilika vom Westen ausgegangen wäre. Diese Vorstellung ist aber dahin zu berichtigen, dass thatsächlich beide Systeme ursprünglich dem griechisch-orientalischen Osten eigenthümlich gewesen sind, denn noch heute dürften im Oriente mehr altchristliche Basiliken aufrecht stehen, als auf weströmischem Boden. [1] Die Basilika ist also in keiner Weise ein specifisch weströmisches Bauschema gewesen, und hat offenbar, mindestens in den ersten Jahrhunderten des christlichen Kirchenbaues, überall — im Osten wie im Westen — als der angemessenste Typus eines christlichen Gotteshauses gegolten. Das Unterscheidungsmerkmal zwischen Osten und Westen ist zunächst ein negatives. Die Weströmer verschmähen die Centralform für das Gotteshaus durchaus, womit nichts anderes zum Ausdrucke gelangte, als dass den Romanen die absolute Isolierung der individuellen Kunstformen und der dadurch bedingte Appell an die verknüpfende ·

[1] Auch das Studium der Miniaturen lässt sich in dieser Richtung aufklärend verwerten. In der Wiener Genesis, einem oströmischen Werke des fünften Jahrhunderts, werden als Interieurs abwechselnd centrale Räume (Hartel-Wickhoff, Taf. XXX, Putiphars Boudoir in halbkreisförmigem Doppelporticus) und viereckig oblonge (ebenda Taf. VI mit Noes Lagerstätte) vorgeführt. Der vatikanische Virgil, der etwa ein Jahrhundert früher entstanden ist und wahrscheinlich einen abendländischen Ableger der griechischen Kunst darstellt, bevorzugt charakteristischermaßen oblonge Innenräume (zum Beispiel in den Didascenen).

subjective Erfahrung an Stelle der sinnlichen Wahrnehmung grundsätzliches und unabweisliches Bedürfnis war. Die griechischen Rhomäer hingegen vermögen sich nicht zu entschließen, die Verbindung der Einzelform mit der Grundebene als dem (idealen) Repräsentanten taktischer Stofflichkeit und damit die Individualisierung mit den Mitteln sinnlicher Wahrnehmung in so weitgehendem Maße preiszugeben.

Diese letztere Auffassung, die sich als unmittelbare Fortsetzung der vorconstantinischen römischen Reichskunst darstellt, ist aber im griechischen Kirchenbau mindestens des vierten und fünften Jahrhunderts durchaus noch nicht die vorherrschende gewesen; nur soviel wird man sagen dürfen, dass sie niemals gänzlich erloschen war, denn wenn auch die Denkmäler des Centralbaues aus jenen Jahrhunderten neben den basilikalen an Zahl weit zurückbleiben, so fehlen sie doch nicht ganz. Ferner treten an den oströmischen Basiliken bestimmte Züge entgegen, in denen sich die centralisierende Grundabsicht unzweideutig verräth: zum Beispiel die Weglassung des Querschiffes, das im Äußeren die Symmetrie der Seitenansicht vernichtet, im Inneren die Unklarheit vermehrt, aber allerdings (was den Romanen willkommen gewesen zu sein scheint) für den Beschauer vom Langhause aus, um den Altar eine geheimnisvolle Sphäre webt; ferner die Anbringung der Emporen, wodurch die für ein antikes Empfinden so störende Obermauer des Mittelschiffes wenigstens zum Theile entfernt wurde (vergl. namentlich die Demetriuskirche in Thessalonich, wo sogar schon Stützenwechsel und Durchführung der Wandbrechung bis unter die Decke, womit ein guter Theil der nordisch-romanischen Entwicklung anticipiert erscheint).

Das Verhältnis zwischen rhomäischer und romanischer Architektur in spätrömischer Zeit wird sich somit folgendermaßen ausdrücken lassen. Das gemeingebräuchliche christliche Gotteshaus ist im ganzen Reiche zunächst die Basilika, wenngleich es eine zeitlang gedauert hat, bis hierin ein allgemein giltiger Typus gefunden war. Die Rhomäer verfolgen daneben von Anbeginn die Neigung, dem Gotteshause innen und außen den Eindruck der stofflichen, cubisch abgemessenen Formeinheit nach Möglichkeit zu wahren, wieweit dies Raumbildung und Massencomposition überhaupt noch gestatteten. [1] Die Romanen halten dagegen einseitig an der Basilika fest. Daraus entwickelt sich im Laufe der Zeit eine schärfere Differenzierung; zur Zeit Justinians dürfte dieselbe bereits greifbare Formen angenommen haben. Die Rolle, die dabei den Romanen in der vorkarolingischen Zeit zufiel, war die passivere, obwohl das Zukunftsproblem in ihren Händen lag; denn die Abkehr von den Reizmitteln der sinnlichen Wahrnehmung bedingte eine Stagnation des Kunstschaffens, und eine neue Entwicklung konnte hier erst einsetzen, als man der sinnlichen Wahrnehmung wieder Augenmerk und Gefallen zuzuwenden begann. Das entschiedenere Kunstwollen war darum zunächst zweifellos bei den Griechen, weshalb sie auch auf viele Jahrhunderte hinaus den Primat behauptet haben.

Es erübrigt noch, den Charakter des griechischen christlichen Centralbaues in der spätrömischen Periode zu skizzieren. Seine Anfänge liegen im Dunkeln; sobald wir aber klar

---

[1] Dass die Neigung der Byzantiner zur Zeit Justinians auf Gleichmaß der Tiefe und Breite im Innern ihrer Kirchen (und somit in der künstlerischen Composition überhaupt) gerichtet war, ergibt sich nicht bloß aus der stilkritischen Untersuchung der einschlägigen Denkmäler, sondern wird uns von byzantinischen Schriftstellern der justinianischen Zeit mit ausdrücklichen Worten gesagt: so von Prokopius und Agathias (vergl. F. X. Kraus, Gesch. d. christl. Kunst, I., pag. 555). Der mit dem Massenbau nothwendig verbundene Hochdrang (zum Beispiel in San Vitale in Ravenna) wurde schon in der Zeit Constantins beobachtet (vergl. J. Burckhardt, Leben Constantins, pag. 264, über einige bezügliche Äußerungen des Eusebius). Man gewinnt hiedurch eine wichtige Parallele nicht bloß zur Stelzung der Rundbögen an den Emporenanlagen und dergleichen, sondern auch für gewisse typische Erscheinungen in der späteren ausgesprochen byzantinischen Figurenkunst, wovon eines der frühesten Beispiele in den Mosaiken von San Vitale vorliegt.

zu sehen beginnen, begegnet die höchst bezeichnende Thatsache, dass die ältesten uns bekannten Denkmäler auch dort die ausgesprochene Tendenz aufweisen, sich mit dem Langbaue zu verquicken. Der Altar kam niemals in die Mitte, sondern stets an das dem Eingange entgegengesetzte Ende zu stehen; das ergab eine Richtung, die mit der centralen Ruhe in Conflict gerathen musste. In der Nothwendigkeit der Versöhnung dieses latenten Gegensatzes lag ein Problem, und solange man dasselbe verfolgte, war die griechische Kirchenarchitektur fruchtbar und entwicklungsfähig. Ihre originellen Leistungen, welche die Lösung des Problems durchwegs im Anschlusse an die in der mittleren römischen Kaiserzeit (zwischen Marc Aurel und Constantin) ausgebildete Anordnung halbverschleierter Seitenräume oder Annäherung an den in drei Quadrate zerlegten Saal anstreben, fallen sämmtlich in die spätrömische Periode, darunter auch die Hagia Sophia, in welcher alle die versuchten Lösungen jenes Problems gipfeln.

In der weiteren Folgezeit hat die griechische Architektur (und Kunst überhaupt), augenscheinlich infolge der Trennung von den westlichen Gebieten und des überwiegenden Verkehres mit dem Oriente, einseitiger centralistische Bahnen eingeschlagen. Wie überall, kam es da auch im Kirchenbaue zu einem Typus: dem griechischen Kreuze mit centraler Kuppel, das gegenüber der Hagia Sophia äußerlich eher einen Rückschritt zur strengeren taktisch-centralisierenden Formtendenz der Antike bedeutet. Das orientalisch-griechische Christenthum hatte der bildenden Kunst keine Probleme mehr zu stellen, denn es war sich gleich den Islamiten des Zusammenhanges zwischen Religion und Kunst bewusst, und hätte die Reformbedürftigkeit der orthodoxen Lehre einbekannt, wenn es die Kunst für reformbedürftig gehalten hätte. Diese Entwicklung fällt aber schon über die uns gesteckten Grenzen hinaus. Ob man vor dem Bildersturme von einer byzantinischen, das heißt in Byzanz centralisierten griechischen Kunst reden darf, scheint zweifelhaft.

Das Eigenthümliche der spätrömischen Architektur beruht in ihrer Stellung zum Raumproblem. Sie anerkennt den Raum als cubisch-stoffliche Größe — darin unterscheidet sie sich von der altorientalischen und classischen Architektur; sie anerkennt ihn aber nicht als unendliche formlose Größe — darin unterscheidet sie sich von der neueren Architektur.

Um diese Verhältnisse mit voller Deutlichkeit einzusehen, genügt es, im Gedanken einen römischen Centralbau, einen griechischen Tempel und ein gothisches Dorfkirchlein nebeneinanderzustellen. Die Umrisse des Centralbaues (Pantheon) werden wir heute unbedingt hart und anstößig empfinden; das könnte Wunder nehmen, wenn man erwägt, dass doch auch unsere moderne Kunstanschauung auf der Fernsicht beruht, erklärt sich aber daraus, dass der römische Centralbau durchaus den individuellen Abschluss in sich selbst sucht. Wir verlangen dagegen die Versinnlichung der Einheit des Bauindividuums mit dem umgebenden Raume, und deshalb findet der spitze Kirchthurm, der keck in den Luftraum hineinsticht, unser Gefallen. Aber auch der griechische Tempel findet Gnade vor unseren Augen, wiewohl er sich gegenüber dem Raume streng absondert, denn er sucht wenigstens die Verbindung mit der anschließenden (idealen) Grundebene, und diese Verbindung einer Kunstform mit zwei Raumdimensionen genügt uns, um uns über den Mangel der Verbindung mit der dritten hinwegzutäuschen. Der römische Centralbau hat zwar auch die Verbindung mit der Ebene nicht völlig aufgegeben, aber doch wenigstens für eine nähere Betrachtung wesentlich abgeschwächt, und die dadurch bewirkte Isolierung ist es, die uns diesem Bautypus gegenüber zur Ablehnung bestimmt. Vollständig isoliert ist nun der andere spätrömische Bautypus: die Basilika. Wir sollten daher erwarten, dass sie uns noch missfälliger scheinen möchte, als der römische Centralbau. Aber merkwürdig! es trifft oft das Umgekehrte ein. Auf niemanden, der mit der Bahn von Ravenna nach Rimini an der Ostseite von San Apollinare in Classe vorübergefahren ist, wird diese Baugruppe einen tiefen „malerischen" Eindruck verfehlt haben. Aber fragen wir nach den Ursachen, so werden wir stutzig; es liegt einmal an der freien Lage, die gewiss nicht schon ursprünglich beabsichtigt war, dann in sehr wesentlichem Maße am Thurme, der im Grunde gar nicht in das Bausystem gehört. Kommt man dagegen in enger städtischer Straße an eine solche Basilika heran, so wird der rein künstlerische Eindruck in der Regel noch weit schwächer sein, als derjenige eines römischen Centralbaues. Die Erbauer der altchristlichen Basiliken haben eben zwar die Verbindung mit der Ebene um jeden Preis gelöst, darum aber doch noch lange nicht eine Verbindung mit dem unendlichen Raume als Ersatz angestrebt. Nur der Weg für die letztere Entwicklung war freigegeben, und deshalb enthält die Basilika Elemente, die die neuere Kunst für ihre Zwecke verwerten konnte; ja unter besonders günstigen Umständen, wie an jener eben erwähnten Baugruppe bei Ravenna, genügen diese Elemente, um im modernen Beschauer künstlerische Reize hervorzurufen, an welche die einstigen Urheber der betreffenden Bauten gewiss nicht gedacht haben.

   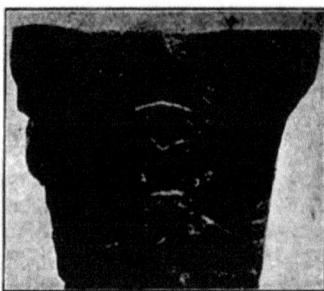

Fig. 1. Marmor-Capitäl in Salona, Eckansicht.   Fig. 2. Marmor-Capitäl in Salona, Seitenansicht.

In welcher Weise die leitenden Grundsätze der spätrömischen Kunst in der Decoration zutage getreten sind, wird besser in den Abschnitten über Sculptur und Kunstindustrie aufzuzeigen sein; doch mag die Erörterung der decorativen Behandlung einiger architektonischer Glieder schon an dieser Stelle Platz finden, weil sich daraus die unmittelbare Erkenntnis gewinnen lässt, dass die Gesetze des decorativen Kunstschaffens keine anderen gewesen sind, als die uns schon bekannten der architektonischen Composition, wie sie uns in den beiden Systemen des Centralbaues und der Basilika vorliegen.

In Fig. 1 und 2 lernen wir ein marmornes Säulencapitäl aus Salona kennen, dessen Entstehung wir in die Zeit zwischen dem Ende des vierten und dem Beginne des sechsten Jahrhunderts zu versetzen haben. Wir erkennen daran sofort die Kelchform des korinthischen Capitäls; und auch das für die genannte Gattung charakteristische Motiv des Akanthusblattes sehen wir hier wiederkehren, aber allerdings in einer grundverschiedenen Weise der Anwendung

Während am korinthischen Capitäl der classischen Zeit die Akanthusblätter einerseits fest in der Grundfläche wurzeln, um sich anderseits in freiem Schwunge ausladend davon loszulösen, sind sie in Salona nirgends mit der Grundfläche verwachsen, sondern überall im senkrechten Schnitte scharf dagegen abgesetzt, entfalten sich aber dafür auch nicht zu selbständiger Bewegung, sondern liegen in gleichmäßiger Fläche dem Capitälkerne auf, so dass sie die gerade gliederungslose Umrisslinie des Capitäls nirgends unterbrechen.[1] Das will besagen, dass die Akanthusblätter, die früher mit der Grundfläche taktisch fest verbunden gewesen waren, sich nun gegen dieselbe Grundfläche optisch möglichst isolieren, dass sie aber dafür ihre hohe und freie Reliefausladung eingebüßt haben und in die Projection der Ebene zurückgesunken sind. Desgleichen sind die einzelnen Theile (Rippen) des Blattes nicht taktisch-optisch (durch undulierende Ausladungen mit Halbschatten) untereinander verbunden, sondern rein optisch durch tiefschattende Einschnitte von einander getrennt und isolirt. In dieser Isolirung der Einzelformen gegenüber der Grundfläche haben wir aber längst das leitende Grundgesetz der spätrömischen Kunst erkannt.[2]

Auch die Betrachtung der in Fig. 2 wiedergegebenen Seite gibt noch zu lehrreichen Beobachtungen Anlass. Hier sehen wir zwei Blätter aneinanderstoßen, so dass zwischen ihnen nothwendigerweise ein Theil der Grundfläche (Ebene) freibleiben muss. Die Blätter sind nun fürs erste so nahe aneinander gerückt, dass von der Grundebene überhaupt nicht viel sichtbar werden kann, fürs zweite sind sie mit ihren spitzen Ausläufern derart in Zusammenhang gebracht, dass der stehengebliebene Grund in lauter symmetrische und isolierte Compartimente zerfällt. Die symmetrische Configuration, womit seit jeher die Vorstellung selbständiger geschlossener Individualität verbunden war, hat zur Folge, dass der also componierte Grund seinerseits die wesentlichste künstlerische Eigenschaft des Musters (der stofflichen Einzelform) gewinnt und sich dadurch zum Muster emancipiert. Ein Muster weicht aber nicht zurück, sondern springt seinerseits heraus, und die naturgemäße Folge ist eine weitere raffinierte Verneinung der Grundebene. Es herrscht nicht mehr nach classischer Weise das erhabene Muster über dem ebenen Grunde, sondern es kämpft Muster gegen Muster; doch bleiben beide (und darin gelangt das gemeinantike wiederum zum Worte) in der Ebene.

Eine weitere Folge, welche das theilweise Zusammenstoßen der beiden benachbarten Akanthusblätter für diese (das Muster) selbst nach sich gezogen hat, verdient als nicht minder wichtig angemerkt zu werden. Wer das Capitäl von der in Fig. 2 wiedergegebenen Seite ansieht, bemerkt nicht die ganzen Akanthusblätter, sondern nur zwei halbe Blätter; indem diese einander enge berühren und so zu einer symmetrischen Composition von selbständiger decorativer (Muster-) Bedeutung zusammentreten, gewinnen erstens die halben Akanthusblätter allein schon eine Selbständigkeit, die ihnen in der Natur nicht zukommt, entstehen fürs zweite daraus neue ornamentale Compositionen, die noch weniger als die einzelnen Halbblätter ihre Vorbilder in der lebendigen Natur besitzen. Es gelangt also damit ein entschiedener Zug zur Entnaturalisierung

----

[1] Dieses Verhältnis des Blattes zum Kerne und das damit zum Ausdrucke gelangte Verlassen der antiken Reliefauffassung des architektonischen Blattschmuckes begegnet, so viel ich sehe, zum erstenmal in unverkennbarer Weise an den Consolen der Mittelnische der sogenannten Maxentiusbasilica am Forum zu Rom.

[2] Die gleiche Tendenz auf geflissentliche Vermeidung der in verbindendem Sinne wirkenden Glieder verräth sich in der Unterdrückung eines vermittelnden Saumes zwischen Schaft und Capitäl: auch eines der Symptome, das wir heute als Roheit auszulegen geneigt sind, während die Spätrömer damit eine ästhetische Absicht verfolgt haben. Die überwiegende Vermeidung der Cannelüren an den Säulenschäften entspricht wiederum der spätrömischen Tendenz auf Massigkeit und Gliederungslosigkeit der Umrisse.

zum Ausdrucke, der uns in einer Kunst mit ausgesprochener Tendenz auf Isolierung aller Einzelformen (Beseitigung alles Causalzusammenhänges aus der sinnlichen Erscheinung) nicht überraschen kann. Auf der Verwendung von halben Akanthusblättern (die das Erfahrungsbewusst-
sein zunächst zu ganzen Blättern zu ergänzen gereizt wird), in Verbindung mit dem unendlichen
Rapport, hat namentlich die oströmische Kunst ein ganzes decoratives System aufgebaut.

　　Die Zertheilung des Grundes in einzelne Compartimente, die untereinander außer Verbindung
stehen, ist ein nicht minder wichtiges Symptom der allherrschenden Tendenz des Kunstwollens
jener Zeit. Was der classischen Grundebene ihren Charakter stets besonders nachdrücklich
gewahrt hat, war ihr Zusammenhang in allen Theilen, wodurch sie sich als ruhende Einheit dem
nicht minder zusammenhängenden Muster (zum Beispiel einer Palmetten- oder Akanthusranke)
entgegengesetzt hat. Sollte die Grundebene gemäß dem leitenden Grundsatze des spätantiken
Kunstwollens diesen ihren künstlerischen Charakter verlieren, so musste sie vor allem ihres
taktischen Zusammenhanges beraubt werden: daher ihre Zerlegung in eine Anzahl von
Compartimenten. Es geschah damit an der Grundfläche nichts anderes, als was wir schon am
Muster (dem Akanthusblatte) mit seinen tiefschattenden Rippen beobachtet hatten: die Isolierung
der einzelnen Theile gegeneinander. Der taktische Zusammenhang wird überall — im Muster
wie im (mustermäßig behandelten) Grunde — auf raffinierte Weise unterbrochen und zerstört.
Die einzelnen Theile erscheinen nicht mehr als körperliche Ausladungen, sondern als farbige
Flächen; zusammen mit den tiefschattenden Grenzen dazwischen ergeben sie eine farbige
Gesammtwirkung, die wir zum Unterschiede von der taktischen (plastischen) und der taktisch-
optischen (malerischen) die coloristische zu nennen pflegen.

　　Hiemit haben wir abermals eine grundwichtige Seite des spätrömischen Kunstwollens kennen
gelernt. Um diesen antiken Colorismus von vornherein richtig zu erfassen, empfiehlt es sich,
sofort einen Vergleich desselben mit dem modernen Colorismus durchzuführen. Der letztere lässt
die tonangebende, vereinheitlichende Note vom mehr oder minder lichterfüllten Raume ausgehen,
oder, soweit eine besondere Lichtquelle vorhanden ist, lässt er dieselbe durch das Medium des
gemeinschaftlichen Raumes den übrigen Einzeldingen sich mittheilen: infolgedessen dominiert
entweder das Licht oder der Schatten, oder aber es stehen Licht und Schatten in großen
contrastierenden Massen gegeneinander. Der antike Colorismus dagegen ignoriert den Raum und
hält noch immer fest an dem Rhythmus, der seinerseits an die Ebene gebunden ist: war die
Compositionseinheit der classischen Kunst im Linienrhythmus gelegen, so ruht sie jetzt im Licht-
und Schattenrhythmus, der sich naturgemäß gleich dem ersteren noch immer in der Ebene, nicht
aber in dem (ihm unzugänglichen) Raume entfaltet. Es begreift sich, dass dieser antike Colorismus auf uns eine unruhige, flackernde Wirkung ausübt; die Spätrömer hingegen hat er
offenbar mit der gleichen Empfindung der Harmonie erfüllt, die wir Modernen vom Raum-
colorismus empfangen.

　　Die Behandlung der Decoration am spätrömischen Capitäl, Fig. 1 und 2, lässt sich somit in
folgende zwei Grundsätze fassen: Isolierung der Gesammterscheinung durch möglichst massige,
ungegliederte Umrisse, denn jede Gliederung hätte eine Verbindung mit der idealen Grundebene
bedeutet, die man doch eben vermeiden wollte; Isolierung aller Theile, sei es des Musters, sei
es des Grundes, wodurch an Stelle der früheren taktisch-klaren Scheidung von Muster und Grund
ein coloristisches Zusammenwirken beider als hell und dunkel in rhythmischem Wechsel
erzielt wird.

Die gleichen Grundsätze treten an dem Marmorcapitäl Fig. 3 aus S. Apollinare in Classe entgegen, obzwar hier die Gesammtform eine etwas bewegtere Gliederung und überhaupt äußerlich ein engeres Festhalten an der traditionellen Bildung des korinthischen Capitäls verräth. Aber die ausladenden Blätter sind zu wulstigen Knollen zusammengeballt, in deren ebener Oberfläche die einzelnen Blättchen durch senkrecht eingebohrte und darum tiefschattende Höhlungen gegeneinander streng isoliert erscheinen. Es existiert hier zwischen den einzelnen

Fig. 3. Marmor-Capitäl in S. Apollinare in Classe bei Ravenna.

zackigen Blättchen überhaupt keine Grundebene mehr, sondern diese ist durch den schattigen dunklen Zwischenraum ersetzt. Man kann hieraus ersehen, wie diese ganze Entwicklung schließlich nothwendigermaßen zur Anerkennung des (freien, nicht cubisch individualisierten) Raumes führen musste; aber vorläufig trachtet man ihn noch womöglich auf Linienbreite zu beschränken, denn er gilt noch immer für nicht mehr als ein nothwendiges Übel, das nur deshalb Duldung findet, weil sonst die nunmehr postulierte volle Isolierung, das heißt Hinwegräumung des früheren taktischen Zusammenhanges zwischen Muster (Relieffigur) und Grund (Reliefgrund) nicht durchführbar gewesen wäre. Die scharfzackige tiefunterschnittene Bildung der einzelnen Theilblättchen des Akanthus in Fig. 3, die man in gänzlicher Verkennung des Wesens alles antiken Kunstschaffens auf Nachahmung einer bestimmten botanischen Akanthus-Species zurückgeführt sehen wollte, ist somit nichts anderes, als das adäquate Ausdrucksmittel des spätrömischen Kunstwollens in einem seiner entscheidendsten Grundsätze. Ihr historischer Vorläufer in der früheren und mittleren Kaiserzeit war die mit ihren Anfängen weit in die Diadochenzeit zurückreichende sogenannte Bohrtechnik mit kreisrunden Bohrlöchern, wie sie in Fig. 3 die großen Blattknollen in der Mitte theilen; dabei war aber noch immer ein Rest taktischer Verbindung übrig geblieben, und darum hat die spätrömische Kunst, die auf absolute Isolierung der Einzelform ausgieng, die kleinen Rundlöcher zu großen ausdrucksvollen Zacken erweitert. Wohldatierte Übergangsglieder, an denen sowohl der Nachklang der einfachen Bohrmanier, als die Neigung zu schärferer Isolierung der Zacken in gleich vernehmlicher Weise zutage tritt, bilden die Akanthusblätter, in welche die beiden Consolen des Gebälkes an der Pforte des sogenannten Baptisteriums in Spalato (aus der Zeit Diocletians) auslaufen (Fig. 4). [1]

Wozu aber überhaupt am vegetabilischen Ornamente des Akanthus festhalten, der von der classischen Kunst zur Versinnlichung freier taktischer Gliederung geschaffen worden war, und

---

[1] Ein vortreffliches Beispiel dieser Art aus dem vierten Jahrhunderte bietet ein Capital in Sa. Maria in Cosmedin zu Rom, links an der fünften Säule von hinten gerechnet. Beiläufig sei hier auch auf die figurierten Capitäle der je zweiten Säule von hinten, rechts und links in derselben Kirche und aus der gleichen Zeit hingewiesen, weil die daran zutage tretende Behandlung der Draperien und des Ornaments ganz vortreffliche Proben des coloristischen Stiles darbietet.

Fig 4. Console von der Thür des sogenannten
Baptisteriums in Spalato.

dessen Umsetzung in eine coloristisch wirkende Ebene der spätrömischen Kunst ein so schwieriges Problem stellte? Die antike Kunst hatte doch auch andere Ornamentformen hinterlassen, die sich leichter dem neuen Zwecke anpassen ließen. Wie geschaffen hiefür war das Flechtband, bei dem man bloß an Stelle der einfachen Kreisverschlingung zweier Bänder eine Vielzahl solcher zu setzen brauchte, um damit nicht mehr allein schmale Randeinfassungen (wie in der Antike), sondern ausgedehnte Flächen überziehen zu können. Dieser Schritt ist jedenfalls zur Zeit Justinians gethan gewesen und für die daranschließende byzantinische Entwicklung sehr bedeutungsvoll geworden.

Fig. 5 zeigt ein Capitäl aus San Vitale zu Ravenna, offenbar gleich den meisten anderen architektonischen Marmorsculpturen aus dieser Zeit ein Werk oströmischer Fabriksarbeit. Der coloristische Wechsel von hell und dunkel ist hier ein ebenso regelmäßiger wie im Schachbrettmuster; die künstlerische Absicht war aber im letzten Grunde immer darauf gerichtet, die Bänder nach der dritten Dimension zu isoliren. Auf solche Weise wird es allein verständlich, warum man zum Beispiel in decorativen Miniaturmalereien des frühen Mittelalters so häufig perspectivischen, in Obersicht gesehenen Mäandern (die nach Denkmälern im Thermen-Museum zu Rom

Fig. 5. Marmor-Capitäl in S. Vitale in Ravenna.

schon an Malereien der römischen Kaiserzeit nachzuweisen sind), rundlich modellierten Rundstäben und dergleichen begegnet: es sollte eben die Dreidimensionalität des Musters und seine Isolierung gegenüber der Grundebene auch im gemalten Ornamente unzweideutig zum Ausdrucke gebracht werden. [1] An der ornamentalen Composition, welche die Mitte der vier Seiten des massigen (der Würfelform präludierenden) Capitäls, Fig. 5, ausfüllt, wäre nebst der ebenen Projection und der senkrechten Absetzung des Musters gegen den Grund noch besonders die Beflissen-

---

[1] Vergl. hiezu das auf S. 32, Anm. 1, Gesagte. Nun wird man es auch verstehen, warum auf spätrömischen Reliefs und Gemälden Bäume, Felsen, Stadtveduten, ja selbst menschliche Figuren so häufig in perspectivischer Obersicht dargestellt wurden! überall ist die dreidimensionale Isolierung der Einzelform gegenüber der Grundebene das dictierende künstlerische Leitmotiv gewesen.

heit anzumerken, mit der man die Spitzen der Blätter und die äußeren Umbiegungen der Stengel an die Grenzwand anstoßen ließ, um den Grund in möglichst kleine isolierte Compartimente zu zertheilen und dadurch jeden Zusammenschluss des Grundes zu einer größeren ungebrochenen und hiedurch taktisch wirkenden Ebene zu vermeiden.

Fig. 6. Gewirkte Wollborde von einem Leinengewand des fünften bis sechsten Jahrhunderts n. Ch, Egyptischer Grabfund im k. k. Österreichischen Museum zu Wien. Rechts und links von der Borde eine punktierte Fortsetzung ihres Musters im unendlichen Rapport.

Ein häufig zur Verwendung gelangtes decoratives Compositionsgesetz, in dem das spätantike Kunstwollen einen nicht minder charakteristischen Ausdruck gefunden hat, ist dasjenige des unendlichen Rapports, dessen Äußerungen wir bereits an den Akanthus-Halbblättern des salonitanischen Capitäls Fig. 1 und 2 begegnet waren. Es beruht auf der Verwendung eines aus zwei symmetrischen Hälften componierten Ornamentmotives (oder mehrerer solcher in reihenweiser Abwechslung) als Streumuster in der Ebene, wobei längs der abschließenden Ränder der Gesammtcomposition immer je eine Hälfte des Motives (in den Ecken je ein Viertel desselben) angebracht erscheint; der Beschauer wird dadurch veranlasst, sich die fehlende Hälfte (oder drei Viertel) in Gedanken zu ergänzen und die Reihe in der Ebene ins Unendliche fortzusetzen. Als Beispiel hiefür ist in der Mitte von Fig. 6 eine in purpur, weiß, grün und gelb gewirkte Borde von einer in Egypten gefundenen Leichentunica (jetzt im k. k. Österreichischen Museum in Wien) abgebildet, mit einem complicierteren Streumuster, das mit seiner Abwechslung von größeren Blumenmotiven und gleichsam einen netzartigen Untergrund bildenden kleineren Ornamenten bereits zur Massencomposition überleitet, aber immerhin mit seiner Halbierung der großen Blumenmotive und der Netzrauten längs der Seitenränder das Wesen des unendlichen Rapports getreu wiedergibt.[1] Auffallend ist nun vor allem der damit nothwendig verbundene Appell an die ergänzende geistige Erfahrung, der in früheren Perioden der Antike in solchem Ausmaße wohl unstatthaft erschienen wäre. Typisch gemein-antik ist allerdings die Entfaltung in der Ebene, typisch spätrömisch dagegen das „Streumuster", das heißt die Isolierung der Motive gegeneinander (und als natürliches Complement dazu die Zersplitterung des Grundes in schwer übersichtliche Theilflächen), während das classische Ornament überall die Verbindung — einerseits der Motive, anderseits der Theilflächen des Grundes — gesucht hatte.

Aus der gegebenen Definition des unendlichen Rapports ergibt sich schon, dass er in engster Verwandtschaft mit dem spätrömischen Colorismus steht, weil beiden das gleiche Kunstwollen zugrunde liegt: gerichtet auf reichen und kleinlichen rhythmischen Wechsel von Muster und Grund, Hell und Dunkel, in der Ebene, — unter möglichster Zurückdrängung der Bedeutung von Muster und Hell, und dementsprechender Emancipierung der Bedeutung von Grund und Dunkel.

Den ersten Anfängen des unendlichen Rapports begegnen wir zwar schon bei den Altegyptern, deren Kunst überhaupt sich äußerlich mit der spätrömischen nahe verwandt darstellt — ein Verhältnis, das wir noch öfter im einzelnen zu verfolgen haben werden — bei näherer Betrachtung hingegen genau das entgegengesetzte Extrem darstellt. Der unendliche Rapport bei den Egyptern beschränkt sich entweder auf geometrische Muster (zum Beispiel Schachbrett), deren Halbierungen ohneweiters als ein Ganzes für sich wahrgenommen werden, ohne dass es zu ihrer Erfassung erst der ergänzenden Mithilfe der geistigen Erfahrung bedürfte. Ferner gibt er nicht Streumuster, sondern enge untereinander verbundene Muster (zum Beispiel die Spirallinien mit zwickelfüllenden Lotusblüthen, wie sie auch in der mykenischen Kunst Nachahmung gefunden haben). Das Charakteristische des unendlichen Rapports in seiner vollkommensten Ausbildung in der spätantiken Kunst beruht eben einerseits in der Herübernahme der Motive aus dem organischen Bereiche (wodurch der Appell an die Erfahrung nothwendig gemacht erscheint), anderseits im Streumuster (wodurch die Isolierung der Einzelmotive und Grundtheile innerhalb der Ebene bewirkt ist). Dieser Auffassung des unendlichen Rapports begegnen wir, wie ich in den Stilfragen S. 308 ff. nachgewiesen habe, höchst bezeichnender Weise zuerst in pompejanischer Zeit. An diesen Erstlingsbeispielen sind aber die Motive noch verhältnismäßig „naturalistisch" und auch noch nicht ohne alle Verbindung untereinander geblieben. In einer weiter vorgeschrittenen Phase wird uns dieses Decorationssystem an Emails des dritten Jahrhunderts (Fig. 87) begegnen. Die Borde Fig. 7 bezeichnet endlich eine so voll-

---

[1] Da die Blumenmotive eine aufrechte Richtung befolgen, wäre eine Vierteltheilung derselben in den Ecken, wie sie zum Beispiel Rosetten ermöglichen würden, nicht durchführbar. Der unendliche Rapport kann daher an diesen Motiven nur durch Halbierung in der Senkrechten zum Ausdrucke gelangen.

kommene Entwicklungsstufe, dass wir ihre Entstehung kaum vor dem entschiedenen Durchbruche des spätrömischen Kunstwollens im fünften Jahrhunderte n. Ch. ansetzen dürfen.

In der Kunst der Islamvölker ist der unendliche Rapport bis zum heutigen Tage das wichtigste Compositionsgesetz geblieben: auch dies gleich so vielen anderen ein Zeugnis dafür, dass die östlichen Mittelmeervölker im wesentlichen bis zum heutigen Tage bei den Elementargrundsätzen der spätantiken Cultur stehen geblieben sind. In der abendländischen Kunst hat er ab und zu als gemusterter Grund in der Massencomposition Verwendung gefunden, wobei bezeichnendermaßen in der Regel auch die orientalischen Motive unverändert nachgeahmt wurden.

----◄◦►----

II.

DIE SCULPTUR.

EINE Erörterung der spätrömischen Bildhauerei darf sich auf die Betrachtung der Sculptur in harten Materialien beschränken. Die Plastik in weichen Rohstoffen (Thon und Metall) ist zwar wahrscheinlich niemals vollständig außer Übung gekommen: mindestens während der ersten hundert Jahre nach Constantin sind nachweislich mehrere große Bronzewerke (Porträtcolosse) entstanden. Aber die Arbeiten in Stein und Elfenbein bilden daneben schon im vierten Jahrhundert n. Ch. die erdrückende Überzahl, und dieses Verhältnis hat späterhin nur noch eine weitere Verschärfung erfahren. Das kann natürlich nicht zufällig sein. Wollten wir uns der bisher beliebten Kunsttheorie anschließen, die den Stil als Product der materiellen Factoren und darunter vor allem des Rohstoffes hinstellte, dann müssten wir zur Annahme greifen, dass die Spätrömer an Thon und Metall Mangel gelitten, hingegen an Marmor und Elfenbein Überfluss gehabt hätten, und dadurch gezwungen worden wären, überwiegend nach Stein und Meißel, anstatt nach Thon und Modellierholz zu langen. Nach unserer Auffassung war aber der Sachverhalt genau der umgekehrte: das bewusste spätrömische Kunstwollen muss von einer Art gewesen sein, dass es sein Ziel eher in hellen und harten als in dunklen und weichen Rohstoffen zu erreichen hoffen durfte. Welches nun das Ziel des spätrömischen Kunstwollens gewesen ist, haben wir zum Theile schon an der Hand der Architekturentwicklung erfahren, und es wird sich uns durch die Betrachtung der Sculpturentwicklung noch viel klarer enthüllen; wir dürfen es hier kurz als die Isolierung der Einzelform in der Ebene definieren. Diese Isolierung, bei der es natürlich vor allem auf die Umrisse ankam, ließ sich eher mittels harter und heller Materialien durchführen als an weichen und dunklen Stoffen, welche naturgemäß die Neigung haben, in ihrer benachbarten Umgebung aufzugehen.

Unsere Untersuchung der spätrömischen Architektur durfte auf Grundlage allbekannter Typen durchgeführt werden, ohne dass es nöthig gewesen wäre, die Analyse einzelner Denkmäler heranzuziehen. Keineswegs so günstig liegen die Verhältnisse auf den Gebieten der „nachahmenden" Künste: der Bildhauerei und Malerei. Datierte Bildwerke aus spätrömischer Zeit sind bisher nur wenige bekannt geworden, und diese wenigen haben bloß geringe Aufmerksamkeit gefunden; eine gründliche Stilanalyse auch nur eines einzigen darunter ist bisher nicht versucht worden. Es spricht sich darin die schon in der Einleitung betonte Thatsache aus, dass die spätrömische Kunst dem modernen Empfinden vielleicht ferner liegt als irgend eine andere Kunst. Wenn die Architektur hievon eine scheinbare Ausnahme macht, so liegt dies an dem unvertilg-

baren Reste ewiger, allgemein giltiger Formgesetze in dieser stoffgebundenen gebrauchszwecklichen Kunstgattung, der selbst in dem modernen Beschauer, namentlich beim Betreten einer altchristlichen Basilika, verwandte Empfindungen anregt, woraus sich auch die modernen Nachahmungen altchristlicher Basiliken (zum Beispiel Klenze's Bau in München) erklären. Schon dem
geschlossenen byzantinischen Innenraume gegenüber hat sich unsere Zeit (deren Grundtendenz
nach dem Aufgehen aller Formen im unendlichen Raume übrigens gerade in der Architektur am
wenigsten Befriedigung finden kann) weit zurückhaltender erwiesen; dass man aber einmal
während der jüngst verflossenen Periode des modernen „historischen Stils" altchristliche
Diptychen oder Buchmalereien nachgeahmt hätte, ist nicht bekannt geworden. Es erscheint
hienach unvermeidlich, die Kunstabsicht der spätrömischen Bildhauerei, deren geschichtliche
Stellung, Entstehung und Bedeutung wir ergründen sollen, vorerst einmal im Wege der Untersuchung von Einzeldenkmälern kennen zu lernen. Zum Ausgangspunkte hiefür sei ein Denkmal
gewählt, das einerseits eine feste Datierung ermöglicht und anderseits genau in die Zeit fällt, in
welcher sich das alte Heidnisch-Antike vollendet und das neue Spätrömisch-Christliche offenkundig begonnen hat. Es sind die zeitgenössischen Reliefs des zwischen 313 und 315 n. Ch.
entstandenen Constantinbogens zu Rom gemeint, von denen das auf der Stadtseite befindliche
mit der kaiserlichen Geldvertheilung (Fig. 7) im nachstehenden seine stilistische Analyse
finden soll.

Fig. 7. Relief vom Triumphbogen des Constantin in Rom.

Das Relief ist in Fig. 7 zu beiden Seiten um ein Stück verkürzt wiedergegeben; die
fehlenden Theile enthalten im wesentlichen dieselbe Anordnung in zwei Rängen übereinander, mit
der gleichen Gruppe von je vier Figuren im oberen Range und einer Reihe Supplikanten im
unteren Range, die wir in den beiden in Fig. 7 zur Wiedergabe gelangten Flügeln wahrnehmen
können. Eine sorgfältige Publication dieser Constantinreliefs ist seit langem eines der dringendsten
Bedürfnisse der kunstgeschichtlichen Forschung. Durch Anderson's Aufnahmen ist demselben
jüngst wenigstens zum Theile abgeholfen worden.

Schon eine flüchtige Ansicht des Reliefs lehrt, dass der Künstler seine Aufgabe in der
Herstellung einer individuellen Einheit vermittels centraler Composition in der Ebene erblickt hat;
wir haben es also noch immer mit einer antiken Ebencomposition und nicht mit einer modernen
Raumcomposition zu thun. Die symmetrische Centralisierung, die sich nur in der Ebene durchführen lässt, erscheint hier sogar auf die Spitze getrieben. Die in der Mitte thronende Figur des

Imperators zieht sofort den Blick auf sich; ja schon der erste oberflächliche Eindruck, vor aller Analyse im einzelnen, lässt zwingend erkennen, dass die ganze Composition mit Fleiß daraufhin angelegt war, den Beschauer auf die Mitte hinzuweisen. Der Kaiser thront hier auf hohem Sockel, geradeaus gegen den Beschauer gewendet, womit er die für eine symmetrische Gesammtansicht des menschlichen Körpers günstigste Position einnimmt; sein Rumpf (und wohl auch der leider abgeschlagene Kopf) verharrt in perpendicularer Haltung, die an Jul. Lange's Frontalgesetz der Altegypter erinnert, ja damit genau zusammenfällt; Arme und Füße divergieren leicht nach außen. Mit dieser streng symmetrischen Composition bietet die Mittelfigur das Bild starrer unveränderlicher Ruhe. Ihre beherrschende Stellung wird noch verstärkt durch den Umstand, dass sie dank der dem Kaiser zugebilligten stattlichen Gestalt und dem hohen Sockel unter dem Thronstuhl die ganze Höhe des Reliefs einnimmt, während die übrigen Figuren sich in symmetrischer Responsion auf zwei Ränge vertheilen. Zum Unterschiede von der Centralfigur sind nun sämmtliche übrigen Figuren (mit Ausnahme einiger entfernter Stehenden auf der rechten Seite) — Senatoren und Volk, die huldigend und Geschenke erwartend heranschreiten — in entschiedener Bewegung nach dem Mittelpunkte hin begriffen, indem sie sowohl den Kopf als einen erhobenen Arm acclamierend dem Kaiser zuwenden, wobei es der Künstler immerhin verstanden hat, in die uniformen Gesten einige Abwechslung zu bringen. Eine gewisse Ausnahmsstellung behaupten zwei Gruppen von je vier Figuren, die im oberen Streifen gegen die Ecken hin angebracht sind; sie nehmen zwar an der Acclamation nicht theil und bilden jede für sich eine symmetrische Composition, stehen aber zugleich untereinander im Verhältnisse stricter Responsion, wodurch sie in letzter Linie doch wiederum zu der allbeherrschenden Mittelfigur des Kaisers in Abhängigkeit gebracht werden.

Erscheint somit das Ganze mit peinlicher Genauigkeit in einer Ebene projiciert, so verrathen die einzelnen Figuren, als Theile des Ganzen, das ebenso entschiedene Bestreben, sich innerhalb der gemeinsamen Ebene räumlich zu isolieren. Die Figuren sind sämmtlich an den Umrissen tief unterschnitten, so dass sie nirgends augenfällig mit der Grundebene zusammenhängen; im oberen Range sind zwei Reihen von Figuren hintereinander angeordnet, die sich gegenseitig nicht minder scharf isolieren. Dies ist der entscheidende Punkt, in dem sich die constantinischen Reliefs von den altorientalischen und classischen unterscheiden; noch in der früheren Kaiserzeit war es unverbrüchliches Gesetz für jedes Relief, zwischen den Figuren und dem ebenen Grunde, sei es unmittelbar, sei es durch Vermittlung zwischenliegender Figuren, eine evidente taktische Verbindung aufrechtzuhalten. Die gemeinsame Ebene verliert infolgedessen jetzt ihren ehemaligen taktischen Zusammenhang und zerfällt in eine Reihe von hellen Figuren und dunklen Raumschatten dazwischen, die mit ihrem regelmäßigen Wechsel zusammen einen coloristischen Eindruck hervorrufen. Nach wie vor ist dieser Eindruck derjenige einer symmetrisch veranlagten Ebene; aber jetzt ist es nicht mehr eine taktische Ebene, die entweder völlig ungebrochen oder nur durch Halbschatten leicht getrübt verläuft, sondern eine optische Ebene, wie jene, in der alle Dinge unserem Auge in der Fernsicht erscheinen. Zwischen die sichtbare Vorderfläche der Figuren und die Grundebene hat sich eine freie Raumsphäre, gleichsam eine Nische, eingeschoben: nur so tief, um die Figuren darin raumfüllend und freiraumumflossen, und somit noch immer nach größter Möglichkeit der Ebene angenähert erscheinen zu lassen.

Genau das gleiche Verhältnis wie zwischen dem Relief als Ganzem und den Figuren als seinen Theilen muss zwischen der einzelnen Figur als Ganzem und ihren Theilen (sei es den nackten Gliedern, sei es der Gewandung) obwalten. Eine strenge Centralisierung war zwar hier höchstens an der Mittelfigur durchführbar; an den übrigen Figuren konnte sie nur eine annähernde sein, und wurde so gut es gieng durch einfache, geradlinige, ungegliederte und unrhythmische und darum harte, aber klare Umrisse der in die Ebene breitgequetschten Figuren zum Ausdrucke gebracht. Dagegen sind die einzelnen Theile der Figuren von einander durch tiefschattende Furchen isoliert, was besonders deutlich in der Haarbehandlung und in der Draperie zum Ausdrucke gelangt ist. Also wie die Figuren zum Ganzen, so stehen auch die Glieder und Gewänder zu den Figuren nicht im Verhältnisse tastbarer Verbindung, sondern in demjenigen optischer Isolierung untereinander. Die einzelnen Figuren geben sich als cubische, raumfüllende Körper, und als solche müssen sie nothwendigerweise vom freien Raume umflossen, das heißt von complementären Schatten eingerahmt sein; aber damit war beileibe nicht gemeint, neben den stofflichen Individuen (Figuren) auch den freien Raum als einen um seiner selbst willen berechtigten Kunstfactor anzuerkennen, was schon aus der Beflissenheit hervorgeht, mit der man die Figuren in eine einzige gemeinsame Ebene gepresst und die trennenden Raumschatten auf das nothwendigste Minimum beschränkt hat.

Die vollzogene Analyse des Constantinreliefs (Fig. 7) liefert somit den vollen Beweis, dass die Reliefbildnerei am Beginne der spätrömischen Periode genau den gleichen Gesetzen gefolgt ist, die wir als die leitenden in der Entwicklung der gleichzeitigen Architektur festgestellt haben. Von den übrigen Reliefs des in Rede stehenden Triumphbogens berührt sich am engsten mit Fig. 7 dasjenige mit Constantin's Ansprache an das Volk; an den übrigen war durch den Gegenstand (zumeist Kriegsscenen) eine einseitige Bewegung der Figuren gefordert, wobei eine so strenge Centralisierung wie wir sie an Fig. 7 beobachten konnten, nicht durchführbar war. Die Symmetrie wurde daher in diesen Fällen überwiegend in der Reihung gesucht, doch ist auch die Tendenz auf eine centralere Zusammenfassung in die Symmetrie des Contrastes vielfach nicht zu verkennen.

Hinsichtlich der ästhetischen Wertschätzung der Constantinreliefs gab es bisher im allgemeinen keine Meinungsverschiedenheit, denn Alle waren einstimmig darin, dass diese Reliefs ein unwiderlegliches Zeugnis von dem tiefsten Verfalle der antiken Kunst ablegen. Es waren die Nachsichtigsten darunter, die dabei den entschuldigenden Umstand geltend machten, dass der Constantinbogen in großer Eile hätte aufgeführt werden müssen, was sich ja schon aus der Verwendung ergebe, die einzelne Reliefs von abgebrochenen älteren Werken daran gefunden haben. Die überzeugten Vertreter dieser Meinung werden vielleicht überrascht sein, an dem verlästerten Werke ganz bestimmte und positive Stilprincipien, wie sie soeben nachgewiesen wurden, so genau befolgt zu sehen. Allerdings sind diese Stilprincipien nicht diejenigen der classischen Kunst; und weil man bisher ausnahmslos mit dem Maßstabe der classischen Antike an die Beurtheilung der gedachten Reliefs herangetreten ist, konnte das Urtheil lediglich geringschätzig ausfallen. Es wird unsere Aufgabe sein, den vorhandenen Unterschied zwischen den beiderseitigen Stilprincipien in seinem inneren Wesen aufzuzeigen; hier soll derselbe nur in seinen allgemeinsten äußeren Zügen gekennzeichnet werden. Man hatte stets gefunden, dass den constantinischen Reliefs gerade dasjenige abgehe, was den classischen Reliefs specifisch eigenthümlich sei, das ist die Schönlebendigkeit. Die Figuren seien einerseits hässlich, andererseits plump und unbeweglich. Damit schien es gerechtfertigt, sie als Arbeiten wo nicht von Barbarenhänden, so doch von solchen barbarisierter Werkleute zu erklären. Was einmal die Schönheit betrifft, so vermissen wir allerdings die proportionale, die jeden Theil nach Größe und Bewegung an seinem Nachbartheil und am Ganzen abwägt; dafür haben wir aber eine andere Art der Schönheit vorgefunden, die in der strengsten symmetrischen Composition zum Ausdrucke gelangt, und die wir die krystallinische nennen dürfen, weil sie das erste und ewigste Formgesetz der leblosen Materie bildet und der absoluten Schönheit (stofflichen Individualität), die freilich nur gedacht werden kann, verhältnismäßig am nächsten steht. Barbaren hätten wohl das von der classischen Kunst überlieferte proportionale Schönheitsgesetz in missverstandenen und vergröberten Äußerungen wiedergegeben; die Urheber der constantinischen Reliefs haben an seine Stelle ein anderes gesetzt und damit ein selbständiges Kunstwollen bewiesen. Freilich ist diese höchste gesetzliche Schönheit keine lebendige. Anderseits fehlt es den Figuren dieser Reliefs doch auch keineswegs an Lebendigkeit; nur liegt diese nicht in der taktischen Modellierung der Gliederverbindungen (Gelenke) und überhaupt nicht in der taktisch-normalsichtigen Modellierung des Nackten und der Draperien, sondern in dem lebhaften Wechsel von hell und dunkel, dessen Wirkung sich namentlich bei fernsichtiger Betrachtung einstellt. Die Lebendigkeit ist also wohl vorhanden und sogar eine extreme (man sehe nur die regellose, skizzenhafte Behandlung der Gewandfalten), weil auf einem momentanen optischen Eindruck beruhende, aber allerdings keine schöne (nach classischen Begriffen, das heißt auf der taktischen Modellierung in Halbschatten begründet). Es lässt sich bereits aus diesen kurzen allgemeinen Andeutungen das Ergebnis ableiten, dass in den constantinischen Reliefs beide Zielpunkte alles bildenden Kunstschaffens — Schönheit und Lebenswahrheit — ebensogut angestrebt und auch thatsächlich erreicht waren als in der classischen Kunst; während sie aber in der letzteren zu harmonischem Ausgleiche (der Schönlebendigkeit) vereinigt waren, sind sie nun wiederum in ihre Extreme auseinandergegangen: einerseits die höchste gesetzliche Schönheit in der strengsten Form des Krystallinismus, anderseits die Lebenswahrheit in der extremsten Form des momentanen optischen Effects.

Das abfällige Urtheil über den Kunstwert der constantinischen Reliefs könnte aber unmöglich ein so einstimmiges sein, wenn es bloß vom Standpunkte der classischen Antike aus gefällt und nicht auch in unserer eigenen modernen Geschmacksneigung begründet wäre. Auf die Frage einzugehen, worin sich die Grundziele der classischen und der neueren Kunst, die doch im allgemeinen so weit auseinanderliegen, in der obengedachten Hinsicht berühren, wird sich im Nachfolgenden Gelegenheit finden. Hier haben wir zunächst festzustellen, was dem modernen Beschauer an den in Rede stehenden Reliefs selbst dann anstößig erscheint, wenn er vom Vergleiche mit classischen Werken vollständig absieht. Es ist dies einerseits die Absichtlichkeit der symmetrischen Ebencomposition, die starre krystallinische Gesetzlichkeit, die uns selbst für eine ceremoniale Scene allzu feierlich und leblos erscheint; ferner das Missverhältnis in den Figuren, die vom Kaiser in der Mitte angefangen gegen die beiden Enden hin an Größe stufenweise abnehmen. Aber für all' dies besäßen wir im Grunde noch ein Verständnis, denn wir erkennen darin immerhin die stricte Befolgung eines Gesetzes, und dies allein schafft uns schon den begehrten Eindruck einer Einheit. Was uns schlechterdings roh und unkünstlerisch erscheint, betrifft vielmehr das Verhältnis der Figuren zum Raume: sowohl die Umrisse der Figuren im ganzen erscheinen uns hart und leblos, als auch die Modellierung der Theile: der Hände, Köpfe, Gewandfalten.

Wir haben zwar oben gesehen, dass diese Anordnung von den constantinischen Künstlern keineswegs aus Nachlässigkeit und Rohheit getroffen war, sondern aus der ganz positiven Kunstabsicht, Figuren und Figurentheile scharf räumlich voneinander abzugrenzen und

zugleich den optischen Eindruck eines rhythmischen Wechsels von hell und dunkel hervorzurufen. Dass nun uns moderne Beschauer das in den Reliefs vorliegende Resultat solchen
Bestrebens nicht befriedigt, muss doppelt auffallen, wenn wir uns erinnern, dass unsere eigene
neueste Kunst ähnlich wie die spätrömische wesentlich auf optischer Auffassung, und zwar auf
dem momentansten farbigen Eindruck beruht. Das constantinische Kunstwollen scheint hienach
geradezu identisch mit dem modernsten; und dennoch erregen seine Werke in uns das gerade
Gegentheil künstlerischer Befriedigung! Das Anstössige für den modernen Geschmack liegt in
nichts anderem, als in dem darin beobachteten Verhältnis zum Raume, der die Formen hart voneinander trennt, anstatt dieselben, wie im allgemeinen alle neuere Kunst begehrt, untereinander zu
verbinden. Die Figuren sowie ihre Theile setzen sich scharf gegen den dunklen Raum ab, während
wir von ihnen das Zusammenfließen mit der Umgebung, den Übergang in den Luftraum verlangen.
Die constantinische Kunst strebt eben, wie es die ganze Antike gethan hatte, noch immer nach
der reinen stofflichen Einheitsform; indem sie diese Form nun auch nach der Tiefe abschließen
will, bedarf sie des Raumes; indem sie sich somit desselben Kunstmittels bedient wie wir, aber zu
diametral entgegengesetzten Zwecken, bringt sie uns den Abstand des spätantiken und überhaupt
alles antiken Kunstwollens von unserem heutigen erst recht zu Bewusstsein. Auch wir gebrauchen
den Gegensatz von hell und dunkel in coloristischer Absicht; aber diese Farbenwerte bilden
dann die Hauptsache, welche alle dargestellten körperlichen Formen sich unterordnet und untereinander verbindet, während ihnen in der antiken Kunst die dienende Nebenrolle zukam,
die nach wie vor die Hauptsache ausmachenden stofflichen Einzelformen von einander zu
trennen. Es ist daher durchaus gerechtfertigt, wenn jemand vom subjectiven Standpunkte des
modernen Geschmackes die constantinischen Reliefs für roh erklärt; und ebensowenig wird sich
widersprechen lassen, wenn jemand vom (nicht minder subjectiven) Standpunkte der classischen
Antike die durch jene Reliefs vertretene Entwicklung als Verfall bezeichnet. Der Kunsthistoriker
aber, der sich Objectivität zur Richtschnur gemacht hat, wird fortan bekennen müssen, dass die
constantinische Kunst (und die spätrömische überhaupt) mit ihrer coloristischen Auffassung der
in absoluter Tiefeneinheit aufgenommenen Einzelformen die nothwendige letzte Durchgangsphase
der antiken Kunst gewesen ist, welche die Bahn für eine neue, die Dinge mit dem Raume
dazwischen ausgleichende Kunstauffassung freizumachen hatte, und durch ihre wenn auch
zunächst nur gezwungene Berücksichtigung des Raumes als solchen in der That auch freigemacht hat. Wer in der altchristlichen Basilika und in der byzantinischen Raumkunst die unvermeidlichen Verbindungsglieder zwischen der raumfeindlichen antiken und der raumsuchenden
neueren Baukunst erblickt, der muss die gleiche vermittelnde Bedeutung auch der spätrömischen
Reliefkunst (und Malerei, wie gleich vorgreifend gesagt sein soll) zuerkennen.

Die vollzogene Analyse hat uns die Grundgesetze des Kunstwollens kennen gelehrt, die
am Beginne der constantinischen Zeit die Reliefkunst beherrscht haben. Es wird wohl erlaubt
sein, die Giltigkeit der gleichen Gesetze auch für die gleichzeitige Rundsculptur vorauszusetzen und
damit das an der Untersuchung der Reliefs gewonnene Resultat für die gesammte Bildnerei vom
Anfange des vierten Jahrhunderts n. Ch. in Anspruch zu nehmen; ein stricter Nachweis lässt
sich aber dafür nicht führen, weil uns absolut sicher datierte Rundfiguren der Zeit um 315 n. Ch.
vollständig fehlen. Es existiert zwar eine Anzahl von Statuen und Porträtköpfen, die mit hoher
Wahrscheinlichkeit für Kaiser Constantin den Großen und seine Söhne in Anspruch genommen
werden dürfen und deren Analyse, wie sich noch zeigen wird, mit dem oben gegebenen Resultate

vollkommen übereinstimmt; da es aber immerhin nur, wenn auch noch so wohl begründete, Vermuthungen sind, worauf sich jene Zuweisung stützt, wollen wir uns zunächst mit dem Ergebnisse begnügen, das uns die Untersuchung des hinsichtlich ihrer Datierung allen Zweifeln entrückten Triumphbogen-Reliefs geliefert hat.

Haben wir hiemit wenigstens für die Reliefkunst der spätrömischen Zeit einen festen Ausgangspunkt der Entwicklung gewonnen, so würde unsere weitere Aufgabe sein, den Fortgang der Entwicklung in der ganzen spätrömischen Periode, soweit die vorhandenen Denkmäler dies gestatten, zu verfolgen. Wollten wir diese Untersuchung sofort in Angriff nehmen, so würde dies unter dem drückenden Bewusstsein geschehen, es mit einer gleichsam abgerissenen Erscheinung zu thun zu haben, deren Anfänge wir nicht kennen; denn wenn auch unsere bisherige Untersuchung bereits soviel ergeben hat, dass die Eigenart des constantinischen Reliefs nicht auf einem so unberechenbaren Factor wie die bisher allgemein vermuthete Einflussnahme der Barbaren, sondern auf festen positiven Stilgesetzen beruht, so hat sich doch anderseits auch nicht leugnen lassen, dass diese Stilgesetze in wesentlichen Punkten von denjenigen verschieden sind, die in der classischen Zeit die Herrschaft innegehabt hatten.

Auf welche Weise ist dieser Wandel möglich gewesen? Führt überhaupt eine Brücke von der constantinischen zur classischen Kunst zurück?

So lange diese Fragen keine befriedigende Antwort gefunden haben, muss die Erscheinung der constantinischen Kunst, trotz des gewonnenen Einblickes in ihre inneren Gesetze, für uns einen Rest beunruhigender Unklarheit bewahren; anderseits dürfen wir hoffen, aus einer Aufklärung über die Herkunft jener Kunst auch von vornherein einen orientierenden Ausblick nach dem weiteren Fortgang der Entwicklung in der spätrömischen Zeit zu erhalten. Solche Erwägungen werden es gerechtfertigt erscheinen lassen, wenn wir uns vor allem über das historische Verhältnis zwischen der constantinischen und aller früheren antiken Reliefkunst [1], namentlich aber der ihr zunächst vorangegangenen der mittleren römischen Kaiserzeit, klar zu werden versuchen.

Was das älteste uns bekannte Relief — das altegyptische — angestrebt hat, war einerseits die scharfe Herausholung des Individuums aus dem Universum, anderseits seine Ausgleichung und Verbindung mit der Ebene. Beide Postulate bedingen einander wechselseitig: denn jede partielle Deckung zwischen zwei oder mehreren Individuen vernichtete den taktischen Eindruck absoluter Ebene, und jede stärkere Ausladung gefährdete umgekehrt den Eindruck geschlossener Individualität. Das egyptische Relief schuf daher in der Höhe und Breite möglichst scharf und unzweideutig abgegrenzte taktische Flächen, aber in weitestgehender Annäherung an die Ebene und daher unter möglichstem Ausschluss jeder augenfälligen Tiefenerstreckung, des Raumes und des Schattens. Von den Relationen, in welchen die Theile untereinander und zum Ganzen stehen, berücksichtigt die altegyptische Kunst grundsätzlich nur diejenigen in der Höhe und Breite (Ebenrelationen), nicht aber diejenigen in der Tiefe (Raumrelationen).

---

[1] Da im Relief das tastbar Stoffliche vorschlägt, eignet sich diese Kunstgattung besser zur Darstellung von Figuren in der Ebene, als zu einer solchen im Raume, wofür die Malerei von Haus aus geeigneter erscheint: die körperlosere Farbe vermag das Auge des Beschauers erfolgreicher in ferne Tiefräume zu locken, als das Meißel- oder Schnitzwerk, an dessen harter Stofflichkeit die willigste Phantasie ihre Schranke findet. Das Kunstwollen des Alterthums, das grundsätzlich auf Composition der Figuren in der Sehebene ausgegangen ist, lässt sich daher an Werken der Reliefkunst am unmittelbarsten und deutlichsten demonstrieren; und da auch die Unterschiede, welche die einzelnen Perioden der Kunst des Alterthums auszeichnen, am Relief am leichtesten ersichtlich gemacht werden können, erklärt sich hinlänglich, warum hier einer Schilderung der Entwicklung der spätantiken Kunst die Untersuchung der antiken Reliefkunst zugrunde gelegt wurde.

In der altegyptischen Kunst gibt .es somit, wenigstens der Absicht nach, nur eine Eben-composition, während der Raumcomposition augenscheinlich geflissentlich aus dem Wege gegangen ist. Wir haben dieses Bestreben in der egyptischen Architektur schon an früherer Stelle (S. 22 f.) beobachtet; am unzweideutigsten gelangte es in der Malerei zum Ausdrucke, weil diese von Haus aus in der reinen Ebene schafft. Die Figuren sind hier zwar streng umrissen, aber innerhalb der Conturen (mit Ausnahme der Angabe der Augen, Haare, des Mundes, der Kleider, wozu nur ausnahmsweise noch weitere Lockerungen des Princips hinzutreten) fast gar nicht-modelliert, sondern nur durch Farbe ausgefüllt, die mit ihrer einheitlichen ungebrochenen Erstreckung über möglichst weite Flächen (Polychromie) die isolierende Wirkung der Umrisse noch wesentlich verstärkt. Die Figuren heben sich dadurch in strenger Klarheit vom Grunde ab; dieser Grund ist nicht etwa Raum (auch kein idealer), wie in der neueren Kunst, sondern taktische Stofflichkeit in der für den Egypter idealen Erscheinung absolut tiefenloser Ebene. Der Grund ist die Scheidewand, durch welche aller störende Raum hinter der augenfälligen Ober-fläche der Figur einfach abgeschnitten wird.

Am deutlichsten gelangt dieses Sachverhältnis am Relief en creux zum Ausdrucke, an welchem der Grund als das höher Ausladende geradezu als das Wichtigere erscheint; das Herausholen der Einzelform aus der stofflichen Urfläche ist niemals mehr in gleich eindringlicher und unmittelbar überzeugender Weise versinnlicht worden. Die Relieffiguren sind denkbar flach gehalten, so dass möglichst wenig Schatten darin wahrnehmbar wird; sie müssen daher in der Nahsicht genossen werden, denn je ferner man von ihnen abrückt, desto stumpfer und flacher wird die Oberfläche nothwendigerweise erscheinen. Das gleiche Bestreben zeigt endlich die Rundfigur; hier war die Tiefe an sich trotz des öfter im Rücken angebrachten Pfeilers nicht mehr auszuschließen, aber sie macht sich dem Beschauer möglichst wenig bemerkbar; namentlich die Vorderfronten der Figuren (Brust) erscheinen oft völlig plattgedrückt.

Hinsichtlich der egyptischen Ebencomposition genügt es, an die Art und Weise zu erinnern, in welcher sie die menschliche Figur im Relief (und ebenso in der Malerei) dargestellt hat. Der Kopf erscheint im Profil, wobei das eine sichtbare Auge geradeaus blickend eingesetzt ist; die Brust mit beiden Schultern und Armen ist geradeaus sichtbar, während vom Bauche abwärts wieder eine Umdrehung ins Profil erfolgt, das in den schreitenden Beinen ein vollkommenes wird. Diese seltsam verrenkte Stellung lässt sich gar nicht anders als aus dem Bestreben erklären, den Gesammtkörper in möglichst klarer Vollständigkeit zu zeigen und dabei möglichst strenge jede Tiefenandeutung, das ist jede Verkürzung der Umrisslinien zu vermeiden. Die Rela-tionen der einzelnen Theile des Körpers, wie sie sich in Wirklichkeit dem Auge darzubieten pflegen, sind also im egyptischen Relief zwar im allgemeinen beobachtet, aber doch immer nur soweit, als es mit der grundsätzlichen Tiefenscheu und Schattenscheu vereinbar war. Vollkommen nach der Natur aufgenommen sind daher nur die Ebenrelationen; dagegen sind die Raum-relationen vermieden oder, soweit sie unvermeidlichermaßen berücksichtigt werden mussten, mit Raffinement (wie namentlich jene erwähnten Verrenkungen lehren) in Ebenrelationen umgesetzt. Gerade das Gegentheil von demjenigen, was die Egypter solchermaßen von der Kunst erstrebten, verlangen wir heutzutage von derselben.

Zu den in Höhe und Breite wahrnehmbaren Ebenrelationen der Theile zum Ganzen an den Dingen, etwa am menschlichen Körper, zählen auch die Maßverhältnisse oder Proportionen; durch Beobachtung der Raumrelationen (zum Beispiel Verkürzung) werden dieselben hingegen verwischt. So erklärt es sich, dass die altegyptische Kunst grundsätzlich auf Darstellung der Proportionen ausgegangen ist. Bei den Gliedmaßen der menschlichen Figuren haben sie dabei einen Durchschnitt zugrunde gelegt, den wohl noch heute die egyptischen Fellahen aufweisen. Das Kunstmittel zur Darstellung der proportionalen Einzelformen war ihnen (nebst der polychrom verwendeten Farbe) die Umrisslinie, und in dieser gelangte bei den Egyptern das principielle Streben aller bildenden Kunst nach Einheit und Klarheit, gegenüber der Vielheit der proportionalen Relationen, zum Ausdrucke. Die Linie wurde in ausgesprochener Tendenz auf eine möglichst krystallinisch-gesetzliche Composition, wo es irgend angieng, völlig gerade geführt, und wo Abweichungen von der Geraden unvermeidlich waren, sind diese in eine möglichst gesetzliche Curve gebracht worden.

In der strengen Proportionalität der Theile und in deren einheitlicher Bändigung durch ungegliederte und ungebrochene, soweit aber nöthig regelmäßig gebogene Umrisse ruht die „Schönheit" der egyptischen Kunstwerke.

Es ist klar, dass die Isolierung der mit der Ebene verbundenen Einzelfiguren untereinander, wie sie die Egypter grundsätzlich angestrebt hatten, in absoluter Strenge nicht durchführbar gewesen ist. Das Compositionsgesetz war zwar dasjenige der symmetrischen Reihung, das die Figuren mit der Ebene verbunden und ausgeglichen und zugleich untereinander isoliert hinsetzte; aber die geringste Nothwendigkeit, zwei Figuren in einen engeren, augenfälligen Bezug zu einander zu bringen, musste zu einer Durchbrechung des Princips der Reihung führen. Hier lag ein Gegensatz und daher ein Problem: die Verbindung der Einzelformen nicht allein mit der Ebene (was schon das Ziel der altegyptischen Kunst gewesen war), sondern auch untereinander.

Es ist ferner nicht minder klar, dass die Raumrelationen — Verkürzungen und Deckungen, Schatten — unmöglich vollständig unterdrückt werden können, sobald auch nur die Ebenrelationen zugelassen sind. Am Profilkopf zum Beispiel findet eine Verkürzung von den Schläfen bis zum Nasenrücken, am Bauche eine solche von den Hüften bis zum Nabel statt. Deckungen waren an der schreitenden menschlichen Figur in der obersten Partie des zurückliegenden Beines unvermeidlich; desgleichen fast bei dem geringsten Versuche, die Arme in Action zu setzen. Die Unterdrückung der Räumlichkeit in der egyptischen Kunst bedeutete somit einen zweiten latenten Gegensatz, in welchem abermals ein Problem zur Versöhnung und daher der Keim zu einer Weiterbildung enthalten war. Die Egypter sind trotz vereinzelter Anläufe, die das Interesse ihrer Kunstgeschichte ausmachen, nicht über die Ebenrelationen und die wechselseitige Isolierung der Einzelfiguren hinausgelangt.

Die Aufgabe der Versöhnung der beiden genannten latenten Gegensätze haben nächst den Semiten namentlich die Griechen übernommen — freilich nicht ohne neue Gegensätze zu provocieren, deren Ausgleichung sie den romanisch-germanischen Völkern als das Problem der neueren Kunst hinterlassen haben.

In dieser flüchtigen Übersicht, die bloß die Haupthaltpunkte der Entwicklung aneinanderreihen soll, ist weder für die Darlegung der Lockerung der altorientalischen Auffassung bei den Semiten (namentlich den Assyrern), noch für die Erörterung der mykenischen und frühgriechischen Kunst Platz; nur soviel scheint der (an anderer Stelle des Näheren auszuführenden) Andeutung nöthig, dass die mykenischen Denkmäler das Aufkommen eines dem altorientalischen diametral entgegengesetzten Kunstwollens verrathen, wie denn zum Beispiel die Becher von Vafio z. Th. eine nicht allein postclassische, sondern sogar postantike Auffassung anticipieren.

Aus der ausgleichenden Verbindung der altorientalischen mit jener anderen (vermuthlich specifisch indogermanischen) Auffassung ist die griechische Kunst hervorgangen.

Die große That der griechischen Kunst war die Emancipierung der Raumrelationen: Ausladungen und Einziehungen und als ihre künstlerischen Folgeerscheinungen Deckung, Verkürzung, Schatten. Die Schranke der griechischen Kunst lag hinwiederum darin, dass sie die genannte Aufgabe nur an der Einzelform zu lösen gesucht hat, ohne den freien Raum dazwischen zu berücksichtigen. So ist sie schließlich wohl zur Anerkennung des nach allen drei Dimensionen geschlossenen, cubischen Raumes gelangt, nicht aber zu derjenigen des freien Raumes. Selbst dort, wo sich dieser den Eingang in die antike Kunst erzwungen hat, wurde er niemals als die Hauptsache angesehen und die Figuren darin ihm angepasst und untergeordnet, sondern es blieben umgekehrt stets die Figuren die Hauptsache und der freie Raum bloß ein nothwendiges Übel, hauptsächlich als complementäres Mittel zur Versinnlichung der cubischen Räumlichkeit der Figuren. Die Folge war, dass die griechische Kunst genau wie die egyptische fortdauernd danach zu streben hatte, jede Vorstellung der Raumtiefe hinter der augenfälligen Oberfläche der Einzelform abzuschneiden. Im Relief (und in der Malerei) erhält sich daher auch in der griechischen Antike allezeit der ebene Grund als letzter absolut klarer Rückhalt der räumlichen Bewegungen, als beruhigendes Symbol der taktischen Stofflichkeit, zu welchem das Auge immer wieder zurückzukehren begehrt. Daraus allein ergibt sich schon der Schluss, dass in der ganzen griechischen Antike (wie in der vorangegangenen altorientalischen) das Maßgebende der künstlerischen Gestaltung in der Ebencomposition gesucht wurde. Hiebei war der Fortschritt gegenüber den Egyptern hauptsächlich darin gelegen, dass die Einzelformen (Figuren) zwar nach wie vor schon allein durch ihren Gegensatz zum ebenen Grunde, in Höhe und Breite klar begrenzt blieben, aber zugleich nicht mehr allein mit der Grundebene, sondern auch untereinander in Verbindung gesetzt wurden: mit der Grundebene, indem die Figuren daraus hervorzuwachsen scheinen, — untereinander, indem einzelne Glieder benachbarter Figuren in planimetrische Relationen zueinandertreten. War das Flächencompositionsgesetz der Egypter die Reihung der gleichmäßig umrissenen isolierten Figuren gewesen, so wurde es bei den Griechen der symmetrisch aufgebaute Contrast der einander zugeneigten Figuren, der durch Verschränkung der Theile eine Steigerung zum Contrapost erfahren konnte. Auf geometrische Schemata zurückgeführt, zeigt die egyptische Ebencomposition eine Zusammensetzung aus Parallelogrammen (verticalen und horizontalen), die griechische eine solche aus ineinander verschränkten gleichschenkeligen Dreiecken (Diagonalen).

Die Berücksichtigung der Raumrelationen hat zur weiteren Folge gehabt, dass die menschlichen Figuren in der Ebenerscheinung nicht mehr die Verrenkungen der egyptischen zeigen, sondern in der Regel in Dreiviertelansicht aus dem Grunde herauswachsen, welche Richtung dann auch der Kopf einhält: die Figuren verrathen gleichsam die innere Fähigkeit, sich vom Flachgrunde in den freien Raum loszulösen, ohne dies jedoch thatsächlich zu vollziehen. Die Figuren sind hiebei in der Regel in lebhafte Bewegung versetzt, um eine reiche Gliederung (für die contrapostischen Verbindungen der Ebencomposition) herbeizuführen. Beabsichtigt ist aber lediglich eine Gliederung in der Ebene (Höhe und Breite) und nicht im Raume (Tiefe); daher sind die Figuren, wie Emanuel Löwy längst bemerkt hat, bis an das Ende der classischen Zeit (Praxiteles) sowohl im Relief als in der Rundfigur (denn auch diese folgt dem gleichen Kunstwollen, wie es überhaupt einen „Reliefstil", der nur dem Relief als solchem zukäme, nicht gibt) in mehr oder minder auffallend gezwungener Weise nach rechts oder links, nicht aber nach dem Beschauer hin oder von diesem hinweg bewegt.

Neben der Ebencomposition tritt nun aber auch eine erste leise Wendung zur Raum-composition auf, indem die griechische Kunst sich vom Anbeginn eine stärkere Betonung der Raumrelationen, als sie das schwachgewellte egyptische Relief zugelassen hatte, zum Ziele gesetzt hat. Es kommt daher im classischen Relief zu kräftigeren Ausladungen (und Einzie-hungen), indem die ebene Fläche kecker, als es die Egypter über sich gebracht hätten, zur gekrümmten Fläche wird; aber bei alledem ist die Absicht der classischen Raumcomposition (wie im Grunde schon diejenige der egyptischen Kunst) immer grundsätzlich darauf gerichtet gewesen, die Raumrelationen in Ebenrelationen umzusetzen. An Stelle der einen Ebene der Egypter tritt nun eine Anzahl von Theilebenen; weil sie wechselseitig gegeneinander ausladen, ist jede von einem die Ausladung andeutenden Schatten begrenzt.

Mit dem Schatten hat ein nicht tastbares, rein optisches Element, das die Egypter nach Kräften ferngehalten hatten, in die bildende Kunst legitimen Eingang gefunden. Zunächst hat der Schatten aber einen echt taktischen Zweck zu erfüllen: die gegeneinander ausladenden Theil-flächen zu begrenzen. Dabei sind die Absätze der Ausladungen niedrig und scharfwinkelig, der Schatten ist infolge dessen ein schmaler (oft annähernd linearer) und daher zur begrenzenden Function besonders geeignet. So erscheinen zum Beispiel die Muskel des menschlichen Körpers in der classischen Sculptur als ganz niedrig gewölbte Flächen, die von schmalen Schatten gleichsam wie von Isohypsen eingefasst sind. Die Schatten werden aber niemals so tief (farbig, rein optisch), dass sie den taktischen Zusammenhang der übereinander ausladenden Flächen untereinander nicht mehr erkennen ließen: damit erfüllen die Schatten neben der begren-zenden, isolierenden Function zugleich auch eine verbindende.

Die offene Zulassung der Raumrelationen, der gekrümmten Fläche und namentlich des Schattens musste zur natürlichen Folge haben, dass die griechische Kunst den Grundsatz, die Ergänzung des stofflichen Eindruckes einer Einzelform durch das geistige Hilfsmittel der Erfahrung möglichst auszuschließen, nicht mehr in dem Maße, wie dies den Egyptern gelungen war, einhalten konnte. Immerhin waren die Schatten nicht so tief, dass sie ausschließlich optisch wirksam und nicht auch taktisch zu controlieren gewesen wären, das heißt man brauchte nicht rein zu errathen, was diese Schatten verhüllten, sondern man konnte ihnen allezeit auf ihren Grund sehen. Selbst an der classischen Draperie wird das Auge lediglich durch die belichteten Ausbüge der Falten angezogen und betrachtet die schattigen Höhlungen dazwischen bloß als ein noth-wendiges Complement — im geraden Gegensatze zu den Constantin-Reliefs, an deren Gewand-figuren das Auge vor allem die faltentrennenden dunklen Schatten wahrnimmt und die hellen Faltenpartien dazwischen für das selbstverständliche Complement ansieht.

Der Appell an die Hilfe der Erfahrung bei Aufnahme eines Kunstwerkes tritt auch in dem Verhältnisse der Gliedmaßen an den einzelnen menschlichen Figuren in der griechischen Kunst, im Gegensatze zu demjenigen, das die Egypter in dieser Hinsicht beobachtet hatten, schlagend zutage. Der stofflichen Klarheit zuliebe hatten die Egypter (S. 52) die Gliedmaßen in derartigen Verrenkungen in der Ebene componirt, wie sie in Wirklichkeit wohl niemals zu sehen waren. Die Griechen gaben, wie schon vorhin erwähnt wurde, diese Verrenkungen auf, indem sie, in theil-weiser Freigabe der Raumrelationen, einige unumgängliche Deckungen und Verkürzungen zuließen. Damit wurden die Figuren subjectiv richtiger, hingegen objectiv unklarer. Die unmittelbar sinnliche Evidenz der Stofflichkeit, sowie des Lagerungsverhältnisses und der Proportionen der Glieder zu einander, wurde beeinträchtigt und das Verlorene musste aus der geistigen Erfahrung ersetzt werden. Da unsere moderne Kunst ebenfalls an die Erfahrung in hohem Maße appelliert (ja der Gefahr entgegensieht, das Stoffliche durch das Begriffliche erdrückt zu sehen), begreift sich, dass wir der subjectiven Auffassung der Griechen, gegenüber der objectiven der Egypter den Vorzug geben.[1]

Eine weitere Steigerung hat die griechische antike Kunstabsicht auf Verbindung der Einzelformen untereinander, womit eine zunehmende Isolierung derselben gegenüber der Ebene und zugleich eine Emancipierung der Raumrelationen unvermeidlichermaßen verbunden waren, in der hellenistischen Periode erfahren. Das Auge begehrt nun erstens nach stärkeren Tiefenveränderungen, vor allem nach höheren Ausladungen. An den Figuren als Ganzen gelangt diese Tendenz in der Weise zum Ausdruck, dass sie aus ihrer idealen Grundfläche heraus sich nicht mehr allein nach rechts und links (in der Ebene), sondern auch nach vorne und rückwärts (nach der Tiefe) zu bewegen beginnen. In der Detailbildung der einzelnen Figuren verräth sich die gleiche Tendenz durch den entschiedenen Übergang zum Hochrelief: die Muskel der nackten menschlichen Figur z. B. werden hochgewölbt, weshalb an Stelle der niedrigen Absätze der classischen Zeit höhere Ausladungen treten. Die Isolierung der Theilflächen in der Ebene durch ein System begrenzender Isohypsen bleibt somit gewahrt; aber auch die klare taktische Verbindung zwischen den Theilflächen wird nicht beeinträchtigt, denn die zwar hohen aber sanft geneigten Ausladungen erzeugen nun zwar breitere, aber keineswegs tiefere Schatten (Halbschatten), die eine taktische Controle fortdauernd ermöglichen. Das Auge begehrt aber zugleich auch mehr Tiefenveränderungen nebeneinander als bisher zu sehen, und begnügt sich dafür mit einem entsprechend geringeren Ausmaße an ebenem Grunde; damit ist das classische Gleichgewicht zwischen Eben- und Raumrelation gestört zugunsten eines allmählig wachsenden Übergewichts der letzteren. An der Einzelfigur tritt diese Raumtendenz z. B. in einer Vermehrung der Muskelvorsprünge zutage, die sich durch gehäufte Halbschatten verräth: so schon bei Lysipp, in größter Steigerung an Werken wie der Herkules Farnese. War der Querschnitt des Rumpfes, etwa in Brusthöhe, früher ein annähernd viereckiger gewesen (die „figurae quadratae" in der bekannten Stelle des Plinius über Lysipp), so wird er jetzt annähernd kreisförmig. In der mehrfigurigen Composition werden die Figuren entweder enger zusammengerückt und in

---

[1] Dass seit der altegyptischen Kunst eine fortschreitende Entwicklung stattgefunden hat, wollen wir ja nicht allein nicht leugnen, sondern auch dort behauptet wissen, wo dies bisher bestritten wurde; aber dagegen muss Verwahrung eingelegt werden, dass diese Entwicklung eine solche des (technischen) Könnens gewesen wäre, während sie in der That eine solche des Wollens gewesen ist. Eine objective kunstgeschichtliche Betrachtung wird in jeder Stilperiode (wie dies eben hinsichtlich der egyptischen geschehen ist) irgend einen Vorzug entdecken, der späteren Perioden gemangelt hat, weil ihr Wollen nach anderer Seite gerichtet war. Im rein technischen Können, das heißt in der Bezwingung der Rohmaterialien, waren die Egypter übrigens allen ihren Nachfolgern bis auf den heutigen Tag überlegen; seither war die Entwicklung im allgemeinen eher auf eine Einschränkung der technischen Vielheit gerichtet. Aus der Tendenz der Egypter auf möglichste Objectivität der reinen sinnlichen Erscheinung im Kunstwerke erklärt sich auch die bemerkenswerte Thatsache, dass die von ihnen hinterlassenen Sculpturwerke sich nicht in „gute" und „schlechte" eintheilen lassen, weil sie durchwegs ein bestimmtes Maß stilistischer Vollkommenheit zur Schau tragen. Man wird zwar nicht soweit gehen dürfen, zu behaupten, dass jeder Egypter der Pharaonenzeit ein geborener Künstler gewesen ist oder dass alle ihre Künstler gleich begabt gewesen seien; aber die Thatsache lässt sich doch nicht übersehen, dass es ein „rohes" Kunstwerk bei diesem Volke nicht gegeben hat. Der Grund dafür muss aber, wie schon angedeutet, in der festen, objectivsinnfälligen Norm gelegen gewesen sein, nach welcher jeder egyptische Künstler gearbeitet hat, und in der geflissentlichen Unterdrückung jeglicher subjectiven Beimischung. Den diametralen Gegensatz hiezu bietet unsere moderne Kunst des sogenannten Individualismus, worin jeder Künstler geflissentlich nach den subjectivsten Einfällen schafft, was natürlich zur Folge hat, dass heute kein Kunstwerk entstehen kann, das die Aussicht hätte, sofort von Allen oder doch nur von der größeren Hälfte des Publikums für „gut" befunden zu werden, und dass gerade die gefeiertsten Kunstwerke die heftigsten Widersacher haben.

wechselseitige Deckungen verschränkt (großer Fries von Pergamon), oder es werden in dem
Falle, als gehäufte Figurendeckungen durch den Darstellungsinhalt nicht geboten waren, nicht-
figürliche Motive (aus dem Freien oder dem Innenraum) hinter die Figuren gesetzt, um die Zahl
der Ausladungen gegenüber dem ebenen Grunde zu vermehren. Im letzteren Falle entsteht der
Hintergrund.

Man könnte versucht sein, zu meinen, dass mit dem Aufkommen des Hintergrundes in der
antiken Kunst ein jäher Bruch mit aller vorangegangenen Entwicklung eingetreten wäre: so überraschend muss es wirken, nun zwischen die individuelle Kunstform und die Grundebene ein Drittes
eingeschoben zu sehen. Ein solcher Bruch wäre aber nur dann vorhanden, wenn die Auffassung
des Hintergrundes in der postalexandrinischen Kunst der Griechen mit der modernen zusammen-
fiele. Wir sind freilich aus begreiflichen Gründen geneigt, auch auf den antiken Hintergrund
die Bedeutung zu übertragen, die ihm in der neueren Kunst zukommt: diejenige eines Aus-
schnittes aus dem unendlichen Raume. Es ist aber nothwendig, sich klar zu machen, dass der
antike Hintergrund noch immer nichts anderes zum Ausdrucke bringen wollte als alle vorangegangene antike Figurenkunst: eine Anzahl in sich abgeschlossener stofflicher Individuen oder
wenn man will einen Ausschnitt aus der unendlichen Ebene. Freilich im mathematischen Sinne
ist hier der Begriff der Ebene nicht mehr aufrecht zu halten; das Gleiche war aber schon in
der altegyptischen Kunst der Fall gewesen, sobald zum Beispiel die Arme zweier dargestellter
menschlicher Figuren einander kreuzten, denn in diesem Falle musste nothwendigerweise
die eine Figur den Vordergrund (eine vordere Ebene), die andere den Hintergrund (eine hintere
Ebene) einnehmen. Nur war die altorientalische Kunst und auch noch die griechische bis einschließlich der classischen Phase stets bestrebt gewesen, das Vorhandensein zweier verschiedener
Ebenen möglichst zu verhehlen; die hellenistische Kunst hingegen — und darin beruht die
Neuerung — hat das Vorhandensein zweier Ebenen offen zugestanden. Daraus folgert der
moderne Beschauer, dass zwischen beiden Ebenen ein Raum gedacht werden muss: und damit
scheint der Raum in der That in die antike Kunst eingeführt. Es kommt aber alles darauf an, die
Rolle zu begreifen, die dem Raume nun zugestanden worden ist. Nicht der freie Raum als solcher
sollte zur Darstellung gelangen — denn es fehlt jeder verbindende Mittelgrund zwischen vorne
und hinten — sondern bloß der cubische Raum, den die vorderen Figuren einnehmen, sollte zur
Andeutung gebracht werden. Es ist also genau dasjenige Maß der Emancipation des Raumes, das
wir am Pantheon zu architektonischer Durchführung gebracht sahen, wobei wir uns erinnern
dürfen, dass zwar keine erhaltenen Denkmäler, wohl aber schriftliche Nachrichten (über das
Serapeion, Marneion) uns zur Annahme berechtigen, dass die griechische Baukunst bereits in der
Diadochenzeit zur Raumbildung mittels des Centralbaues fortgeschritten war. Der Hintergrund
hat also im hellenistischen Relief keineswegs die moderne Aufgabe gehabt, die vorderen Figuren
mit der unendlichen Raumtiefe zu verbinden, sondern lediglich dieselben gegenüber der Grundebene schärfer zu trennen: eine bloße weitere Etappe in dem gemeinantiken Processe der allmäh-
lichen dreidimensionalen Verräumlichung der Einzelform. Daneben bleibt die ebene Grundfläche
als letztes Refugium für das kunstbetrachtende Auge noch immer beibehalten; infolgedessen
mussten und konnten auch die Umrisse der vorderen und hinteren Objecte trotz der zwei
Ebenen noch immer in eine Ebencomposition gebracht werden, die sich als Einheit des
Musters der Einheit der Grundebene entgegensetzte; und aus demselben Grunde konnte es
in dieser Zeit auch noch nicht zur ausgesprochenen Massencomposition kommen, wiewohl mit

dem Aufkommen des Hintergrundes der erste und bahnbrechende Anstoß dazu bereits in der That gegeben war. Nicht minder wichtig ist in diesem Belange der Umstand, dass der Hintergrund niemals durch menschliche Figuren, sondern immer nur durch eine Mauer von unbeweglichen Motiven (Gebäude, Bäume) gebildet wurde; wo aber mehrere Personen hintereinander angeordnet waren (was erst seit dem Ende der vorchristlichen Ära häufig aufzutreten beginnt) wurden dieselben in ein Gedränge, d. h. in möglichst ununterbrochene taktische Verbindung miteinander gebracht. Also überall grundsätzliche Verneinung des freien Tiefraumes, dagegen beflissene Hervorkehrung der cubischen Räumlichkeit der Individuen: als Folge davon schärfere Trennung der Individuen von der Grundebene, d. h. Lockerung des bisher streng festgehaltenen taktischen Zusammenhanges aller Theile des Individuums mit diesem als Ganzen, aller Figuren mit der Grundebene.[1] Wie weit der Process der Lockerung in der hellenistischen Kunst geführt hat, ist heute noch eine umstrittene Frage;[2] wie es scheint, wurde sogar der letzte und entscheidende Schritt, d. h. der entschlossene Übergang von der taktisch-optischen zur reinoptischen Aufnahme bereits im ersten vorchristlichen Jahrhundert zurückgelegt; doch sehen wir die Folgen dieses Schrittes erst nach Christi Geburt allenthalben deutlich hervortreten, weshalb wir die Erörterung dieses Punktes auf eine spätere Stelle versparen müssen.

Die nächste Etappe der Entwicklung vertritt die Kunst der früheren römischen Kaiserzeit (von Augustus bis zu den Antoninen). Nach den Darlegungen F. Wickhoff's, der mit seiner Publication über die „Wiener Genesis" den Einblick in das wahre Wesen dieser Kunstperiode erst recht erschlossen hat, liegt das Eigenartige desselben darin, dass der Wiedergabe der Dinge in der bildenden Kunst nunmehr die optische Aufnahme zugrunde gelegt wird.

Man verzichtet darauf, die taktische Verbindung der Theilflächen durch die in Halbschatten liegenden, aber klar flächenhaften Ausladungen zur unmittelbaren Anschauung des Beschauers zu bringen, und begnügt sich damit, durch Vertiefung der Schatten dem Beschauer das Vorhandensein von Ausladungen zu markieren. Es ist nicht mehr möglich, dem Schatten auf den Grund zu sehen; es sind nicht mehr halbbeschattete taktische Flächen, was wir da wahrnehmen, sondern schlechtweg schattende dunkle (farbige) Erscheinungen, die zunächst bloß einen optischen Eindruck auf den Beschauer hervorrufen und erst auf dem Umwege über die Erfahrung (Reflexion) von dem Vorhandensein einer taktischen Unterlage (greifbar flächenhaften Ausladung) Kunde geben. Dieser Übergang von der taktischen zur optischen Auffassung musste sofort zweierlei wichtige Folgen nach sich ziehen: 1. den Abfall des Reliefs, das nun im Gegensatze zur Anschwellungstendenz von der egyptischen bis zur augusteischen Periode eine consequent rück-

---

[1] Nichts ist lehrreicher für Denjenigen, der die letzten Ziele der antiken und der modernen Kunst gegeneinander abwägen will, als die Wahrnehmung, dass die gesteigerte Beobachtung der Raumrelationen, die doch dem Begehren der modernen Kunst entgegenzukommen scheint, nicht allein die antike Kunst unserer Theilnahme nicht näher gebracht, sondern derselben vielmehr entfremdet hat, denn die hellenistischen Werke stehen in unserer Wertschätzung gegenüber den classischen zurück. Die Ursache dieser auffallenden Erscheinung kann nur darin erblickt werden, dass gerade die Einführung des Hintergrundes dem modernen Beschauer den Zwiespalt zu Bewusstsein bringen musste, der zwischen seiner eigenen und der antiken Auffassung von der Function des Raumes in der bildenden Kunst obwaltet. Aus dem gleichen Grunde wird das moderne Auge durch die übertriebenen Muskelanhäufungen an den nackten Figuren empfindlicher berührt, als durch die anspruchslose Flächenhaftigkeit der vorlysippischen Leiber. Es ist da und dort der taktische Charakter, den wir Moderne mit der Beobachtung von Raumrelationen unvereinbar finden.

[2] Es stehen sich hier die Ansichten Th. Schreiber's, dem wir so wesentliche Aufschlüsse über die Geschichte der alexandrinischen Kunst verdanken, und F. Wickhoff's, des Entdeckers der julisch-flavisch-trajanischen Kunst, heute noch schroff gegenüber. Beide Ansichten sind meines Erachtens dahin zu vereinigen, dass man einerseits mit Schreiber die Kunst der früheren römischen Kaiserzeit für eine normale Fortsetzung der griechischen Kunst der Diadochenzeit nimmt, aber anderseits auch mit Wickhoff das volle Maß aufsteigender positiver Entwicklung zugibt, das diese frühe kaiserrömische Kunst gegenüber der hellenistischen auszeichnet.

läufige Bewegung einschlägt, bis es in der spätrömischen Periode den größten Tiefstand erreicht hat, eines der schlagendsten Argumente für den genetischen Zusammenhang der spätrömischen Kunst mit aller vorangegangenen Antike; 2. die Verschmälerung des Schattens (entsprechend der Verminderung der Höhe der Ausladungen), die schließlich ebenfalls in der spätrömischen Kunst (Constantin-Reliefs) mit der Reduction auf Linienbreite das Extrem ihrer möglichen Entwicklung erreicht hat. [1]

Es ist ein weiteres Verdienst F. Wickhoff's zuerst auf das Verwandtschaftsverhältnis hingewiesen zu haben, in welches die Kunst der früheren Kaiserzeit durch ihre optische Auffassung zur modernen Kunst gebracht erscheint. Doch ist anderseits gerade die Erkenntnis desjenigen, worin sich die beiden Kunstweisen von einander unterscheiden, besonders geeignet, das specifische Kunstwollen der früheren römischen Kaiserzeit klar hervortreten zu lassen. Der moderne Bildhauer sucht die optische Erscheinung der Einzelform im freien Raume zu erfassen und markiert danach die Ausladungen durch mehr oder minder tiefschattende Unterbrechungen der hellen Fläche. Nun machen sich aber keineswegs alle Ausladungen an der Einzelform im freien Raume gleichzeitig durch Schatten bemerkbar. Es ist vielmehr eine Folge des Verhältnisses der Einzelform zum Raume und namentlich zu seiner wichtigsten künstlerischen Eigenschaft: dem Lichte, dass einerseits ein Theil der Ausladungen vom Lichte verschlungen wird, in der benachbarten hellen Ebene unterschiedlos aufgeht, — es entsteht dadurch der Eindruck einer Ebene, die aber nur auf Täuschung beruht und die wir als optische (scheinbare, in Wirklichkeit nach der Tiefe gekrümmte) Ebene der taktischen (wirklichen, absolut zweidimensionalen) Ebene entgegensetzen dürfen — anderseits der übrige Theil der Ausladungen durch um so tiefere Schatten markiert wird. Diese Folgewirkungen des Verhältnisses der Einzelform zum freien Raume werden aber nur vom modernen Künstler beobachtet, derjenige der früheren Kaiserzeit hingegen hat dieselben grundsätzlich ignoriert. Ihm handelte es sich lediglich um die Einzelform für sich, unabhängig vom freien Raume ringsum, dessen Existenz in der Antike keinen künstlerischen Factor gebildet hat. Er brachte daher die Schatten überall dort an, wo das natürliche Vorbild der Einzelform (etwa eine menschliche Gestalt) eine tastbare Ausladung aufwies. Wenn er unter den zahlreichen natürlichen Ausladungen eine Wahl traf, so geschah dies nicht nach Maßgabe des im freien Raume ringsum vertheilten Lichtes, sondern einmal nach der Wichtigkeit, die ihm die einzelnen Ausladungen für den Zweck der cubisch-räumlichen Isolierung zu besitzen schienen und dann gemäß dem Bedürfnisse nach einem möglichst streng rhythmischen Wechsel von Hell und Dunkel. Ein Beispiel aus der Malerei wird vielleicht am besten geeignet sein, das Gesagte zu illustrieren. Unauslöschlich ist der Eindruck, den man einmal von der Gesichtsbildung einer gemalten menschlichen Figur aus der römischen Kaiserzeit empfangen hat. Stirn und Wangen sind in der Regel ins helle Licht gesetzt, die Höhlungen zwischen Brauen, Nase und Wangen in tiefes Dunkel gehüllt, aus welchem wiederum die Augen lebhaft hervorglühen. Dabei ist nun das Charakteristische, dass diese Art der Licht- und Schattenbehandlung an den Köpfen fortwährend in genau gleicher Weise wiederkehrt; daraus geht hervor, dass sie nicht, wie heute, durch die jeweilige wechselnde Belichtung des Raumes bedingt war, sondern durch das Bestreben, die einzelnen Köpfe und Kopfpartien in möglichst geschlossener Einheitsform und rhythmisch vertheilter Beleuchtung erscheinen zu lassen. Der gleiche maskenhafte Charakter ist selbst den vielberühmten in Egypten gefun-

---

[1] In der Verminderung der Reliefhöhe und in der Verschmälerung der Schatten liegt die vielbemerkte äußere Ähnlichkeit begründet, welche die Sculpturen der früheren Kaiserzeit mit classischen des fünften und namentlich des vierten Jahrhunderts verbindet.

denen enkaustischen Porträten eigen: die meisterhafte breite Behandlung verleiht ihnen zwar
sprühendes Leben, aber es ist immer ein Sonderleben, dem der rechte Zusammenhang nach
außen und mit außen und damit die Grundbedingung für eine vollkommene Kunstwirkung in
modernem Sinne fehlt, das aber umso sicherer seine Wirkung auf antike Beschauer ausgeübt
haben mag.

Die wesentlichsten Mängel der kaiserrömischen Malerei gegenüber der modernen hat schon
F. Wickhoff in ihrem Verhalten zu der Linienperspective und zu den Reflexen gefunden. Beobachtet
finden sich zwar beide, aber unvollkommen, weil nur an den Einzelformen, ja selbst nur an Theilen
von Einzelformen für sich. Die Linienperspective umfasst niemals alle Gegenstände im Bildraume
von einem einheitlichen Augenpunkte aus, die Reflexe gehen niemals von einer einheitlichen Licht-
und Farbenquelle auf alle Gegenstände über. Der antike Künstler betrachtete eben die Einzelformen zwar jede für sich in räumlicher Reliefausladung auf ebenem Idealgrunde, aber nicht alle
zusammen vertheilt im gemeinsamen unendlichen Raume. Es trifft daher keineswegs das Richtige, wenn man die bezeichneten zwei Mängel (von modernem Standpunkte) auf ein unzulängliches
Können der antiken Künstler zurückführt. Selbst wenn sie die Gesetze der Linienperspective
wie sie die neuere Mathematik festgestellt hat, genau gekannt hätten, würden sie keinen Gebrauch
davon gemacht haben, und am wenigsten in der Zeit der optischen Auffassung. Ist doch die Linienperspective in der neueren Kunst just während einer taktischen Phase derselben (im 15. Jahrhundert) ausgeklügelt worden. Die antiken Künstler konnten die perspectivische Raumeinheit
nicht wollen, denn sie hätte ihnen keine künstlerische Einheit geboten. Diese suchten sie nach wie
vor im Rhythmus der Linien in der Ebene, wozu sich in der römischen Kaiserzeit allmählich der
Rhythmus von Licht und Schatten gesellte.

Was somit die optische Auffassung der Kunst in der früheren römischen Kaiserzeit von der
nicht minder optischen der modernen Kunst unterscheidet, ist die Beschränkung jener auf das
gemeinantike Ziel der Erfassung der Einzelform außerhalb des Raumes. Daraus erklären sich die
übrigen zahlreichen Züge, welche die nachaugusteische Kunst mit der voraugusteischen gemein hat.
So einmal das Allgemeine, Typische der kaiserrömischen Formen, die nur im Vergleich mit den
classischen individualisiert erscheinen, gegenüber den modernen hingegen noch immer ein plato-
nisches Idealleben behaupten. Vor allem aber die fortgesetzte Alleinherrschaft der Ebencomposition als obersten vereinheitlichenden Kunstprincips. Die Einsicht hierin wird an manchen
Reliefs dadurch erschwert, dass im Vordergrund die Figuren bis zu einem Gedränge gehäuft werden,
was in der That öfter geeignet ist, den Eindruck einer Raumcomposition im Sinne der neueren
Kunst wachzurufen. Dieses Gedränge hat aber keinen anderen als den rein künstlerischen
Grund, die vordersten Figuren, um die es sich ausschließlich handelt, trotz der optischen Isolierung
in eine plausible flächenhafte Verbindung mit dem Hintergrunde zu bringen. Denn noch immer
fallen Vorder- und Hintergrund räumlich vollkommen auseinander, ohne dass man die Raum-
distanz dazwischen abzuschätzen vermöchte. Die Aufgabe der Vereinheitlichung obliegt somit in
allem Wesentlichen noch immer der Ebencomposition. Diese ist aber nun nicht mehr die im
allgemeinen centralisierende, im Detail contrapostische der classischen Periode, sondern sie
beginnt sich des Hintergrundes halber, wie sich dies schon am Telephosfries von Pergamon
beobachten lässt, wiederum der in der Ebene strenger isolierenden Richtung anzunähern. An
Stelle der Diagonallinien treten abermals die Verticalen und Horizontalen. - Im Vordergrund
stehen und schreiten die Figuren in gemessener Ruhe senkrecht nebeneinander, wobei die Diago-

nalen nur mehr als gelegentliche belebende Durchbrechung in Anwendung kommen; zusammen bilden sie womöglich eine einzige, in der Höhe (wie natürlich auch am Boden) in einer Horizontal-linie abgeschlossene Masse. Noch wirksamer tritt die gleiche Combination von Verticalen und Hori-zontalen in den Hintergründen entgegen, wozu in der Regel Gebäude gewählt werden. Will man sich aber vollends überzeugen, dass dieses anscheinend einem Ausschnitte aus der Natur entsprechende Arrangement bloß aus rein künstlerischen Rücksichten auf die Ebencomposition gewählt wurde, so möge man solche Reliefs vergleichend heranziehen, wo es sich dem Künstler mit Rücksicht auf den von ihm zu versinnlichenden Inhalt in der That darum gehandelt hat, die Action von Figuren im Raume hintereinander darzustellen, wie dies in zahlreichen Scenen der Trajanssäule der Fall ist: sofort ist aus dem Hintereinander der Figuren ein Übereinander geworden. Jeder weitere Beweis dafür, dass das scheinbare Hintereinander bloß die räumliche Isolierung der vordersten Figuren in der Ebene und nicht die Composition mehrerer Figuren im freien Raume bezweckt, ist entbehrlich. Auch der Vergleich der in steifer Haltung kämpfenden Figuren auf der Trajanssäule, mit den in stürmischen Contraposten bewegten classischen Streitern (Alexander-Sarkophag) belehrt in eindringlicher Weise einerseits über die fortdauernde Herrschaft der Ebencomposition, anderseits über den Wandel, der sich innerhalb des gemeinsamen Grund-principes inzwischen vollzogen hat.

Die principielle Wichtigkeit des hier berührten Punktes in der Entwicklung der antiken Kunst wird es rechtfertigen, wenn noch im besonderen auf dasjenige Denkmal verwiesen wird, das kürzlich von berufenster Seite als unmittelbares Seitenstück des neueren Impressionismus hingestellt worden ist: das Relief des Titusbogens in Rom mit den Trägern der Tempelgeräthe. Die feinsinnige und begeisterte Charakteristik, die Wickhoff davon entworfen hat, wird in den meisten Zügen gewiss immer zu Recht bestehen; aber seiner principiellen Auffassung von der darin vertretenen Entwicklungsstufe muss hier widersprochen werden, weil sonst die ganze spätere Entwicklung nach dem Ausgange der Antike hin unverständlich wäre. Wickhoff findet die künstlerische Einheit an diesem Relief bereits ausschließlich durch die Raumcomposition herbei-geführt; wenn er hinzufügt, dass eine ähnliche „Respiration", d. h. Freiräumigkeit zwischen den Figuren erst wieder in den „Spinnerinnen" des Velasquez zutage getreten ist und wenn er sich ferner den nur zur Hälfte in Relief heraustretenden Bogen zur anderen Hälfte durch Malerei auf der Grundfläche ergänzt denkt, so hat dies alles zur Voraussetzung, dass der Künstler nicht mehr eine Composition von Einzelfiguren, sondern eine solche des Raumes mit Figuren darin, einen Ausschnitt aus dem Universum beabsichtigt hat und dass der Grund nicht mehr als die ideale taktische Ruhefläche, aus welcher die raumbewegten Einzelformen geboren werden, sondern als (optische) Andeutung des Luftraumes aufzufassen ist. Es ist nun zuzugeben, dass das genannte Relief vielleicht in höherem Maße als irgend ein anderes seiner Zeit den modernen Beschauer in Versuchung führt, sein eigenes Kunstwollen darin genau verkörpert zu sehen. Es liegt dies hauptsächlich an dem verhältnismäßig hohen Ausmaße der Grundfläche über den Figuren, während diese sonst in der gleichen Kunstperiode bereits niedrig genommen wurde und über den massiv und lang dahingestreckten Hintergrund (z. B. eine Flucht von Gebäuden) nur um so vieles empor-zuragen pflegt, als eben zur Beruhigung des antiken Beschauers, der auch jetzt noch in letzter Linie zur ruhigen ebenen Grundfläche zurückgeführt sein wollte, unbedingt nothwendig schien. Der hohe Grund war aber an dem in Rede stehenden Relief durch die über den Schultern der Träger emporragenden Beutestücke (Tempelgeräthe) bedingt, die der moderne Beschauer nun scheinbar im hohen freien Luftraum schwanken zu sehen vermeint. Gegenüber einer solchen Auffassung möge Folgendes zu Gunsten des gemeinantiken Charakters des Titus-Reliefs geltend gemacht werden. Vor allem erscheinen die Figuren trotz der trennenden Schatten in den Umrisslinien noch immer so enge aneinander gedrängt, dass die künstlerische Absicht offenbar noch immer fast ebenso viel auf Verbindung als auf Trennung. der Nachbarflächen gerichtet gewesen sein muss. Dass aber die künstlerische Einheit auch in diesem Falle nicht in der Raumcomposition, sondern in der Ebencomposition gesucht war, ergibt sich nicht sowohl aus dem Fehlen alles Hintergrundes, als vielmehr aus der Brechung der Figurenmasse in drei Gruppen, deren jede in der Mitte von einem die durchlaufende Horizontale überragenden Kopfe gekrönt und somit centralisiert erscheint; wäre uns das Relief in minder beschädigtem Zustande erhalten, so würden vermuthlich die einander in der Verticalen und Horizontalen schneidenden Linienrelationen zwischen den einzelnen Figuren noch weit klarer hervortreten. Völlig deutlich offenbart sich aber die antike Schranke in der Raumrelation zwischen den Trägern und dem Bogen, unter welchem sie hindurch schreiten sollen: nach der Ansicht, in welcher beides dargestellt erscheint, werden die Träger unfehlbar an dem (übrigens auch in den Maßverhältnissen viel zu kleinen) Bogen vorbeigehen oder gar an seine vortretende Mauer anrennen. [1] Es wäre aber weit gefehlt, darin die Folge einer Unzulänglichkeit des ausführenden Meisters zu suchen; denn dieser hat sich gar nicht beifallen lassen, das Raumverhältnis zwischen Trägern und Bogen zum Gegenstande seiner künstlerischen Wahrnehmung und zum Problem seiner künstlerischen Durchführung zu machen, worin er vielmehr ein höchst störendes Hinderniss für seine Ebencomposition erblickt hätte. Dies ist in der antiken Kunst überhaupt niemals, in der neueren hingegen nicht erst zur Zeit des Velasquez, sondern bereits zu derjenigen des Ghiberti und Donatello geschehen, trotz der taktischen Behandlung der Einzelform bei diesen Quattrocentisten. Wenn schon das besprochene Relief einen Ausschnitt aus der Unendlichkeit bedeuten soll, so könnte höchstens an einen solchen aus der unendlichen Ebene (entsprechend der gleichzeitig vorwaltenden Neigung zu cyklischen Darstellungen, worüber weiter unten S. 65 ein Näheres), nicht, aber aus dem unendlichen Raume gedacht werden; es lässt sich jedoch, streng genommen, nicht einmal dieses behaupten, denn das Ziel der in der Ebene vorüberziehenden Träger ist in dem Thorbogen fest und abschließend gegeben.

Aber auch das oberste Grundprincip der in der früheren Kaiserzeit vollzogenen Neuerungen in der bildenden Kunst, die optische Auffassung, lässt sich, wie schon vorhin (S. 58) angedeutet wurde, wenigstens in ihren Anfängen bereits in der hellenistischen Zeit nachweisen. Es erhellt dies namentlich aus dem Wechsel, der sich in den letzten vorchristlichen Jahrhunderten hinsichtlich der Bedeutung der Linie in der Malerei (und der mit ihr stilistisch identischen Gravierung in Metall) vollzogen hat.

Bei den Altegyptern hatte die Linie den taktischen Umriss der stofflichen Einzelform bedeutet. Der menschliche Körper war von einer dunklen Linie umzogen, desgleichen die Haarmassen, die Augen, die Lippen, ferner die Gewandung; dagegen fehlte eine Modellierung, das

---

[1] Eine ähnliche, noch befremdendere Hintansetzung der Relationsgerechtigkeit hat Wickhoff an dem zweiten Relief des Titus-Bogens beobachtet, die sich natürlich aus der gleichen Ursache erklärt. Was aber den zur bloßen Hälfte ausgeführten Bogen betrifft, so hat man sich nur zu fragen, was im gegebenen Falle ein Moderner gemacht hätte: er würde den Bogen zur Gänze, aber in Verkürzung dargestellt haben. Der antike Künstler ließ ihn, genau wie die menschliche Figur, ungefähr zur Hälfte schräg aus der ideal-stofflichen Grundfläche hervorwachsen.

heißt eine Andeutung der durch Tiefenunterschiede bezeichneten Theilflächen so gut wie gänzlich (vereinzelte Ausnahmen von dieser Regel fordern und finden ihre besondere historische Erklärung). Die Linie war also bei den Egyptern im wesentlichen bloß Umrisslinie, und diese war eine taktische, das heißt an den Naturdingen wohl tastbare aber nicht sichtbare. Bei den Griechen der classischen Zeit fand die Linie zunächst fortdauernd die gleiche Anwendung als Umrisslinie, daneben aber auch eine solche für die Modellierung, indem die an der Rundfigur und am Relief durch Tiefenunterschiede begrenzten Theilflächen in der Vasenmalerei durch dunkle Linien (gleich den Umrisslinien) hervorgehoben wurden. Diese Modellierungslinien sind aber in der griechischen Vasenmalerei noch nicht Schatten, sondern Andeutung taktischer Begrenzungslinien gleich den Umrisslinien. In dieser Bedeutung wurden sie umso leichter verstanden, als auch in der classischen Sculptur die Schatten, welche die Ausladungen anzeigten, schmal gehalten waren (vergl. S. 55). [1]

Vergleichen wir damit nun ein Werk der hellenistischen Zeit: die in Bronze gravierten Darstellungen auf der ficoronischen Ciste, die zwar laut Inschrift von einem Römer gearbeitet war, aber hinsichtlich des Stilcharakters der Figuren schlechtweg als Werk der griechischen Kunst gelten darf. Hier sind die Figuren noch von einer festen Umrisslinie umzogen, aber die Modellierungslinien sind in lauter kleine Querschraffierungen aufgelöst. Dass diesen Schraffen die alte Linie der Vasenmalerei zugrunde liegt, beweist schon ihre linienhafte gestreckte Gesammtform; aber durch die Verbreiterung und Schummerung, die sie der Modellierungslinie von einstmals verleihen, verrathen sie sich als Schatten. Wir haben hiemit ein unwiderlegliches Zeugnis für den Übergang von der taktischen Begrenzungslinie zum optischen Schatten, vertreten an einem Werke, das auf keinen Fall in nachrepublikanischer Zeit entstanden sein kann und wahrscheinlich spätestens aus dem dritten Jahrhunderte v. Ch. stammt. [2]

Die aufgezählten Momente lassen jetzt die Kluft zwischen der Kunst der früheren römischen Kaiserzeit und derjenigen der ihr vorangegangenen Antike nicht mehr so gewaltig erscheinen, als der Gegensatz zwischen optischer und taktischer Auffassung auf den ersten Blick vermuthen lassen könnte. Infolgedessen erscheint es mir nicht unbedingt nöthig, den geschehenen unleugbaren Fortschritt in der räumlichen Isolierung der Einzelform gegenüber der Grundebene mit dem Eintreten eines neuen Volkes mit neuen Kunstidealen — der Italiker — als maßgebenden Factors im bildenden Kunstschaffen zu verknüpfen. Es wird zwar kaum jemand bestreiten wollen, dass das Auftreten eines von directen orientalischen Einflüssen bis dahin so gut wie unberührt gebliebenen indogermanischen Volkes in fortschrittlicher Richtung gewirkt haben mag; aber wohin wir blicken auf den Gebieten des geistigen Lebens — Religion, Philosophie, Literatur — sind die Griechen auch nach der Schlacht von Actium die maßgebenden Träger der antiken Entwicklung geblieben, während die Römer mehr den praktischen Aufgaben des Staats-

---

[1] Wollte aber jemand annehmen, dass die Modellierungslinien auf den griechischen Vasenbildern des sechsten bis vierten Jahrhunderts Schatten andeuten, dann würde er nur die Kluft gegenüber der altorientalischen Kunst noch erweitern, dagegen diejenige zwischen classisch-griechischer und nachaugusteischer Antike in ihrem breitesten Theile zuschütten.

[2] Um den Unterschied zwischen der Rolle der Modellierungslinie in der classischen Kunst und derjenigen, die sie in der dritten (Schluss-) Phase der Antike zu erfüllen hatte, recht deutlich zu sehen, gibt es kein besseres Mittel als die Vergleichung schwarz-figuriger Vasenmalereien mit schwarzfigurigen Mosaiken auf weißem Grunde aus der mittleren römischen Kaiserzeit, oder rothfiguriger Vasenmalereien mit weißfigurigen Mosaiken auf schwarzem Grunde; beide Arten von Mosaiken sind zum Beispiel in den Caracalla-Thermen vertreten. Pompejanische Mosaiken dieser Art (und andere) lassen dann als Zwischenglieder die Entwicklung im einzelnen noch schärfer und deutlicher verfolgen.

lebens zugewendet waren. Die bildende Kunst aber gehört nicht zu den praktischen, sondern zu den idealen Bethätigungsgebieten der Menschheit.

Mit dem entschlossenen Übergange zu einer optischen Aufnahme der Dinge waren zweierlei Begleiterscheinungen verknüpft, die für die Folgezeit von Wichtigkeit geworden sind. Erstens ein Abrücken des Beschauers in eine Entfernung, aus welcher die taktische Stofflichkeit der Dinge gegenüber der farbigen Erscheinung zurücktritt, die Erfahrungen des Tastsinnes sich nicht mehr unmittelbar dem Beschauer aufdrängen, und hiedurch dem Auge die Möglichkeit geboten wird, sich vorwiegend mit dem farbigen Eindrucke zu beschäftigen: dieses Abrücken des Beschauers von der Einzelform nennen wir die Fernsicht, im Gegensatze zur Nahsicht, welche nur die taktische schattenlose Ebene, aber auch zur Normalsicht, welche nur die taktischen durch Halbschatten modellierten Theilebenen wahrnimmt. Zweitens ein erhöhter Appell an die Erfahrung, das geistige Bewusstsein des Beschauers.

Ursprünglicher Zweck des Kunstwerkes war es gewesen, die ausschließliche und unmittelbare Überzeugung von der taktischen Stofflichkeit und klar begrenzten Dimensionalität einer Einzelform zu verschaffen, welche Aufgabe die Egypter in der denkbar möglichen Weise (wenn auch nicht in einer absoluten, weil jene Aufgabe bei der Absicht auf Darstellung der organischen Wesen einen Widerspruch in sich selbst erfährt) gelöst haben. Die griechische Kunst mit ihrer Einführung des Räumes und Schattens, der Verkürzung und Deckung, bedurfte vom Anbeginne in weit höherem Grade als die egyptische, des ergänzenden Beistandes der geistigen (Erinnerungs-) Thätigkeit des Beschauers, trachtete aber gleichwohl diese letztere stets auf das unentbehrliche Mindestmaß einzuschränken, was ihr dadurch erleichtert ward, dass die Erfahrungen des noch immer mit allen Mitteln provocierten Tastsinnes dem Menschen weit unmittelbarer und intensiver als alle anderen Erfahrungen die Überzeugung von der stofflichen Existenz der Dinge vermitteln. Indem nun die Kunst der früheren römischen Kaiserzeit mit dem stufenweisen Verlassen der Normalsicht allmählich immer mehr auf eine unmittelbare Anregung der Tastsinns-Erfahrungen verzichtet und die Berichterstattung über die stofflich-räumliche Existenz der Dinge lediglich dem Gesichtssinne überlässt, dessen Erfahrungen von der undurchdringlichen Stofflichkeit der Dinge nicht so unmittelbar sind, sondern erst auf einer Combination mit denjenigen des Tastsinnes beruhen, so ist es klar, dass die geistige Thätigkeit, die schon in normalsichtiger Zeit durch den Appell an die Erfahrungen des Tastsinnes in Anspruch genommen worden war, nun in noch weit erhöhterem Maße ergänzend eintreten musste, da die Erfahrungen des Tastsinnes im letzten Grunde doch nicht zu entbehren sind, und ihre Hervorrufung durch den Umweg über die Erfahrungen des Gesichtsinnes lediglich compliciert und erschwert wird.

Jetzt verstehen wir erst den anscheinend paradoxen Satz, dass mit der zunehmenden Verräumlichung, Dreidimensionalisierung der Figur im Kunstwerk zugleich eine zunehmende Entstofflichung Hand in Hand gegangen ist. Die am meisten materialistische Kunst war die altegyptische gewesen, welche die Einzeldinge womöglich bloß in den zwei Dimensionen der Höhe und Breite, aber dafür taktisch greifbar dem Beschauer vor Augen gestellt hatte. Von dem Augenblicke an, da die griechische Kunst mit Bewusstsein darauf ausgegangen war, an der Einzelform auch die dritte Dimension der Tiefräumigkeit zum Ausdrucke zu bringen, begann nicht, wie man vielleicht meinen möchte, eine Vermehrung des Eindruckes der Stofflichkeit auf den Beschauer, sondern eine Minderung desselben, als Folge der wachsenden Bedeutung, welche nun das geistige

Bewusstsein (die Erfahrung) für die Aufnahme des Kunstwerkes gewinnt, und welche ihrerseits wieder durch die zunehmende Ausschaltung des Tastsinnes zugunsten des Gesichtssinnes bedingt war.

Dieses Abweichen von den primitiven und natürlichen Aufgaben des Kunstschaffens, die auf die Herstellung der Einzelform in unmittelbar überzeugender, ununterbrochener Stofflichkeit gerichtet waren, liegt offen zutage; es hätte natürlich niemals eintreten können, wenn der künstlerisch maßgebende Theil der damaligen Menschheit nicht einen Reiz darin zu finden begonnen hätte, beim Genusse des Kunstwerkes zugleich auch geistige Anstrengung vollziehen zu müssen. Solche geistige Anstrengung kann aber niemals Sache des ganzen Volkes, sondern nur der Gebildeten sein: daher die nun offenbar werdende Trennung in Vulgärkunst (wozu namentlich die an den altgriechischen Typen festhaltende religiöse Kunst zählt) und Modekunst (für die raffinierten Bedürfnisse der oberen Schichten). Eine solche Kunst, die den natürlich gegebenen, allgemein giltigen Boden der tastbaren Stofflichkeit verlässt, und wesentlich mit einer geistigen, das heißt subjectiven Anregung des Beschauers rechnet, kann unmöglich mehr auf allgemeinen Beifall bei Allen, selbst nicht bei allen Gebildeten ihrer Zeit, zählen: daher die jetzt zuerst auftretende kritische Stimmung Einzelner (Plinius u. a.) gegenüber den Erzeugnissen der zeitgenössischen Modekunst. In früheren Kunstperioden, die sich wie die altegyptische (S. 52, 55 f.) strenge an die objective stoffliche Erscheinung der Dinge gehalten hatten, wäre eine solche ablehnende Haltung Einzelner gegenüber den zeitgenössischen Kunsterzeugnissen, wie sie charakteristischermaßen (und zwar mehr als alles andere) auch unsere moderne Zeit auszeichnet, nicht möglich gewesen. Das Kunstwollen ist zwar auch in diesem Stadium (wie nicht minder selbst in unserem heutigen) im letzten Grunde ein einheitliches, das heißt bindendes für Alle geblieben: aber innerhalb seiner festen gemeinsamen Grenzen war nun für zahlreiche subjective, einander scheinbar widersprechende Äußerungsformen Raum geworden.

Mit dieser gesteigerten Rolle, welche nunmehr dem Gedanken bei der Aufnahme eines Kunstwerkes zukommt, hängt auf das engste das Aufkommen cyklischer Darstellungsreihen zusammen. Das ikonographische Princip zwar, das diesen zugrunde liegt — das Vereinigen der Darstellungen mehrerer räumlich und zeitlich getrennter Ereignisse in einem und demselben Bilde — ist allen Perioden der antiken Kunst durchaus gemeinsam gewesen. Sowie die Antike keinen Ausschnitt aus dem unendlichen Raume gekannt hatte, so auch keinen aus der unendlichen Zeit. So wie sie Figuren, die in Wirklichkeit in verschiedener Raumtiefe ihren Platz hatten, in einer Ebene vereinigte, so trug sie auch kein Bedenken, Ereignisse verschiedener Zeiten in eine Com-position zusammenzuziehen, sobald nur die äußere Veranlassung zur Vorführung mehrerer solcher Scenen geboten war. Was diesem Gemeinprincipe gegenüber die specifische Neuerung in der früheren Kaiserzeit ausmacht, bestand in der Vorführung großer zusammenhängender Cyklen, von denen der Beschauer auf einmal immer nur eine oder doch nur wenige Scenen (nicht, wie in Gjölbaschi, ganze Fluchten solcher) wahrnehmen konnte, aber doch dabei das Bewusstsein hatte, dass die Reihe sich vor- und rückwärts in der Zeit, rechts und links in der Ebene fortsetzt. Hier musste also wiederum das Bewusstsein, die Erfahrung ergänzend einsetzen. Am auffallendsten tritt diese Kunstabsicht, welche Wickhoff die „continuierende" genannt hat, an den spiraligen Reliefs der Trajan- und Marc Aurel-Säule entgegen; auch in der Buchmalerei hat sie zur gleichen Zeit häufige Anwendung gefunden. Hier haben wir es in der That gewissermaßen mit Ausschnitten aus der Unendlichkeit zu thun; aber diese Unendlichkeit erstreckt sich bloß nach den zwei Dimensionen der Ebene, nicht nach der Tiefe.

Dem gleichen Geiste wie die cyklischen Darstellungen entspringen die namentlich an den römischen Reliefs mit Opferzügen nicht seltenen Erscheinungen, dass Figuren, die im gemeinsamen Zuge dahinschreiten, plötzlich innehalten und nach der entgegengesetzten Richtung zurückblicken. Es verräth sich darin ebensoviel Interesse an der Darstellung des inneren, geistigen Lebens, als die Existenz einer doppelten Richtung, nach welcher sich die Ebene ins Unendliche ausdehnt. Die nächste Verwandtschaft mit dem ikonographischen Gesetze des Cyklismus verräth endlich das decorative Gesetz des unendlichen Rapportes, von welchem bereits auf S. 41 f. gehandelt wurde. Es wird uns daher nicht Wunder nehmen, dieses Gesetz seit dem Beginne der römischen Kaiserzeit (Pompeji) in stets wachsendem Maße angewendet zu sehen.

Noch zwei Beobachtungen, die man an antiken Kunstwerken von der früheren Kaiserzeit an machen kann, mögen hier Platz finden. Man begegnet nun überwiegend Gewandfiguren an Stelle nackter, gewiss im innigsten Zusammenhange mit der optischen Auffassung, die in der brüchigen Draperie besser ihre Befriedigung findet, als im Nackten, das umgekehrt von den früheren Kunstperioden kraft ihrer taktischen Neigungen vorgezogen worden war. Ferner beginnt eine Abnahme desjenigen Formcharakters, namentlich der menschlichen Figuren, den man als Schönheit zu bezeichnen pflegt. Es ist dies im Grunde nichts anderes als die Proportionalität, und diese hinwiederum nichts anderes als die evidente Verbindung aller zusammengehörigen Theile untereinander zu einer stofflichen Einheit. Auch die Proportionalität ist bei einer optischen Auffassung, welche zum Beispiel einzelne Gliedmaßen in räumlicher Verkürzung wiedergibt, nicht mehr streng aufrechtzuhalten. Die durch optische Verkürzungen nothwendigermaßen bedingten Disproportionen müssen den Sinn für strenge Proportionalität allmählich abstumpfen; in der gleichen Richtung der Entfremdung gegenüber der taktisch-proportionalen Erscheinung der Dinge wirkte das bereits erwähnte zunehmende Heranziehen intellectueller Factoren (geistiger Tendenzen) beim Genusse des Kunstwerkes, das früher schon allein durch seine materielle Erscheinung alles was es zu sagen hatte, auszudrücken gewusst hatte.

Auch die zwei zuletzt genannten Neuerungssymptome haben gleich den vorhin aufgezählten in den späteren Perioden der römischen Kaiserzeit ihre stetige Steigerung erfahren. Man könnte daher schon allein auf Grund der vollzogenen Beobachtungen an der Kunst der beginnenden Kaiserzeit den Charakter der constantinisch-theodosianischen Periode a priori construiren.

Das Ziel der Entwicklung war die räumliche Isolierung der Einzelfigur in der Ebene; das Mittel dazu seit Augustus die optische Aufnahme, oder genauer gesagt, ihr wesentlichstes Ausdrucksmittel, der tiefe Schatten. In der früheren Kaiserzeit nahm man trotzdem an den Figuren noch immer hauptsächlich die ausgeladenen hellen Flächen wahr; die Schatten, von denen diese eingerahmt waren, machten sich zwar in ihrer nothwendigen Function bemerkbar, traten aber in der Wirkung noch überwiegend zurück. Indem nun die Höhe der Ausladungen immer mehr sank, die Schatten hingegen immer tiefer und schärfer wurden, musste ein Augenblick kommen, wo der Schatten, das Immaterielle, bloß den Gedanken Anregende, die Einziehung, in der gleichen Weise den Blick auf sich zog, wie die ausgeladenen Flächen. Die Oberfläche der Figur schien dann von Schatten durchbrochen, was namentlich für das Kunstgewerbe von großer Wichtigkeit geworden ist. Dieser Zeitpunkt ist spätestens in der Zeit der Antonine eingetreten. Die Anfänge der Gleichstellung der hellen und schattigen Partien in der Wirkung lassen sich zwar weit höher hinauf verfolgen, und selbst die Reliefs des Titusbogens verrathen diese Tendenz bereits in unverkennbarer Weise; da man sie aber in der Suite von römischen Kaiserporträts in zusammenhängender Reihe zuerst von Marc Aurel an auftreten sieht, wird man am besten mit dem Regierungsbeginne dieses Kaisers (161 n. Ch.) die frühere römische Kaiserzeit schließen und die mittlere beginnen lassen. Ihr Ende hat diese mit Constantin, oder wenn man ein Jahr nennen soll, mit demjenigen des Mailänder Edictes (313 n. Ch.) gefunden. Das Ende der künstlerischen Entwicklung dieser Zeit haben wir bereits an der Hand der Constantinreliefs kennen gelernt.

Eine Reihe von Folgerungen lässt sich für den inneren Entwicklungsgang der Kunst in der mittleren Kaiserzeit, die der spätrömischen Periode unmittelbar vorausgeht, schon aus dem bisher Verfolgten ableiten. Ähnlich wie die Einziehung zur ausgeladenen Fläche verhält sich der Grund des Reliefs zur ausladenden Einzelform. Es wird nun versucht, auch dem Grunde ein Gegengewicht gegenüber der Form zu verleihen; das ist eben die Emancipierung des Raumgrundes rings um die Figur, wie wir sie am Constantinrelief angetroffen haben, und womit das letzte Ziel der antiken Entwicklung — die vollkommene räumliche Isolierung der Einzelform innerhalb der Ebene — thatsächlich erreicht erscheint.

Ferner sinkt das Relief fast bis zur ebenen Fläche, und die Schatten, welche sie durchziehen, werden zu tief gravierten Linien. Indem diese Linien nicht, wie es gemäß der modernen optischen Aufnahme geschehen müsste, nach Maßgabe der in der Natur bei bestimmter Beleuchtung des freien Raumes wirklich sichtbaren Ausladungen, sondern — in antik-unausweichlicher Verquickung mit dem Taktischen — gemäß den an der Einzelfigur objectiv tastbar vorhandenen Ausladungen (S. 59) angebracht sind, wirken sie auf den modernen Beschauer schematisch und leblos.

Da wir gewöhnt sind, die Dinge oberflächlich aus der Fernsicht zu betrachten, merken wir sofort, dass zum Beispiel an den constantinischen Gewandfiguren etwas ist, was unserem gewohnten optischen Eindrucke von den Dingen nicht entspricht: so sind namentlich die Falten in solcher Wahl und Vertheilung angeordnet, wie sie uns nur die taktische Nahsicht wahrnehmbar machen kann. In diesem latenten, für uns Moderne fühlbaren Zwiespalt zwischen Fernsicht und Nahsicht liegt die wahre Ursache der „Leblosigkeit", wie sie uns bereits am Constantinrelief entgegengetreten war. Es ist aber klar, dass der spätantike Beschauer, der weder einen freien Luftraum noch eine einheitliche Beleuchtung desselben im Kunstwerk suchte, auch jene „Leblosigkeit" niemals empfinden konnte.

Endlich musste die räumliche Isolierung der Einzelformen innerhalb der Ebene auch eine Abwendung von dem grundclassischen Postulate der Proportionalität zur unausweichlichen Folge haben, denn die Proportionen sind nichts anderes als der Ausdruck der Verbindung der einzelnen Theile zu einem klar erkennbaren harmonischen Ganzen innerhalb der Sehebene; sobald aber die Theile die Tendenz zeigen, sich gegeneinander in der Ebene zu isolieren (die Verbindung zu lösen), muss auch die Beobachtung der richtigen Proportionen an Wertschätzung einbüßen. Erscheint es dann aus Rücksichten auf gewisse positive Forderungen des entsprechenden Kunstwollens (zum Beispiel möglichste Ausfüllung der verfügbaren Ebene, Deutlichkeit und Richtung der Umrissführung) erwünscht, irgend einen Theil (zum Beispiel den Hals eines Pferdes) gegenüber den anderen (Kopf und Beine des Pferdes) in disproportionaler Weise zu vergrößern, so wird man sich nun ohneweiters zu einer solchen Durchbrechung der Proportionalität entschließen können. In dieser Gleichgiltigkeit gegenüber der Proportionalität ruht aber zum größten Theile das Wesen der „Unschönheit", die wir ebenfalls an den Constantin-Reliefs beobachtet haben. Gleich der „Leblosigkeit" bedeutet sie nicht, wie man gemeiniglich annimmt, eine Verachtung der Kunstgesetze überhaupt, sondern lediglich die zeitweilige Zurückstellung derjenigen Gesetze, die unser moderner Geschmack in der bildenden Kunst befolgt sehen will, zu Gunsten anderer, die uns zwar augenblicklich nicht interessieren, denen wir aber darum ihre historische Existenzberechtigung noch nicht schlankweg absprechen dürfen. So ist auf dem Wege unausweichlicher normaler Entwicklung aus der schönlebendigen classischen Antike die nach modernen Begriffen weder schöne noch lebendige mittel- und spätrömische Antike geworden.

Es ist begreiflich, dass eine Zeit, die an die Existenz eines absoluten ästhetischen Kunstcanons geglaubt hat, sich nicht vorstellen konnte, dass die Griechen, die doch mit ihrer classischen Kunst jenem geträumten Kunstcanon so nahe gekommen schienen, sich freiwillig seiner Befolgung begeben und zu einer leblosen und rohen Kunst gegriffen haben sollten; und weil gerade seit Marc Aurel barbarische Stämme allmählich in größerer Menge in die römische Reichsbevölkerung Aufnahme gefunden hatten, so war man froh, für den Verfall der antiken Kunst mit einem äußeren Anscheine von Berechtigung das Eindringen barbarischen Blutes verantwortlich machen zu können. Diese Hypothese hätte aber gar niemals ernst genommen werden können, wenn man erwogen hätte, dass man von einer solchen Blutauffrischung nach allen Erfahrungen der Geschichte nur einen günstigen Einfluss erwarten durfte, zumal von einer Majorisierung der alten Bevölkerung, namentlich im maßgebenden griechischen Osten, gar nicht die Rede sein kann; die Einwanderung ganzer Barbarenvölker in das römische Reich hat übrigens erst zu einer Zeit begonnen, da der „Verfall" der Kunst längst weit vorgeschritten war. Auch wenn man jemals die Frage, was denn die Barbaren an eigenen Kunstneigungen beigebracht haben konnten, sich zu beantworten gesucht und das Ergebnis mit dem Wesen der „Verfallskunst" verglichen hätte, würde man längst von jener Vermuthung zurückgekommen sein. Aus unserer Darlegung dürfte man nunmehr die Überzeugung schöpfen, dass dasjenige, was der moderne Geschmack an den nachmarcaurelischen Werken roh und leblos findet, der naturnothwendige Ausdruck eines großen unabwendbaren Schicksales gewesen ist, das der griechischen Kunst von allem Anbeginne vorbeschieden, aber auch im Interesse aller künftigen Kunstentwicklung ebenso nothwendig war, als das Christenthum im Interesse der allgemeinen Culturentwicklung der Menschheit. Denn die bemängelte Unschönheit und Leblosigkeit wird sofort zum Elemente des Fortschrittes und der aufsteigenden Entwicklung, sobald man bedenkt, dass jene beiden es gewesen sind, die die antike Schranke der Raumnegation durchbrochen, den Kreislauf beendet und die Bahn für die Lösung einer neuen Aufgabe freigemacht haben: der Darstellung der Einzelform im unendlichen Raume. Von diesem überragenden Gesichtspunkte betrachtet, ist die spätrömische Kunst eine unvermeidliche Durchgangsphase der allgemeinen Kunstentwicklung bei überreifen Culturvölkern gewesen, und ebensowenig wie das zur antiken Religion in genau dem gleichen Verhältnisse stehende Christenthum, ein Product der Barbarisierung durch naive, der Stufe der Kindheit kaum entwachsene Naturvölker.

Eine richtige kunsthistorische Würdigung der spätrömischen Kunst, die mit den Constantin-Reliefs einsetzt, hat somit einen genauen Einblick in die Entwicklung der Kunst der mittleren Kaiserzeit, in welcher der vermeintliche „Verfall" in seinen Anfängen und ersten Symptomen zu beobachten ist, zur nothwendigen Voraussetzung. Man wird es hiernach gerechtfertigt finden,

wenn zunächst die oben charakterisierte Entwicklung
an einer Reihe von Denkmälern im einzelnen aufge-
zeigt wird.

Bevor wir an die Betrachtung von Reliefs
schreiten, die das eigentliche Substrat unserer Untersuchung bilden sollen, scheint es sich zu empfehlen,
zwei Porträtköpfe vorzuführen, weil diese geeignet
sind, uns zwei verschiedene Entwicklungsstadien innerhalb der Kunst der mittleren römischen Kaiserzeit zu
vergegenwärtigen. Wer immer eine annähernd vollkommene Reihe römischer Kaiserporträts in Marmor zu
überblicken Gelegenheit hatte, wird sofort den Eindruck
empfangen haben, dass mit Marc Aurel ein tiefer Ein-
schnitt zu machen ist. Das Charakteristische an der
künstlerischen Ausführung der Porträtköpfe dieses
Kaisers, sowie derjenigen seines Bruders Lucius Verus,
seines Sohnes Commodus (Fig. 8) und ihrer Nachfolger

Fig. 8. Marmorkopf des Commodus. Conservatorenpalast.

bis auf Septimius Severus sind die tiefen Löcher in Flachbogenform, welche in das Haupt- und
Barthaar geschlagen sind, und die gravierte Kreislinie mit bohnenförmiger Höhlung darin, womit
die Peripherie der Pupille und der Lichtglanz auf der Iris der Augen angedeutet erscheint. [1]
Was die gebohrte Haarbildung betrifft, so erkennt man den Charakter dieser Neuerung am
besten, sobald man sich der Art und Weise erinnert, in welcher die classische Kunst die
Gliederung der Haarmassen bewerkstelligt hatte. Diese Weise war eine durchaus taktische
gewesen, indem der Beschauer überall auf zusammenhängende Flächen traf und den Höhlungen
zwischen den Haarbüscheln, welch' letztere das Auge einzig sehen sollte, stets auf den Grund
blicken konnte. Die gebohrten Löcher im Haarschmucke des Commodus ziehen hingegen den
Blick mindestens in dem gleichen Maße auf sich, als die dazwischen stehen gebliebenen Marmor-
locken; das Auge erblickt also dunkle Höhlungen, denen es nicht auf den Grund sieht, die vom
taktischen Standpunkte überhaupt nichts sind, und nur der optischen Wahrnehmung als etwas
Farbiges (Dunkles, Schwarzes) erscheinen. Erst auf dem Umwege über die Erfahrung des

---

[1] Diese optische Behandlung von Haar und Augen tritt natürlich nicht plötzlich und unvermittelt in der Zeit Marc Aurels auf,
sondern lässt sich bereits viel früher an vereinzelten Beispielen nachweisen; aber der Umstand, dass die Neuerung von 161 n. Ch. ab auch
in die Kaiserbüsten als eines der vornehmsten Kunstschaffensgebiete Eingang gefunden hat, beweist, dass die ihr entsprechende Tendenz des
Kunstwollens (wenn man will: Modeneigung) erst von diesem Zeitpunkte an sich unumschränkte Anerkennung bis in die monumentalsten
Kreise erobert hat. Die löcherige Haarbildung hängt offenbar mit der Bohrtechnik auf das engste zusammen, und diese geht hinwiederum bis
in die Diadochenzeit zurück; aber in einer so skizzenhaften Art, wie sie seit Marc Aurel gebräuchlich ist, war die Haarbohrung doch nicht viel
früher geübt worden; wenigstens zeigen die gebohrten Haarwülste der Damen des ersten Jahrhunderts (z. B. der sogenannten Giulia di Tito)
noch kreisrunde Bohrlöcher in einer ziemlich regelmäßigen Vertheilung. Nicht minder reicht die gravierte Behandlung des Augapfels zweifellos um ein Jahrhundert und mehr zurück. An Kaiserköpfen findet sie sich bei Antoninus Pius bereits als Regel; aber auch schon für das
dritte Viertel des ersten Jahrhunderts n. Ch. ist ihr Gebrauch mit Bestimmtheit nachzuweisen, denn sie lässt sich an einigen Köpfen aus dem
Hause der Vettier in Pompeji beobachten. Darum sehe ich auch keinen zwingenden Grund, die bartlosen und kahlen Köpfe mit gravierten
Pupillen, die man als Scipio u. s. w. benannt hat und dem Ende der republikanischen Zeit zuzuschreiben pflegt, in das zweite Jahrhundert
n. Ch. herabzurücken, in welcher Zeit ihr ausgesprochen taktische Kunstabsicht, die jene kuhn gewölbten Schädel gebildet hat, schwerlich
unterzubringen ist. Ich bin vielmehr geneigt, darin das gleiche Symptom eines Vorstoßes in radical-optischer Richtung aus späthellenistischer
bis augusteischer Zeit zu erkennen, wie in den Figuren der Monumente von St. Remy und Orange mit ihren gravierten Umrissen (wovon
an späterer Stelle). Dagegen zeigen etruskische Porträtfiguren aus Thon in der capitolinischen Sammlung die Pupillen durch plastische Auflagen hervorgehoben: das taktische Gegentheil zur optischen Gravierung.

geistigen Bewusstseins erschließt sich uns die Erkenntnis, dass hinter dem bloßen Farbenreize auch eine taktisch undurchdringliche Stofflichkeit vorhanden ist.

Man ersieht aus diesem Beispiele, wie erst mit Marc Aurel ein rücksichtsloser Übergang zur optisch-fernsichtigen Aufnahme sich vollzieht, während noch in der ganzen früheren Kaiserzeit die taktische Stofflichkeit über der farbigen Erscheinung nicht völlig beiseite gesetzt worden war. Die gravierten Pupillen haben vollends nur einen Sinn vom fernsichtigen Standpunkte, auf welchen sie rein farbig wirken, während in der Nahsicht der Beschauer sich doch daran stoßen müsste, im Augapfel Tiefenveränderungen wahrzunehmen, die in Wirklichkeit nicht vorhanden sind. Den Aufschluss über die Bedeutung aller dieser coloristischen Anwendungen des Schattens (Raumes) kann nicht die unmittelbare Wahrnehmung als solche geben, sondern es muss dabei die Erfahrung in einem Maße intervenieren, wie es in der bisherigen Entwicklung unerhört genannt werden muss. Dazu gesellt sich noch der Umstand, dass die gravierte Pupille eine bestimmte Augensprache, das heißt eine directe Mittheilung des Inneren nach Außen (gleichsam durch ein Fenster) einleitet. Diese Augensprache ist nicht zu verwechseln mit der polychromen Andeutung der Pupillen in früheren Kunstperioden (seit der altegyptischen), die einzig ein indifferentes, rein stoffliches, richtungsloses Schauen vergegenwärtigen sollte. Schon die bohnenförmige Höhlung, welche das Spiel des Lichtes auf dem Augapfel versinnlicht, beweist die Absicht auf Erzielung eines momentanen optischen Eindruckes. Das Wesentliche ist aber, dass dem Blicke jetzt eine entschiedene Richtung, das ist räumliche Bewegung verliehen werden soll, und man darf vielleicht sagen, dass die Ausdrucksfähigkeit des von Innen gelenkten Blickes das Problem der Porträtkunst der mittleren Kaiserzeit gebildet hat.

Fig. 9. Marmorkopf des Kaisers Decius. Capitolinisches Museum.

Die geschilderte Behandlung der Kaiserköpfe ist in der gleichen Weise bei Septimius Severus in Übung geblieben. Unter Caracalla tritt eine gesteigerte Bewegung zunächst darin ein, dass der Kopf lebhaft zur Seite gewendet wird. Mit dieser offenbaren Steigerung der Raumrelationen in der Bewegung des Blickes geht auch eine solche in der Haarbildung Hand in Hand. Als Beispiel für diese zweite, unmittelbar vorconstantinische Stufe der Entwicklung diene der Kopf des Kaisers Decius (Fig. 9), dessen Regierung gerade in die Mitte des dritten Jahrhunderts gefallen ist. Das innere geistige Leben mit seiner momentan packenden Wirkung [1] ist vom classischen Kunstcharakter unendlich entfernt, und doch dürfte niemand den Muth haben, darin eine barbarische Verfallskunst zu erblicken. Ebenso bezeichnend für die feste positive Fortschrittstendenz dieser Entwicklung ist die Bildung der Haare mittels bloßer eingemeißelter Furchen in Gestalt kurzer linearer Striche. Waren noch bei Commodus die einzelnen Haarlocken taktisch gearbeitet und nur die Trennung dazwischen durch räumliche Intervalle (die farbigen schattigen

---

[1] Andere Beispiele hiefür: Vaticanisches Museum, Braccio nuovo 124; Capitolinisches Museum, Zimmer des Taubenmosaiks Nr. 61.

Bohrlöcher) bewerkstelligt gewesen, so ist jetzt alles Taktische als solches hinweggefallen und der Wahrnehmung rein schattende (farbig-optische) Einziehungen in der hellen Schädelfläche geboten, aus denen sie sich unter Zuhilfenahme der Erfahrung die Vorstellung eines in (taktisch-krummflächige) Büschel geformten Haupthaares construirt. Hatten wir am Commoduskopfe taktische Haare und optische Zwischenräume gleichmäßig nebeneinander wahrgenommen, so sieht man am Deciuskopfe nur mehr die optischen (dunklen, linearen) Zwischenräume, während die Haare selbst dazwischen als selbstverständliches Complement gar nicht mehr in Betracht kommen: genau das Gegentheil zu der classischen Haarbildung, die nur die Haare mit allen Mitteln vor Augen gerückt und die Zwischenräume als nebensächliches Complement behandelt hatte.

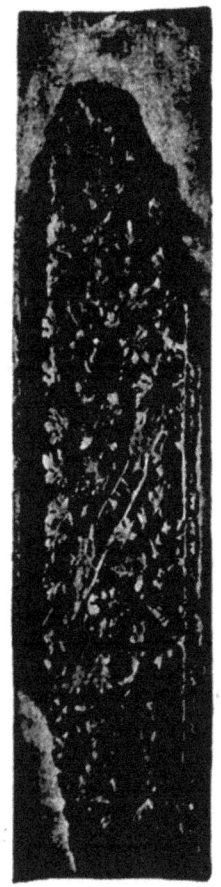

Unter den Reliefs, an deren Erörterung wir jetzt herantreten, mag ein decoratives an erster Stelle besprochen sein, weil an solchen (gleichwie an Werken der Architektur) das jeweilige Kunstwollen am ungetrübtesten zutage zu treten pflegt. Es ist ein Pilaster im lateranischen Museum (Fig. 10) [1] mit Weinranken, die aus einer Vase hervorwachsen und von einer Leiter mit (abgeschlagenen) Putten darauf und anderem durchsetzt sind. Die Blattranken sind dicht aufgelegt und scharf unterhöhlt, so dass kein Grund, sondern nur eine dunkle schattige Höhlung, das ist der Raum darunter sichtbar wird. Der hiedurch bedingte stetige rhythmische Wechsel von lichtem (Marmor-) Muster und dunklem (Schatten-, Raum-) Grund bringt jenen coloristischen (optisch-farbigen) Reiz hervor, der für diese gesammte Kunst und ihr specifisches Wollen so charakteristisch ist. Ferner halten die Blätter, Stengel, Vase und alle anderen auf dem Relief sichtbaren Dinge eine Ebene ein, worin sich eine so entschiedene Fernsicht kundgibt, dass die Tiefenunterschiede zwischen den einzelnen sichtbaren Dingen gegenüber der Distanz zum Beschauer in nichts zusammenschrumpfen. Diese Auffassung ist, wie sich zeigen wird, für die spätrömische Kunst typisch geworden.

Fig. 10. Marmor-Pilaster. Lateranisches Museum.

Das den Pilaster schmückende Ornament ist ein Flächenornament, denn seine Details entfalten sich, wie schon bemerkt, alle in einer Ebene; aber es ist darum nichts weniger als ein Flachornament (das heißt ein tiefenloses Ornament nach der Art des altegyptischen und des griechischen vor der Umbildung der Palmette in den Akanthus), denn die räumliche Dreidimensionalität der einzelnen Blätter u. s. w. ist durch die Isolierung von der Grundebene mittels der schattenden Unterhöhlung überall deutlich sichtbar gemacht. Das Gleiche wie von der Mittel-

---

[1] Schon von Wickhoff publiciert (Wiener Genesis Fig. 11) und von ihm um das Jahr 200 datiert, was wohl etwas zu früh sein dürfte. Den daran wahrzunehmenden Kunstcharakter hat Wickhoff als Rückschlag bezeichnet, wobei er offenbar die neuerlich beginnende Verflachung im Auge hatte und an eine Rückkehr zum Archaismus dachte. Diese Verflachung war aber keine taktische wie die egyptische und altgriechische, sondern eine optische, und die Ersetzung des Grundes durch den Raum der entschiedenste Fortschritt über alles frühere Antike hinaus.

Fig. 11. Marmor-Capitäl aus Salona. K. k. Museum zu Spalato.

füllung gilt von dem gebohrten Blattwerk in der Einrahmung; die hier noch beobachtete flüchtige skizzenhafte Behandlung macht nur später allmählich einer strengeren Umrisscomposition Platz, die dann mit der fernsichtigen Auffassung in so seltsamer, für moderne Beschauer unschönlebloser Weise contrastiert.

Wir vermögen aber nicht allein das decorative Grundgesetz, sondern selbst das ornamentale Motiv — die Weinranken — in der spätrömischen Decoration weiter zu verfolgen. Ein Repräsentant davon mag gleich hier vorläufige Einschaltung finden, weil er Gelegenheit gibt, zu zeigen, worin sich die Pilasterfüllung Fig. 10, trotz ihres vorgreifend betonten engsten stilistischen Zusammenhanges mit den echt spätrömischen Werken, dennoch von diesen unterscheidet. Fig. 11 zeigt eine Seite von einem Marmor-Capitäl zu Spalato (Museum), das dort nicht vereinzelt ist, und wozu sich auch in Ravenna (Museum, erzbischöflicher Palast) mehrere Seitenstücke, vermuthlich aus der gleichen Fabrik, vorfinden. In der oberen Zone des Capitäls sehen wir zwischen zwei herausspringenden Greifen-Vorderleibern einen radschlagenden Pfau (mit abgeschlagenem Kopfe), der in seiner raumprovocierenden Enface-Stellung einerseits und mit seiner massiv-rohen (das heißt ungegliederten) Conturbildung anderseits allein schon das spätrömische Kunstwollen von seiner charakteristischsten Seite zum Ausdrucke bringt. In der unteren Zone windet sich eine Weinranke (mit sogenannten türkischen Trauben) herum, die sich von der in Fig. 10 wiedergegebenen hauptsächlich durch eine noch flachere Bildung der Blätter und eine massivere Behandlung der Stengel und der Conturen überhaupt unterscheidet. Die Entwicklung wurde somit nach modernen Begriffen eine immer leblosere und der Natur entfremdetere.[1]

Das geeignetste Material für eine Untersuchung der Entwicklung des Reliefs in der mittleren Kaiserzeit bieten die römischen Sarkophage, wobei wir uns, um strittige Gebiete nach Möglichkeit zu vermeiden, zunächst an die heidnischen halten wollen. Sie gehören fast ausschließlich der zweiten Hälfte des zweiten Jahrhunderts, dem dritten und dem Anfange des vierten an; ihr Auftreten erklärt sich aus dem Unsterblichkeitsdrange, der namentlich seit den Antoninen allgemein die römische Reichsbevölkerung, insbesondere aber die griechisch-römische, erfasst hatte. Die

[1] Die gegentheilige Meinung vertritt J. Strzygowski in der Byzantinischen Zeitschrift, I., 575 ff. (Die altbyzantinische Plastik der Blütezeit), wo er auf Grund einer mit Weinranken im gleichen Stile wie Fig. 11 verzierten Säulentrommel des Constantinopler Museums für die „byzantinische" Plastik zwischen Theodosius und Justinian einen Original-Aufschwung zum Naturalismus in Anspruch nimmt. Dass der Sachverhalt der umgekehrte ist, lehrt der ganze Verlauf der kaiserrömischen Entwicklung und beweist übrigens hinreichend ein vergleichender Blick auf Fig. 10.

Porträte der Bestatteten wurden nicht allein auf dem Deckel angebracht, sondern häufig auch auf einzelne besonders bedeutsame Figuren der Wandreliefs übertragen. Der Gegenstand dieser Reliefs war aber nicht etwa aus dem Leben der Verstorbenen, sondern aus der alten griechischen Mythologie geschöpft — ein neuerlicher Protest gegen die Hypothese, wonach die römische Kunst grundsätzlich auf die Schilderung realer Wirklichkeit in Raum und Zeit ausgegangen wäre.

12. Marmor-Sarkophag mit Achill und Penthesilea. Vaticanisches Museum.

1. Sarkophag mit Achilles und Penthesilea, im Vatican (Fig. 12). Die Figuren decken einander theilweise in mehrfachen Reihen, setzen somit verschiedene Tiefen voraus; dass es sich aber um keine Raumcomposition im modernen Sinne handelt, beweist nicht allein die Grundebene, auf welcher die hintersten (obersten) Figuren absetzen, wiewohl diese Grundebene nicht die Höhe wie am Titusbogen erreicht, sondern auch das Übereinander der Figuren an Stelle des Hintereinanders, und endlich die ungleiche Größe der Figuren, von denen die kleinsten zum Theile den vordersten Grund einnehmen. Trotz des mehrfachen Hintereinanders sind die Figuren im Gedränge derart zusammengepresst, dass sie der Grundebene möglichst nahe bleiben und ihren Zusammenhang mit derselben unverkennbar demonstrieren. Die künstlerische Hauptsache bleibt infolgedessen die Ebencomposition, und diese ist sowohl eine centralistische als eine contrapostische. Eine Gestalt in der Mitte bildet die Dominante, um welche die übrigen Figuren gleichsam zu rotieren scheinen. Diese Figuren sind sämmtlich in heftigster Bewegung, und weil sie sich wechselseitig vielfach decken, erregen sie den Eindruck bunter Verwirrung und Unklarheit. Die Lösung wird bewerkstelligt durch Einschiebung von vier Figuren mittlerer Größe, die in regel-

mäßigen Abständen zwischen der dominierenden Mittelfigur und der Masse der flächenfüllenden
kleinen Figuren vertheilt sind. Dieses Compositionsprincip, das schon vermöge der Vermengung
von Figuren verschiedener Größe in einer und derselben Ebene die Raumeinheit der neueren Kunst
von vornherein ausschließt, kehrt genau wieder auf einer bestimmten Gattung persischer
Teppiche, auf welchen die Figuren durch stilisierte Pflanzenmotive verschiedener Größe ersetzt
sind. Die Liniencomposition im einzelnen beruht zwar noch auf dem Dreiecksystem, das die
classische Zeit geschaffen hatte; aber die überaus steile Bildung der Schenkellinien der einzelnen Dreiecke, die den Beschauer sofort frappirt, leitet bereits sichtlich über zu dem perpendi-
cularen Viereckssystem des constantinischen Reliefs.

Fig. 13. Sogenannter Sarkophag des Alexander Severus und der Julia Mammaea; Marmor. Capitolinisches Museum.

2. Sogenannter Sarkophag des Alexander Severus und der Julia Mammaea, im capitolinischen Museum (Fig. 13). Die sichtbare Grundfläche des Reliefs ist hier nur mehr auf
einen ganz schmalen Streif, an den sich die Köpfe der Figuren anlegen, beschränkt; da dieser
Streif obendrein gebogen und mit Ornamenten gemustert ist, erscheint ihm das Wesentliche der Grundfläche — die reine ungebrochene Ebene — geradezu benommen. Die Figuren
sind dafür, ohne eigentlichen Hintergrund, bloß in zwei Reihen aufgestellt, von denen die
hinteren fast nur mit den Köpfen hervortreten. Die vorderen Figuren sind ferner so stark
unterschnitten, dass zwischen ihnen dunkle Schatten gähnen und die Figuren sich infolgedessen (ähnlich den Blättern auf dem lateranischen Pilaster Fig. 10) geradezu frei im Raume zu
bewegen scheinen; der Fortschritt in dieser Richtung wird am klarsten, wenn man den vorigen

Sarkophag (Fig. 12) oder die Reliefs des Titusbogens daneben hält, deren Figuren noch sämmtlich fest unter sich und mit dem Grunde zusammenhängen. Das Streben nach der vollkommenen
räumlichen Isolierung der Figuren, das wir an den Constantinreliefs und am Pilaster (Fig. 10)
erreicht gefunden hatten, ist somit völlig klar ausgesprochen; erreicht ist aber das Ziel gleichwohl noch nicht ganz, weil sich die Köpfe noch immer an die oberste Grundfläche anlegen und
durch diesen, wenngleich dünnen Faden mit der altorientalisch-classischen Reliefauffassung
verknüpft erscheinen. Ferner sind die Figuren an jenen Stellen, wo sie mit der Grundebene
zusammenhängen, von gravierten Contouren begleitet (über deren Bedeutung weiter unten bei
Fig. 18 und 19), worin immerhin noch eine gewisse Anerkennung der Grundebene enthalten ist.

Die unclassische Unklarheit, die an der vorher besprochenen Sarkophagwand die zahlreichen Deckungen herbeigeführt hatten, erscheint im vorliegenden Falle durch den flimmernden
Wechsel von Licht und Schatten bewirkt; die Lösung der dadurch herbeigeführten Spannung
ist aber in ähnlicher Weise wie in Nummer 12 mittels der rhythmischen Ebencomposition von
verschränkten überschlanken Dreiecklinien bewerkstelligt, wozu als Neues die nicht minder
rhythmische Anordnung im Wechsel von Hell und Dunkel hinzutritt. Die zahlreichen Halbschatten,
namentlich im Nackten, welche beim Absetzen gegen den tiefschattigen Grund die Contouren
zu verschlingen drohen, verrathen einen ansehnlichen Rest taktisch-normalsichtiger Auffassung.
Um diesen zu überwinden, mussten bei fortschreitender Entwicklung die Figuren noch mehr
optisch verflacht und in ihren Umrissen in noch höherem Maße vereinfacht, das heißt der
rhythmischen Gliederung in den Umrissen beraubt werden: ein Process, als dessen Schlussresultat
die Constantinreliefs und als dessen weitere Etappen die folgenden zwei Sarkophagwände zu
betrachten sind.

3. Sarkophag mit der kalydonischen Eberjagd, im Conservatorenpalaste des Capitols
(Fig. 14). Das Wichtige ist, dass nun auch alle Köpfe vom Grunde losgelöst erscheinen, jede
Figur somit vollständig vom freien Raume umflossen erscheint; um aber die Existenz dieses
nothwendigen Übels (des freien Raumes) nach Möglichkeit zu verhehlen, wurde es auf das
mindeste zulässige Maß eingeschränkt, soviel eben nöthig war, um die Figuren cubisch-räumlich
für sich abgeschlossen erscheinen zu lassen. Es ist gleichsam eine viereckige Nische von
möglichst geringer, das ist der Ebene angenäherter Raumtiefe geschaffen: gerade tief genug, um
die Figuren darin in ihrer tiefräumlichen Isolierung zu zeigen, aber anderseits so knapp
beschränkt, dass der Gedanke an einen Ausschnitt aus dem unendlichen freien Raum nicht aufkommen konnte.

Ferner sind alle Figuren in eine und dieselbe Ebene gedrängt. Dass dieser Verflachung nicht die taktische Absicht des frühen Alterthums, sondern eine optische zugrunde
liegt, wird namentlich durch die Wahrnehmung erschlossen, dass die einzelnen Figuren
trotz ihrer Disposition in einer einzigen Ebene dennoch in möglichst viel wechselseitigen
Deckungen angeordnet wurden: man sehe nur die Eckgruppe links, wo der Reiter sein Pferd,
dieses den Fußgänger in der Ecke, dieser den Hund zu seinen Füßen und der Hund endlich
einen kleinen Vierfüßler decken. Es ist ein wirrer Knäuel von Figuren übereinander — alle in
der gleichen Ebene, wie es nur bei großer Entfernung der Dinge vom Beschauer zu erklären ist.
Es kündigt sich hier ein Hauptgrundsatz der spätrömischen Composition an: entweder einzelne
Figuren auf dem Grunde in klarem Umrisse ihrer Masse oder eine große Menge einander
deckender Figuren zu geben, welch' letztere Menge als Massencomplex ebenso klar

Fig. 14. Marmor-Sarkophag mit der kalydonischen Eberjagd. Conservatorenpalast.

umrissen ist als jene einzeln dastehende Figuren; dagegen wird geflissentlich die mittlere (classische) Möglichkeit vermieden, wo wenige Figuren mit frei bewegten Extremitäten einander theilweise decken und zwischen ihrer Gliederung viel Grund zutage treten lassen.

Nicht minder zeigen die einzelnen Figuren für sich das Bestreben, sich in möglichst optischer Verflachung vom Grunde abzulösen; charakteristisch dafür ist die Beflissenheit, den Rumpf mit beiden Schultern (en face) dem Beschauer vorzuführen, damit der Anschein vermieden werde, als ob die Figur mit einer Schulter aus dem Grunde dahinter (nach classischer Art) hervorwachse. Besonders augenfällig tritt diese Absicht auf möglichst vollkommen optische Freistellung der Figur auch nach der Tiefe zu am rechtsseitigen Reiter entgegen. Die später festzustellende grundsätzliche Neigung der spätrömischen Kunst für en face-Stellung der Figuren überhaupt findet von diesem Gesichtspunkte aus ihre wesentlichste Erklärung. [1] Mit dieser Schaustellung

---

[1] Es wird vielleicht am besten zur Aufklärung über die hier zugrunde liegende Auffassung dienen, wenn auf die in der spätrömischen Malerei beliebte Composition der Quadriga hingewiesen wird. Die classische Kunst hatte dieselbe in Dreiviertelansicht schräg aus der Grundfläche herauskommen lassen; die spätrömische Kunst (vergl. z. B. das Platten-Mosaik aus der Junius Bassus-Basilika im Palazzo del Drago zu Rom) will ihr den Charakter voller cubischer Räumlichkeit verleihen und zeichnet daher den Wagen und die menschlichen Figuren darauf in gerader Frontansicht; die Pferde hingegen hätten bei dieser Art der Aufnahme alle für ihre Einzelform charakteristischen Linien eingebüßt, und da besann man sich nicht einen Augenblick, die Pferde zu je zweien rechts und links im Profil auseinanderzusprengen zu lassen, was unseren von der unendlichen Raumeinheit ausgehenden und in der Forderung eines einzigen Augenpunktes im Bilde gipfelnden Begriffen

der beiden Schultern war zugleich ein wagrechtes Linienelement in die Composition gebracht, das dem Übergange von der Dreieck- zur Viereck-Composition entsprach. Auch die lothrechte Gerade tritt in diesem Relief zum Beispiel am vorderen Umrisse der Pferde auf und contrastiert auffallend mit den im allgemeinen hier noch ausdrucksvollen Dreiecklinien der Composition.

Von Details ist die Gewandbildung hervorzuheben, wobei die Falten in die flache und möglichst geradlinig umrissene Gewandmasse als tiefe schattende Furchen eingeschnitten sind; in der Haarbehandlung erscheint die seit den Antoninen übliche gebohrte Skizzierung bis an die äußersten Grenzen der Ausdrucksfähigkeit verfolgt. Sehr lehrreich ist ferner die hier gebotene Wahrnehmung, wie mit der gesteigerten Isolierung der verräumlichten Figuren die Missachtung der Proportionen Hand in Hand geht; diese tritt uns hier nämlich nicht mehr allein in der Verschiedenheit der Größe der Figuren, sondern auch in den ungleichmäßigen Verhältnissen an einer und derselben Figur, namentlich an den Pferden entgegen.

4. Sarkophag mit Adonis' Abschied, Auszug und Verwundung, im lateranischen Museum (Fig. 15). Hinsichtlich der Neigung zu cyklischen Compositionen, die sich in der Vereinigung dreier verschiedener Scenen unter dreimaliger Wiederholung derselben Figur (Adonis) ausspricht, ist auf das S. 65 Gesagte zu verweisen.

Fig. 15. Vorderwand eines Marmor-Sarkophags mit Adonis' Abschied, Auszug und Verwundung. Lateranisches Museum.

Hinsichtlich der künstlerischen Ausführung sind wir hiemit ganz nahe an die constantinische Kunst herangekommen. Die Raumnische, in welche die Figuren hineingestellt erscheinen, ist hier nicht bloß, wie am vorigen Sarkophage, oben und unten, sondern auch rechts und links vollkommen abgeschlossen. Die Körper der Figuren, wiederum in zwei Reihen hintereinander, sind von der ehemaligen convexen Ausladung nicht allein bis zur ebenen Fläche zurückgegangen, sondern theilweise sogar schon unter diesen Durchschnitt herab, zu concaven Mulden eingesunken (vergl. namentlich links Venus und den bärtigen Mann daneben). Alle Vorstellung der Stofflichkeit wird jetzt ausschließlich durch die optische Wirkung der zu rhythmisch-schematischer Reihenfolge vereinigten Falten (oder vielmehr der tiefgebohrten, dunkelschattenden und raumverrathenden Einziehungen dazwischen) dem Beschauer zu Bewusstsein gebracht. Die Figuren

völlig unnatürlich erscheint. Die Antike — die classische nicht anders als die spätrömische — wollte die Quadriga als ein sinnlich wahrnehmbares stoffliches Einzelganzes hingestellt wissen; die spätrömische Antike erweiterte diese Aufgabe zur Darstellung der Quadriga als eines tiefraumfüllenden stofflichen Dinges; die neuere Kunst will den freien Luftraum mit der Quadriga darinnen sehen, wobei ihr der Raum als die Hauptsache, die Quadriga lediglich als die äußere Vorwand für die Ausführung des Kunstwerkes gilt. — In diesem Zusammenhange ist auch noch einmal an die Wendung des Pferdes zu erinnern, auf dem der sogenannte Constantius der Barberinischen fünftheiligen Elfenbeintafel reitet (S. 32, Anmerkung). Es sind dies von modernen Standpunkte aus Verrenkungen, gleich den an altegyptischen Figuren in Relief und Malerei zu beobachtenden (S. 52); während sie aber an den letzteren die Aufgabe hatten, jeden Tiefeneindruck zu beseitigen, sollten sie an den spätrömischen Figuren gerade im Gegentheile die Tiefendimension des Einzeldinges dem Beschauer recht eindringlich zu Bewusstsein bringen.

sind einschließlich des Kopfes in den schattigen Raum gestellt; aber gerade an diesem Relief,
das drei verschiedene Scenen in sich vereinigt, wird es in verstärktem Maße offenbar, dass die
Lösung der künstlerischen Aufgabe der Vereinheitlichung noch immer nicht von jenem Raume
(wie in der neueren Kunst), sondern von der auf dem Rhythmus beruhenden antiken Ebencomposition (Verticale und Horizontale, von wenigen schwachen Diagonalen durchbrochen)
und der nicht minder rhythmischen Vertheilung von Hell und Dunkel in der Ebene erwartet
wurde.

    5. Schmalwand des Musen-Sarkophags der Villa Mattei in Rom (Fig. 16). Das Eigenthümliche
dieses namentlich für christliche Zwecke häufig gebrauchten Sarkophag-Typus besteht in der

Anordnung von Vollsäulen (nicht Halbsäulen)
längs der Wände, zwischen welchen Säulen die
einzelnen Figuren vertheilt sind. Dass hiebei
nicht, wie man von vornherein vermuthen möchte,
eine klarere architektonische Gliederung oder
eine strenge Scheidung der Figuren den Zweck
gebildet hat, beweist schon auf den ersten Blick
die äußere Wirkung, die an ruheloser Verarbeitung der ganzen sichtbaren Fläche in optisch
(das heißt in Licht- und Schatten-Contrasten)
wahrnehmbare Raumgrößen mit allem bisher
Betrachteten wetteifert. Um sich diesen Punkt
klarzumachen, empfiehlt es sich, einen classischen Sarkophag dieser Art — den sidonischen
mit den trauernden Frauen — zum Vergleiche
heranzuziehen. Dort in jedem Intercolumnium eine

Fig. 16. Rechte Seitenwand des Musen-Sarkophags in der Villa
Mattei, Rom; Marmor.

Figur in mäßigem Relief auf reichlicher Grundfläche, jede in sich gekehrt und für sich existie-
rend; die Säulen als Halbsäulen, senkrecht canellirt, mit geradem Architrav darüber. Hier jeder
Grund so gut wie beseitigt, die überschlanken Figuren flach projicirt, aber an den Rändern tief
unterschnitten, in wechselseitigem Verkehr einander zugekehrt, so dass sie körperlich und geistig
die ihnen zugewiesenen Intercolumnien zu sprengen drohen; die Säulen in vollständiger Rundung
heraustretend, spiralig canellirt und mit Rundbogen, ja Hufeisenbogen gedeckt, so dass an Stelle
flacher Grundintercolumnien räumlich hohle Nischen treten; überdies der um den Kopf herum
freibleibende Grund jeder Nische zu einer Muschelform verarbeitet und die Zwickelflächen
dazwischen ebenfalls ausnahmslos verziert. Der Hauptunterschied liegt also darin, dass die Figuren
des sidonischen Sarkophags aus einem Reliefgrunde vortreten, während sie am Musen-Sarkophag
in Nischenräume hineingestellt erscheinen; die Identität dieser Lösung des spätantiken Raumproblems in der Figuralsculptur mit derjenigen, die wir in der gleichzeitigen Architektur (Central-
raum) beobachtet hatten, springt hier unmittelbar in die Augen. Die künstlerische Einheitswirkung
ist aber trotzdem auch an letzterem Sarkophag nicht durch die Raumrelationen, sondern in
gemeinantiker Weise noch immer in erster Linie durch die Ebenrelationen herbeigeführt. Auch
hier gelangt die krystallinische Gesetzlichkeit aller stofflichen Form im Linienrythmus zum Ausdrucke, aber nicht in pyramidalem Aufbaue oder in dreieckigen Verschneidungen der bewegten

Extremitäten, sondern in geschlossenen oblongen Viereckumrissen, deren Verticale durch Zickzackbrechung nur mäßig belebt erscheinen. Jetzt wird auch die Bedeutung der Säulen klar: sie sollen den Eindruck parallelogrammatischer Regelmäßigkeit vollenden helfen und zugleich einen wirksamen Contrast gegen den unruhigen Flimmer der coloristischen Detailbildung dazwischen herbeiführen.

Von Einzelheiten verdient die Behandlung der Draperie und der Flächendecoration des Besonderen hervorgehoben zu werden. Die Falten sind zwar nicht keilförmig eingehauen wie in Fig. 13, auch nicht senkrecht eingebohrt wie in Fig. 14, sondern schräg eingeschnitten, so dass der coloristische Effect der dunklen Schattenlinie auf der hellen Fläche zustande kommt und daneben doch ein Rest taktischer Auffassung des (wieder zurück zur archaischen Plissierung geneigten) Faltenbuges zur Erscheinung gelangt; die Faltenlinien sind hiebei lang und möglichst geradlinig geführt. In diesen beiden Punkten erweist sich die vorliegende Faltengebung als die unmittelbare Vorläuferin der späteren byzantinischen, wie sie sich namentlich nach dem Bildersturme in völlig schematischer Weise typisiert hat.

Nicht minder bemerkenswert ist das Decorative dieses Sarkophags. Das Ornament, das die Flächen der Capitäle, Archivolten und Bogenzwickel bedeckt, ist der Acanthus, aber in ausschließlich gebohrter Ausführung. Es ist dasselbe Motiv und dieselbe Technik, wie wir sie an Fig. 4 (Console von den Diocletiansbauten in Spalato) beobachtet hatten; während aber im letzteren Falle den Blättern vermöge ihrer Carniesbewegung noch ein Rest tastbaren Charakters verblieben war, sind sie am Musen-Sarkophag vollends zu rein optischen Flächen geworden. Aller frühere Reliefgrund zwischen den Blättern ist beseitigt und durch schattenden Raum ersetzt. [1]

Die Datierung dieses Sarkophages begegnet wesentlichen Schwierigkeiten. Der Stilwandel erscheint daran bereits sehr vorgeschritten; die Capitäle erinnern sowohl durch die Behandlung des Akanthus als durch die spielend skizzierten Voluten bereits an die ravennatischen aus der Zeit

---

[1] Wer sich die Entwicklung des Acanthusornaments unter Anwendung des Bohrers seit der früheren Kaiserzeit nicht gegenwärtig hält, unterliegt leicht der Versuchung, in dem Endresultate, das sich uns in Fig. 16 darbietet und dessen Repräsentanten sich bis in das sechste Jahrhundert (Fig. 3) verfolgen lassen, eine neue Erfindung der spätrömischen Zeit zu erblicken. Aus solchem Missverständnisse ist auch die schon in Anmerkung auf S. 72 erwähnte Hypothese J. Strzygowski's hervorgegangen, wonach die von diesem Forscher vermuthete „byzantinische Plastik der Blütezeit" (zwischen Theodosius und Justinian) von einem frischen Naturalismus getragen gewesen wäre. Strzygowski hat sich eben durch die von einigen modernen Architekten gemachte „Entdeckung" irreführen lassen, dass die Byzantiner eine andere locale Acanthus-Gattung (den *Acanthus spinosus*) copiert hätten als die Römer. Was dieser vermeintlichen Entdeckung zufolge die Nachbildungen verschiedener Pflanzengattungen wären, sind aber in Wirklichkeit bloß verschiedene künstlerische Behandlungsweisen eines und desselben Kunstmotivs.

Das ebenerwähnte Bestreben, die künstlerische Eigenart einzelner decorativer Formen auf die Nachahmung bestimmter Pflanzenspecies in der Natur zurückzuführen, ist die jüngste (und wohl auch letzte?) Phase der seit Semper (jedoch zum Theile in missverständlicher Auslegung seiner Äußerungen) beliebten Kunstmaterialismus. Auch diesmal sind seine Vertreter hauptsächlich moderne Architekten, denen (wie allen ästhetisierenden modernen Künstlern: Hildebrand, Göller u. s. w.) der grundsätzliche Unterschied zwischen den Zielen des antiken und des modernen Kunstwollens niemals bewusst geworden ist. Diese Architekten, deren praktische Thätigkeit aus tieferen Gründen, gleich derjenigen ihrer meisten Berufsgenossen in dem letzten Halbjahrhundert, sich wesentlich im Copieren älterer Stilformen erschöpfte, hatten es offenbar auf den pro domo erwünschten Beweis abgesehen, dass es im Kunstschaffen früherer Perioden genau ebenso mechanisch-phantasielos hergegangen wäre, als in ihrem eigenen.

In dem Umstande, dass den gedachten Bestrebungen von Seiten maßgebender Vertreter der classischen Archäologie in Deutschland in den letzten Decennien breitester Einfluss gewährt und dabei auf den kritischen Maßstab eigener historischer Erkenntnis so gut wie vollständig verzichtet worden ist, möchte ich die Hauptursache für die in der archäologischen Forschung seit geraumer Zeit beobachtete Sterilität in allen wahrhaft künstlerischen Fragen erblicken. Die von niemandem geleugneten oder selbst nur geschmälerten Verdienste, die sich Dörpfeld, Niemann und andere um die Klärung architektonischer Probleme erworben haben, werden natürlich immer ihre volle Anerkennung finden. Aber solange die classische Archäologie sich nicht entschließt, mit eigenen Augen das antike Kunstwerk in erster Linie auf seine materielle Erscheinung als Umriss und Farbe in Raum und Ebene hin zu betrachten, wird sie immer urtheilslos den Einfällen in Kunstgeschichte dilettierender moderner Künstler preisgegeben sein, mögen dieselben nun Semper oder aber Meurer oder Borchardt heißen.

SCULPTUR.

zwischen Theodosius und Justinian; endlich ist der Hufeisenbogen nicht zu übersehen, denn darin erkennen wir das Symptom einer Abneigung gegen den reinen halbkreisförmigen Rundbogen, wie sie später für die oströmische und namentlich für die orientalische Kunst des Mittelalters charakteristisch geworden ist. Weisen die genannten Momente sämmtlich auf nachconstantinische Zeit, so macht doch die sichere und von jeder Roheit freie technische Behandlung, sowie der contrapostische Rhythmus der Linien den engen Zusammenhang mit der antiken Kunst der mittleren römischen Kaiserzeit zu einem unabweisbaren. Von den bekannten übrigen römischen Säulensarkophagen gehören die heidnischen mit den Herkulesdarstellungen (Robert: Die antiken Sarkophagreliefs, III. Taf. 34 ff.) einer früheren Entwicklungsstufe (vom Ende des zweiten und Anfang des dritten Jahrhunderts) an, während die christlichen mindestens hinsichtlich der Raumauffassung eine nahe Verwandtschaft mit dem Musen-Sarkophag der Villa Mattei verrathen. Ein dem Musen-Sarkophag besonders nahestehendes christliches Exemplar habe ich als in den Priscillakatakomben befindlich notiert.

Fig. 17. Hippolyth-Sarkophag aus Salona; Marmor. K. k. Museum zu Spalato.

6. Hippolyth-Sarkophag aus Salona, im Museum zu Spalato (Fig. 17). Die Ebencomposition ist zwar im allgemeinen eine geschlossene und centralistische, aber die Figuren sind einander paarweise zugewendet, anstatt sich sämmtlich oder doch der Mehrheit nach auf den Mittelpunkt zu beziehen, welches Zurückgehen auf die Symmetrie der Reihung eine auffallende Lockerung im einheitlichen Gefüge zur Folge hat. Die einzelnen Figuren sind flach projiciert und an

der Peripherie unterschnitten, lassen aber den Grund dahinter wieder mehrfach zutage treten, worin, wie sich zeigen wird, ein Symptom des Überganges vom mittelrömischen zum spät-römischen Relief und zugleich eines Wechsels in der Auffassung vom Wesen der Grundebene zu erkennen ist. Die Falten sind schräg eingeschnitten, wie am vorigen Beispiel, und verrathen bereits eine Neigung zu schematischer Reihung. Die Entstehung ist eher nach, als vor dem Jahre 300 n. Ch. anzunehmen.

Die vorgeführte Reihe von Sarkophagsculpturen des dritten nachchristlichen Jahrhunderts dürfte genügen, um das Werden des constantinischen Reliefstils aus dem früheren kaiserrömischen (und durch diesen mittelbar aus dem classischen) wenigstens in seinen wesentlichen Zügen klar zu stellen. Bevor wir aber zur Betrachtung der folgenden Entwicklung übergehen, soll noch auf ein Denkmal der Reliefsculptur hingewiesen werden, das ebenso wohl datiert wie der Constantin-bogen, aber etwa um zehn Jahre früher entstanden, bisher von kunstgeschichtlicher Seite voll-ständig unbeachtet geblieben ist. Es ist dies eine würfelförmige Säulenbasis, die namentlich im unteren Theile vielfach verstümmelt, augenblicklich auf dem Forum romanum zwischen dem Septimius Severus-Bogen und der Phokassäule lagert. Zweck und Zeitbestimmung liefert die

Fig. 18. Relief von einer Säulenbasis auf dem Forum Romanum, aus dem Jahre 303 bis 304 n. Ch.; Marmor.

Inschrift: CAESARVM DECENNALIA FELICITER (C. J. L. VI 1203), die sich nach C. Hülsen's Ermittlungen (M. R. J. VIII, S. 281) auf die Decennalien des Galerius und Constantius Chlorus im Jahre 303/4 bezieht. Es waren nach Hülsen ursprünglich zwei Säulen und daher auch zwei Basen, die an den Wangen der großen vom Forum zur Curie des Diocletian hinaufführenden Frei-treppe standen. Die eine (den beiden Augusti gewidmete) der zwei Basen scheint heute ver-loren; ihre vormalige Existenz ist aber durch schriftliche Überlieferung bezeugt. Die erhaltene zeigt auf den vier Seiten Relief-Darstellungen, die sich im allgemeinen auf die Suovetaurilien beziehen: 1. Zwei Victorien, die den Inschriftschild halten, darunter zwei hockende Gefangene, an den beiden Flanken Trophäen, alles in strengsymmetrischer Composition (Fig. 18); 2. einen

Fig. 19. Relief von einer Säulenbasis auf dem Forum Romanum aus dem Jahre 303 bis 304 n. Ch.; Marmor.

opfernden Cäsar (vermuth-lich Galerius; der Kopf ist — wohl von christlicher Seite — vollständig zerstört) mit menschlichem und gött-lichem Gefolge (Fig. 19); 3 Senatoren in zwei Reihen; 4. Stier, Widder und Schwein mit Priester und Opfer-knechten.

Betrachten wir zuerst die Opferscene (Fig. 19). Die Composition ist eine centra-listische in der Ebene, wie-wohl die stoffliche Mittel-figur (das Opferfeuer) mit der idealen (dem opfernden Cäsar) nicht unmittelbar zusammenfällt. Die einzelnen Theile (Figuren) sind fast verbindungslos, aber in scharfen Umrissen und unter starker Betonung der Verticalen und Horizontalen neben-einandergereiht; letzteres fällt namentlich auf der linken Seite auf, wo die gezwungene Armhaltung und die Gewandbauschen eine Wagrechte geradezu gewaltsam in das Bild zu bringen trachten. Daneben ist aber ein schüchterner Anlauf zur Einführung einer Raumcomposition nicht zu ver-kennen, denn es war offenbar auf die Andeutung einer kreisförmigen Gruppierung der Figuren rings um das Opferfeuer abgesehen, wie namentlich die Gruppe rechts mit ihrem System von Deckungen beweist: die am äußersten Ende sitzende weibliche Figur wird am rechten Arm von der vorletzten Figur gedeckt, während sie zugleich ihrerseits mit den Beinen nicht allein die vor-letzte, sondern auch die mittlere Figur des Cäsars (was des Bruches halber nicht mehr genau zu verfolgen, aber nach dem Vorhandenen sicher anzunehmen ist) theilweise deckt, was nur durch eine halbkreisförmige Anordung ermöglicht wird. Aber schon der Umstand, dass es zur Erkenntnis dieses Sachverhaltes eines genaueren Zusehens bedarf, lehrt zur Genüge, dass der Künstler die ihm vorschwebende Raumcomposition noch wesentlich mit den Mitteln der Eben-composition gelöst hat.

Auffallend ist ferner die scheinbare Beibehaltung der Grundebene und somit der classischen Reliefauffassung. Die Umrisse der Figuren sind nämlich nicht stark unterschnitten und die Figuren infolge dessen nicht so scheinbar frei in einen seichten Nischenraum gestellt, wie am Constantin-relief und an den zuletzt besprochenen Sarkophagen. Aber überall längs der Conturen (namentlich an den weiter zurückliegenden Figuren deutlich bemerkbar) sind tiefe Furchen eingraviert, so dass die Figuren nicht nach classischer Weise mit der taktischen Idealebene des Grundes fest verwachsen sind, sondern scharf und nachdrücklich von dieser Ebene gesondert erscheinen. Die tiefschattigen Furchen sind Randschatten (gleich den Furchen, welche die einzelnen Falten der Gewänder von einander trennen) und sollen die Figur von einer leeren Raumzone umschwebt erscheinen lassen, ohne gleichwohl den Reliefgrund zu opfern; ein solches Auskunftsmittel mochte gegenüber der Unterschneidung der Umrisse besonders willkommen sein an einer Säulenbasis, die durch eine

stärkere Unterhöhlung der Figuren (etwa gleich Fig. 13) dem Beschauer den Eindruck unzuläng-
licher Tragfähigkeit hätte verursachen können.

Diese Art, die Relieffiguren mittels gebohrter Umrisse als raumfüllend und daher auch als
raumumflossen erscheinen zu lassen, ist natürlich identisch mit jenem mindestens seit dem Beginne
der römischen Kaiserzeit deutlich nachweisbaren Bestreben, die Ausladungen nicht mehr allein
in taktischer Weise durch halbschattende Flächenkrümmungen, sondern in optischer Weise durch
tiefschattende Einziehungen zum Ausdrucke zu bringen (S. 58). In der That begegnet der
Gebrauch gravierter Umrisse an Relieffiguren spätestens seit der augusteischen Zeit. Die Monumente von St. Rémy und Orange gelten hiefür als die ältesten Beispiele; vermuthlich reichen die
Anfänge ebensoweit zurück als der Gebrauch der Bohrtechnik. [1]

Wir begegnen der neuen Art neben der alten, umrisslosen die ganze römische Kaiserzeit
hindurch, wobei die Entwicklung darin beruht, dass anfänglich nur die weiter zurückliegenden
Figuren- und Figurentheile von Umrissfurchen umzogen erscheinen (wie z. B. noch an der Marc
Aurel-Säule), allmählich aber auch die vorderen darin einbezogen werden, wie dies denn auch in
Fig. 19 der Fall ist: man sehe namentlich wie in den beiden Figuren links am Ende sich die Hände
von der Brust, auf der sie anliegen, abgelöst darstellen. Dieses Denkmal ist eines der letzten,
an denen die Gravierung der Umrisse als Mittel der Verräumlichung der einzelnen Relieffigur
gebraucht wurde.

Wie sich zeigen wird, hat die spätrömische Kunst dieses Mittels ebensowenig wie der Unterschneidung der Umrisse (Constantinreliefs) mehr bedurft: die antike Auffassung von der idealen
Grundebene des Reliefs war eben seit dem vierten Jahrhundert im allgemeinen überwunden und
man benöthigte daher auch keines Ausdrucksmittels mehr, um die Figur als von ihr losgelöst
erscheinen zu lassen, denn Figur (Stofflichkeit) und Grund (leerer Luftraum, zunächst ein idealer)
waren nunmehr anerkanntermaßen zwei selbständige, von einander unabhängige Dinge. Im
Übrigen begegnen an Fig. 19 die uns bereits vertrauten Erscheinungen der mittelrömischen Kunst:
die Projection der Figuren in breiter und flacher Frontansicht, womöglich unter Heraustreten
beider Schultern; die Arme, sei es vertical, sei es horizontal, eng an den Rumpf angepresst, um
jede ausladende Gliederung zu vermeiden; wo aber die Action ein Ausstrecken der Arme nöthig
macht, wie am opfernden Cäsar, dort geschieht es in einer gezwungenen wagrechten Linie und
lothrechten Ebene; Brust und Unterleib namentlich bei schräg ins Bild hineingestellten Figuren
flach und eingesunken (vergl. die weibliche Figur mit dem Schilde rechts in der Ecke, mit der

---

[1] In diesem Zusammenhange ist nochmals an das über die Auffassung der Linie auf der ficoronischen Ciste (S. 63) Gesagte zu
erinnern. An der Marmorreplik des Apoxyomenos im Braccio nuovo des Vatikans ist bereits das linke Bein durch eine gebohrte Furche vom
Baumstamme dahinter losgetrennt. An den Trophaen von Orange (Bruckmann Denkmäler, Taf. 95) sind die linearen Höhlungen zwischen
den Falten sogar durch Querschraffierungen (also auf eine geradezu moderne Art, womit auch die Modellierung der (mittelrömischen) Stiere
in Opus sectile aus der Junius Bassus-Basilika, im capitolinischen Museum zu vergleichen ist) in ihrer optischen Wirkung verstärkt. Und
doch zeigen die Kampfscenen dieser Denkmäler noch völlig die Ebencomposition in lebhaft verschränkten, stumpfscheitligen Dreiecken,
wie sie für die griechischen Werke seit der classischen Zeit allein maßgebende gewesen war und noch nicht die in der Kaiserzeit allmählich
üblich gewordene Composition nach dem Schema steilscheitliger, schlanker Dreiecke oder fast völlig verbindungsloser Parallelogramme. Auch
ist die Gravierung innerhalb der eigentlich figuralen Scenen bloß auf die Conturen einiger der hintersten Figuren beschränkt und an den im
Vordergrunde befindlichen noch durchaus vermieden. An den Reliefs von St. Rémy hat Wickhoff die Anbringung von gravierten
Umrissfurchen als Übertragung von der Thonplastik zu erklären gesucht, womit ich mich natürlich schon aus principiellen Gründen nicht
einverstanden erklären kann. Mit dem leichten Vorritzen der Zeichnung in der Thonebene können die tiefschattenden Umrisse jener Stein-
figuren nicht verglichen werden; wenn sich z. B. an den Farnesina-Stuckreliefs im Thermenmuseum neben den seichten Merklinien auch stark-
vertiefte Umrisse finden, so hat eben bei den letzteren dem Stuccateur die gleiche Absicht vorgeschwebt, wie den Bildhauern von St. Rémy
und Orange. Diese Absicht war aber gleichbedeutend mit einem thatsächlichen Verlassen des von aller vorangegangenen Kunst des Alterthums beobachteten Verhältnisses zwischen Relieffigur und Reliefgrund.

Venus in Fig. 14 links in der Ecke); nicht allein die Falten des Gewandes, sondern auch die übrigen Andeutungen einer Tiefenänderung an den Figuren (des Nackten im Mars, der Flammen im Opferfeuer, der Federn und Blätter an Flügeln und Palmzweig des krönenden Genius) durch gravierte Furchen (Raumschatten) bewerkstelligt.

Von Fig. 18 bleibt hienach nicht mehr viel zu sagen. Die Gravierung ist hier noch ausgiebiger verwendet und namentlich die Trophäen ausschließlich durch lineare Furchen versinnlicht. Für eine richtige Beurtheilung der künstlerischen Absicht, die dabei zugrunde gelegen hatte, kommt auch hier alles darauf an, die gravierten Linien nicht als Zeichnungen wie in der griechischen Vasenmalerei, sondern als lufterfüllte Hohlräume aufzufassen, zwischen denen uns unsere Erfahrung stofflich dreidimensionale Dinge vermuthen heißt. Die Höhlungen in Haaren und Augen, Mund und Nasenlöchern der beiden Victorien erfüllen genau die gleiche optische Function, wie die Furchen, welche den oberen Saum ihres Gewandes von den nackten Theilen der Brust und Schultern trennen und die Brüche der Draperiemassen andeuten.

Die oberste Kunstabsicht erscheint somit an diesen diocletianischen Reliefs durchaus auf das gleiche Ziel hin gerichtet, wie an jenen constantinischen, die zehn Jahre später entstanden sind. Unleugbar sind aber an der Säulenbasis die natürlichen Proportionen innerhalb der Figuren etwas sorgfältiger beobachtet und auch im Gefältel das taktische Nebeneinander noch mehr in Abhängigkeit von der Gesammtfigur und ihrer Bewegung gebracht, als am Constantinrelief. Hiebei mag man vielleicht geneigt sein, in Rechnung zu ziehen, dass diese Säulenbasis nicht wie jene Triumphbogenreliefs in beträchtlicher Höhe und Entfernung vom Beschauer, sondern unmittelbar über dem Paviment des Forums zu stehen kommen sollte. Doch mit solchen Erwägungen, die schon durch die Betrachtung der hier nicht abgebildeten zwei Seiten der Basis eine Einschränkung erfahren würden [1] ist überhaupt wenig erklärt; die Hauptsache bleibt doch immer, dass man um 315 n. Chr. die proportionalen Flächenrelationen der Theile zu einander (worin die lebendige Schönheit der Antike im letzten Grunde beruht) bereits um einen fühlbaren Grad minder in Beachtung gezogen hat, als noch zehn Jahre vorher. Dies deutet uns an, dass von den letzten Jahren Diocletians an die Entwicklung in der bildenden Kunst einen rascheren Gang genommen, das Zukunftsneue sich entschiedener durchgesetzt haben muss; und damit stimmen die Beobachtungen auf den übrigen Culturgebieten überein, wonach auch in politischer und religiöser Hinsicht das Reich innerhalb zweier Decennien auf äußerlich ganz neue, wenn auch innerlich längst vorbereitete Grundlagen gestellt wurde.

Die Wichtigkeit, die wir hienach, wenigstens vermuthungsweise, der diocletianischen Zeit für den Stilwandel im allgemeinen beimessen müssen, lässt es unausweichlich erscheinen, die Reste

---

[1] Von diesen Seiten ist diejenige mit den Senatoren in zwei Reihen hintereinander ähnlich wie die beiden besprochenen behandelt, aber minder sorgfältig gearbeitet; an der vierten mit den Opferthieren sind die Figuren in ganz rohen Umrissen und Detailangaben herausgehauen und ohne die vollendende Bohrung belassen. Es war dies offenbar die vom herankommenden Beschauer abgekehrte Seite. Den Beweis dafür liefern die Säulenbasen am Constantinbogen, deren Figuren ebenfalls an den weithin sichtbaren Stirnseiten die charakteristische gebohrte Gravierung zeigen, wogegen es an den Innenseiten, die nur in nächster Nähe gesehen werden konnten, bei der rohen plastischen Skizzierung geblieben ist. Altchristliche Sarkophage, die im Zustande halber Vollendung auf uns gekommen sind, beweisen, dass auch der Ausführung in Gravierung immer die Skizzierung mittels eingehauener keilförmiger Vertiefungen als technische Vorstufe vorangegangen ist. Besonders lehrreich in dieser Hinsicht ist ein lateranischer Sarkophag (Ficker's Katalog Nr. 154), von dessen zwei Mittelfiguren die eine vollendete (Christus) die Falten bereits graviert, die andere (Petrus) bloß skizziert zeigt. Den gleichen Zustand wie diese Petrusfigur zeigen die meisten Figuren eines Sarkophags von San Paolo im lateranischen Museum (Katalog Nr. 104) am Fußende der großen Treppe, wo sich zur Evidenz beobachten lässt, wie die zu bohrenden Furchen durch den Meißel vorbereitet und angedeutet wurden. Die Vernachlässigung der Schmalseiten ist übrigens auch schon an heidnischen Sarkophagen des dritten Jahrhunderts feststehende Regel, offenbar aus dem gleichen Grunde, weil sie eben nicht in voller Draufsicht gesehen werden sollten.

des nicht minder wohldatierten Diocletianpalastes zu Spalato, mindestens zu flüchtiger Vergleichung heranzuziehen. Die Bedeutung dieser Reste liegt zwar wesentlich auf dem Gebiete der
Ornamentik und der Architektur; aber soweit Figurales darunter vorkommt, entspricht es vollkommen den Wahrnehmungen, die wir an der Basis vom Forum romanum machen konnten. Es
kommen hier hauptsächlich nur die Figuren, die den kleinen Gebälkconsolen der Baptisteriumpforte
unterlegt sind und diejenigen des Frieses im Dom in Betracht. Von den ersteren erscheint namentlich die Victoria an der linken Eckconsole ganz flachgedrückt, mit eingegrabenen Faltenhöhlungen
und steht somit den auf S. 39, Note, genannten figurierten Capitälen aus Sta. Maria in Cosmedin
zu Rom ganz nahe. Die Figuren des Frieses im Octogon des Domes (Jagdscenen, Genien mit
Masken und Porträtköpfen), der unterhalb des Kuppelgewölbes ringsumläuft, sind wegen ihrer
Entfernung vom Beschauer und wegen der Dunkelheit des durch kein Fenster erleuchteten
Innern [1] ganz in derselben skizzenhaften Weise behandelt, d. h. roh zubehauen und ohne Vollendung mit dem Bohrer belassen, wie die dem Beschauer abgekehrten Seiten an der römischen
Basis und am Constantinbogen. Thiere und Putten sind flachgequetscht und dabei an den Um-
rissen etwas unterschnitten, um sie als raumumflossen vom Grunde loszulösen. Zwei unter den
Porträtköpfen des Frieses dürfen mit einiger Wahrscheinlichkeit den Anspruch erheben, die Bild-
nisse des Kaisers und seiner Gemahlin Prisca darzustellen.

Mit der vollzogenen Klärung des Werdeprocesses, dessen Endresultat uns im constantinischen
Relief vor Augen steht, erscheint nun die Bahn freigemacht, um an die folgende Entwicklung in
der spätrömischen Periode und damit an unsere eigentliche Aufgabe heranzutreten. Am Eingange derselben erheben sich sofort Schwierigkeiten, die zur Gänze zu überwinden heute kaum
möglich sein dürfte. Wer im Kunstwerk nicht ein äußerliches zufälliges Spielzeug, sondern den
nothwendigen Ausdruck eines bestimmten ästhetischen Wollens erblickt, kann von vorneherein
von einer Zeit, die im ethischen Wollen nach so verschiedenen Seiten, wie den vom Heidenthum
und Christenthum vertretenen auseinandergieng [2], auch im Kunstschaffen nichts anderes
erwarten, als vielfach ungleichartige, ja anscheinend gegensätzliche Erscheinungen. In der That
künden alle Anzeichen davon, dass die bildende Kunst des vierten Jahrhunderts keinen streng-
einheitlichen Charakter zur Schau getragen, sondern sehr verschiedene Züge — antiquierte
und der Zukunft angehörige — in sich vereinigt hat. Wir müssen mindestens bis in die Zeit
des Theodosius stets darauf gefasst sein, Werke anzutreffen, die wir ihrem Stilcharakter nach
in eine entschieden heidnische, das ist in die vorconstantinische Zeit zu versetzen versucht wären.
Muss schon aus diesen Gründen eine klare Erkenntnis des Entwicklungsganges des Reliefs

---

[1] Das Licht konnte ursprünglich in den achteckigen Innenraum, der wohl zweifellos das Mausoleum des Kaisers gewesen ist, nur
durch die Thüre und die Lunette darüber eindringen; das Fenster, das jetzt einiges Oberlicht einlässt, wurde erst im siebzehnten Jahrhundert
durchgebrochen und dabei ein Feld des Frieses zerstört. Trotzdem ist auch jetzt noch die Beleuchtung des Frieses so mangelhaft, dass die
durch mich veranlassten photographischen Aufnahmen von Wlha trotz der darauf gewandten Mühe nicht befriedigend ausfielen. Glücklicherweise ermöglicht es das weitausladende Gesimse über der unteren Säulenstellung, die den Eckwinkeln des Octogons vortritt, den
einzelnen Reliefs des Frieses näher zu kommen, so dass ich über die Beschaffenheit desselben nicht bloß auf Grund von Autopsie, die sich
in diesem Falle unzulänglich erweist, sondern auch auf Grund von Tastaufnahmen berichten kann.

[2] Allerdings wird die Kluft, welche das späteste Heidenthum vom Christenthum trennte, in der Regel weit überschätzt; schon der
Umstand, dass Heiden und Christen den gleichen Volksstämmen und derselben allgemeinen Cultursphäre angehörten, sollte in dieser Hinsicht zur Vorsicht mahnen. Das letzte Ziel, dem die culturellen Bestrebungen des Heidenthums — mindestens von den Antoninen abwärts —
zugewandt waren, ist im Grunde mit demjenigen des Christenthums identisch gewesen. Heute wären wir doch weit genug von jenen Zeiten
entfernt, um das alle damaligen Gegensätze umfassende Gemeinsame — den Zug nach Erlösung durch ein Transcendentes — als solches
unbefangen anzuerkennen.

im vierten Jahrhundert auf die größten Schwierigkeiten stoßen, so fehlt es anderseits auch fast gänzlich an sicher datierten Denkmälern dieser Zeit. Wenn man von den Münzen absieht, die zwar ein über jeden Zweifel erhabenes, aber doch für tiefergehende Untersuchungen unzulängliches Bild der Entwicklung ergeben, so bleiben nur einige wenige Sarkophage übrig, von denen wiederum bloß ein einziger an sich selbst eine inschriftliche Datierung trägt, wobei aber gerade dieser einzige begründeten Zweifeln Raum lässt, ob er nicht schon früher entstanden ist, als im Todesjahre des in der Inschrift genannten Bestatteten.

Am ehesten wird man die Entstehung des aus Sta. Costanza stammenden Porphyr-Sarkophages in der Sala a croce greca des Vaticans, der gemäß der Tradition einstmals die Reste der Constantina, Tochter Constantin's des Großen geborgen hatte, mit dem Todesdatum jener Dame

Fig. 20. Porphyr-Sarkophag aus Sta. Costanza, sogenannter Sarkophag der Constantina. Vaticanisches Museum.

(354 n. Chr.) als ungefähr gleichzeitig annehmen dürfen. Es treten uns daran (Fig. 20) grundsätzlich neue Züge entgegen, die für den spätrömischen Stil charakteristisch geworden sind; es liegt daher kein Grund zur Vermuthung vor, dass in diesem Falle ein älterer Sarkophag benützt

worden wäre, welche Möglichkeit in constantinischer Zeit niemals außer Augen gelassen werden darf.

Vor allem fällt in ikonographischer Beziehung die Eigenthümlichkeit auf, dass die figürlichen Beigaben nicht, wie auf fast allen christlichen und heidnischen Sarkophagen der früheren Zeit in großen geschlossenen Compositionen auftreten, sondern fürs erste einen mehr spielend-symbolischen Charakter (weinlesende und weinbereitende Eroten) an sich tragen und fürs zweite in den decorativen Beigaben (Akanthus-, Reben- und Fruchtranken) so gut wie aufgehen.

Den künstlerischen Eindruck beherrscht aber vollständig das neue, von dem mittelkaiserlichen äußerlich so verschiedene Verhältnis zu Ebene und Raum, das sich in der scheinbaren Wiederherstellung der Grundebene ausspricht, ohne dass aber die Figuren, wie an der Diocletiansbasis (Fig. 18, 19), von gravierten Conturen eingerahmt wären. Es ist also nicht so sehr ein neues, sondern vielmehr ein uraltes Verhältnis, das die ganze frühere Antike beherrscht hatte und zu dem man, so scheint es auf den ersten Blick, wieder zurückzukehren Miene machte. Man darf nicht einwenden, dass wir es hier mit einer wesentlich decorativen Füllung zu thun haben; denn der lateranische Pilaster (Fig. 10) oder der Musen-Sarkophag der Villa Mattei (Fig. 16) haben uns hinlänglich darüber belehrt, dass auch die decorative Flächenfüllung in der mittleren Kaiserzeit allmählich zur Ersetzung des Grundes zwischen den Figuren durch den Raum zwischen (aber noch nicht hinter) den Figuren übergegangen war. Die Durchführung der cubischen Vollräumigkeit (Dreidimensionalität) an der Einzelfigur — diese letzte Aufgabe der antiken Kunst — war damit auch in der decorativen Sculptur zu ihrem vollkommenen Abschlusse gelangt; und nun erweckt die Reliefbehandlung des Constantina-Sarkophags den Anschein, als ob man wieder in frühere, ja classische Bahnen zurückgelenkt hätte. Bevor wir aber die neue Auffassung uns klar zu machen versuchen, muss die Behandlung der Figuren im einzelnen und als Composition gewürdigt werden.

Fassen wir zunächst die einzelnen Figuren für sich in's Auge, so begegnen wir sofort Wahrnehmungen, die den engsten Anschluss an die bisher beobachtete Entwicklung herstellen. Die Figuren sind in eine breite Flachansicht projiciert, die Verbindungen zwischen den einzelnen Theilen (namentlich die Gelenke) ohne nahsichtig-taktische Behandlung belassen, was den Eindruck der Aufgedunsenheit, Leblosigkeit und Rohheit auf moderne Beschauer bedingt, die Haare skizzenhaft und dabei dennoch kleinlich detailliert (ein echt spätrömischer Widerspruch in sich), die Pupillen durch starre kreisförmige Gravüren bezeichnet; auch der Contrast zwischen Hell und Dunkel ist vorhanden, aber nicht durch die am dunklen Porphyr wirkungslose Bohrung (das ist Schatten), sondern im Gegentheil durch die glänzende Polierung der Oberfläche, d. i. Licht hervorgerufen. Vom großen Topf bis zur kleinsten Blume ist jedes Motiv in möglichst klare und feste, ungegliederte und massige Umrisse gefasst; die Ranken sind dicke Wülste, an die sich äußerlich die kleinlichen, aber peinlich scharf gezeichneten Zacken des Akanthusblattes ansetzen; während in der früheren Decoration die Ranke durch rollende Blätter gebildet wurde, ist hier die massive Ranke das Prius geworden, an das sich bloß zur Detailbelebung die Blattzacken anlegen. Das gleiche, von einem inneren Contrast zeugende Streben nach wulstiger Massigkeit im ganzen bei zierlicher Detailbehandlung verrathen die in der Masse leblosen, aber auf der Oberfläche peinlich gestrichelten Pfaue, das Lamm, die schematisch detaillierten Laubkränze des Deckels.

Was ferner die Composition der Figuren anlangt, so ist sie im allgemeinen einheitlich symmetrisch und gibt sich schon dadurch allein als Ebencomposition; doch fällt es auf, dass z. B. die

kleineren Ranken von den drei großen Akanthuseinrollungen der Langseite nicht mehr in dem
reinen Kreisschwunge der classischen Zeit abzweigen, sondern in einem fühlbar harten Winkel anstoßen. Man wird auch hier mit dem Vorwurfe der Barbarei rasch bei der Hand sein; sieht man
aber das Gleiche an zahlreichen anderen spätrömischen Denkmälern wiederkehren (vgl. z. B. die

Fig. 21 a. Wellenranke vom Constantin-Tropaeum zu Adamklissi.   Fig. 21 b. Chinesische Wellenranke.

Rankenbildung auf der Schwertscheide des Constantin-Tropaeums von Adamklissi, Fig. 21 a [1]), so wird
man zur Erkenntnis gelangen müssen, dass es sich hier um eine bewusste gewollte Abweichung von
der reinen Kreisform gehandelt hat. Die Absicht aber kann keine andere gewesen sein, als die innere
Verbindung zwischen Mutter- und Tochterranke, wie sie sich in dem gleichsam naturnothwendigen
kreisförmigen Weiterrollen der classischen Wellenranke aussprach, zu unterbrechen. Will man
dies schon den Spätrömern nicht glauben, so wird man es den Chinesen zugestehen müssen, deren
Rankenführung grundsätzlich nach dem gleichen schwunglosen Schema (Fig. 21 b) durchgeführt
ist. Diese schwerfällige und des inneren Flusses entbehrende Rankenführung verliert aber sofort
ihr Unnatürliches und Barbarisches, wenn wir darin den Ausdruck einer schon in der mittleren
Kaiserzeit deutlich beobachteten Grundtendenz des spätantiken Kunstwollens erkennen: der
bewussten Vernachlässigung der die Theile untereinander verbindenden Ebenrelationen, infolge
der grundsätzlichen Tendenz auf vollkommene cubisch-räumliche Isolierung der Einzelform.

Eine Untersuchung der Detailbehandlung der Motive des Constantina-Sarkophags ergibt also
nicht allein nirgends eine Entfernung von der geraden Linie der vorangegangenen Entwicklung,
sondern vielmehr eine zielbewusste Fortsetzung derselben. Diese Wahrnehmung ließe sich bis
auf Einzelheiten erstrecken; hier sei nur erwähnt, dass die flachen dreikugeligen Träubchen in der
Decoration des Diocletianspalastes zu Spalato zu finden sind, und desgleichen die starr blickenden
massiv-ovalen Köpfe am Deckel. Und neben alledem soll ein Zurückgreifen auf die classische
Reliefauffassung einher gegangen sein? Das scheint schon äußerlich eine Unmöglichkeit; und in der
That ist dieses Relief eben so wenig im classischen Sinne, als die Verflachung der Figuren im altegyptischen Sinne gemeint. Die Figuren sind allerdings weder in eine freie Raumsphäre (Nische) vor
die Wand gestellt, noch an der Peripherie von einer schattenden Furche umzogen, sondern erheben
sich unmittelbar aus der ebenen Grundfläche. Aber schon der erste Blick erweckt im Beschauer
die instinctive Empfindung, dass er es hier nicht mit der antiken Reliefauffassung zu thun hat.
Die Figuren sind nicht aus der idealen Stofffläche geboren, schräg im Dreiviertelprofil daraus
hervorgewachsen, sondern auf den Grund sozusagen äußerlich aufgeklebt. Der Grund ist hier
nicht mehr das künstlerische Complement zur Form, dieser zur nothwendigen Folie dienend,
sondern ein der Form Fremdes, das sich selbständig zwischen die Figuren einschiebt. Mit einem
Worte: der Grund ist Raum geworden. Man hat die letzte Consequenz gezogen, auf welche die
Entwicklung seit der hellenistischen Zeit hindrängte, da die Aufrechthaltung der altorientalischen
und classischen Auffassung vom Grunde mit einer optischen Aufnahme auf die Dauer unver-

---

[1] Vgl. Tocileseu-Benndorf-Niemann: Das Monument von Adamklissi, Fig. 126. Indem sich die Ranken an die Ränder des
Streifens anlegen und die Gabelenden der Rankenschößlinge mit ihren Spitzen an die Ranken anstoßen, wird der Grund in lauter kleine getrennte
Theile zersplittert: auch dies eine ebensosehr unclassische als typisch spätrömische Weise, das Verhältnis zwischen Grund und Muster zu
gestalten, worauf bei Erörterung der Goldschmiedearbeiten mit eingelegten Granaten noch zurückzukommen sein wird. — Vergl. auch S. 38.

einbar war. In der früheren Kaiserzeit war dies noch durch ein namhaftes Festhalten an der taktischen Aufnahme ermöglicht worden; und bis zuletzt, bis ans Ende der mittleren Kaiserzeit, war
es gelungen, durch die künstliche Umrahmung der Figur mit einer linearen Raumzone noch einen
idealen Rest der Grundebene zu retten. Auch dies wird nun abgestreift: der Grund ist leerer Raum,
aus welchem die Einzelformen in isolierter Vollräumigkeit herausragen. Damit war die Bahn für
alle folgende Entwicklung, welche den Universalraum als das Maßgebende und Einheitbewirkende
gesetzt hat, gebrochen. Die Spätrömer und ihre unmittelbaren Erben, die Byzantiner, haben aber
diese Bahn selbst nicht mehr betreten: ihnen blieb die Einzelform nach wie vor die Hauptsache,
das Ziel alles bildenden Kunstschaffens und das Substrat aller Einheit und damit aller erlösenden
Wirkung im Kunstwerke, soweit diese fortan noch in der stofflichen Erscheinung gesucht wurde. Die
Grundfläche ist ihnen zwar nicht mehr eine taktische, sondern eine optische gewesen; aber sie
besaß bloß die Bedeutung eines Idealraumes, der nicht so sehr individuell und zufällig-momentan
gesehen, als objectiv gedacht sein wollte: auch hier der für die spätheidnische und frühchristliche
Kunst so charakteristische Appell an den klärenden erlösenden Gedanken.

Im Anschlusse hieran lässt sich sofort eine Schlussfolgerung gewinnen, die für eine charakteristische Erscheinung der spätrömischen Zeit die Erklärung bietet. Es ist klar, dass die Auffassung des Grundes als Raumes unter Festhaltung der Einzelfigur als des einzigen Objectes der
künstlerischen Behandlung und Centrums der künstlerischen Wirkung nur dann in völlig befriedi-
gender Weise erreicht werden konnte, wenn im Relief möglichst wenige Figuren, in möglichster
körperlicher Isolierung nebeneinander auftreten. So werden wir das Problem an den ravennatischen Sarkophagen gelöst finden. Wie aber, wenn eine größere Anzahl von Personen in unmittelbare Berührung, d. h. wechselseitige Deckung, untereinander gebracht werden musste? Für die
classische Kunst hatte dies keine Bedenken mit sich geführt; diese durfte trotz ihrer grundsätzlichen Verleugnung des Raumes zwischen den Figuren Raumrelationen herstellen, die gleichwohl als Ebenrelationen erschienen, weil schon das Vorhandensein der ideal-stofflichen Fläche
des Grundes den Beschauer schließlich alle Raumrelationen in Ebenrelationen umsetzen ließ.
Anders die spätrömische Kunst; für sie war die freie Fläche zwischen den Figuren nicht mehr
Grund sondern Raum, und die Berücksichtigung der Raumrelationen unter den Figuren hätte für
sie somit auch eine gesteigerte Berücksichtigung der Raumintervalle zur nothwendigen Folge
haben müssen, während es ihr doch bloß um die Einzelformen zu thun war. Dem ist die spätrömische Kunst in der Weise ausgewichen, dass sie überall dort, wo viele Figuren anzubringen
waren, eine Reihe solcher in möglichster Breite in den Vordergrund gestellt, die übrigen aber in
dichten Reihen dahinter postiert hat, so dass diese durch die vorderen Figuren bis auf den Kopf (und
wenige andere Details) gedeckt wurden, und aller freie Grund zwischen den Figuren beseitigt
erschien.

Das Verhältnis zwischen Figuren und Grund zeigt somit in der spätrömischen Kunst
jenes Auseinandergehen in Extreme, das uns bereits seit der mittleren Kaiserzeit so vielfach
begegnet ist: entweder ein überreicher Grund (Raum) bei wenigen Figuren, oder womöglich Beseitigung jedes sichtbaren Grundes durch unendliche Deckung der Figuren. — Am Constantina-
Sarkophag lag in dieser Richtung keine Schwierigkeit vor, weil alle Figuren (und selbstverständlich
alle decorativen Details) ohne wechselseitige Raumrelationen nach der Tiefe nebeneinander
gestellt werden konnten. Die Figuren stehen unter einander nur in Ebenrelationen (rechts und
links). Jede Figur für sich ist ein cubisch-räumliches, ringsum geschlossenes Individuum, das aus

dem Luftraume zwar in flacher Projection wie es der Fernsicht entspricht, aber in scharfer Dreidimensionalität herausragt.

Gegenüber dem Porphyrsarkophage der Constantina steht in der Sala a croce greca ein
anderer aus dem gleichen Steinmaterial und von der gleichen Größe und Gestalt (Fig. 22). Er soll
einstmals die Reste der heiligen Helena, der Mutter Constantins des Großen umschlossen haben

Fig. 22. Porphyr-Sarkophag, sogenannter Sarkophag der heiligen Helena. Vaticanisches Museum.

und in deren Mausoleum (Torre Pignattara) vor der Porta Maggiore gestanden sein. Das wird
wohl alles seine Richtigkeit haben; die Frage ist nur, ob der Sarkophag für die heilige Helena,
d. h. zu Zeiten Constantin's des Großen gearbeitet worden ist.

Dass die Reliefauffassung, die sich hier offenbart, mit derjenigen des Constantinbogens und
des Constantina-Sarkophags unmöglich in Einklang gebracht werden kann, liegt auf der Hand;

dieses Hochrelief kann auch kaum der ersten Hälfte des dritten Jahrhunderts angehören. Die Lust, mit welcher die Gliedmaßen der Figuren frei bewegt erscheinen, das Streben nach Abwechslung in den Wendungen, nach Wiedergabe des psychischen Ausdruckes in den Mienen der Gefangenen [1], das sind alles Dinge, denen die Kunst seit dem dritten Jahrhunderte geradezu absichtlich aus dem Wege gegangen ist. An Stelle des Eingesunkenseins im Raume ein taktisches Herausspringen aus dem Grunde, das geradezu einen (für hadrianische Zeit nicht überraschenden) Rückfall in den Hellenismus bedeutet; anstatt der entschiedenen Vorherrschaft der Verticalen und Horizontalen zahlreiche rhythmisch verbindende Diagonalen; selbst die Politur des Porphyrs erzeugt hier nicht das unruhige Flimmern wie am Constantina-Sarkophag. Und hat sich niemand gefragt, was denn auf einem Sarkophage der heiligen Helena die Kriegsscenen zu bedeuten hätten; wer denn der auf der Langseite voraussprengende Feldherr ist, auf den der hockende Krieger darunter bedeutungsvoll hinweist, und dessen Pferd in auszeichnender Weise von einem Knechte am Zaume geführt wird? Da es offenbar nicht Constantin ist, der hier dargestellt erscheint, so bleibt kaum anderes übrig, als den eigentlichen ursprünglichen Destinataire des Sarkophages darin zu vermuthen. Sein bärtiger Kopf legt allein schon nahe, ihn in der Zeit zwischen Hadrian und Diocletian zu suchen; im übrigen spricht alles eher für den Anfang als für das Ende dieser Periode. Das einzige Denkmal, das sich hinsichtlich der Composition zur Seite stellen lässt, ist die Basis des Antoninus und der Faustina im Giardino della Pigna des Vaticans.

Die Anwendung des Porphyrs ist nicht unerhört in dieser Zeit; aus der Villa Hadrians wissen wir, in welchem Umfange man damals bereits von färbigen harten Steinsorten Gebrauch gemacht hat. Dazu gesellt sich als höchst bedeutsamer Umstand, dass die Pupillen an keiner Figur graviert sind, wie dies an zeitgenössischen (nicht mythologischen) Figuren seit Marc Aurel nahezu ausnahmslos der Fall gewesen ist. Nur die Pferde haben in ihren verhältnismäßig großen Augapfeln ein Bohrloch erhalten, und dies ruft uns die Beobachtung ins Gedächtnis, dass die Gravierung der Pupille im zweiten nachchristlichen Jahrhunderte zu allererst an Colossal-büsten (Antoninus Pius im Capitolinischen Museum) und an lebensgroßen Porträtköpfen, das heißt an besonders groß gestalteten Augen entgegentritt, an denen die optische Leblosigkeit des glatten Augapfels naturgemäß am störendsten (weil am wenigstens durch die Lider maskiert) auffallen musste. Nach alledem werden wir in dem Helena-Sarkophag eine Arbeit etwa aus der Mitte des zweiten nachchristlichen Jahrhunderts zu erkennen haben, der in den Dreißigerjahren des vierten Jahrhunderts dazu bestimmt wurde, die Reste der Mutter Constantins des Großen aufzunehmen. Wie ein im vierten Jahrhunderte gearbeiteter Porphyrsarkophag ausgesehen haben muss, lehrt uns eben der vorhin betrachtete der Constantina, der offenbar seine äußere Gestalt nach dem für die Großmutter benützten Vorbilde erhalten hat, dazu aber freilich einen Relief-schmuck, der von jenem verschiedener nicht gedacht werden kann. [2]

Ein Punkt bleibt hiebei noch aufzuklären: wie konnte das vierte Jahrhundert von Kunst-werken Gebrauch machen, die einem von seinem eigenen so verschiedenen Kunstwollen entsprungen waren? Liegt darin nicht ein Widerspruch gegen die dieser ganzen Untersuchung

---

[1] Man beachte zum Beispiel, wie von den vier schreitenden Gefangenen der Schmalseite der hinterste sich noch aufrecht hält und zuversichtlich nach der Heimat, aus der er in die Sklaverei hinweggeführt wird, zurückblickt, die folgenden Gestalten in stufenweiser Steigerung das düstere Zukunftslos immer deutlicher ahnen, der vorderste endlich in voller Hoffnungslosigkeit vorgebeugt das Haupt niedersenkt.

[2] Diese meine Anschauungen über die Entstehungszeit des Helena-Sarkophags habe ich zum erstenmale im Juni 1899 in einer Sitzung des Eranos Vindobonensis vor einem größeren Publicum geäußert, nicht ohne damals von Seite eines Vertreters der classischen

zugrunde liegende Überzeugung, dass jede Zeit ihr eigenes unabhängiges, weil in allen übrigen gleichzeitigen Culturverhältnissen wurzelndes Kunstwollen besitzt? Vor allem ist die Thatsache selbst als richtig nachzuweisen: das vierte Jahrhundert hat in ganz unzweifelhafter Weise ältere Kunstdenkmäler für seine laufenden Zwecke verwendet. Es genügt hiefür den Constantin-Bogen zu citieren; des ferneren die mehrfach bezeugte Verwendung von älteren Bautheilen (namentlich Säulen) für christliche Kirchen, und vor allem jenen Massenraub von Statuen aus allen Provinzen des Reiches, die Constantin der Große nach Constantinopel schleppen und dort zum Schmucke der Straßen, Plätze und öffentlichen Gebäude aufstellen ließ.

Es kann kaum verwundern, dass man in solchem Gebaren wiederum nichts als Barbarei und Einbekenntnis des eigenen Unvermögens erblickt hat; hätte man aber dabei nur moderne Zustände, wie sie in Deutschland vor kurzem allgemein waren und zum Theile noch heute herrschen, vergleichend herangezogen, so hätte man entweder die moderne Antiquitätensammlerei ebenfalls für ein Symptom der Barbarei erklären, oder aber eine glimpflichere und vor allem eine sachgerechtere Beurtheilung Platz greifen lassen müssen. Es ist richtig, dass eine Zeit, die vom Kunstwerke in taktisch-nahsichtiger Weise angeregt sein will, kein zeitfremdes Denkmal hiefür brauchen kann. Anders steht es in einer Zeit, die den Dingen lediglich eine optisch-fernsichtige Betrachtung widmet, denn diese fasst hauptsächlich das Ganze ins Auge, und kann über das für sie störende taktische Detail hinwegsehen. Das Gleiche gilt von einer Zeit, die vom Kunstwerke nicht so sehr die Befriedigung durch die materielle Erscheinung, als durch den Inhalt, die Vorstellung, die darin ihre Versinnlichung gefunden hat, fordert; eine solche Zeit wird die materielle Erscheinung überwiegend bloß als farbigen Augenreiz, als coloristische Anregung empfinden und darum über die Details der Formgebung hinwegsehen. Beides trifft nun für die constantinische Zeit zu: sowohl die optisch-fernsichtige Aufnahme der Dinge, als die einerseits inhaltstendenziösen, anderseits — soweit die materielle Erscheinung dabei unvermeidlichermaßen in Betracht kam — coloristischen Ansprüche, die sie an das Kunstwerk gestellt hat. Es leidet darum keinen Zweifel, dass die constantinische Zeit auch ihr eigenes Kunstwollen entfaltet hat; und dass dieses seinen ganz positiven Inhalt gehabt hat, dürfte bereits hinlänglich klar geworden sein. Aber mit der Natur dieses Kunstwollens war es ebenso wie mit dem halbverflossenen modernen verträglich, Denkmäler eines älteren, verschiedenen Kunstwollens zu genießen, wobei

---

Archäologie lebhaftem Widerspruche zu begegnen. Da der Sachverhalt hienach doch nicht Allen so klar und auf den ersten Blick überzeugend wie mir selbst zutage zu liegen schien, glaubte ich die Frage vor ein größeres dabei interessiertes Forum bringen zu sollen, als das sich mir die erste Section des im April 1900 zu Rom abgehaltenen Congresses für christliche Archäologie darbot. Mein bezüglicher Vortrag, in dem ich lediglich das bereits ein Jahr früher in Wien Gesagte wiederholt habe, ist hiebei nicht allein auf keinen Widerspruch gestoßen, sondern es wurde mir überdies mitgetheilt, dass inzwischen ein Scriptor der vatikanischen Bibliothek, Herr Monaci, den Helena-Sarkophag zum Gegenstande seines Studiums gemacht, und hinsichtlich dessen Entstehung zu den gleichen Resultaten gelangt wäre; die Abhandlung des Herrn Monaci, für welche das Archivio romano per la storia patria in Aussicht genommen war, konnte ich für diese Publication nicht mehr verwerten, da sie mir bis zum Augenblicke der Drucklegung nicht zu Gesichte gekommen ist.

Der Helena-Sarkophag wurde unter Papst Pius VI. einer langwierigen Restauration unterzogen. Auf diese gehen wohl vor allem die lagernden Engelsfiguren auf dem Deckel zurück. Aber auch die Büsten in den Ecken der beiden Langseiten — angeblich Helena und Constantin — möchten von der Restauration herrühren, denn die Behandlung der Augen (ohne gravierte Pupillen), sowie diejenige der Haare passt weder für die constantinische, noch für die antoninische Zeit; die Frisur der Dame ist vielmehr diejenige der Julia Mammaea (erstes Drittel des dritten Jahrhunderts). Da schon Helbig und Bernoulli beobachtet haben, dass die Structur des Porphyrs, aus dem die (eingesetzten) Büsten gearbeitet sind, von derjenigen des übrigen Materials etwas abweicht, gewinnt es in der That Wahrscheinlichkeit, dass die beiden Büsten am Ende des vorigen Jahrhunderts auf gut Glück ergänzt worden sind, wofür auch das moderne Profil der beiden Köpfe spricht. — Bevor aber diese letztere Frage endgiltig entschieden werden könnte, müssten durch eine gründliche Untersuchung die alten Theile gegenüber den neuen festgestellt werden. An den Relieffiguren der Reiter und Gefangenen ist diese Unterscheidung leichter zu fällen; hier ist uns in allem Wesentlichen der alte Zustand erhalten, und dieser weist, wie oben gesagt, entschieden in das zweite Jahrhundert n. Ch.

der künstlerische Reiz freilich in ganz anderen Richtungen gesucht wurde, als diejenigen waren, welche einst den Urhebern dieser Denkmäler vorgeschwebt hatten.

Die beiden anderen Sarkophage, welche einige Anhaltspunkte für eine Datierung darbieten, sind sogenannte altchristliche, das heißt mit Reliefdarstellungen aus dem christlichen Vorstellungs-kreise ausgestattet. Beide sind aus Marmor gearbeitet; der eine ist der Sarkophag des Junius Bassus († 359 n. Ch.) in den vatikanischen Grotten; den anderen, der gegenwärtig in der Capella della Pietà zu St. Peter aufgestellt ist, hat man auf Grund einer am Äußeren der Fundstätte angebracht gewesenen Inschrift auf Petronius Probus (Consul 371 n. Ch.) und dessen Gemahlin Anicia Proba beziehen zu sollen geglaubt. Von besonderer, ja verhängnisvoller Bedeutung ist der erstere Sarkophag geworden, der an der schmalen Leiste über dem Gebälke der vorderen Langwand eine auf den Tod des darin Bestatteten bezügliche und durch Angabe der Consuln des betreffenden Jahres eine genaue Datierung ermöglichende Inschrift trägt. Dass der Sarko-phag unmittelbar zu dem Zwecke, den verstorbenen Junius Bassus aufzunehmen, oder doch wenigstens kurz vorher gearbeitet worden sei, scheint bis jetzt niemand in Zweifel gezogen zu haben. Man hat vielmehr diesen Sarkophag, der nach modernen Geschmacksbegriffen einer der best gearbeiteten unter allen erhaltenen römisch-altchristlichen Sarkophagen ist, zum Ausgangs-punkte der römischen Sarkophagsculptur gemacht und im allgemeinen (mit höchst vereinzelten Ausnahmen) alle übrigen erhaltenen Denkmäler dieser Classe, weil sie nach modernen Begriffen schlechter gearbeitet schienen, später, das heißt nach 359, entstanden sein lassen. So ist man schließlich dazu gekommen, das Gros der römisch-altchristlichen Sarkophage in die zweite Hälfte des vierten und in die erste Hälfte des fünften Jahrhunderts zu versetzen. Diese Meinung theilt auch der Verfasser des Kataloges der für diese Frage ausschlaggebenden lateranischen Sammlung altchristlicher Sculpturen, Professor Johannes F i c k e r, freilich nicht ohne die Schwierigkeiten hervorzuheben, denen eine Classification der römisch-altchristlichen Sarkophage dermalen noch begegnet. Unserem Dafürhalten nach wäre der wesentlichste Theil der Schwierigkeiten beseitigt, wenn man die fatale Datierung der Entstehung des Junius Bassus-Sarkophags im Jahre 359 n. Ch. fallen ließe, und sich auch in diesem Falle einen älteren Sarkophag in Verwendung gezogen dächte, wofür schon die ungewöhnliche und auch ungeeignete Stelle spricht, an welcher die Inschrift eingefügt wurde.

Wie man sich zum Ersatze dafür die Entwicklung der altchristlichen Sarkophagsculptur im einzelnen vorzustellen hätte, kann im Rahmen dieses Werkes nicht des näheren auseinander-gesetzt werden; ich muss mich daher auf folgende Andeutungen beschränken. Dass zu der gleichen Zeit, als die Sarkophagsculptur bei den Heiden in größter Blüte stand (also zwischen Marc Aurel und Constantin), auch die Christen davon Gebrauch gemacht haben, ist auf Grund einzelner Denkmäler von offenbar vorconstantinischem Stilcharakter (namentlich des Sarkophags von der Via Salaria im Lateran) schon seit Jahren allseits zugegeben. Damit ist der vielfach begegnende Einwand, dass vor dem Mailänder Edict die äußerliche Möglichkeit für die Ent-stehung einer christlichen Sarkophagsculptur gemangelt hätte, durch Thatsachen widerlegt. Es ist auch nicht einzusehen, warum in der Zeit zwischen dem Regierungsantritte des Gallienus und Diocletians letzten Regierungsjahren, in welcher das Verbot des christlichen Cultus so gut wie ein lediglich formelles gewesen ist, in der Residenz des Kaisers sich stolze Basiliken erheben, und selbst unter dem Hofgesinde Christen ungescheut ihrem Bekenntnisse leben durften, — warum in solcher Zeit die Christen sich den so allgemein begehrten und geschätzten Luxus einer

Sarkophagscúlptur versagt haben sollten? Wenn wir nun wahrnehmen, dass christliche Sarkophage wie Fig. 23 mit heidnischen gleich Fig. 16 und 17 einzelne völlig charakteristische Züge gemein haben, und dass selbst solche Sarkophage, die wie Fig. 24 angeblich den Schluss der ganzen Entwicklung bezeichnen und erst im fünften Jahrhundert entstanden sein könnten, den Constantinreliefs noch in ganz wesentlichen Punkten nahestehen, so wird man wohl berechtigt sein, das hinderliche Datum von 359 aus dem Wege zu räumen und eine zusammenhängende Entwicklung der christlichen Sarkophagsculptur schon vor der Mitte des vierten Jahrhunderts, zum..Theile parallel mit der heidnischen Sarkophagsculptur der mittleren Kaiserzeit einsetzen zu lassen.[1]

Besser als der Junius Bassus-Sarkophag ließe sich derjenige des Probus[2] mit der Zeit, der man ihn zuweisen zu sollen glaubt (den Siebziger- bis Achtzigerjahren des vierten Jahrhunderts) vereinigen. Seine Ebencomposition ist trotz der säulengetrennten Nischen, in welche die Figuren vertheilt sind, im Grunde mit derjenigen des Constantinreliefs (Fig. 7) identisch. Die in den Nischen paarweise angeordneten Jünger beziehen sich nämlich nicht allein auf der Vorderseite, sondern auch auf beiden Schmalseiten ausnahmslos (mit geringen Abwechslungen) auf den in dem mittleren Intercolumnium der Vorderseite auf erhöhtem Platze zwischen Petrus und Paulus stehenden Christus. Die Composition der Figuren selbst ist in möglichst starre, isolierte, längliche Viereckumrisse gebannt; nur die Kopfwendung und theilweise der erhobene Arm (wie am Constantinrelief) deutet die Richtung an, in welcher die Aufmerksamkeit der Figuren festgehalten ist. Das will besagen, dass es dem Künstler vor allem darauf angekommen ist, die innere Bewegung der Figuren zum Ausdrucke zu bringen, die äußere aber daneben auf ein Minimum zu beschränken und nur soweit (als nothwendiges Übel) zuzulassen, als es unumgänglich nöthig schien, um die innere Bewegung der Figuren dem Beschauer überhaupt zu Bewusstsein zu bringen. Diese echt spätrömische Bevorzugung der inhaltlichen Tendenz, das heißt des äußeren Zweckes im Kunstwerke geht begreiflichermaßen Hand in Hand mit einer wachsenden Sorglosigkeit in der Beobachtung der natürlichen taktischen Verbindungen der Theile (Glieder, Falten) untereinander. Namentlich das Verlassen des Contraposts zu Gunsten einer mehr neutralen Beinstellung (der

---

[1] Von dem Sarkophag des Junius Bassus, von welchem die beste Gesammtansicht derzeit der Lichtdruck zu Grisar's Aufsatz darüber in der Römischen Quartalschrift 1896, Taf. V, VI, bietet und welcher seit einiger Zeit wegen Unzugänglichkeit der vatikanischen Grotten der Forschung so gut wie entzogen ist, bereitet Mons. de Waal in Rom eine Publication vor, deren Erscheinen zu Ostern 1900 als unmittelbar bevorstehend angekündigt wurde. Der Güte desselben Prälaten verdanke ich es, dass mir zu Ostern 1899 Gelegenheit wurde, den Sarkophag etwa zehn Minuten lang beim Lichte einer Fackelkerze besichtigen zu dürfen; ein zweitesmal habe ich ihn anlässlich des diesjährigen (1900) Congresses für christliche Archäologie flüchtig zu Gesicht bekommen. Eine in so knapper Zeit vollzogene Beschau reicht natürlich nicht hin, um die sich an diesem grundwichtigen Denkmal aufdrängenden Fragen auch nur zum Theile mit Sicherheit beantworten zu können. Es ist ein Säulensarkophag wie Fig. 16; die Säulen sind hier noch freier vor die Wand gestellt, so dass die Figurengruppen darinnen geradezu Freigruppen unter Tabernakeln zu bilden scheinen und ihre dreidimensionale Raumausfüllung nicht erst durch theilweises Heraustreten aus den Nischen (oben mit geradem Gebälke, unten mit flachen Segmentbogen und Giebeln) zu beweisen brauchen. Auch die von Grisar so ansprechend erklärten Zwickelfiguren sind gemäß der von den Constantinreliefs her bekannten Raumcomposition durch Unterhöhlung der Umrisse als freiräumlich hingestellt. Innerhalb jeder Gruppe herrscht eine strenge Liniencomposition, in welcher die Verticalen und Horizontalen überwiegen, aber auch die Diagonalen nicht fehlen; letzteres in einer auffallend äußerlichen Auffassung des Linienschemas in Petri Gefangennahme, wo Petrus umzufallen droht; eine ähnliche Schrägstellung findet sich übrigens auch am äußersten rechtsseitigen Apostel der Vorderwand des Liberius-Sarkophags in Ravenna (Fig. 27), wie denn überhaupt der Junius Bassus-Sarkophag sowohl in der bequemen Säulentheilung als in der Neigung zu strenger Ebencomposition, den zahlreichen ausgesprochenen Contraposten und einer trotz aller optischen Grundauffassung verhältnismäßig taktischen Draperiebildung eine Verbindung zwischen den römischen und ravennatischen Sarkophagen herstellt. Auch die Putten an den Schmalseiten des Junius Bassus-Sarkophags sind (nach modernem Geschmacke) weit besser gearbeitet als diejenigen des Constantina-Sarkophags, und beweisen damit ihre Zugehörigkeit zu einem früheren Stadium der Entwicklung.

[2] Vergl. Busiri-Vici, La colonna Santa ed il Sarcofago di Probo Anicio, wo auf Taf. 2 die Vorderwand in Lichtdruck, Taf. 3 die übrigen Wände in Linienzeichnung wiedergegeben sind.

gekrümmten zu Gunsten der geraden Linie) tritt an den Reliefs dieser Sarkophage unverkennbar zutage.

Während die römischen Säulensarkophage den Übergang zu den ravennatischen herstellen, wird der eigentliche weströmische Typus durch Denkmäler gleich Fig. 23 (aus San Paolo fuori le mura, jetzt im Erdgeschoßzimmer des lateranischen Museo cristiano) repräsentiert. In der Einschaltung der freien Raumsphäre (seichten Nische) zwischen Figuren und Grund erkennen wir das

Fig. 23. Marmor-Sarkophag aus San Paolo fuori. Lateranisches Museum.

System der Constantinreliefs, das wir als Abschluss der mittelrömischen Entwicklung kennen gelernt haben. Mit heidnischen Werken gleich dem Adonis-Sarkophag (Fig. 15) erscheint der in Rede stehende durch die cyklische Composition verknüpft, welche Scenen aus verschiedener Räumlichkeit und Zeitlichkeit in ein Bild zusammenfasst, wie denn zum Beispiel die rechts oben rings um einen Tisch versammelte Pilatus-Gruppe erst durch den knieenden Isaak der benachbarten Opferscene abgeschlossen wird. Die Einheit erscheint einmal durch die bekannten Mittel der Ebencomposition herbeigeführt, daneben aber auch in einem sehr wesentlichen, von nun an immer größere Bedeutung gewinnenden Maße durch ein Nichtkünstlerisches, weil Immaterielles: die Idee, welche alle auf der Wand vereinigten Figurengruppen dem christlichen Beschauer unter dem gemeinsamen Gesichtspunkte von Garantien für die Erlösung erscheinen lässt (wie ähnliches schon von spätheidnischen Compositionen, wie der Adonis-Sarkophag Fig. 15 vermuthet werden muss). Was aber diesem Sarkophag den Charakter eines Unicums verleiht, ist die bis zu einem gewissen Grade vollendete Raumcomposition in der bereits erwähnten Pilatusgruppe.

Es wurde im Laufe der vorangegangenen Untersuchung öfter darauf hingewiesen, dass die antike Kunst niemals, selbst nicht in der früheren römischen Kaiserzeit, zu einer wirklichen Raumcomposition gelangt ist. Angesichts der in Rede stehenden Pilatusgruppe lässt sich das Vorhandensein einer Raumcomposition, welche die Figuren im freien Raume isoliert, aber zugleich unter einheitlichem Gesichtspunkte zu einem höheren Raumganzen verbunden sein lässt, nicht weiter ableugnen. Da ist wirkliche „Respiration", greifbare Luftcirculation zwischen in der Ebene isolierten und doch in eine optische Fläche componirten Figuren! So nahe war man am Ausgange der Antike dem Durchbruche der antiken Schranke, dem bewussten Übergange zu einer wirklich modernen Raumauffassung; und doch war es offenbar der vereinzelte Wurf eines vereinzelten (leider, wie dies für die ganze späteste Antike charakteristisch ist, anonym gebliebenen) Meisters, der kühn genug war, aus der Richtung seiner Zeit extreme, weit voraneilende Consequenzen zu ziehen. Schon die Pilatusgruppe des Junius Bassus-Sarkophags, die offenbar nach dem gleichen Grundschema componirt ist, zeigt dieses gleichwohl beträchtlich vereinfacht und gerade des frappirenden Figuren-Hemicykels entkleidet. Man verlangte offenbar noch nicht nach Lösung solcher Probleme; die Zeit hiefür sollte erst fast ein Jahrtausend später, bei Entstehung der Naumburger Sculpturen (Abendmahl) wiederkehren.

Man hat gefragt, was der Mann zu bedeuten habe, der neben Pilatus sitzt, und von dem die Evangelien nichts berichten. Man hätte ebensogut fragen können, was die Mehrzahl der Figuren zu bedeuten habe, die hinter den vorderen im Hintergrunde nur mit dem Kopfe sichtbar werden. Sowie diese letzteren bloß eine rein künstlerische Function — der deutlicheren Isolierung der vorderen Hauptfiguren innerhalb der Ebene — zu erfüllen haben, ist auch die Rolle des Begleiters des Pilatus lediglich aus einer Absicht der Composition hervorgegangen: einen packend raumwahren Halbkreis um das Tischchen herum herzustellen. Schon das fast kokette Emporziehen des Beines, um dessen Knie der Mann beide Arme stützend herumgelegt hat, beweist die Lust des Künstlers, der die Gruppe entworfen hat, an der Lösung rein künstlerischer Probleme. Für diese echt antike Freude an der materiellen Erscheinung war aber in der nächsten Folgezeit kein Platz mehr. Dieses Herantreten an die Lösung des modernen Raumproblems steht, wie sich zeigen wird, im vierten Jahrhundert nicht völlig vereinzelt da; aber vom fünften Jahrhundert an, in der ausgesprochenen spätrömischen Kunst, ist keine Spur mehr von solchen Neigungen zu entdecken. Was man fortan an den Werken der Figurenkunst sucht, ist überwiegend der auf ein Transscendentes bezügliche Inhalt, und weniger die materielle Formerscheinung als solche. Die Wendung hat nicht die zum endgiltigen Siege gelangte christliche Anschauung an und für sich herbeigeführt (denn die Spätheiden bewegten sich nicht minder in dem gleichen Anschauungskreise), sondern die strengere, einseitig ethisch-dogmatische Richtung, welcher die christliche Welt vom Ende des vierten Jahrhunderts an zuzuneigen begann. Vieles was im dritten Jahrhundert noch Lehre gewesen war, im vierten mindestens geduldet wurde, hat im fünften Jahrhundert in der christlichen Welt keinen Bestand mehr haben können.

Von Einzelheiten fallen an Fig. 23 besonders die schräg eingeschnittenen, regelmäßig geschwungenen und gereihten Falten auf, die wir von den heidnischen Sarkophagen Fig. 16 und 17 her kennen. Die Köpfe erscheinen in der Nahsicht schematisch und flüchtig, bei optischer Aufnahme aus entsprechender Entfernung von individuell-momentaner Wirkung Die äußeren Bewegungen sind auch hier sehr gemäßigt, so dass hauptsächlich das innere Leben an den Figuren zum Ausdrucke gelangt; der scharfe Seitenblick des Pilatus versetzt uns geradezu in die Mitte des dritten Jahrhunderts, in welche Zeit man wohl am liebsten die Erfindung des Ganzen verlegen möchte, wenn auch dieser Sarkophag selbst einige Jahrzehnte später gearbeitet sein mag. Contraposte sind noch keineswegs unterdrückt; ebenso wird Abwechslung in den Stellungen angestrebt, und zwei Figuren (oben Moses im contrapostischen Gegenüber zu Abraham, unten

Christus in der Blindenheilung) sind zu Dreiviertel von rückwärts zu sehen.[1] Auch den beiden Porträtköpfen mangelt noch jene Tendenz auf starr krystallinische Frontansicht, wie sie seit Constantin üblich wurde, ihre Haare sind noch nicht peinlich gestrichelt, sondern nach Art des dritten Jahrhunderts in freierer Lagerung skizziert; nicht minder sprechen die Bärte für die Zeit vor Constantin, unter welchem für vornehme Personen die Bartlosigkeit guter Ton geworden ist. Nur die Tendenz auf völlige Überführung der Figuren vom Grunde in den Raum, ferner die Neigung zur Massigkeit der Umrisse, Vernachlässigung der Gliederung in den Gelenken und im Nackten überhaupt, verräth die Nähe der constantinischen Epoche.

Fig. 24. Marmor-Sarkophag. Lateranisches Museum.

Die Schlussphase der Entwicklung des geschilderten Sarkophagtypus bezeichnet Fig. 24 (im Treppencorridor des lateranischen Museums), den man nach der bisherigen Annahme in das fünfte Jahrhundert versetzen müsste. Die Composition der verräumlichten und isolierten Figuren im ganzen ist aber noch völlig diejenige der constantinischen Zeit; auch im einzelnen finden wir da und dort die gleiche kurze und gedrungene Körperbildung der Figuren, begegnen wir ferner an den Falten, Haaren, Augen noch der bekannten fernsichtigen skizzenhaften Andeutung, allerdings ins Extreme gesteigert, was sich auch in den Porträt-Brustbildern verräth. Aber die Beobachtung der natürlichen verbindenden Ebenrelationen (vor allem der Proportionen) der Theile untereinander hat in fühlbarer Weise nachgelassen, was wir heute als Unschönheit und Rohheit zu bezeichnen pflegen. Die Einheit ruht jetzt fast ebensosehr als in den sinnfälligen Factoren des Linien- und Schattenrhythmus, in dem der reinen Gedankensphäre angehörigen Factor der religiösen Erlösungsidee, welche die unterschiedlichen Scenen zu einem Ganzen verknüpfen heißt. Die materielle Erscheinung ist dabei anscheinend nur Mittel für die Erreichung eines äußeren tendenziösen Zweckes geworden. Inhalt und Form dünken uns auseinander gefallen, wie Materie und Geist in der spätheidnischen und frühchristlichen Anschauung; das Übergewicht

---

[1] Dieser Lust der mittelrömischen Künstler, ihre vollräumigen Figuren von allen Seiten und namentlich von der Rückseite dem Beschauer vorzuführen, hat in einer geradezu auffallenden Weise der Meister der sogenannten marcaurelischen Reliefs am Constantinbogen gefröhnt; es ist nicht zufällig, sondern in einem bestimmten Parallelismus des Kunstwollens begründet, wenn man dadurch an das italienische Quattrocento erinnert wird, und höchst lehrreich zu beobachten, worin sich beide Ausdrucksweisen trotz der angedeuteten Verwandtschaft grundsätzlich unterscheiden (nämlich im Verhältnisse zum freien Luftraum, den das römische Relief nach Kräften ignoriert, das italienische innerhalb gewisser Grenzen bereits als gleichberechtigt mit den stofflichen Figuren behandelt).

aber scheint uns der Inhalt über die Form in der Kunst wie der Geist über das Fleisch in der
Philosophie und Religion zu behaupten.

Nach alledem muss es in hohem Grade unwahrscheinlich bezeichnet werden, dass irgend
einer der stadtrömischen Sarkophage, welcher noch den constantinischen Reliefstil befolgt (das
sind so ziemlich alle mit Ausnahme des Sarkophags der Constantina) aus dem fünften Jahrhundert
stammte. Die einzigen mit leidlicher Bestimmtheit datierbaren Sarkophage des fünften Jahrhunderts — diejenigen aus dem Mausoleum der Galla Placidia zu Ravenna, sämmtlich (drei an
der Zahl) aus der ersten Hälfte des genannten Jahrhunderts — enthalten in ihren Wandreliefs
nur mehr ornamentale und symbolische Motive, aber keine erzählend figuralen Darstellungen
mehr. Ich nehme an, dass auch in Rom die Figuralsculptur in Stein, soweit religiöser Inhalt
dabei in Frage kam, von Honorius ab so gut wie aufgehört hat; dem Bedürfnisse nach geistiger
Lehre und innerer Auferbauung, das an Stelle des früheren künstlerischen Sinnes für die monumentale stoffliche Erscheinung getreten war, entsprachen besser die kleinen Elfenbeintafeln (wie
in der Malerei die Miniaturbilder in den Handschriften) mit ihren reichhaltigen Cyklen der auf die
Erlösung bezüglichen biblischen Ereignisse.

Diese „rohesten" Sarkophage gleich Fig. 24 bezeichnen aber zugleich auch für die antike
Sculptur die letzten Ausläufer derjenigen Kunstweise, die man den antiken Impressionismus
genannt hat. Weiter hat sich die rein optische Aufnahme nicht mehr steigern lassen, sofern man
nicht den antiken Grundsatz, in der Kunst von der Einzelform auszugehen, preisgeben wollte.
Diesen letzteren Schritt hat zwar auch die spätrömische Kunst noch nicht zurückgelegt, und
ebensowenig die byzantinische nach dem Bildersturme; aber die spätrömische Kunst hat die
verbindenden Ebenrelationen zwischen den Dingen (und ihren Theilen), soweit es irgend noch
angieng, vollständig aufgehoben und damit die Bahn freigemacht, um die Raumrelationen zum
Ausgangspunkte und Einheitsziele aller künstlerischen Composition zu erheben.

Fig. 25. Marmor-Sarkophag. Lateranisches Museum.

Von stadtrömischen Sarkophagen christlichen Inhalts sei noch der lateranische, Fig. 25 (aus
St. Peter, Ficker Nr. 174), vorgeführt. Die Ebencomposition zeigt Säulentheilung, wobei das
mittlere Intervall größer genommen ist als die übrigen; dem darin ausgesprochenen centralistischen Gedanken folgen auch die Figuren, indem sie sich Christo in der Mitte zuwenden

(jedoch mit einer Ausnahme auf der rechten Seite, wo Christus selbständig wieder auftritt). Im auffallenden Contraste zu dieser einheitlichen Bewegung der Hauptfiguren stehen die Bewegungen der hinteren Begleitfiguren, die (wieder mit Ausnahme der vorletzten Scene rechts) durchaus, in Kopfwendung und Geberden, die entgegengesetzte Richtung einhalten.

Deutlicher als irgendwo ist hier ferner die cubisch-räumliche Isoliertheit der vorderen Figuren in jeder Nische dadurch angedeutet, dass nicht allein diese Figuren selbst, sondern auch die ihnen im Hintergrunde beigegebenen Begleitfiguren mit irgend einem Theile über eine der begrenzenden Säulen vortreten. Die Säulen wurden absichtlich so wuchtig, die Intervalle dazwischen mit Vorbedacht so schmal genommen, um das Herausstreben der Figuren aus der Tiefe der Nischenräume recht drastisch zum Ausdrucke zu bringen. Die Art und Weise, wie der Diener dem Pilatus senkrecht aus der Tiefe heraus in das Becken Wasser eingießt, verräth dieselbe geradezu künstlerische Lust an der Raumbildung, die uns in der Pilatusgruppe des Sarkophags Fig. 23 so überraschend entgegengetreten war.

Im Einzelnen sind die Figuren fest und massig umrissen, jedoch nicht ohne einen Rest von Gefühl für die rhythmische Linie; die Köpfe sind weit ausdrucksvoller als in Fig. 23, aber nicht minder rein optisch aufgenommen (der Kopf des Pilatus und derjenige des Petrus im zweiten Intervall links sind neue Ergänzungen; für Christus findet Benndorf den Eubuleus-Typus verwendet). Das Gefältel ist dicht und spielend und stellt sich damit in die von der Zeit so offenkundig angestrebte Contrastwirkung zu den klaren Umrissen der Figuren im ganzen; aber die technische Ausführung arbeitet hier nicht mit so tiefgravierten Schattenfurchen, wie wir sie bisher überall als Regel angetroffen haben. Die angestrebte Wirkung ist zwar die gleiche, die Ausführung aber minder skizzenhaft; daher jene unverkennbare taktische Beimischung im Gesammteindruck, den dieser Sarkophag im Beschauer hervorruft, und wodurch sich derselbe als Übergangsglied von den stadtrömischen zu den ravennatischen Sarkophagen darstellt.

Noch größeren Schwierigkeiten als die Zeitbestimmung unterliegt die Zuweisung an locale Productionsstätten. Der Betrieb auch dieses Kunstzweiges (wie so vieler anderer in der spät-römischen Periode) muss ein fabriksmäßiger gewesen sein. So erklärt sich am leichtesten die nahe stilistische und inhaltliche Verwandtschaft wenigstens der Mehrzahl der gallischen Sarko-phage mit den stadtrömischen. Freilich bleibt die Frage nach dem künstlerischen Zusammen-hange hier (wie überall auf diesem Gebiete) erst zu untersuchen, da die Publication von Le Blant (Les sarcophages chrétiens de la Gaule) nur das Ikonographisch-Antiquarische im Auge hatte, das Tafelwerk Garrucci's selbst für das letztere unzulänglich ist. Ich beschränke mich darauf, an dieser Stelle beispielsweise anzuführen, dass der Sarkophag bei Le Blant a. a. O. Taf. XVIII. 1 demjenigen von San Paolo (Fig. 23), Le Blant Taf. XXVIII. 2 dem Junius Bassus-Sarkophage nahestehen — beide, wie es scheint, unter Steigerung des Flachen und Skizzenhaften.

Stehen die bisher betrachteten Sarkophage in den entscheidenden Punkten noch wesentlich innerhalb der Entwicklung der mittleren Kaiserzeit, wie sie sich bis Constantin ausgestaltet hatte (mögen viele darunter auch nach Constantin entstanden sein), so zeigen die ravenna-tischen Sarkophage ein ganz verändertes Bild. Um gleich das Wichtigste zu nennen: die an den ravennatischen Sarkophagen vertretene Kunst bemüht sich nicht mehr, die einzelnen Figuren in ihrer absoluten cubischen Räumlichkeit, durch eine Schattensphäre losgelöst von der Grundebene darzustellen, sondern setzt das Bewusstsein davon beim Beschauer bereits voraus und projiciert

die optisch verflachten Figuren wieder auf einen weiten ebenen Grund, den wir ebenso wie am
Sarkophag der Constantina als leeren Luftraum aufzufassen haben — allerdings als idealen
Raum an sich und nicht als cubisch messbaren Ausschnitt aus dem unendlichen Raum; denn
nach wie vor ist der Raum der Figuren halber da, und nicht umgekehrt.

Auch die Composition ist fortdauernd womöglich eine streng centralistische und somit noch
immer eine Ebencomposition; mit den wenigen Figuren geräth sie damit manchmal nahezu in
die Starrheit des altsemitischen „Wappenstils". Es verräth sich darin offenbar die gleiche
Neigung, die in der kirchlichen Architektur den Centralbau bevorzugt hat. Diese Bevorzugung
haben wir einseitig in der griechisch-oströmischen Reichshälfte angetroffen; Ravenna ist aber
seit dem vierten Jahrhundert die Pforte Italiens nach dem griechischen Osten gewesen.

Fig. 26. Rinaldus-Sarkophag; Marmor. Dom zu Ravenna.

Als Beispiel für Beides mag der Rinaldus-Sarkophag im Dome zu Ravenna (Fig. 26) dienen.
An ihm tritt die neue Bedeutung der Grundfläche als idealen Raumes besonders schlagend entgegen, indem hier gerade am oberen Abschlussstreifen, wo noch die mittlere Kaiserzeit den
Reliefgrund als solchen zu retten getrachtet hat, Wolkengebilde angebracht sind. Da diese an
einem Steinrelief doppelt überraschenden atmosphärischen Erscheinungen,- die in der römischen
Kaiserzeit zwar vereinzelt schon vorkommen, aber niemals in so „naturalistischer" Weise wie
hier, mit dem Gegenstande der Darstellung gar nichts zu schaffen haben, können sie nur einer
künstlerischen Absicht zuliebe Aufnahme gefunden haben, und diese kann nur dahingegangen
sein, auch den oberen Grundstreifen über den Figuren ausdrücklich als körperaufnehmenden
Raum zu charakterisieren. Hinsichtlich der beiden Palmen bleibt die Frage offen, ob es sich bei
ihrer Anbringung um einen symbolischen Zweck oder aber um eine künstlerische Absicht auf
Andeutung der Landschaft im freien Raume gehandelt hat. Von einzelnen Zügen seien folgende

hervorgehoben: die Andeutung der Dreidimensionalität selbst an den flachsten Objecten (zum Beispiel an dem Kreuze rechts); die festen massigen Contouren nicht bloß an der Peripherie der ganzen Figuren, sondern auch in der Einfassung einzelner Theilflächen, wie zum Beispiel der Bärte (hier in besonders scharfem Gegensatze zu der skizzenhaft aufgelösten Bildung der Bärte in der mittleren Kaiserzeit); die Draperie mit wenigen großen taktisch modellierten und zahlreichen kleinen leicht gravierten Falten; die Hintansetzung der Beobachtung der verbindenden Ebenrelationen (wozu auch die Proportionen zählen) gegenüber der inhaltlichen Deutlichkeit des erzählten Vorganges, was sich namentlich in der übergroßen Hand des ausgestreckten rechten Armes Christi ausspricht.

Das wichtigste der hier aufgezählten Symptome ist die namentlich in den Draperien und Bärten wahrnehmbare theilweise Rückkehr von der rein optischen zu einer verhältnismäßig taktischen Aufnahme. Dieselbe geht genau parallel mit der Retablierung der Grundebene; aber ebensowenig als diese letztere eine Rückkehr zur classischen Grundauffassung bedeutet, darf man in der theilweisen Wiederherstellung der taktischen Verbindungen ein Symptom der Abkehr von der optischen Auffassung erblicken; wer sich davon überzeugen will, braucht unter anderem bloß die echt optisch-knittrigen Ärmel der beiden Heiligen anzusehen. Was diese frühesten ravennatischen Reliefs von den eigentlich spätrömischen des darauffolgenden Jahrhunderts trennt, ist die verhältnismäßig genaue Beobachtung wenigstens der wichtigsten Verbindungen in der Ebene; zum Beispiel stehen die Figuren noch fest auf dem Boden, während sie vom fünften Jahrhundert an auch diese elementarste Ebenrelation größtentheils aufgeben und mit den Fußspitzen über dem Erdboden dahinzuschweben scheinen.

Die Zahl der erhaltenen ravennatischen Sarkophage ist nicht gering, und es besteht die Aussicht, an ihrer Hand eine Entwicklung der spätrömischen Bildnerei mindestens für das erste Jahrhundert ihres Bestandes aufzuzeigen. Zur Lösung dieser Aufgabe ist aber dermalen kaum der Anfang gemacht, weil die chronologischen Grundlagen dafür größtentheils fehlen. Die inschriftlich überlieferten Namen der Bischöfe, die in einzelnen dieser Sarkophage beigesetzt wurden, sind für die Datierung noch weniger zu brauchen als der Name des Junius Bassus für jenen stadtrömischen Sarkophag. Mit Rücksicht auf diese Unsicherheit der Entstehungsdaten müssen wir uns heute darauf beschränken, von der gesuchten Entwicklung lediglich die hauptsächlichsten Grundlinien zu skizzieren.

Den Ausgangspunkt einer Untersuchung wird man in den drei Sarkophagen aus dem Mausoleum der Galla Placidia zu suchen haben, in welchen diese Fürstin selbst und die Kaiser Honorius und Constantius III. bestattet gewesen sein sollen. Ist diese Tradition richtig (und sie wird durch den Umstand, dass die Sarkophage in unseren Tagen an jener historisch unzweifelhaft festgestellten Stätte vorgefunden wurden und zum Theile noch dort stehen, bestätigt), so ergibt sich als äußeres, ikonographisches Kennzeichen der ravennatischen Sarkophagsculptur der ersten Hälfte des fünften Jahrhunderts das Fehlen jeglicher menschenfiguraler Ausstattung: die Reliefs der Sarkophagwände sind hauptsächlich aus architektonischen Ornamenten und aus einigen Symbolen zusammengesetzt, worin sich eine bestimmte Verwandtschaft mit dem Constantina-Sarkophag verräth; sogar die concentriertere, minder langgestreckte Gesammtform hat mindestens der Galla Placidia-Sarkophag mit dem letzteren gemein.

Im genannten Charakter der Ausstattung schließt sich ihnen eine ganze Reihe anderer Sarkophage (namentlich in St. Apollinare in Classe) an. Es frägt sich nun, ob die mit figürlichen

Scenen geschmückten Sarkophage vor oder nach den ebengenannten anzusetzen sind; eine
Gleichzeitigkeit beider ist im allgemeinen schon darum unwahrscheinlich, als die figürlich
verzierten Sarkophage äußerlich ein reicheres Ansehen haben, und es gar nicht einzusehen wäre,
warum sich die Kaiser im fünften Jahrhundert etwas versagt haben sollten, was Bischöfe und, wie
die stadtrömischen Beispiele (Junius Bassus, Probus) beweisen, auch beliebige Laien haben
durften. Nun wird wenigstens einer der ravennatischen Sarkophage — der sogenannte Pignatta-
Sarkophag beim Dante-Grabmal — in das dritte Jahrhundert versetzt; ich sehe zwar gar keinen
Grund, mit seiner Datierung hinter das vierte Jahrhundert zurückzugehen; aber so viel ist sicher,
dass er mit den übrigen Figuren-Sarkophagen in Ravenna ikonographisch und künstlerisch eng
zusammenhängt, und die Datierung dieser ganzen Gruppe nach der Mitte des fünften Jahrhunderts ganz und gar unwahrscheinlich, ja schlankweg unmöglich macht.

Fig. 27. Liberius-Sarkophag; Marmor. S. Francesco zu Ravenna.

Als der älteste ravennatische Figuren-Sarkophag erscheint mir aber nicht der Pignatta-
Sarkophag, sondern derjenige des Bischofs Liberius in S. Francesco zu Ravenna (Fig. 27). Als
Säulensarkophag tritt er unmittelbar neben jene stadtrömischen, von denen er sich aber durch
die Reducierung der Säulen auf Halbsäulen und durch die reichliche, die Figuren ringsum ein-
schließende Grundfläche unterscheidet, während an jenen römischen Beispielen die Figuren ihre
Umrahmung immer zu sprengen trachteten. Die Köpfe der Figuren ragen aber auch hier in die
Muschelwölbung der Nische hinein, so dass die Raumabsicht da und dort als die gleiche erscheint,
mit dem bloßen Unterschiede, dass man es am ravennatischen Sarkophag (wie am Constantina-
und Rinaldus-Sarkophag) bereits für unnöthig befunden hat, den Grund rings um die Figur besonders als Raum zu declarieren. An den Figuren berührt der strenge Contrapost und die klare, fast
große Drapierung der Gewänder unter deren Hülle die Plastik zwar deutlich aber noch ohne Härte
zum Ausdrucke gelangt, nahezu classisch; die Faltenbildung im Einzelnen ist derjenigen am
Junius Bassus-Sarkophag verwandt. Ein glücklicher Zufall fügte es, dass sich in derselben Kirche
S. Francesco eine etwas spätere Copie des Liberius-Sarkophages (Fig. 28) erhalten hat, die sich

Fig. 28. Marmor-Sarkophag in S. Francesco zu Ravenna.

von ihrem Vorbilde namentlich durch folgende den Gang der Weiterentwicklung kennzeichnende Momente unterscheidet: gesteigerte Verflachung und Massigkeit der Umrisse an den ganzen Figuren, verminderte Beobachtung der in der Ebene verbindenden Relationen und insbesondere der Proportionen, Anbringung einer reicheren aber seichteren Fältelung, einseitige Hervorhebung einzelner Theile, namentlich der Augen, auf Kosten der übrigen; härteres Hervortreten der Gliedmaßen unter der Grundhülle; nachlässige Behandlung des Contraposts.

Der Liberius-Sarkophag bildet somit in Ravenna in ähnlicher Weise den Anfang der spätrömischen Reliefsculptur, wie der Constantina-Sarkophag in Rom, dessen Entstehung übrigens auch weit eher in einer oströmischen Werkstatt gesucht werden muss. Der Entstehungszeit nach möchte man den Liberius-Sarkophag demjenigen aus S. Constanza eher voranstellen, vielleicht (doch wenig wahrscheinlich) sogar noch vor Constantin, wie wir denn überhaupt alle Ursache haben, für den Entwicklungsprocess im griechischen Osten ein rascheres Tempo zu vermuthen, als im überwiegend empfangenden Italien. Hienach hätten wir die übrigen figurengeschmückten ravennatischen Sarkophage (unter denen der schon erwähnte Pignatta- und der Rinaldus-Sarkophag, sowie der Isaak-Sarkophag mit der Anbetung der Magier im Museum zu Ravenna die zeitlich nächstfolgenden und für den modernen Beschauer erfreulichsten Beispiele bieten) zwischen Constantin und Honorius unterzubringen, wobei natürlich die Entstehung einiger Nachzügler im fünften Jahrhundert nicht ausgeschlossen ist. Wenn an den drei soeben genannten Sarkophagen die werdende mittelalterliche Reliefauffassung noch mit der classischen im Kampfe zu liegen scheint, so ist sie an anderen Exemplaren, wie dem Barbatianus- und Exuperantius-Sarkophag (im Dome zu Ravenna) bereits zum vollen Siege gelangt. Die mit Symbolen und Ornamenten geschmückten Sarkophage wären sodann dem fünften Jahrhundert, zum Theil vielleicht auch noch der Zeit Justinians zuzuschreiben. Die Ergebnisse, die sich aus ihrer Untersuchung für die Ermittlung des Entwicklungs-

Fig. 29. Schmalwand des Theodorus-Sarkophags;
Marmor. S. Apollinare in Classe bei Ravenna.

ganges vom fünften Jahrhundert ab gewinnen lassen, werden an späterer Stelle zur Sprache gebracht werden. Hier, wo wir es zunächst mit den Anfängen der spätrömischen Kunst im vierten Jahrhundert zu thun haben, mag nur noch ein Blick auf die Decoration der früheren ravennatischen Sarkophage geworfen werden. Fig. 29 zeigt die Schmalseite des Sarkophages des (späteren) Erzbischofs Theodor; die dicken fleischigen Rankenstengel (Massivität der Umrisse) sowie ihre aus der Kreisform herausfallenden Schwingungen (absichtliches Hervorkehren einer von der geometrisch-natürlichen abweichenden Verbindung), die klaren Umrisse der geometrisch componierten Blumen, das nicht minder klar und hart stilisierte Gefieder der Vögel sind lauter Züge, die uns bereits am Constantina-Sarkophag begegnet waren. Die einsäumende Blattwelle zeigt dagegen noch in den schattigen Höhlungen die belebenden „Brücken", welche die römische Kunst seit der früheren Kaiserzeit in ausgesprochen optischer Absicht in allen ähnlichen Fällen (namentlich zwischen den einzelnen Zahnschnittwürfeln) anzubringen beflissen gewesen war. Die Vase, aus welcher sich das Kreuz erhebt, lehrt uns mit ihrer in Draufsicht gezeigten Mündung, dass dem Künstler die objective Anzeige der dreidimensionalen Vollräumigkeit der Einzelform im Ganzen bereits wichtiger war, als die naturgetreue Wiedergabe der verbindenden Relationen in der Ebene zwischen den benachbarten Theilen. Die Langwand (Fig. 30) desselben Sarkophags, der allerdings wahrscheinlich dem Schlusse des vierten Jahrhunderts angehört, (weil er keine Figuren mehr enthält) zeigt Weinblätter in der Art von Akanthusblättern stilisiert, deren vormals

Fig. 30. Langwand des Theodorus-Sarkophags; Marmor. S. Apollinare in Classe bei Ravenna.

gebohrte Ränder zu schärfer isolierten
Zacken rückgebildet worden sind; auch in
diesem Punkte verräth sich die uns schon
früher in ähnlichen Fällen (Fig. 3, 4, vergl.
auch S. 147 und Fig. 54) aufgestoßene
Rückkehr von der rein optischen zu
einer theilweise taktischen Aufnahme.

Als Repräsentant einer anderen
Gattung von Sepulkralsculptur in Stein
möge ein Grabrelief mit der Büste eines
jungen Mädchens (Fig. 31) aus Salona
hier Platz finden, das sich im Museum
zu Spalato befindet; paläographische
Gründe verbieten es, seine Entstehung
vor 300 und nach 400 n. Ch. anzunehmen. Über die Auffassung des
Kopfes wird sich besser später an der
Hand von Rundporträtköpfen der
gleichen Zeit urtheilen lassen. An dieser
Stelle darf nur hingewiesen werden auf
die gravierten Falten auf dem Brusttheil
des Gewandes und auf die nicht minder
gravierten Ornamente in den von beiden
Schultern herablaufenden breiten Zier-
streifen: reich gezackte Pflanzenrankenornamente, an denen das Fehlen jedes
selbständigen Grundes (für welchen der

Fig. 31. Grabstein aus Salona. K. k. Museum zu Spalato.

Raum in den linearen ausgehöhlten Furchen eintritt, vgl. S. 39, 71) charakteristisch ist. Das
Gleiche gilt von den Blättern und Trauben, die in den Giebel und in die beiden dreieckigen
Bogenzwickel hineincomponiert wurden. Die Schatten, die in Fig. 10 zwischen den Blättern (und
Blattranken) noch in wechselnder Breite begegnet waren, sind hier auf bloße Linien zusammen-
geschrumpft. Auch hierin erscheint eine wichtige Seite der spätrömischen Kunstentwicklung zum
Ausdrucke gelangt.

Von Goldschmiedearbeiten des vierten Jahrhunderts mit figürlichen Reliefs ist erst in jüngster
Zeit ein höchst merkwürdiges Denkmal bekannt geworden, das zwar dem Stile (nicht unbedingt
auch der Entstehung) nach der mittleren Kaiserzeit angehört, aber hier schon deshalb Erwähnung
verdient, weil es wie wenige geeignet ist, über den positiven (nichtbarbarischen) Grundcharakter
des damaligen Kunstschaffens aufzuklären. Es ist dies der von Hans Graeven in der Zeitschrift für
christliche Kunst (1899 S. 1 ff.) publicierte Silberkasten aus San Nazaro in Mailand, wo derselbe als
Reliquienschrein wahrscheinlich durch den heiligen Ambrosius gegen Ende des vierten Jahrhunderts hinterlegt worden war. Dass seine Entstehung aus stilistischen und ikonographischen
Gründen in eine höhere Zeit als diejenige des heiligen Ambrosius zurückversetzt werden muss,
hat schon Graeven ausgesprochen, aber über Constantins Zeit nicht hinaufgehen zu können

Fig. 32. Deckel eines Silberkästchens mit getriebenen Reliefs. San Nazaro zu Mailand.

geglaubt. Auch nach unserem Dafürhalten wird man damit auf keinen Fall hinter Diocletian zurückgehen können.

Mit ihrem äußeren und inneren Centralismus erinnert die Composition des Deckels (Fig. 32) unmittelbar an das Constantinrelief (Fig. 7). Die getriebenen Figuren konnten hier nicht durch Unterschneidungen vom Grunde losgelöst werden und sind deshalb wie die Figuren des Diocletianreliefs (Fig. 18, 19) an der Peripherie von tiefen gravierten Furchen umrissen. Die ganz flüchtig-skizzenhafte Behandlung (z. B. der Füße) ist selbst vom Standpunkte der modernen Kritik als eine meisterliche zu bezeichnen; ich kenne kein Relief aus dem Alterthum, das mit einer rein optischen Auffassung einen so namhaften Rest antiker Schönlebendigkeit verbände. Dazu gesellt sich ein offenbares Streben nach innerer geistiger Belebung, die nahezu ans Barocke streift. Kopfwendungen wie diejenige der Figur links in der Mitte, neben der ausgestreckten Rechten Christi, haben zwar im Caracalla und anderen Porträtköpfen des dritten Jahrhunderts ihre Vorläufer, lassen dieselben aber weit hinter sich. Hier begegnet auch schon wiederholt der Allocutionsgestus der ausgestreckten drei Finger, der in der späteren altchristlichen Kunst so allgemein geworden ist; wendet er sich aber z. B. in den späteren Elfenbeinreliefs und Miniaturbildern mit ihren ausdruckslosen schematischen Compositionen fast ausschließlich an die erklärende Verstandeserfahrung, so wird seine Bedeutung hier noch nach antiker Weise durch die unmittelbar künstlerischen Mittel der stofflichen Erscheinung, d. h. durch Haltung und Gesichtsausdruck der betreffenden Figur dem Beschauer nahegelegt. Was jedoch das Auffallendste von allem scheint, ist der Eindruck der freien Vertheilung im Luftraum, den die Figuren hier machen. Es liegt dies daran, dass von den hinteren Figuren zwar mehr als der Kopf sichtbar ist, dieses Mehr aber nur mit unzusammenhängenden skizzenhaften Linien angedeutet ist, die Köpfe überhaupt nach hinten im allgemeinen an Größe und an Deutlichkeit der Detailerscheinungen abnehmen. Wäre der Kopf des hintersten Apostels auf der rechten Seite nicht übermäßig groß angelegt und der Aufbau der Figuren nicht ein so steiler, so könnte man in der That in Versuchung kommen zu glauben, der Künstler habe hier nach dem Grundsatze der neueren Kunst ein bestimmtes Raumquantum zum Ausgangspunkte für sein Reliefbild genommen und die Figuren der Linien- und Luftperspective entsprechend darin vertheilt. Auch in diesem Falle ist, ähnlich wie in der Pilatusgruppe des Sarkophages aus San Paolo

(Fig. 23) die antike Kunst in ihrer optischen Schlussphase der neueren Kunst ganz nahe gekommen. Die übrigen Seiten des Kästchens gäben ebenfalls reichlich Veranlassung zu Erörterungen, die wir hier unterdrücken müssen, um zur Betrachtung einer anderen nicht minder wichtigen Denkmälergattung zu eilen.

Dem Kunstwollen der ausgehenden Antike empfahl sich das Elfenbein aus verschiedenen Gründen: insbesondere wegen seiner Eignung für erzählende Kleinplastik und wegen seines flimmernden Glanzes an der polierten Oberfläche. Unter den Diptychen des vierten Jahrhunderts befinden sich keine datierten; hinsichtlich solcher, die auf Grund indirecter Beweisführung in dieses Jahrhundert zu versetzen sind, müssen wir uns hier auf die wichtigsten Beobachtungen an wenigen Beispielen begnügen. Im allgemeinen hat sich der Stilwandel vom Mittelrömischen zum Spätrömischen im Elfenbein rasch vollzogen. Er gelangt sogar an einigen ausgesprochen heidnischen Denkmälern dieser Art zum unverkennbaren Ausdruck: so am Liverpooler Diptychon mit Äskulap und Hygieia, in der schweren massigen Gesammtbildung und dem Flachrelief auf freiem Raumgrunde, bei aller heidnischen Freude an schöner und beweglicher Pose. — Schlechterdings classisch gedacht ist das Relief des Symmachorum-Nicomachorum-Diptychons im Kensingtonmuseum und Hôtel Cluny; doch handelt es sich hier um ein vereinzeltes und allerdings höchst merkwürdiges Zeugnis einer absichtlichen künstlerischen Reaction, die nach allem, was wir von der öffentlichen Stellung und heidenfreundlichen Wirksamkeit der beiden genannten stadtrömischen Familien am Ende des vierten Jahrhunderts wissen, auch des politischen Beigeschmackes nicht entbehrte. Übrigens wird sich kein Kundiger durch die peinlich nachgezeichneten taktischen Falten der Gewandfiguren dieses Diptychons über deren wahre Entstehungszeit täuschen lassen. Endlich verdient das Diptychon des römischen Vicarius Rufius Probianus (in Berlin) erwähnt zu werden, weil es sich mit seinem Versuche, den thronenden Vicar in einen geschlossenen Innenraum mit perspectivisch nach hinten verkürzten Seitenwänden von ungewöhnlicher Tiefe (die Intérieurs in den Miniaturmalereien des 4. und 5. Jahrhunderts sind stets viel seichter, das heißt der Ebene angenäherter genommen) zu versetzen, gewissermaßen neben die Pilatusgruppe von San Paolo und das Silberrelief von Mailand stellt; die gravierten Umrisse der Figuren lassen das Diptychon im wesentlichen noch dem mittelrömischen Stile angehörig erscheinen. Es ist also ungefähr die Zeit zwischen 250 und 350 n. Chr., nach voller Überwindung der taktischen Auffassung und vor dem entschlossenen Übergang zum absoluten Verzicht auf alle taktischen Verbindungen der cubisch-räumlichen Einzelform nach außen in der spätrömischen Weise, die für jene Annäherung der antiken an die moderne Raumempfindung die günstigsten Voraussetzungen geboten hat.

Bevor wir an der Hand datierter Denkmäler zur Erörterung der Entwicklung des fünften Jahrhunderts übergehen, mag noch die angesichts der Spärlichkeit des hiebei in Betracht kommenden Materials rasch zu erledigende Frage berührt werden, inwieweit die Denkmäler der Rundskulptur im vierten Jahrhundert n. Chr. das von der gleichzeitigen Reliefskulptur gewonnene Bild bestätigen. Dass es nicht der Zufall ist, der uns nur wenige Rundbildwerke aus dieser Zeit erhalten hat, sondern dass aus tieferen Gründen damals überhaupt nicht mehr vieles dieser Art geschaffen wurde, wird man ohne Schwierigkeit zugeben; ja es steht vielleicht sogar zu hoffen, dass man die tieferen Gründe in diesem Falle, trotz der gegen die Giltigkeit geistiger Factoren in der bildenden Kunst durch dreißig Jahre bestandenen materialistischen Abneigung, mit mir im Gegensatze der spätheidnisch-christlichen Weltanschauung zur vorangegangenen orientalisch-heidnischen und classisch-heidnischen zu erblicken geneigt sein wird. Haben doch nicht erst die streitbaren Altchristen, sondern schon Varro, und Seneca gegen das Ungereimte protestiert, das darin läge, das Göttliche als Statue in todte Stoffe gebannt zu denken; und der Neuplatonismus hat diese Stimmung zum Gemeingut fast aller Gebildeten im Reiche erhoben. Mit Rücksicht darauf ist es lehrreich, einen Blick auf die Rolle der Rundsculptur in der altchristlichen Kunst zu werfen. Man würde es völlig begreiflich finden, wenn die Christen von Anbeginn ihren Gegensatz zu den Heiden durch völligen Verzicht auf die Rundsculptur schroff hervorgekehrt hätten. Dennoch begegnen uns sowohl im dritten als im vierten Jahrhundert christliche Rundwerke; erst vom fünften Jahrhundert an fehlen sie (ähnlich wie die figurale Sarkophagsculptur). Ja noch mehr: die altchristliche Kunst hat sogar den göttlichen Erlöser in Stein versinnlicht und sich, wie es scheint, in der Rundsculptur überhaupt auf diese (äußerlich echt heidnisch scheinende) Verpersönlichung des Ewigen beschränkt; denn die (sehr unvollkommen erhaltene) Hippolytstatue im Lateran bildet eine ganz vereinzelte Ausnahme aus dem Anfang des dritten Jahrhunderts, d. h. aus einer Zeit, da die Dogmenbildung kaum begonnen hatte; und die bronzene Petrusstatue in St. Peter in Rom ist nach allen künstlerischen Kriterien (wiewohl so scharfsichtige Beobachter wie G. Wilpert und H. Grisar erst kürzlich wieder für ihren constantinischen Ursprung eingetreten sind) als Werk der ausgehenden Antike schlechtweg unmöglich. — Es ist nun höchst lehrreich, die Entwicklung in den altchristlichen Statuen des Guten Hirten zu betrachten. Die beiden ältesten Exemplare (u. a. zusammen publiciert im Bulletino comunale 1889), noch aus dem dritten Jahrhundert, zeigen nicht allein einen bestimmten Rest taktischer Formgebung im Nackten und in den Gewändern, sondern auch einen sehnsüchtigen seelenvollen Aufblick nach oben, worin sich unmittelbar eine (uns schon vom Mailänder Silberkästchen Fig. 32 her vertraute) [1] Übersetzung innerer geistiger Bewegung in äußere, momentan-vergängliche, stoffliche Erscheinung kundgiebt. Die gleiche Tendenz haben wir zur selben Zeit auch an heidnischen Werken, wie den Porträtköpfen mit einem durchdringenden Seitenblick von packender Momentwirkung (S. 70) ausgesprochen gefunden. Bei den späteren Repliken des guten Hirten dagegen, die zum größten Theile aus dem vierten Jahrhundert stammen und namentlich in der Haar- und Gewandhaltung eine extrem optische Auffassung zeigen, ist alles in Wegfall gekommen, was als stofflicher Ausdruck seelischer Bewegung gedeutet werden könnte. Jeder Anschein, als ob der Marmor geistigen Lebens fähig wäre, soll nun vermieden werden; der ergänzenden Idee, der Erfahrung wird es allein überlassen, von dem flüchtig skizzierten Erinnerungsbilde einer Hirtenfigur zur Vorstellung der immateriellen erlösenden Gottheit zu gelangen. Aber selbst dies scheint man vom fünften Jahrhundert an als eine unstatthafte Materialisierung des Ewigen befunden zu haben. Die echten Erben der spätrömischen Altchristen — die Byzantiner — sind darüber bis heute nicht hinausgelangt.

Was die profanen Rundbildwerke des vierten Jahrhunderts betrifft, so fragen wir natürlich sofort nach Kaiserstatuen oder Kaiserbüsten, weil uns damit ein sicherer Anhalt für eine Datierung gegeben wäre. Da ist es gewiss nicht zufällig, dass der Mangel an sichergestellten Kaiserporträts, der schon in der zweiten Hälfte des dritten Jahrhunderts gegenüber der vorangegangenen Zeit so auffallend auftritt, im vierten Jahrhundert nur noch eine Verstärkung erfahren hat. Streng genommen liegt nicht einmal von den Angehörigen des constantinischen Hauses ein absolut sichergestelltes Rundporträt vor; doch wird man die Statue des großen Constantin im

---

[1] Auch die bekannte Berliner Pyxis wäre in dieser Hinsicht zu vergleichen.

Lateran und diejenige desselben Kaisers und seines
Sohnes Constantin auf der Rampe des Capitols mit eben
so großer Wahrscheinlichkeit für authentisch gelten lassen
dürfen, als den Marmorkopf, den Prof. Petersen kürzlich
(in den Atti dell'academia pontificia romana, Serie II,
Tom. VII, 159—182) für das Haupt einer akrolithen
Colossalstatue Constantins des Großen in Anspruch
genommen hat und den Broncekopf (Fig. 33), in welchem
derselbe Forscher (ebenda) einen der späteren Sprossen
des constantinischen Hauses erkennen will. Die Kennzeichen aller dieser Köpfe sind kurzgefasst folgende: klare
und harte, möglichst wenig gegliederte Umrisse des
massiven Ganzen und der Theile (z. B. der Schnitt der
Lippen, Augenbrauen, Augenlider) bei unklarer schwammiger Behandlung der Detailflächen; die Haare über der
Stirn (und an den Brauen) in einen dicken massigen Wulst
zusammengefasst, aber im Detail dicht gestrichelt; die
Haltung des Kopfes streng geradeaus (wie in der

Fig. 33. Porträtkopf aus Bronze. Conservatorenpalast.

„Frontalität" der altorientalischen und der archaisch-
griechischen Statuen) ohne die charakteristische Seitenwendung der Porträtköpfe des dritten
Jahrhunderts; der Blick zwar noch etwas aus der Mitte heraus schräg aufwärts bewegt, aber
ohne inneres Feuer; die Gewanddraperie zusammengeklebt (in eine Ebene gedrängt) gleich
nassen Lappen, die Höhlungen zwischen den ebenen Faltenflächen als tief eingefurchte Linien
erscheinend, die aber nicht (wie in der classischen Draperie) bis zum unteren Saume durchlaufen,
sondern oberhalb desselben (in der Mitte der Fläche) mit einer rundlichen, stark schattenden
Höhlung abschließen, unter der offenbaren Absicht eine optisch-farbige anstatt der taktischen
Wirkung zu erzeugen.

Von Kaiserporträten des vierten Jahrhunderts ist außer jenen Angehörigen des Constantinischen Hauses kaum eines erhalten, das auch nur mit Wahrscheinlichkeit mit einem bestimmten
Namen in Verbindung gebracht werden könnte; denn der in mehreren Exemplaren vorhandene
sogenannte Julian des kapitolinischen Museums ist keinesfalls ein Werk des vierten Jahrhunderts
und überhaupt in der römischen Kaiserzeit schwer unterzubringen; und die früher dem Heraclius,
jetzt entschieden richtiger dem Theodosius zugeschriebene Statue in Barletta lässt doch noch
immer Zweifeln hinsichtlich der Persönlichkeit Raum. Daher mögen hier einige anonyme Porträte
den Abschluss der Entwicklung veranschaulichen.

Der sogenannte Magnus Decentius (nach Helbig's Vermuthung Valens) des capitolinischen
Museums (Fig. 34) zeigt bereits fast starren Krystallinismus: symmetrische Bildung des geradeaus
gerichteten Kopfes, Unterdrückung aller feineren Modellierung, z. B. in der Stirn, die noch an den
constantinischen Porträten gefurcht ist), scharfgeschnittene Lippen, hochgeschwungene Brauen-
bogen, die Haare ebenfalls in eine symmetrische Masse zusammengefasst, aber dafür im Detail
fein gestrichelt, gleich den Augenbrauen. Die Augenlider sind scharf betont, die Pupillen groß
und übertrieben deutlich gearbeitet, zum Theil unter das Oberlid geschoben, aber ohne inneres
Leben. Überall scharfe und kalte Klarheit.

Fig. 34. Marmorkopf. Capitolinisches Museum.   Fig. 35. Marmorkopf, angeblich Constantins des Großen. Louvre.

Der sogenannte Constantin des Louvre (Fig. 35), durch das Diadem wohl zweifellos als Kaiserporträt erwiesen, zeigt alle die genannten Eigenschaften und eine weitere Steigerung in der Behandlung der Augen, deren Stern hier nicht mehr halbmondförmig gebildet ist, wie dies unter Beobachtung des Lichtscheines auf der Iris an sämmtlichen römischen Kaiserporträten seit Marc Aurel ausnahmslos der Fall gewesen war, sondern als kreisrunde Höhlung, die bewegungslos in der Mitte des Augapfels sitzt. Damit scheint für den modernen Beschauer der letzte Funke inneren geistigen Lebens verbannt, die Function des Auges zu jenem rein materiellen Schauen herab-gedrückt, wie dies für die Porträtfiguren des alten Reiches von Egypten so charakteristisch ist. Nach einer jahrtausendlangen Pause wäre abermals eine Zeit angebrochen, da man seine Harmonie fand in der Unterdrückung jedes geistigen Impulses in der äußeren Erscheinung der Materie, in der man nur die geist- und leblose krystallinische Schönheit suchte. Und doch würde man sich einem Irrthum hingeben; ja ein gut Theil des richtigen Verständnisses für diese werdende christliche Kunst hängt davon ab, dass man sich den Unterschied zwischen der altorientalisch-archaischen und der spätrömischen Verflachung und Entgeistigung klarmacht. Die altorien-talischen Figuren haben dort, wo sie nicht polychromiert wurden (also in allen farbigen Gestein-sorten, die im neueren Reiche von Egypten überhaupt die Regel bildeten), den Augapfel zwar in seiner plastischen Form herausgearbeitet, aber den Stern, der den eigentlichen „Spiegel der Seele" repräsentiert, nicht angedeutet, worin eben der Charakter der Geist- und Leblosigkeit, den diese Figuren auf uns machen, zu einem guten Theile begründet liegt. Die spätrömische Kunst hat dagegen den Augenstern nicht bloß nicht unterdrückt, sondern im Gegentheil zu einer wirk-sameren Geltung gebracht: das äußerste und zugleich abschließende Resultat dieses Processes bezeichnen einige Köpfe auf Diptychen vom Anfange des sechsten Jahrhunderts und der Porträt-kopf der sogenannten Amalasuntha im Conservatorenpalast, an denen der Augenstern einfach als mächtiges kreisrundes Loch in den Augapfel geschlagen ist, das natürlich den Blick des Beschauers sofort auf sich zieht. Es erscheint hiernach völlig klar und unzweifelhaft, dass die spätrömische Kunst die Bedeutung des Auges für die Aufgabe, im Beschauer die Erinnerung an das innere Geistesleben des Menschen wachzurufen, nicht nur nicht beseitigen, sondern im Gegentheil stärker und nachdrücklicher als es jemals im Alterthum denkbar gewesen wäre, betonen wollte. Gewahrt man die mächtig aufgerissenen Augen der spätrömischen Figuren, so wird man sofort inne, dass dieselben an der Figur geradezu die Hauptsache bilden sollen, wie die Seele, als deren Spiegel ja das Auge fungiert, der materiellen Körperlichkeit des Menschen gegenüber nach spätheidnisch-christlicher Auffassung die Hauptsache ausmacht. Nur war das Ziel die Versinnlichung des Geistes-lebens an sich und nicht irgend einer individuellen Regung desselben. So wie hinsichtlich der körperlichen Erscheinung die dreidimensionale Isolierung der Einzelfigur im Raume, nicht aber ihre Stellung auf einem bestimmten Platze im Raum, so ist hinsichtlich der geistigen Erscheinung wohl die geistige Relationsfähigkeit des Menschen im allgemeinen, nicht aber diese oder jene individuelle Relation das Ziel gewesen, das sich die spätantike Kunst gesteckt hat. [1]

Die constantinischen Porträtköpfe wird man im wesentlichen noch der mittelrömischen Kunst zuzählen müssen, freilich als Vertreter ihrer letzten und abschließenden Phase. Ja man wird noch weiter gehen und sagen dürfen, dass die Porträtstatue, ja alle Rundfigur überhaupt, niemals voll-ständig in dem Wesen der spätrömischen Kunst aufgehen konnte, weil sie die von der letzteren grundsätzlich zurückgestellten Eben-relationen niemals gänzlich vernachlässigen durfte. Um nur ein Beispiel zu nennen: die spätrömische Malerei und selbst das spät-römische Relief lässt die Figuren mit abwärts geneigten Füßen über dem Boden schweben, ohne sie zu diesem in feste Relation zu setzen; die Rundfigur muss aber mit den Beinen sicher auf einen Untergrund gestellt werden. Auch für das von der spätrömischen Kunst begehrte bloße Wachrufen der Erin-nerung an geistige Vorgänge im Menschen-leben war die Rundfigur ein Gebilde von allzu eindringlicher taktischer Stofflichkeit, an dem die Relationen der Theile untereinander und zum Ganzen nicht bloß als Andeutung, sondern in Wirklichkeit beobachtet sein wollten. Hierin liegt der Grund für den Ver-zicht auf die Rundsculptur in der spät-römischen Zeit, in der solche Werke nur noch als anachronistische Nachzügler, etwa

Fig. 36. Marmor-Statue eines Consuls. Capitolinisches Museum.

---

[1] Von diesem Gesichtspunkte aus erschließt sich auch am offenbarsten das Wesen des Typus, der später in der oströmischen Kunst seine vollendetste Abrundung erfahren hat — des neuen Ideals dieser antiken Epigonenkunst, das auf die Emancipation des Raumes und des geistigen Innenlebens aufgebaut sich zum classischen, wesentlich auf der unmittelbar sinnlichen Erscheinung der Dinge in der Sehebene begründeten Ideal verhält wie die Antithese zur These; aus der Synthese beider Ideale ist unsere eigene, moderne Kunst erwachsen. — Ein zu Rom gefundener männlicher Porträtkopf aus der Grenzzeit zwischen der mittel- und spätrömischen Periode ist von mir publiciert in der Helbig-Festschrift (Strena Helbigiana. Leipzig 1899); ein weibliches Gegenstück zu diesem Kopf besitzt die Glyptothek von Ny-Carlsberg (Arndt's Publication. Taf. 57). Ein männlicher Kopf im Magazzino archeologico nächst San Gregorio zu Rom (im vierten Zimmer an der Rückwand gegen das fünfte Zimmer, rechts auf dem untersten Brett, der vierte Kopf von rechts gezählt) verräth Verwandtschaft mit dem oben (Fig. 33) besprochenen sogenannten Decentiuskopf des Capitols.

in sporadischer Befolgung einer Culturtradition vorgekommen sind — ein Grund, der mit dem vorhin auf S. 107 genannten (aus dem Umschwunge der allgemeinen Weltanschauung abgeleiteten) schlechtweg identisch ist.

So versteht sich, dass auch die wenigen übrigen profanen Statuen (außer den Kaiserporträten), deren Entstehung man mit Sicherheit dem vierten Jahrhundert zuschreiben darf, noch in den wesentlichen Zügen den mittelrömischen Stil festhalten. Hier sind namentlich die zwei Statuen von mappawerfenden Consuln zu nennen, die, vor wenigen Jahren in Rom gefunden, gegenwärtig im Conservatorenpalaste des Capitols aufgestellt sind. Die in Fig. 36 reproducierte Figur des jüngeren von beiden weist alle Merkmale der constantinischen Relieffiguren auf. In viereckiger Massigkeit ist die Gesammtfigur von möglichst ungegliederten Geraden begrenzt; im Gegensatze dazu ist die Oberfläche durchaus mit dichtem, aber seichtem Gefältel gemustert. Ferner ist die Gesammterscheinung gleichsam in die Breite gequetscht, wie die nahezu archaischgeplätteten Falten am unteren Gewandende beweisen; ferner der extremen Fernsicht entsprechend möglichst in eine Ebene gedrängt, welches Bestreben namentlich in der gezwungenen Bewegung des rechten Armes zum unverkennbaren Ausdrucke gelangt. Die statuarische Kunst hat hiemit abermals in die vor- und frühgriechische Richtung eingelenkt: die Figuren bewegen sich wohl in der Ebene, das ist nach rechts und links, nicht aber nach der Tiefe. Der allerdings gründliche Unterschied besteht nur darin, dass die Figuren sich jetzt als raumerfüllend und luftraumumflossen geben; aber wie sie wohl beseelt aber nicht individuell bewegt erscheinen wollen, so auch als tiefraumausfüllend, aber nicht als tiefraumverändernd. Sie fixieren den Beschauer geradeaus; aber ihre körperlichen Bewegungen verlaufen nach rechts oder links, und nur dann, wenn sie völlig ruhig verharren (Fig. 26, 32), wenden sie nicht bloß das Antlitz, sondern auch die volle Frontansicht des ganzen Leibes dem Beschauer zu. Der Kopf ist hier freilich noch in constantinischer (mittelrömischer) Weise leicht zur Seite geneigt, auch der Blick um ein Geringes aus der Mitte verschoben. Hinsichtlich der Gravierung der Falten unterhalb der Brust und am unteren Ende des (doppelten) Gewandes ist auf die Beobachtung an den constantinischen Draperien (S. 48) zu verweisen; desgleichen ist die oberflächlich fein gestrichelte Behandlung des massigen Haarwulstes über der Stirne dieselbe, wie wir sie an den Porträtköpfen kennen zu lernen hinreichend Gelegenheit gehabt haben. Schließlich ist noch die nachlässige Behandlung des Contrapostes und als besonderswichtig das harte Vorstoßen des linken Knies unter der Gewandhülle zu erwähnen, welch' letzteres als eine rein äußerliche Betonung (Klärung) des Taktischen offenbar derselben Kunstabsicht zu dienen hatte, wie die strengen und harten, ungegliederten Umrisse der ganzen Figur und ihrer wichtigsten Theile.

Für die Erkenntnis der Entwicklung des Reliefs (und der Sculptur überhaupt) in der Zeit zwischen Theodosius und Justinian bilden die wohldatierten elfenbeinernen Consulardiptychen ein um so kostbareres Substrat, als uns jedes andere Ersatzmittel dafür vollständig mangelt; die beste Bestätigung dafür liefert die Unsicherheit der bisherigen, zwischen drei Jahrhunderten schwankenden Datierung solcher spätrömischer Denkmäler, die keinen äußeren Anhaltspunkt für die Zeitstellung zur Schau tragen. [1]

---

[1] Der folgende Abschnitt über die profanen Diptychen wäre gewiß ergebnisreicher ausgefallen, wenn mir hiefür bereits die im Zuge befindliche Publication der vorhandenen Denkmäler dieser Art zur Benützung vorgelegen wäre. Die Übersiedlung des für diese Aufgabe in ganz einziger Weise berufenen Herausgebers Hans Graeven in ein hannoversches Amt wird hoffentlich das Erscheinen jenes Corpus

Das älteste erhaltene der Reihe ist das Probus-Diptychon in Aosta (Fig. 37) vom Jahre 406.
Es stellt in ganz flachem Relief, gemäß der zuerst am Constantina-Sarkophag und sodann an den
drei ravennatischen Kaisersarkophagen aus der ersten Hälfte des fünften Jahrhunderts beobachteten Auffassung vom Verhältnis der dreidimensional isolierten Figur zum idealen Raumgrunde, den Kaiser Honorius in der alten Imperatorentracht (der sogenannten Achilles-
tracht) unter einer Pfeilerarkade dar. Schon der erste Blick lehrt, dass die Figur „Stil" besitzt,

Fig. 37. Probus-Diptychon; Elfenbein. Aosta.

das heißt ein ganz bestimmtes Kunstwollen zum Ausdruck bringt, das mit größter Sicherheit vorgetragen erscheint, mag auch dieses Kunstwollen von unserem eigenen, modernen
sehr verschieden sein. Vor allem wird man sich angesichts dieser Figur klar werden,
dass es nach wie vor noch immer die Umrisslinie ist, die dem Ganzen seinen künstlerischen
Charakter gibt; selbst der Contrapost ist hier noch bis zu einem gewissen Grade festgehalten. Aber

diptychorum nicht verzögern; der Verlust, der durch Graeven's Scheiden von seinem so wichtigen römischen Posten der deutschen
Forschung erwächst und der den an der frühmittelalterlichen Kunstgeschichte interessierten Kreisen gewiss fühlbar werden wird, ist freilich
auf keine Weise gutzumachen.

Fig. 38. Felix-Diptychon; Elfenbein. Paris, Bibl. nationale.

die Umrisslinien sollen trotz ihres geretteten Restes an Rhythmus nicht eine lebendige Gliederung des Körperganzen herbeiführen, sondern im Gegentheile die Masse möglichst klar und parallellinig begrenzen. Kopf, Rumpf, Beine erscheinen hienach von schwammiger aufgedunsener Bildung, in der namentlich jede Erinnerung an die verbindenden Gelenke (an Arm und Hand, Knie, Zehen u. s. w.) verloren gegangen ist. Auch die Proportionen (z. B. an den Füßen) sind nicht mehr in der alten Weise gemäß der natürlichen Durchschnittsgröße beobachtet.

Die Haarbehandlung ist im allgemeinen die constantinische, zeigt aber einen weiteren Rückschritt nach der taktischen Seite darin, dass der feingestrichelte Wulst über der Stirne nunmehr in einer Anzahl von viereckigen Büscheln klar untertheilt ist. Die Behandlung des Ornaments der Archivolte mit der daran zu beobachtenden Rückkehr von der extrem optisch-skizzenhaften zu einer halb taktischen Auffassung ist dieselbe wie am Liberius-Sarkophage zu Ravenna.

2. Das Felix-Diptychon (Fig. 38) vom Jahre 428, in der Bibliothèque nationale zu Paris. Der Consul steht in absoluter Frontansicht da, blickt den Beschauer geradeaus an und vermeidet mit seinen gespreizten Beinen bereits jeden Contrapost; dafür sind Kopf und Rumpf wieder in eine Axe gebracht und damit die materielle Ruhe und Starrheit der altorientalisch-archaischen Frontalität wieder hergestellt. Die Arme sind enge an den Leib angepresst und selbst der Stab in der Linken des Consuls wird so senkrecht gehalten, dass die Gesammtfigur ein möglichst senkrecht gestelltes Viereck bildet. An den Händen fehlt jede Andeutung der Gelenke; die Füße sind in unförmliche (das heißt ungegliederte) Schuhe gesteckt. Besonders hervorzuheben ist die Abwärtsstellung (Obersicht) der Füße, ohne dass ein Boden darunter sichtbar wäre: während es im ganzen Alterthum seit den Egyptern erste Sorge der Kunst gewesen war, die Figur fest auf den Boden zu stellen, wird nun die Ebenrelation nach unten offenkundig preisgegeben, und dies bleibt ein charakteristisches Merkmal der spätrömischen, aber auch der byzantinischen und der italienischen Kunst bis Giotto. Die Obersicht aber, in welcher die Füße genommen sind, soll die dreidimensionale Raumgeschlossenheit derselben (und der ganzen Figur, der sie angehören) zum Ausdrucke bringen.

Im Contrast zum geradlinig einfachen Umrisse des Ganzen ist die Oberfläche der Gewandpartien mit einem gravierten Muster von kreisumschriebenen Rosetten bedeckt. Der flüchtig skizzierte Kopf noch immer nicht ohne eine bestimmte optische Lebendigkeit. Das wenige Gefältel an der Figur und an den Vorhängen durchwegs durch tief eingeschnittene, das heißt iso-

lierende Furchen in der glatten
Oberfläche angedeutet. Selbst
der Eierstab des Randes ab-
geflacht. Links unten in der
Grundfläche ist eine Palmette
in einem charakteristischen
Relief en creux eingetieft; es
wäre interessant zu wissen, aus
welchem Grunde dieses Motiv
hier angebracht wurde. Dass
es sich um ein begonnenes,
aber nicht vollendetes Werk
handelt, beweist schon die
eine zur Ausführung gelangte
Palmette durch den Umstand,
dass sie nur zur Hälfte vollständig ausgezackt, zur anderen Hälfte bloß im Umrisse
angedeutet erscheint. Der
äußere Anschein spricht somit
zu Gunsten der Vermuthung,
man hätte einen gemusterten
Hintergrund für die Figur herstellen wollen. Nun kennen wir
solche Muster - Hintergründe
für Figurendarstellungen allerdings erst aus dem zehnten

Fig. 39. Boethius-Diptychon; Elfenbein. Brescia.

Jahrhundert, zum Beispiel vom Egbert-Codex; aber die unvermeidliche Vorbedingung dafür
(Bedeutung des Grundes als idealer Raum) war schon seit dem Beginne der spätrömischen Kunst
im vierten Jahrhundert gegeben; überdies sind die Ornamente der Hintergründe (sogenannte
Teppichmuster) der Evangelisten-Figuren im Egbert-Codex ausgesprochen spät-oströmischer
Herkunft. Directe Zeugnisse für das Vorkommen des gemusterten Hintergrundes, der nichts
anderes ist, als ein Specialfall der Massencomposition, in der spätrömischen Kunst des fünften
Jahrhunderts werden wir unter den kunstgewerblichen Erzeugnissen dieser Zeit kennen lernen.[1]

3. Das Boethius-Diptychon (Fig. 39) in Brescia, vom Jahre 487, schließt sich den beiden
genannten in den stilistischen Hauptpunkten vollkommen an. Betrachtet man welches Detail

[1] Vergl. S. 27, 144. Taf. XVI, 2. — Auch hier sehen wir anscheinend ein Uraltes, der primitiven Entwicklungsstufe der antiken Kunst
Eigenthümliches wiederkehren: die Füllmuster der archaischen Vasen. Aber diese waren direct aus dem Grunde geborene Einzelformen,
sowohl untereinander als mit den Figuren dazwischen durchaus gleichwertig; die einzelnen Motive des spätrömischen Hintergrund-
musters hingegen sind wechselseitig von einander abhängig und der Hauptfigur subordiniert (unterlegt), worin sich eben die neue unantike
Massencomposition kundgibt. — Das älteste Beispiel eines mit figurlichen (pflanzlichen) Motiven (nicht mit Ornamenten) gemusterten
Hintergrundes bietet der Adelphia-Sarkophag im Museum zu Syrakus (abgebildet bei Jos. Führer, Forschungen zur Roma sotterranea,
Taf. XII), den ich leider nur andeutungsweise zur Sprache bringen kann, weil es mir an Gelegenheit zur Untersuchung des Originals gefehlt
hat. Die daran beobachtete Reliefauffassung ist durchaus die bekannte constantinische; die hinter die seichte vordere Raumsphäre zurück-
gerückte Grundebene ist mit rothen Blumen an grünen Zweigen gemustert. Es liegt somit bereits eine ausgesprochene Massencomposition vor.

Fig. 40. Basilius-Diptychon; Elfenbein. Florenz.

immer, so wird man nicht Rohheit, sondern im Gegentheile Sorgfalt und Überlegung in der Ausführung finden.
Wer zum Beispiel die Bildung der Gewandfalten aufmerksam
betrachtet, wird erstaunt sein, die schärfste Naturbeob-
achtung darin vorzufinden. Wenn trotzdem der Gesammteindruck Alles eher als ein schönlebendiger ist, so liegt es
eben an der Vernachlässigung der verbindenden Ebenrelationen, während die zum Ersatze dafür angestrebten
Raumrelationen nur eine räumliche Isolierung, nicht aber eine
Verbindung der Theile herbeiführen. (Beispiele von Mängeln
der Ebenrelationen: die harten, unrhythmischen Umrisse, die
Unterdrückung der Gelenke, die unproportionierte Betonung
einzelner Theile, etwa der Augen.) Über diesen Eindruck hilft
uns alle Sorgfalt in der Faltenlegung nicht hinweg, weil wir
die Falten nicht so wie sie objectiv-tastbar vorhanden sind,
sondern in ihrer optischen Erscheinung im Raume verlangen,
der einen Theil der Falten mit dem Lichte, einen anderen mit
Schatten verschlingt.

4. Das Basilius-Diptychon (Fig. 40) in den Uffizien,
wurde bisher gewöhnlich ins Jahr 541 gesetzt und somit für
das letzte der Reihe angesehen; doch hat H. Graeven in
den Röm. Mitth. 1892 wahrscheinlich gemacht, dass auch
dieses Diptychon bereits aus dem Ende des fünften Jahrhunderts stammt. Die Figur des Consuls zeigt höchstens in
den schlankeren Gesammtproportionen und den schematisch
geradlinigen Falten eine Entwicklung über das Boethius-
Diptychon hinaus; die Figuren der byzantinischen Reliefs
nach dem Bildersturme knüpfen an Beides an, zeigen aber die
Falten nicht mehr graviert oder eingeschnitten, sondern schmal plissiert, worin sich ein
weiterer Rückgang auf eine taktische Auffassung verräth. Einen besonderen Blick verdienen
die kleinen Reliefs unten mit Wagenrennen, die sich im Raume um die Mitte herum vollziehen. In diesen aus dem Circusleben gegriffenen Scenen von Wagenkämpfen, Thier-
hetzen, Gauklerspielen u. s. w. liegt nicht allein ein culturhistorischer Reiz dieser
spätesten datierten Diptychen, sondern auch ein nicht zu übersehender künstlerischer Wert,
da diese kleinen Figürchen in der Regel mit großer optischer Treue erfasst und treff-
sicher skizziert sind. Zusammen mit den Zuschauern in der halbkreisförmigen Manège bauen
sich die Figurenreihen oft (zum Beispiel im Berliner Anastasius-Diptychon von 517, Fig. 41)
in sechs Reihen auf, wobei aber die hintersten Figuren genau so groß gebildet sind und genau
ebenso keck im Relief herausspringen als die vordersten. Das Relief dieser kleinen Figuren ist
scheinbar ein Hochrelief, weil es mit der großen Figur des Consuls darüber die gleiche Höhe
einhalten muss; in der That ist es aber auch ein Flachrelief, das nur sozusagen auf hohen, senkrechten Krücken aufliegt: ein Beweis mehr dafür, dass dieses spätrömische Relief nicht
mehr aus der ebenen Grundfläche geboren, sondern im Raume dreidimensional freibeweglich

zu denken ist. Natürlich haben wir nach allem früher Gesagten in diesem sechsfachen Hintereinander, das heißt in der darin bethätigten Lust an Deckungen als Mittel der Versinnlichung der Räumlichkeit der einzelnen Figuren, unter gleichzeitiger Vernachlässigung der entsprechenden Ebenrelationen, die Haupttriebfeder dieser ganzen Kunstweise zu suchen. Das Hintereinander ist zwar noch immer ein Übereinander — aber allerdings nicht mehr aus Gründen, welche die Antike dafür gehabt hatte, sondern aus Gleichgiltigkeit gegenüber der Verbindung der Figuren mit dem Boden.

Es ist eine natürliche Consequenz der optischen Auffassungsweise in der bildenden Kunst, dass die Details der Figuren in ihrer taktischen Wesenheit umso undeutlicher werden, in je kleinerem Maßstabe dieselben gehalten sind. Daraus ergibt sich, dass die fortgesetzte Pflege von Miniaturfiguren gleich denjenigen in Fig. 40 und 41, unten, nothwendigermaßen schließlich zur Silhouette führen musste. Solcher Silhouettenfiguren ist selbst in der spätrömischen Steinsculptur kein Mangel: namentlich Thierfiguren und symbolische Motive an ravennatischen Sarkophagen nähern sich stark der Silhouette; auf den sogenannten koptischen Grabsteinen (zumeist griechischen Arbeiten des siebenten Jahrhunderts in Egypten, vergl. Fig. 43, 44) begegnet die Silhouettenmanier an menschlichen Figuren und an Ornamenten. Eine noch größere Bedeutung scheint dieselbe aber in der Malerei gewonnen zu haben: da tritt sie schon um 500 im Wiener Dioscorides auf (Putten als Repräsentanten der Künste in den Zwickeln zwischen den Kreisverschlingungen des Dedicationsbild-Rahmens), und lässt ihre weite Verbreitung noch in den Copien der karolingischen Zeit (zum Beispiel des Sacramentars von Autun) erkennen.

Fig. 41. Elfenbeintafel vom Anastasius-Diptychon. Berlin.

Hiemit sind wir in der Entwicklung des Reliefs bis in die Regierungszeit Justinians gelangt. Für die zwei Jahrhunderte, die uns da noch von der Zeit Karls des Großen trennen, fehlt uns dermalen eine geschlossene Kette datierter Denkmäler aus dem Gebiete der Mittelmeervölker. Es hat zwar gewiss auch in dieser vom Bildersturme heimgesuchten Periode nicht an einem bestimmten Maße des Fortschrittes in der Entwicklung gefehlt, und es mögen sogar bisher unpublicirte Denkmäler in hinreichender Anzahl erhalten sein, um jenen Entwicklungsgang im Einzelnen aufzuzeigen. Wir dürfen auf die Durchführung eines solchen Versuches darum verzichten, weil die großen Umwälzungen und Neuerungen mindestens bei den Mittelmeervölkern zur Zeit Justinians alle schon geschehen waren und daselbst in den letzten zwei Jahrhunderten vor Karl dem Großen zwar kein absoluter Stillstand — der a priori unmöglich ist —, wohl aber ein sehr langsames Fortschreiten der Entwicklung auf allen ethischen und ästhetischen Gebieten zu verzeichnen ist. Von der Mitte des sechsten Jahrhunderts an wendet sich das Interesse der

Kunstforschung überwiegend den von Barbaren besiedelten Theilen des vormaligen west-römischen Reiches zu.

Die byzantinische Kunst, wie sie uns nach dem Bildersturme entgegentritt, ist noch immer die spätrömische Kunst, welche die Figuren (und Figurentheile) grundsätzlich auf ihre räumliche Isolierung in der Ebene hin vorführt, daneben aber (und darin liegt der — zwar auch wesentlich nur quantitative — Unterschied gegenüber der vorkarolingischen spätrömischen Kunst) in einem entschiedeneren Maße die Beobachtung der Ebenrelationen wieder zulässt. Der große Umschwung in der Auffassung des Reliefgrundes — als idealen Raumgrundes an Stelle der neutralen Stoffebene der Antike — war bereits siegreich durchgeführt und die neue Auffassung den Mittelmeervölkern in Fleisch und Blut übergegangen; die Auffassung der Einzelfigur durfte nun wieder bis zu einer gewissen Grenze eine nahsichtig·taktische werden. Daher die genaueren Proportionen, die bestimmte regelmäßige Composition der Theile (die „Schönheit" der Kopftypen), die taktisch plissierten und in geradliniger Klarheit geführten Falten. Es wäre lehrreich darzulegen, wie sich unter diese Bestrebungen einerseits die auffallende Renaissance archaischer und classisch-griechischer Kunst, die namentlich im Ornament mitunter geradezu zu Copien nach dem vierten und dritten vorchristlichen Jahrhundert geführt hat, anderseits die nicht minder zweifellos nachgewiesene Nachahmung von Malereien der römischen Kaiserzeit subsumieren lässt; doch liegen diese Ereignisse bereits jenseits der unseren Beobachtungen gesteckten Grenze. Von der zweihundertjährigen Periode zwischen Justinian und Karl dem Großen wird sich aber soviel mit Sicherheit sagen lassen, dass sie in höherem Grade, als dies irgend wann der Fall gewesen ist, den Wert des Kunstwerkes einseitig in seinem immateriellen Vorstellungsinhalte gesucht hat. In der Zeit, da der Islam aufkam und im oströmischen Reiche der Bildersturm wüthete, hat sich auch die christliche Culturanschauung in beträchtlichem Maße der jüdischen genähert, die ein Wettschaffen mit der organischen Natur überhaupt als unzulässig und harmoniefeindlich, das ist die bildende Kunst, soweit sie die Nachahmung belebter Wesen betrifft, für an sich unkünstlerisch erklärt hatte. Es liegt auf der Hand, dass von einer solchen Zeit die Bethätigung eines aufstrebenden positiven Kunstwollens in Sculptur und Malerei in nennenswertem Grade nicht erwartet werden kann, wenngleich dasselbe (wie schon früher nachdrücklich betont wurde) selbst für diese Zeit nicht schlankweg geleugnet werden darf.

Das von uns auf Grund der Betrachtung der Consulardiptychen gewonnene Bild der Entwicklung des Reliefs zwischen Theodosius und Justinian findet seine Bestätigung auch von Seiten anderer mehr oder minder sicher datierter Denkmäler. Des silhouettenhaften Charakters wenigstens eines Theiles der Ornamente und Symbole an den ravennatischen Sarkophagen des fünften Jahrhunderts wurde schon Erwähnung gethan. Der Silberschild des Aspar vom Jahre 434, in den Uffizien, mit seinen flach getriebenen Figuren, erweist sich enge verwandt einerseits mit dem Probus-Diptychon (in der „Achilles"-Figur links), anderseits mit dem Felix-Diptychon (in der Gewandfigur des Aspar).

Von den datierten Consulardiptychen sind die aus dem fünften Jahrhundert erhaltenen durchaus auf stadtrömische Consuln bezüglich, während diejenigen des sechsten Jahrhunderts, mit einer einzigen Ausnahme, constantinopolitanische Consuln betreffen. Darf man nach dem Aufhören datierter weströmischer Diptychen ohneweiters oströmische heranziehen, um die Fortentwicklung der ersteren darzulegen? Mit anderen Worten: ist die Entwicklung im Westen und im Osten des Weltreiches nach Theodosius noch immer im wesentlichen die gleiche gewesen?

Die Antwort gibt uns die glücklicherweise erhaltene einzige weströmische Ausnahme unter der sonst durchwegs oströmischen Masse von Consulardiptychen des sechsten Jahrhunderts: es ist dasjenige des Orestes vom Jahre 530 und stimmt in Stil und Inhalt völlig genau überein mit dem oströmischen des Clementinus vom Jahre 513. Eines ist also sicher: eine und dieselbe bestimmte Art von Diptychen hat in Rom wie in Constantinopel gleichmäßig Anklang und Gefallen gefunden. Demgegenüber hat die Frage, ob die erhaltenen Exemplare in Rom oder in Constantinopel, auf dem Boden West- oder Ostroms gearbeitet wurden, nur secundäre Bedeutung.

Analoge Erscheinungen lassen sich übrigens auch im Gebiete der Malerei nachweisen. So hat W i c k h o f f (im XIV. Bande des Jahrbuches der kunsthistorischen Sammlungen des österreichischen Kaiserhauses) die in Stil und Inhalt nicht minder identischen Ornamente zweier in einem Bande der Wiener Hofbibliothek vereinigter, um 600 entstandener Handschriften publiciert, von denen die eine ein griechisches Evangeliar, die andere ein lateinischer Rufinus ist. In diesem Falle war vorausgesetzt, dass ost- und weströmische Leser sich der gleichen ornamentalen Kunstformen und Farben erfreuen würden. Damit ist schon ein sicheres Ergebnis gewonnen: es gab keine unüberbrückbare Scheidegrenze zwischen ost- und weströmischem Kunstwollen, mindestens in der Zeit Justinians. Da und dort herrschte vielmehr noch immer eine in wesentlichen Punkten einheitliche spätrömische Kunst mit ihrer Tendenz auf räumliche Isolierung der Einzelform innerhalb der Sehebene. War aber innerhalb dieses gemeinsamen Grundcharakters nicht doch hinreichender Spielraum für eine Differenzierung zwischen Ost und West geboten?

Damit sehen wir uns vor die Erörterung derjenigen Frage gestellt, die man im weiteren Sinne die „byzantinische" zu nennen sich gewöhnt hat. Von der Zeit Karls des Großen an steht die Existenz einer spezifisch byzantinischen Kunst, mit Byzanz als Schaffenscentrum, außer Zweifel, und eine byzantinische Frage kann sich zwischen dem neunten und zwölften Jahrhundert nur darauf beziehen, ob die byzantinische Kunst in dieser Zeit auf das Abendland einen Einfluss geübt hat oder nicht.

Anders in vorkarolingischer Zeit: da handelt es sich vor allem um die Frage, ob innerhalb der von uns als spätrömisch bezeichneten Kunst eine besondere oströmische Variante von einer weströmischen unterschieden werden kann; erst in zweiter Linie kann daneben die (bisher stets in den Vordergrund gerückte) Frage aufgeworfen werden, ob Westrom zwischen Constantin und Karl dem Großen von Byzanz her beeinflusst worden ist. Auf eine Polemik gegen die verschiedenen „Lösungen" der „Frage", die bisher (in der Regel mit größerer Entschiedenheit der Überzeugung als der Argumente) vorgebracht wurden, kann hier umsoweniger eingegangen werden, als die Discussion hierüber bisher fast ausschließlich mit ikonographischen Argumenten geführt wurde. Als zweifelloses Ergebnis ist dabei nur herausgekommen, dass in der spätrömischen Kunst eine Anzahl von ikonographischen Varianten festzustellen ist, die später, vom neunten Jahrhundert an wohl im Gebrauche der byzantinischen, nicht aber in demjenigen der abendländisch-christlichen Kunst nachzuweisen sind. Die antiquarische Bedeutung solcher ikonographischer Ermittlungen ist nicht zu bestreiten; für die Kunstgeschichte haben sie aber zunächst nur einen hilfswissenschaftlichen Wert, indem sie eine äußere Ort- und Zeitbestimmung zu ermöglichen helfen. Der ikonographische Inhalt ist eben durchaus verschieden von dem künstlerischen; der (auf Erweckung bestimmter Vorstellungen gerichtete) Zweck, dem der erstere dient, ist ein äußerer gleich dem Gebrauchszwecke der kunstgewerblichen und architektonischen Werke, während der eigentliche Kunstzweck lediglich darauf gerichtet ist, die Dinge in Umriss

und Farbe, in Ebene oder Raum derart darzustellen, dass sie das erlösende Wohlgefallen des
Beschauers erregen.

Einen wahrhaften kunstgeschichtlichen Wert können daher ikonographische Feststellungen
erst dann gewinnen, wenn man zeigt, dass in ihnen das gleiche Wollen zum Ausdrucke gelangt
ist, das die eigentlich bildkünstlerische Seite des Kunstwerkes — die materielle Erscheinung —
so und nicht anders gestaltet hat. Denn es kann keinen Zweifel leiden, dass zwischen den
Vorstellungen, die der Mensch im Kunstwerk versinnlicht schauen will, und der Art und Weise,
wie er die sinnfälligen Mittel dazu (die Figuren u. s. w.) behandelt sehen will, ein inniger
Zusammenhang existiert. Erst wenn man diesen Zusammenhang zwischen den oströmischen
Varianten in der spätrömischen Ikonographie einerseits und den byzantinischen Eigenthümlich-
keiten in der Beobachtung der Ebencomposition und der Figurenräumlichkeit anderseits auf-
gezeigt haben wird, werden jene bisher bloß antiquarisch bedeutsamen Ermittlungen für die
Entwicklungsgeschichte der bildenden Kunst wahrhaft aufklärenden Wert erlangen können.
Da diese Vorbedingung seitens der Ikonographiker bisher noch nicht einmal versuchsweise in
Betracht gezogen worden ist, müssen wir uns auf die Erörterung der näherliegenden Frage
beschränken, ob sich nicht in den rein bildkünstlerischen Factoren ein Unterschied zwischen der
ost- und weströmischen Nuance der spätrömischen Kunst feststellen lässt.

Hier ist es, wo uns die Architektur wegweisende Dienste leisten kann. Wie uns das erste
Capitel gelehrt hat, sind von den Griechen, mindestens seit der constantinischen Zeit, zwei bau-
künstlerische Systeme ausgegangen: das basilikale, das die Verbindung des Baukernes (Mittelschiffes) mit der Grundebene radical beseitigte, indem es (mit den Augen eines modernen
Beschauers betrachtet) einen Tiefraum schuf, dessen unmessbare dritte Dimension eine Grundbedingung aller Ebenwirkung — das absolute Gleichmaß — aufhob; und das centrale, das
die gleichen Abmessungen nach allen drei Dimensionen und somit auch die Verbindung mit
der Sehebene wenigstens äußerlich nicht völlig preisgeben wollte. Die Weströmer haben
hievon in der kirchlichen Architektur bloß das erstere System übernommen. Wir dürfen
daher erwarten, dass mindestens in der kirchlichen Reliefsculptur die Weströmer ebenfalls
die Isolierung nach der Tiefe zu zum Ausdrucke gebracht, die Oströmer daneben auch die
Verbindungen mit der Ebene, wenigstens scheinbar, zu Worte kommen gelassen haben.
Mindestens das letztere wird uns durch die ravennatischen Sarkophage des vierten Jahrhunderts
gleich Fig. 25 bestätigt: centralisierende Composition im Ganzen, fortdauernde Beobachtung
gewisser Flächenrelationen in den Theilen, zum Beispiel in den Falten, die nicht durch lineare
Schattenfurchen getrennt, sondern durch seichtere und hellere Höhlungen untereinander taktisch
verbunden erscheinen. Bei den Weströmern werden wir solche Werke nicht erwarten dürfen, wie
wir sie denn auch im vierten Jahrhundert mit wenigen Ausnahmen (zum Beispiel des Constantina-
Sarkophags, der aus dem Osten zugeführt worden sein mag) in der Stadt Rom nicht antreffen.
Vorsichtiger wird man mit dem umgekehrten Fall sein müssen: die Oströmer mögen mindestens
bis Justinian, wie neben dem Centralbau die Basilika, so neben den centralisierenden Compositionen auch einseitig tiefenbetonende, die Verbindung in der Ebene zwischen den einzelnen
Figuren und Figurentheilen vernachlässigende Werke geschaffen haben. Vom modernen künstlerischen Standpunkte war die erstere Weise die überlegenere, weil sie eben die Einheit mit
solchen künstlerischen Mitteln herbeizuführen wusste, die unserem Geschmacke näher stehen,
während die letztere scheinbar — das heißt für unser Empfinden — des immateriellen

Erbauungsinhaltes dazu bedurfte. Daraus erklärt sich
auch, dass in den ersten Jahrhunderten des Mittelalters überall dort, wo man nach wirklich künstlerischer Durchführung einer Bildaufgabe verlangte, die
oströmische Kunst nach unseren modernen Anschauungen die leistungsfähigere gewesen ist, und
dass gerade die figurenbildenden Kunstzweige, zum
Beispiel das Mosaik, sicher vom sechsten, vielleicht
schon vom fünften Jahrhundert ab, so ganz und gar
in die Hände der oströmischen Künstler übergegangen
sind. Dieses Abhängigkeitsverhältnis währte so lange,
als man sich im Westen nicht entschließen konnte, die
Beobachtung der Verbindungen zwischen den Einzelformen in der bildenden Kunst zu retablieren. Als dies
endlich erfolgte (im Norden seit Karl dem Großen,
im Süden seit der Mitte des elften Jahrhunderts), da
geschah es bereits auf Grund einer veränderten Auffassung (vom Raume als dem Prius gegenüber der
Einzelform), die der Kunst eine unabsehbare neue
Zukunft eröffnete.

Die byzantinische Kunst, die an der antiken Auffassung von der abgeschlossenen Einzelform als dem
Ziele aller Bildkunst nach wie vor festhielt, hat sich
damit selbst von jener Zukunft ausgeschlossen, und
daher von der zweiten Hälfte des Mittelalters an
jede Bedeutung für den Fortschritt der abendländischen Kunstentwicklung verloren.

Als ein Beispiel der rein centralistischen Composition bei den Oströmern werden wir das Relief
des Rinaldus-Sarkophags (Fig. 26) ansehen dürfen.

Fig. 42. Diptychon-Tafel; Elfenbein. Königl. Museen
in Berlin.

Wie sich die oströmische Verquickung des Centralbaues mit dem basilikalen Langbau in der
Reliefcomposition geäußert hat, mag uns eine Tafel von einem Berliner Diptychon (Fig. 42)
veranschaulichen. Die en face thronende Madonna mit dem Kinde auf dem Schoße nimmt genau
die Mitte der Bildfläche ein und bildet daher unzweifelhaft das beherrschende Centrum der Composition, nach welchem auch die Köpfe der Engel und der Halbfiguren von Sonne und Mond
convergieren; auch sonst ist bis auf geringfügige Ausnahmen eine peinliche Symmetrie zur Mittelaxe im Bilde durchgeführt. Daneben herrscht nun das sichtliche Bestreben, möglichst viel Raumrelationen, das heißt Deckungen hintereinander zu häufen, wobei die hinterste Figur (in den
Zwickeln) genau die gleiche Reliefhöhe einhält als die vorderste (das Kind). Darin gelangt das
typische Verhältnis der spätrömischen Kunst zum Raume zum Ausdruck: die Räumlichkeit der
Figuren wird durch die gehäuften Deckungen geflissentlich betont, aber die künstlerische Einheit
wesentlich noch immer in der Liniencomposition gesucht, das heißt die verbindenden Lufträume
zwischen den Einzelformen (Figuren) grundsätzlich unberücksichtigt gelassen. Gleich Kartenblättern

Fig. 43. Koptischer Grabstein; Kalk. Sammlung Figdor in Wien.

liegen die Figuren übereinander; jede isoliert und selbständig in dreidimensionaler Vollräumigkeit, aber unter geflissentlichem Ausschluss alles dessen, was als circulierender Luftraum zwischen den Figuren erscheinen könnte. — Die regelmäßige Bildung der Gesichtszüge und die genauere Beobachtung der Proportionen an der Einzelfigur überhaupt erweist dieses Diptychon ebenfalls als aus griechischem Kunstwollen hervorgegangen.[1]

Am weitesten erscheint die einseitige Hervorhebung der isolierenden Wirkung der cubischen Räumlichkeit und die Unterdrückung der Ebenverbindungen — also alles, was die spezifische Eigenthümlichkeit des Kunstwollens der spätrömischen Periode ausmacht — in demjenigen Ableger derselben gesteigert, den wir an den Sculpturen (namentlich Grabsteinen) der koptischen

Christen (monophysitischen Griechen, zum Theile altegyptischer Abstammung) in Egypten, zumeist aus dem siebenten und achten Jahrhundert, beobachten können. Der Grabstein Fig. 43 (bei Dr. Albert Figdor in Wien) zeigt eine Figur in Orantenpose,[2] zwischen zwei Pilastern,

1) Da hier nicht eine Gesamtdarstellung der spätrömischen Kunst, sondern nur eine Darlegung der Gesetze, in denen das damalige Kunstwollen zum Ausdrucke gelangte, beabsichtigt ist, kann nur auf wenige Denkmäler im besonderen eingegangen werden; doch dürfte es zur Klärung im allgemeinen beitragen, wenn noch zwei Elfenbeinwerke mit einigen Worten auf ihre kunsthistorische Stellung untersucht werden. Das eine ist das sogenannte Amalasuintha-Diptychon (die Tafel des Bargello abgebildet im Jahrb. der kgl. preuß. Kunstsamml. XIX. 84; bei Molinier, Ivoires Taf. V), das auf den ersten Blick im constantinischen Reliefstil ausgeführt scheint, wiewohl es gewiss an zweihundert Jahre jünger ist als die Epoche Constantins. Das würde nun allerdings der vorhin gegebenen Entwicklung arg widersprechen; es handelt sich hiebei aber um eine völlig normale Fortbildung in einem ausnahmsweise gegebenen Einzelfall. Die Königin ist in einer rotundenförmigen überkuppelten Aedicula freistehend gedacht; hätte sie der Künstler etwa wie der Probus oder Felix der Consulardiptychen unter einen Bogen auf flachen Grund gestellt, so wäre sie im idealen Raume stehend erschienen, während es dem Künstler gerade darauf ankam, die Aedicula als Tabernakel, geschlossenen Innenraum erscheinen zu lassen. Eine solche Auffassung ist nicht constantinisch, und schon der frei herausgearbeitete, unterhöhlte Vorhang wäre in der constantinischen Zeit nicht nachzuweisen und wohl nicht denkbar. Dagegen entspricht die Tendenz auf Schaffung von fest begrenzten Innenräumen durchaus der spätrömischen Kunst; am Probianus-Diptychon (und im vatikanischen Virgil Nr. 3225) treten uns solche mit drei Wänden entgegen; im Ashburnham-Pentateuch (Fol. 25) begegnen merkwürdige Versuche, dem Beschauer einen Einblick in völlig geschlossene vierwandige Gemächer zu verschaffen. Es sind directe Übergangsglieder zur neueren Kunst. — Das zweite ist der vielbesprochene Engel mit der griechischen Inschrift im British-Museum (abgebildet unter anderem bei Molinier, Ivoires Taf. V). Seine „Schönheit“ hat bei einigen Autoren Begeisterungsausbrüche hervorgerufen. Die Figur liefert in der That einen lehrreichen Beweis dafür, wie diese als barbarisch verschrieen spätrömische Kunst im Grunde noch immer auf dem gemein-antiken Boden stand. Das Wunder wurde im vorliegenden Falle durch eine geringe Vermehrung von Sorgfalt in der Beobachtung der Ebenrelationen zuwege gebracht: namentlich durch die regelmäßige Gesichtsbildung und die taktisch gelegten Haare und Gewandfalten. Wie wenig es dabei auf eine grundsätzliche Retablierung der Verbindungen in der Ebene abgesehen war, beweist die hölzerne Gesamthaltung, die mangelhaft beobachteten Gelenke und die Stellung der Füße, die auf den Treppenstufen nicht feststehen, sondern darüber schief herabgleiten: also die typische Schwebestellung in Obersicht der meisten spätrömischen Figuren, die die Ebenrelation zum Fußboden offenbar aus Grundsatz vernachlässigen. Der Künstler hat es geflissentlich vermieden, eine bestimmte momentane Art des Stehens auf den Stufen darzustellen, da sein Streben vielmehr darauf gerichtet war, das Stehen über den Stufen an sich, als objectiven Typus, dem Beschauer vor Augen zu führen und die Füße vermittels der Obersicht als tiefraumerfüllend zu charakterisieren.

2) Die Augen der Figur sind nur durch die beiden Brauen markiert, die Augapfel hingegen sind unterdrückt. Da von einer einstmaligen Ergänzung der letzteren mittels Malerei aus verschiedenen Gründen nicht die Rede sein kann, so verlangt diese höchst auffallende Erscheinung eine Erklärung, die wohl nur im Zusammenhange mit einer Untersuchung der übrigen einschlägigen Denkmäler in den Museen zu Gize und Alexandrien gegeben werden könnte.

über denen ein (größtentheils abgebrochener) Dreieckgiebel mit einem Pfauenpaare darin sich erhob. Sowohl die menschliche Figur als die Blätter der Pilasterranken sind scharf gegen den Raumgrund abgesetzt, aber innerhalb ihrer Fläche von keinerlei taktischverbindenden Ausladungen oder Einziehungen unterbrochen; die wenigen Faltenbegrenzungen sind in senkrechten Linien eingraviert. Die Theilflächen sind somit durch optisch wahrnehmbare Räume getrennt, nicht durch taktische Übergänge verbunden. Zwischen den Blättern der Pilasterranken ist die Grundfläche noch völlig im Geiste des lateranischen Pilasters (Fig. 10) auf das geringste eingeschränkt; die technische Arbeit nähert sich dem Relief en creux.

Fig. 44. Koptischer Grabstein; Kalk. Museum in Gize.

Auch für die Kunst der Altegypter war ein Relief en creux charakteristisch gewesen; wir sehen also hier abermals spätrömische und altegyptische Kunst in einem auffallenden Punkte enge zusammentreffen. Nichts vermag aber eindringlicher über den diametralen Gegensatz zwischen der Anfangs- und der Schlussphase der Kunst des Alterthums aufzuklären, als ein Vergleich der koptischen Reliefs mit den altegyptischen: an diesen grundsätzliche Krummflächigkeit, aber unter Reducierung der Schatten auf die denkbar schwächsten, breitesten Halbschatten (taktische Ebene); an den koptischen Reliefs grundsätzliche absolute Ebene, aber unter Anbringung tiefster, schmalster Schatten dazwischen (optische Ebene); — an den altegyptischen Reliefs organisches Heraustauchen des Reliefs aus dem Grunde unter spitzem Winkel (Verbindung mit der Grundebene), an den koptischen schroffes Absetzen des Reliefs gegen den Grund unter geradem Winkel (Isolierung gegenüber der Grundebene).

Außer den genannten Eigenthümlichkeiten weist der im Museum zu Gize befindliche Grabstein Fig. 44 noch die fernere auf, dass das (Akanthus)-Ornament in den Giebelzwickeln stellenweise dicht zusammengedrängt ist, so dass möglichst wenig Grund dazwischen sichtbar wird, aber daneben weite Strecken Raumgrundes völlig frei bleiben. Es ist dies dieselbe Erscheinung, die wir auf dem Gebiete der Figurencomposition schon an früherer Stelle (S. 75) beobachtet haben: entweder womöglich gar keine Grundfläche (das heißt dichter rhythmischer Wechsel von Muster und Grund, Hell und Dunkel) oder sehr viel freier Grund (der dann idealen Raum bedeutet), dagegen grundsätzliche Vermeidung der abgewogenen Vertheilung des Musters im Grunde, wie es das classische Kunstwollen durchaus verlangt hatte.

III.

DIE MALEREI.

IM allgemeinen pflegen wir vom Standpunkte des modernen Kunstwollens (Geschmackes) die spätrömischen Gemälde nachsichtiger zu beurtheilen, als die gleichzeitigen Sculpturwerke. Die künstlerische Absicht war zwar bei beiden die gleiche, und daher ist auch der Abstand von der modernen Auffassung auf beiden Gebieten ein gleich gewaltiger. Auch der spätrömische Maler wollte von seinen Figuren alle ihre Theile gleichmäßig dem Beschauer vor Augen führen, anstatt eine Anzahl davon im Raume aufgehen, das heißt durch Licht oder Tiefschatten verschlingen zu lassen. Aber die oft ungemein breite und skizzenhafte Behandlung mit ihrem bunten Farbenwechsel lässt den verbindungs- und ausgleichslosen Contrast zwischen peinlicher Isolierung in den Umrissen und verschwommen-unklarem Aussehen der Flächen dazwischen unseren überhaupt malerisch geschulten Augen minder anstößig und roh erscheinen. So werden wir zum Beispiel dem Fresko der drei Märtyrer, die mit verbundenen Augen den Todesstreich erwarten, in der Unterkirche von S. Giovanni e Paolo in Rom (gewöhnlich in die Mitte des vierten Jahrhunderts datiert) trotz der extremen Flüchtigkeit der Ausführung und trotz des Mangels einer überzeugenden Einfügung der Figuren in den Raum unsere Anerkennung nicht versagen, weil die in ihrer Verkürzung dem sachlichen Zusammenhange entsprechende momentane Haltung der drei Opfer so packend optisch wahr getroffen ist, dass wir darüber die Wesenlosigkeit, ja Unmöglichkeit der Figuren (vom modernen Standpunkte) vollständig übersehen. Denken wir uns aber dieselbe Scene in ein Flachrelief nach Art des constantinischen übersetzt, so können wir sie uns kaum anders als hart und abstoßend vorstellen.

Es wäre nun unsere Aufgabe, auch die allmähliche Entwicklung der spätrömischen Malerei aus der ihr vorangegangenen, mindestens seit Augustus zu verfolgen; und für die Malerei der früheren Kaiserzeit wäre uns sogar ein so vortrefflicher Ausgangspunkt wie die einschlägigen Arbeiten Wickhoffs gegeben. Aber es fehlt dermalen gerade an dem wichtigsten verbindenden Gliede: einem klaren Bilde von der mittelrömischen Malerei. Ein Pompeji dieser Zeit hat sich bisher nicht gefunden, und was an antiken Fresken vom zweiten bis zum vierten Jahrhundert n. Ch. bekannt geworden ist, verdämmert zum größten Theile in unterirdischen Grabräumen, wodurch seine kunsthistorische Bearbeitung — namentlich wenn diese über ikonographische Ziele hinausstrebt — dermalen für einen ausländischen Forscher, der sich nicht ganz außerordentliche Erleichterungen des Zutrittes zu verschaffen in der Lage ist, geradezu unmöglich gemacht erscheint.

Vorläufig müssen wir uns mit dem Wunsche begnügen, dass die in erfreulichem Fort-schreiten befindliche Publication der Katakomben-Malereien durch Josef W i l p e r t das bisher vermisste Substrat für eine Erkenntnis der künstlerischen Entwicklung in der römischen Wand-malerei vor und nach Constantin liefern möge; dass das alsdann zu erhoffende Ergebnis im allgemeinen kein anderes sein wird als dasjenige, das wir an der Hand der Betrachtung der Sculpturentwicklung gewonnen haben, möchten wir freilich nicht einen Augenblick bezweifeln. In diesem Capitel müssen wir uns aus den erwähnten Gründen nicht allein auf die Erörterung der spätrömischen Malerei beschränken, sondern auch die Wandmalerei dieser Periode davon ausschließen, so dass lediglich das Mosaik und die Buchmalerei in den hauptsächlichsten Umrissen ihrer Entwicklung zur Sprache gebracht werden sollen. Aber selbst eine so eng-begrenzte Aufgabe begegnet noch immer beträchtlichen Schwierigkeiten : die große de R o s s i'sche Publication der Mosaiken erweist sich für stilkritische Untersuchungen als ungenügend, und selbst die Autopsie dieser Denkmäler vermag der oftmaligen Restaurationen halber für die Richtigkeit der gewonnenen Eindrücke nicht volle Gewähr zu leisten. Für die Untersuchung der Buchmalerei liegen seit kurzem wenigstens von zwei grundwichtigen Hand-schriften — einer heidnischen und einer christlichen — phototypische Publicationen vor, die der Lösung unserer Aufgabe soweit Vorschub leisten, als eine solche bei buntfarbigen Kunstwerken ohne Autopsie des Originals überhaupt möglich ist.

Das Mosaik ist eine Specialität der letzten, fernsichtigen Phase der antiken Kunst, denn da es bei seiner Zusammensetzung aus Einzelkörpern keine absolut feinen Nuancen der Farbe gestattet, kann es gleich dem breiten Pinselstriche in der Ölmalerei nur auf Fernsicht hin wirken. Die ältesten (vielleicht noch hellenistischen) Mosaiken zeigen verhältnismäßig die feinste nah-sichtigste Ausführung; dann vergröbert sich das Korn beständig im Laufe der Kaiserzeit mit zunehmender Fernsicht, bis an den Gladiatoren- und Thierkampfscenen im Salone der Villa Borghese in Rom das äußerste Maß der Gleichgiltigkeit gegenüber der lebendigen Schönheit erreicht ist. Dieser „Verfall" ist aber nicht etwa bloß der heidnisch-profanen Kunst eigen, denn frühe christliche Mosaiken, wie die Darstellung im Tempel in Santa Maria Maggiore zu Rom (gut abgebildet bei G r i s a r , Geschichte Roms , S. 301), stehen unserem Geschmacke in keinem Punkte näher, als die genannten Circus-Scenen, und verdanken ihre Wirkung auf den modernen Beschauer ausschließlich dem Ernste, womit darin der religiöse Erbauungsinhalt vorgetragen erscheint.

Was uns an den späteren römischen Mosaiken, zum Beispiel an ihrer Behandlung des Nackten, störend auffällt, ist nicht der bunte Wechsel der Farbenstreifen nebeneinander als solcher — denn in der neueren Malerei sind wir mindestens seit dem siebzehnten Jahrhundert an die breite lockere Pinselführung gewöhnt —, sondern der Mangel an coloristischer Einheit, der darin begründet liegt, dass jeder Farbenstreifen etwas für sich bedeuten will; das heißt: das Ziel ist eben auch hier, wie überall in der spätrömischen Kunst, die Isolierung und nicht die Verbindung; diese Malerei ist noch immer zu einem wesentlichen Theile Polychromie und nicht reine Coloristik. Es ist das wiederum jener öfter betonte unvertilgbare, weil vom Grundziele aller antiken Kunst untrennbare Rest taktischer Auffassung trotz des erfolgten Überganges zu optischer Aufnahme, der hier auch in der Farbengebung zum Ausdrucke gelangt : die selbst die späteste Antike noch immer ausschließlich beherrschende Tendenz auf Abschluss der Einzelform und ihrer Theile, an Stelle der modernen Überführung derselben in den unendlichen Raum.

Die Entstehung der Mosaiken von Santa Costanza in Rom, wie dieses Rundbaues überhaupt, wird durch die Tradition mit den Töchtern Constantins des Großen in Verbindung gebracht. An der Richtigkeit der damit gegebenen Datierung ins zweite Viertel des vierten Jahrhunderts zu zweifeln (wie auch schon geschehen ist), existiert kein zureichender Grund; denn wenn auch die zwei Porträtköpfe darin (Fig. 45) mit ihrem scharfen Seitenblicke und die weinlesenden Putten mit ihren nicht minder lebendigen Bewegungen eher dem mittelrömischen Stile anzugehören scheinen, so hat uns doch anderseits die Betrachtung der stadtrömischen Sarkophagsculptur des vierten Jahrhunderts zur Genüge gelehrt, dass wir in diesem ganzen Jahrhundert neben dem unleugbaren Fortschritt zu dem Neuen (Spätrömischen) noch beständig mit einem Beharren bei mittelrömischen Kunstabsichten zu rechnen haben. Übrigens wird gerade an diesen Putten (Fig. 45, zwischen den Ranken) ersichtlich, wie die unruhig schillernden Lichter in ihrem Fleische weder zur Modellierung (Flächenverbindung zwischen Ausladungen) beitragen, wie sie ihr Complement — der Schatten — in der vorangegangenen antiken Kunst erzielt hatte, noch die Figur zu ihrer räumlichen Umgebung in Beziehung setzen, wie es durch den einseitigen Lichteinfall, Freilicht, Reflexlicht in der neueren Kunst geschieht, sondern nur einen ständigen rhythmischen Wechsel von belichteten und beschatteten Theilflächen und damit ein ganz eigenes Sonderleben innerhalb der in sich geschlossenen Masse bezwecken. So erklärt sich der Widerspruch, der in unseren Augen darin liegt, dass diese spätrömischen Mosaikfiguren (und in gewissem Sinne gilt das Gleiche von allen gemalten antiken Figuren, diejenigen der früheren Kaiserzeit nicht ausgeschlossen) einerseits eine packende Lebenswahrheit (W i c k h o f f s „Illusionismus") verrathen, die in der optischen Auffassung begründet liegt, anderseits stets etwas Schattenhaftes, Traumhaftes, Maskenhaftes an sich tragen. Aber auch in diesem letzteren gelangt nicht eine Unzulänglichkeit des Könnens, sondern eine sehr positive (ja die allerpositivste) Seite des antiken Kunstwollens zum Ausdrucke, wonach die Einheit und Klarheit stets in der Einzelform gesucht wird, wogegen der formlose Raum dazwischen als solcher und daher auch jede Rücksichtnahme auf denselben um seiner selbst willen verunklärend, anstößig und daher unkünstlerisch wirkt.

Von dem ehemaligen Mosaikschmucke von Santa Costanza hat sich heute nur ein Theil erhalten, und hievon können der Entstehungszeit mit voller Sicherheit nur die Decorationen des tonnengewölbten Umganges zugeschrieben werden. [1]

Durch diese Zweckbestimmung war für die Composition ein gewisser Ausnahmscharakter gefordert, indem der Beschauer den Inhalt der Gewölbedecoration von zwei Seiten her zu sehen bekam; infolgedessen mussten die Figuren rechts und links von der Mittelaxe einander sozusagen den Rücken zuwenden, wenn sie sich dem Beschauer in aufrechter Ansicht präsentieren wollten. Hebt man diese von außen her dictierte Anordnung als gemeinsam heraus, so ergeben sich im übrigen namentlich drei Schemata der Flächencomposition, denen die ungefähr trapezförmigen Gewölbefelder folgen.

1. Composition mit deutlicher Betonung des Centrums (Porträtkopf Fig. 45) und der Ecken (Weinlesescenen, auf beiden Seiten gleich). Aller Grund dazwischen dicht mit kleinblätterigen Ranken übersponnen, die eine streng kreisrunde Einrollung grundsätzlich vermeiden und Motive

---

[1] Die Figurenscenen in den Nischen in entsprechend eingehender Weise zu prüfen, gebrach es mir bisher an Zeit und Gelegenheit, und da überdies keine genügenden Reproductionen davon vorliegen, muss ich an dieser Stelle von der Abgabe eines Urtheils über Stilcharakter und Zeitstellung dieser Bilder Umgang nehmen. Die Kuppelmosaiken sind lediglich in Abbildungen erhalten und daher für unsere Untersuchungen nicht zu verwerten.

Fig. 45. Mosaiken des tonnengewölbten Umganges von Santa Costanza.

von dreifach abgestufter Größe (Blätter, Vögel, Putten) aufweisen. Dieses Massen-Compositions-gesetz ist im Grunde mit jenem centralistischen, das wir an Fig. 11 (Sarkophag mit Achilles und Penthesilea) beobachtet hatten, identisch. Das Muster überzieht in dichter Folge den Grund, und dieses Muster bildet seinerseits wieder den Grund für die Figuren in Mitte und Ecken (vergl. hiezu auch das vom Felix-Diptychon S. 115 Gesagte).

 2. Der Grund als solcher ist verschwunden, die ganze Fläche in kreisrunde Medaillons (ent-weder verschiedener Größe [Fig. 46] oder gleicher Größe mit Zwickelräumen dazwischen) oder in Polygone zerlegt; in jedem Compartiment ein Einzelmotiv, das dadurch centralisiert erscheint.

Fig. 46. Mosaiken des tonnengewölbten Umganges von Santa Costanza.

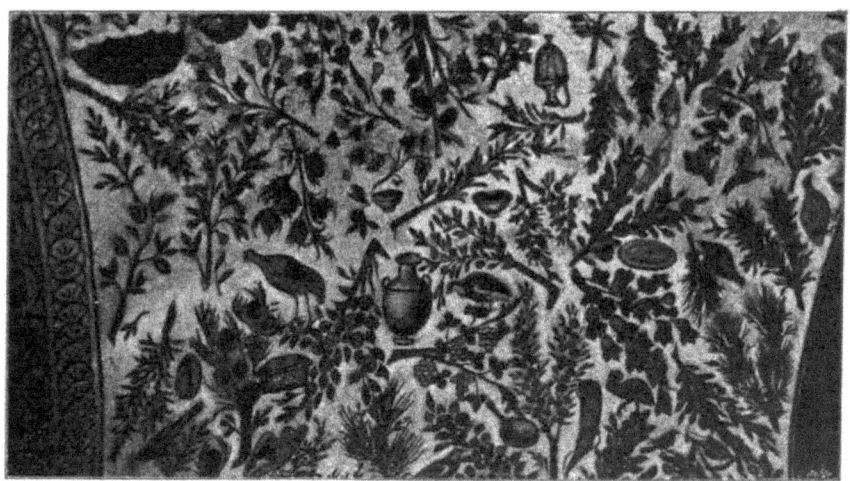

Fig. 47. Mosaiken des tonnengewölbten Umganges von Santa Costanza.

Keine Hervorhebung von Mitte und Ecken. Diesem Schema begegnen wir schon in Pompeji (Stilfragen, S. 312).

3. Das merkwürdigste Schema von allen (Fig. 47): Zweige, Gefäße, Pfauenfedern, Vögel sind dicht und regellos (aber die Vögel und Gefäße im allgemeinen in aufrechter Stellung) über den Grund verstreut. Ihre kunsthistorische Stellung ist am besten durch einen Vergleich mit dem äußerlich verwandten Asaroton des lateranischen Museums klarzustellen: an letzterem viel freier Grund, die Gegenstände hell und klar modelliert, auf den Boden Schatten werfend; hier möglichst wenig Grund, an den Gegenständen überwiegend flache Projectionen und dunkle Farben, ohne dass sie jedoch durch Schlagschatten mit dem Grunde verbunden wären. Sowohl die gesteigerte Absicht auf freie cubische Räumlichkeit der Einzelform als auf deren Isolierung gegenüber den Nachbarflächen findet darin ihren überzeugenden Ausdruck.

In allen drei beobachteten Fällen handelte es sich somit um eine richtige Ebencomposition (es kommen nicht einmal mehr namhafte Deckungen zwischen den einzelnen Motiven vor), aber zugleich um möglichste Zurückdrängung des Grundes durch das Muster und Isolierung der einzelnen Motive in der Fläche. Eine vollständige Verdrängung des Grundes, auf die es in der Entwicklung abgesehen war, konnte aber mit solchen Motiven und einer solchen naturwahren Behandlung derselben nicht erzielt werden, weshalb auch diese Art der Decoration, wenigstens was die Motive betrifft, in der eigentlich spätrömischen Kunst nicht mehr nachzuweisen ist. Das Bleibende, Zukunftsreiche daran war die Tendenz auf unendliche Fortsetzung des angeschlagenen Motivs in der Ebene, worin wir das Compositionsgesetz des unendlichen Rapports, wenn auch noch nicht in seiner strengsten Fassung, wiedererkennen.

Von den frühesten christlichen Mosaiken Roms zeigt die Apsis von Santa Pudenziana (aus dem vierten Jahrhundert) eine centralistische Composition von auffallender concentrischer Kreisbildung in der Anordnung der Figuren. Der räumliche Hemicykel, der an jene Pilatusgruppe

(Fig. 23) erinnert, ist nicht minder merkwürdig als der verhältnismäßig hohe Wolkenhimmel. Beides dürfte es vollauf rechtfertigen, wenn wir auch dieses Mosaik unter die kunstgeschichtlichen Unica dieser Übergangszeit versetzen, in der sich zwei Weltalter voneinander scheiden. Lehrreich für das Kunstwollen in der gleichzeitigen Architektur ist die Betrachtung der zahlreichen Gebäude dieses Mosaiks, an denen die Absicht auf fortwährende coloristische Abwechslung zwischen hellen Wandflächen und dunklen Durchbrechungen (Arkaden und Fenstern) völlig in die Augen springt.

An dem schon erwähnten Mosaik mit der Darstellung Simons im Tempel aus Santa Maria Maggiore, einem Werke des fünften Jahrhunderts (dessen Abbildung nach guter Photographie bei Grisar a. a. O. zuverlässigere stilistische Wahrnehmungen ermöglicht als die Publication de Rossi's), findet sich bereits an den meisten Figuren die später so typisch gewordene Eigenthümlichkeit, dass sich die Figuren aus dem Raume heraus völlig oder zu drei Vierteln in Frontansicht dem Beschauer zuwenden, aber die Pupille der Augen in gezwungener Weise nach jener Seite verdrehen, die dem gegenständlichen Inhalte entsprechend ihre Aufmerksamkeit auf sich zieht. Es ist hier also gewissermassen Julius Lange's altorientalisch-archaisches Gesetz der Frontalität wiederum reactiviert, indem Kopf und Rumpf die gleiche Axe einhalten; aber ein ganz wesentlicher Unterschied beruht namentlich darin, dass bei den Altegyptern der in diesem Schema ausgedrückte starre materielle Krystallinismus durch gar kein geistiges Lebenszeichen gemildert wurde, während es hier im Gegentheile offenbar darauf abgesehen war, durch die scharfe Seitenbewegung des Auges im Gegensatze zur Starre der körperlichen Haltung den Eindruck geistiger Belebtheit hervorzurufen. Vom subjectiven Standpunkte des modernen Beschauers aus sieht man darin die Gliederverrenkungen der altegyptischen Kunst (S. 52) wiederkehren; thatsächlich glaubten die Spätrömer auf solche Weise die Figuren in ihrer objectiven Wesenheit, unabhängig von der momentan-zufälligen Erscheinung vor den Augen des Beschauers, darzustellen. Die Folge im Relief und in der Malerei war die Typisierung der en face-Stellung, wie seinerzeit bei den Egyptern die Typisierung der Profilstellung: beides im Gegensatze zur unendlich abwechslungsfähigen Dreiviertelstellung der classischen Kunst.

Wir begegnen somit abermals wie schon öfter erstens einem grundsätzlichen Contraste der angestrebten Wirkungen, die in der classischen Zeit beide in einem gemeinsamen Mittel (maßvoller körperlicher und geistiger Bewegung) gebunden gewesen waren, zweitens einer Parallele zur altorientalisch-archaischen Kunst, die aber gleich zahlreichen anderen Parallelen dieser Art (zum Beispiel der Flachbildung der Reliefs) nicht eine einfache Rückkehr zum Ältesten oder gar zum Kindisch-Barbarischen, sondern ein Anlangen beim entgegengesetzten Extrem bedeutet. War die Frontalität der Altegypter eine taktische gewesen, so ist nun diejenige der spätrömischen Kunst, die wir als Axialität bezeichnen wollen, eine optische geworden; hatte sie sich bei den Egyptern an der Rundfigur geäußert, so ist sie jetzt der Malerei und dem Relief eigenthümlich geworden; beide sind aber nur innerhalb einer Kunst denkbar, die wie die antike grundsätzlich nur auf klares Erfassen der Einzelform ausgegangen ist. Wird wie in der neueren Kunst der Raum zur Hauptsache des künstlerischen Einheitsproblems gemacht, dann tritt die Einzelfigur in tausendfache Relationen zur Außenwelt, und von einer sich selbst genügenden, materiell in sich absolut abgeschlossenen und ruhigen Einzelform (und das bezweckt ja die Frontalität) kann nicht mehr die Rede sein.

Was ist aber der eigentliche künstlerische Zweck der Axialität, das heißt der überwiegenden Enface-Stellung der Figuren im spätantiken Gemälde und Relief gewesen? Offenbar wiederum die Verräumlichung der Figur, die durch ihre scharfe Wendung gegen den Beschauer und durch das gerade Heraustreten aus der Tiefe in augenfälligen Gegensatz zu der Sehebene gebracht werden sollte. Die en face dargestellten Figuren hatten somit künstlerisch genau die gleiche Absicht zu erfüllen, als die übereck gestellten Gebäude (S. 32, Note) und die Draufsicht von oben an Figuren, Geräthen, Bäumen, Bergen

Fig. 48. Miniaturgemälde. Josef vor dem Pharao. Wiener Genesis.

u. s. w. Wie nun aber, wenn solche Figuren unter einander in Relation (zum Beispiel des Gespräches) gesetzt werden mussten? Die unbefangene Zuwendung der Figuren in Profil musste man grundsätzlich vermeiden, denn man hätte damit die Figuren wieder allzusehr in Verbindung mit der Grundebene (Sehebene) gebracht. So mussten sie denn die Axialität überwiegend auch dann beibehalten, wenn sie nicht gleichsam in abstracter Einzelwesenheit, sondern in momentaner wechselseitiger Relation untereinander auftraten. Die Relation selbst aber überließ man der Sprache der Augen. Besser als alle Definitionen mag darüber ein Blick auf eine Darstellung aus der Genesis (Fig 48) belehren. In der Seitenverdrehung der Augen, die hier an allen Figuren wiederkehrt und die uns heute so kindisch-barbarisch anmuthet, haben wir fortan ein positives Kunstmittel zu erkennen, wodurch die Figuren in ihrer cubischen Räumlichkeit aus der Sehebene herausgelöst und untereinander in Verbindung gesetzt, der freie Raum dazwischen aber nur als ein idealer Raum, nicht als ein realer Ausschnitt aus einem formlosen Unendlichen anerkannt werden sollte. Wir begegnen dieser Erscheinung bekanntlich das ganze Mittelalter hindurch; noch in deutschen und französischen Miniaturen des vierzehnten Jahrhunderts ist sie anzutreffen. Erst mit der entschiedenen Emancipation des freien Raumes in der bildenden Kunst im 15. Jahrhundert fiel die Axialität hinweg, genau wie mit der Emancipation der Verbindungsfähigkeit der Figuren in der Ebene im fünften Jahrhundert v. Ch. die altorientalische und archaische Frontalität gefallen war.

Dass neben der neuen Frontalität (Axialität) der Contrapost als das classische Mittel zwischen körperlicher Ruhe und Bewegung nicht bestehen konnte, ist selbstverständlich. Ein vergleichender Blick auf das Felix-Diptychon vom Jahre 428 zeigt aber sowohl den Contrapost radicaler überwunden, als auch die schwebende Haltung der Füße entschiedener zum Ausdrucke gebracht, so dass das genannte Mosaik von Santa Maria Maggiore der Entwicklung nach (wenn auch natürlich nicht nothwendigermaßen der Entstehungszeit nach) ein etwas früheres Stadium repräsentiert.

Fig. 49. Mosaikgemälde mit Kaiser Justinian, in San Vitale zu Ravenna.

Den Abschluss der vorikonoklastischen Entwicklung veranschaulichen am besten die Mosaiken von San Vitale in Ravenna, die, mit Namen und Persönlichkeit des Bischofs Maximian verknüpft, eine sicherere Datierung in die Mitte des sechsten Jahrhunderts ermöglichen als die Elfenbeinreliefs der Kathedra im Dome daselbst, gegen deren Zuweisung in dieselbe Zeit, trotz des vermeintlichen Monogrammes des Bischofs Maximian, von entwicklungsgeschichtlichem Standpunkte erhebliche Bedenken obwalten. Als Beispiel wählen wir das Ceremonienbild mit Justinian und Maximian (Fig. 49). Flächencomposition: centralistisch [1]; lauter Verticale (in Conturen, Falten, Ornamenten; die Axialität bloß bei Maximian um ein Leises gemildert) und Horizontale (Kopflinie, Fuß- und Gewandsaum-Linie, Armlinie). Raumcomposition: die Figuren sämmtlich in Frontansicht aus dem Raume gegen den Beschauer heraustretend und ihn mit geradem Blicke fixirend; die Hauptgruppe trotz theilweiser Deckungen in einer Ebene, das

---

[1] Wenigstens in den Hauptfiguren; nimmt man das Gefolge von Leibwächtern hinzu, so ergibt sich volle Symmetrie erst, wenn man das Ceremonienbild mit der Theodora danebenstellt.

Interessant ist der Umstand, dass die Gestalt des Justinian nicht wie an dem Constantin-Relief (Fig. 7) als ausschliessliche Dominante in die Mitte gestellt ist, sondern sich mit dem Besteller des Mosaiks, Bischof Maximian, darein theilen muss; das war gewiss nicht im Sinne des Cäsarpapa von Byzanz, als des richtigen Erben der constantinischen Religionspolitik, wohl aber in demjenigen eines weströmischen Kirchenfürsten. Die centrale Composition erforderte gleichwohl eine deutliche Betonung der Mitte, und zu diesem Behufe wurde ein Höfling zwischen die beiden Hauptpersonen, aber zugleich auch hinter dieselben gestellt.

Gefolge von fünf Leibwächtern in drei Reihen hintereinander zu einer compacten (ebenen) Masse zusammengepresst, so dass zwischen sämmtlichen Figuren fast kein Plätzchen ersichtlich frei bleibt; Schwebehaltung der Füße, wobei die (bereits an stadtrömisch-altchristlichen Sarkophagen vorgeschrittenen Stiles zu beobachtende) charakteristische Erscheinung, dass die vorderen Figuren den hinteren auf die Füße treten, mehrfach wiederkehrt: der deutlichste Beweis dafür, dass es sich dem Künstler um vollständige räumliche Isolierung der Einzelfiguren auf Kosten der Verbindung in der Ebene (in diesem Falle der Verbindung der Fußfläche mit der benachbarten Bodenfläche) gehandelt hat; linear gezeichnete Falten (entsprechend den gravierten an Sculpturwerken), aber mit beginnender Neigung zur Plissierung (worauf namentlich die Doppellinien schließen lassen). In letzterem Umstande, sowie in den schlanken überhöhten, gestelzten Leibesproportionen (unter gleichzeitiger Verkleinerung des Kopfes) liegt hauptsächlich die Verwandtschaft mit dem späteren byzantinischen Stil, die man in der Regel als das hervorstechendste stilistische Merkmal dieser Mosaiken zu bezeichnen pflegt. [1]

Wie angesichts solcher Werke wie die Mosaiken von San Vitale von „Verfall" gesprochen werden kann, ist unerfindlich, denn jede Linie zeugt von klarer Überlegung und positivem Wollen. Um die schlagend porträthafte Wirkung der Köpfe in ihrer künstlerischen Bedeutung voll zu würdigen, muss man bedenken, dass dieselbe, abgesehen von den Umrissen, ganz wesentlich bloß durch die Charakteristik des Blickes (nebst einigen linearen Schatten) herbeigeführt erscheint, hingegen jede Modellierung der Muskelflächen in Halbschatten, worauf das Künstlerische in der vormarcaurelischen Porträtkunst beruht hatte, hier in Wegfall gekommen ist. Wenn uns diese justinianischen Porträts trotzdem nicht vollauf befriedigen, so liegt dies lediglich an dem Mangel an Raumeinheit im Bilde: jede Figur (und jeder Theil derselben) ist für sich allein optisch aufgefasst, ohne Rücksicht auf die Nebenfiguren, die mit jener im gleichen Raumausschnitte stehen, weshalb wir die Figuren einzeln von dem Bilde ablesen müssen, wenn wir sie recht genießen wollen. Die spätrömische (und byzantinische) Kunst hat nun freilich nach der modernen Raumeinheit gar nicht begehrt; ihr aber darum das Streben nach natürlicher Lebenswahrheit schlankweg abzusprechen, wäre ungerecht und unhistorisch, und die Porträtköpfe von San Vitale müssen uns eindringlich davor warnen. Diese Wahrheit wurde vielmehr von der spätrömischen Kunst ebensogut angestrebt als von der klassisch-antiken und von der modernen; wenn aber die classische Antike (und ihre Fortsetzungen bis in die frühere römische Kaiserzeit) die taktische Wahrheit der Einzelobjecte in der Nahsicht bis Normalsicht ohne Rücksicht auf den Raum gesucht hatte, wenn anderseits die neuere Kunst sei es die taktische, sei es (seit dem siebzehnten Jahrhundert) die optische Wahrheit der Dinge im Raume zum Ziele hat, ist die Kunst der römischen Kaiserzeit auf die optische Wahrheit der Dinge, ohne Rücksicht auf den Raum, ausgegangen. Was an den Werken der spätrömischen Kunst für unsere moderne Auffassung störend wirkt, das liegt nach dem eben Gesagten offenbar darin, dass wir uns eine Einzelform ohne Rücksicht auf den Raum wohl taktisch in der Nahsicht (daher unsere Achtung vor der classischen Kunst), nicht aber in der optischen Fernsicht vorzustellen vermögen: so sehr wurzeln wir in der grundsätzlichen Anschauung, dass die Einzelformen mit ihrer räumlichen Umgebung als materielle Erscheinung in Eins zusammengehören, während der antike Mensch gar nicht anders konnte, als die Einzelformen in ihrer isolierten Erscheinung für sich zu fassen.

---

[1] Die Verwendung oströmischer Künstler hätte in Ravenna, der Pforte Italiens nach dem Osten, in dieser Zeit nichts Auffallendes; über das grundsätzliche Verhältnis zwischen ost- und weströmischer Kunst vor dem Bildersturme vergleiche das auf S. 33 f. Gesagte.

Dass das Aufkommen der Buchmalerei mit dem erwachten Begehren nach cyklischen Darstellungen auf das Engste zusammenhängt, hat bereits Wickhoff nachdrücklich hervorgehoben. In dem Zwange, sich angesichts eines jeden Bildes eines Cyklus seinen Zusammenhang mit den vorangegangenen und nachfolgenden gegenwärtig halten zu müssen, liegt zugleich ein fernsichtiges und ein geistiges Element, das letztere begründet in dem nothwendigen Appell an die ergänzende Erfahrung. Für Beides — Fernsicht und gesteigerte Zuhilfenahme des inneren Bewusstseins bei der Aufnahme des Kunstwerkes — waren nach Allem, was uns die Betrachtung der Sculpturentwicklung in der Antike gelehrt hat, erst seit der römischen Kaiserzeit die Voraussetzungen gegeben. Der classischen Kunst muss die Vermengung von Wort und Bild grundsätzlich widerstrebt haben.[1] Es ist zwar bis heute noch nicht unternommen worden (und vielleicht auch nicht mehr möglich), sich das Aussehen des classischen Idealcodex (oder der Idealrolle) vorzustellen. Aber schon die Behandlung der Inschriften, zusammengehalten mit den ältesten erhaltenen, bisher bekannt gewordenen Handschriften lehrt, dass der künstlerische Charakter in der gleichmäßigen Anordnung der ungefähr gleich großen (hohen) Buchstaben, durchschossen von reichlichem Grunde, namentlich zwischen den Zeilen, unter Vermeidung störender Lücken infolge Wort- und Satztrennung gesucht wurde. Selbst der im vierten Jahrhundert n. Ch. geschriebene vatikanische Virgil Nr. 3225 zeigt noch keine Worttrennung und keine Initialen; nur eine unmerkliche und daher auch nicht störend auffallende Verlängerung eines Schaftes des ersten Buchstabens einer jeden Seite kommt dem Bedürfnisse des Lesers nach äußerer Hervorhebung des Anfanges entgegen. Alle Durchbrechungen dieses Idealschemas durch Buchstaben verschiedener Größe, wort- und satztrennende Intervalle und vollends durch Bilder erleichtern wohl die Lectüre, das heißt das geistige Verständnis des Textes, stören aber zugleich das reine künstlerische Wohlgefallen an der materiellen Erscheinung, eben zu Gunsten des Geistigen.

Der Stilwandel, den wir von der mittelrömischen Zeit an beobachtet haben, gelangte in den römischen Handschriften zunächst durch dichteres Zusammenrücken der Buchstaben zum Ausdrucke, weil sich darin ein lebhafterer coloristischer Wechsel von Licht und Schatten, eine Häufung des Musters und Gleichstellung desselben mit dem Grunde kundgibt. Eines Ornaments bedurfte das antike Buch ebensowenig als die antike Inschrifttafel; erst das Bild bringt mit seinem nothwendigen Rahmen (zum Beispiel in dem genannten vatikanischen Virgil, im Filocalus-Kalender) Ziermotive in die Handschrift.

Im Laufe der weiteren Entwicklung beginnt das Ornament allmählich auch über den Rahmen hinauszugreifen: es geschieht dies in dem Maße, als das Kunstwollen im Schaffen von Figuren (Nachbildungen organisch belebter Wesen in ihrer materiellen Erscheinung) nicht mehr höchste Befriedigung, sondern eher Unbehagen findet.

Dieser Process hat sich seit dem fünften Jahrhundert angebahnt, ist aber erst mit dem siebenten Jahrhundert in sein entscheidendes Stadium getreten. Sein Endresultat war der endgiltige Verzicht auf das Figurenbild im semitischen Orient, der Ikonoklasmus bei den Griechen im oströmischen Reiche, die Gleichgiltigkeit gegenüber der materiellen Erscheinung belebter Wesen im Abendlande; in der Buchmalerei verräth es sich durch plötzliches Überhandnehmen des Ornaments, in welchem nunmehr das Kunstwollen am reinsten zum Ausdrucke gelangen konnte:

---

[1] Anders die altorientalische und die frühgriechische Kunst, die auch in dieser Hinsicht wiederum scheinbar die gleiche, thatsächlich aber die extrem entgegengesetzte Erscheinung gegenüber der spätrömischen darbietet: dort diente die Schrift zur Erläuterung des Bildes, jetzt hat umgekehrt das Bild den Text zu illustrieren.

ALTIUSEXIQUIISAINIASRDISOLUTIS
ACCEAICOMPOSITOTUMULIPOSIQUAMALTAQUIERUN
A QUORATENDITTERULIISPONTUMQUEATLINQUIT
A SIRANTAURATINHOCHLMINICCANDIDACURSUS
HANICAISELENDENTIBIMULÓSUBLIMINERONTES

Fig. 50. Miniaturgemälde mit Odysseus bei Circe, im vaticanischen Virgil 3225.

namentlich in den Initialen, wogegen den Figurenbildern vom siebenten Jahrhundert an (im Abendlande mindestens bis zum neunten Jahrhundert) wesentlich bloß die Rolle für Erbauungszwecke geduldeter nothwendiger Übel zukam. Wenngleich auch diese letztgenannte Tendenz in ihren Anfängen sich mindestens bis in die mittelrömische Zeit zurückverfolgen lässt, so hat sie doch erst seit dem siebenten Jahrhundert rücksichtslose Geltung erlangt. Noch an den ravennatischen Mosaiken des sechsten Jahrhunderts war uns ein unleugbares Interesse an der materiellen Erscheinung der Menschen entgegengetreten.

Mit der Datierung der ältesten Bilderhandschriften steht es misslich. Nur der Filocalus-Kalender (354 n. Ch.), der Wiener Dioscorides (um 500 n. Ch.) und das syrische Evangeliar der Laurentiana (584 n. Ch.) geben über ihre Entstehungszeit untrügliche Auskunft, der erstere ist aber nur in Copien erhalten, die beiden letzteren in brauchbarer Weise noch nicht publiciert und überdies einer verhältnismäßig späten Zeit entstammend, während es uns vor allem interessieren muss, die Entwicklung von der mittelrömischen zur spätrömischen Zeit kennen zu lernen. Glücklicherweise liegt wenigstens die vatikanische Aeneis-Handschrift Nr. 3225, nach paläographischen Kriterien im vierten Jahrhundert entstanden, nunmehr in treuen photographischen Reproductionen vor, welche der hochverdiente Präfect der vatikanischen Bibliothek, P. Ehrle, vor kurzem veranlasst hat. Die Auffassung vom Verhältnisse zwischen Figur und Raum, die uns hier entgegentritt, ist in wesentlichen Punkten noch die vorconstantinische. Das Bild mit dem Abenteuer bei Circe (Fig. 50, nach Pict. 39 der vatikanischen Publication) eröffnet dem Blicke einen Tiefraum von bestimmtem Ausmaße: vom Meeresufer, in dessen nischenförmiger Bucht die Schiffe rasten, sehen wir landeinwärts bis zu einer Gruppe von Häuschen, mit Menschen davor. Die flüchtig skizzierten, nur mit Hilfe der geistigen Combination erkennbaren Figuren sind noch mit dem Boden fest verbunden, indem sie darauf lange Schatten werfen; ja die einheitliche Richtung des Schattenwurfes bewirkt, dass dieses Bildchen uns bis zu einem gewissen Grade stimmungerweckend anmuthet. Aber dieser flüchtige Stimmungseindruck wird doch durch die Tendenz auf Isolierung vollständig zurückgedrängt und überwunden. Die sichtbaren Formen sind in zwei Coulissen zusammengepresst: vorne die Bucht mit den Schiffen, rückwärts die Häusergruppe mit Tisch und Webstuhl in einer Linie davor; was rechts und links davon übrig bleibt, ist mit Bäumen ausgefüllt und dadurch jedes Weiterdringen des Blickes in die unendliche Raumtiefe abgeschnitten. Der hohe Horizont lässt dem Himmel (der also noch Grundebene ist) fast gar keinen Platz übrig. Der Boden (Raum) zwischen den beiden Coulissen ist leer, wie es einem nothwendigen Übel zukommt. Noch charakteristischer für die Vertheilung der Figuren in Coulissen, die mit der Zertheilung des Innenraumes der oblongen Thermensäle in regelmäßige (quadratische) Compartimente parallel läuft, ist Pict. 6; die Coulissen sind hier ganz streng linear durchgeführt, zwischen Vorder- und Hintergrund ein weiter, vollständig leerer und daher wie Reliefgrund wirkender Plan eingeschaltet, wodurch das Widerstreben gegen Anerkennung eines freien (das heißt mit Körpern erfüllbaren) Raumes zwischen den einzelnen Darstellungsebenen in höchst auffallender Weise zum Ausdrucke gelangt. Das Kokettieren mit der Raumtiefe innerhalb bestimmter Grenzen tritt in Pict. 5 drastisch zutage, wo eine Wasserleitung aus einem in der Tiefe gelegenen Bassin direct nach einer Viehtränke im Vordergrunde herausführt. Der Mond erscheint wiederholt als Sichel, die aufgehende Sonne einmal (Pict. 5) als Helios-Kopf mit Strahlennimbus. Beleuchtungseffecte finden sich in der seit hellenistischer Zeit aufgekommenen Weise beobachtet, dass davon zwar einzelne Dinge, aber nicht der Luftraum und durch dessen Vermittlung alle erreichbaren Dinge getroffen werden. Das Baumlaub ist fein und zitterig skizziert, kein Blatt in taktischer Nahsicht gezeichnet. Die zwei Dido-Bilder (Pict. 26 und 27) zeigen ein Interieur mit Abschlusswand geradeaus und zwei in perspectivischer Verkürzung daranstoßenden Seitenwänden (ähnlich wie am Probianus-Diptychon in Berlin, aber von geringerer Tiefe), desgleichen einem Stück verkürzter Decke darüber; dagegen schneidet die Thüre überquer in die linke Ecke des Raumes ein, und liefert somit den Beweis, dass es dem Künstler (und darin erweist er sich eben als Spätrömer) durchaus nicht darauf angekommen ist, die einzelnen dargestellten Dinge um jeden Preis in ihrer objectiven taktischen Verbindung untereinander im Raume wiederzugeben. Die Figuren sind noch biegsam, die Axialität mit der Seitenverdrehung des Blickes im allgemeinen noch wenig ausgebildet, aber doch nicht ohne Vertreter, wie zum

Beispiel im Opfer der Dido (Pict. 22). Die sitzenden Figuren wenden sich noch nicht völlig geradeaus, sondern in der überkommenen Dreiviertelansicht gegen den Beschauer.

Von besonderem Interesse sind ferner folgende Bilder: Pict. 19: Links die Strandlinie, längs deren die Brandungswellen am Ufer lecken; auf diesem zwei Rinder, deren Schlagschatten sich in auffallender und somit beabsichtigter Schärfe auf dem Kiese malen. Pict. 28: Im Vordergrunde Ruderschiffe, die über das Meer gleiten, im Mittelgrunde inmitten der Flut zwei Scogli mit Bäumen, die parallel mit den Schiffen lange Schatten auf den Wasserspiegel werfen, im Hintergrunde über dem Horizonte ein lichter Streif. Dieses Bild wäre eines der stimmungsvollsten, wenn die Coulissen nicht so strenge beobachtet und das Meer wirklich als wogendes oder spiegelndes Wasser, der Himmel über dem hohen Horizonte wirklich als Luftraum und nicht als Reliefgrund behandelt wäre. Pict. 41: Tempelfront zwischen Bäumen. Man lernt daraus, was diese Römer zum Unterschiede von den Griechen an ihren Tempeln schätzten. Hell schimmernde Hauptlinien: Säulen, Gebälk, Giebelsparren, Stufenunterbau; im Contraste dazu der schattige Porticus im Innern und der grüne Rahmen der Bäume außen. Leider sind die als dunkle Silhouetten davor wandelnden Figuren fast ganz abgerieben; aber die Bronzestatuen auf hohen Postamenten vor den Säulen sind noch deutlich zu sehen. Überall das Streben nach Contrasten in Licht und Schatten, die aber zum Unterschiede von der neueren Kunst nicht eine einheitliche, sondern eine unruhig flackernde Wirkung ergeben. Der antike Beschauer hingegen gewann eben aus dem (uns heutzutage störenden) Rhythmus in der Aufeinanderfolge von Licht und Schatten den Eindruck beruhigender, erlösender Harmonie.

Den besprochenen Virgil-Illustrationen sollen die Miniaturen der ältesten christlichen Bilderhandschrift — der Quedlinburger Itala-Fragmente — ganz nahe stehen. Wir müssen dies ihrem Herausgeber V. Schultze aufs Wort glauben, denn die Heliogravüren, in denen die arg beschädigten Blätter jetzt vorliegen, gestatten in keiner Weise ein eigenes Urtheil. Doch gewinnt man in der That den Eindruck, dass wir hier eine ältere Entwicklungsphase der Malerei als die von der Genesis vertretene vor uns haben. Gegenüber dem Virgil lässt sich nur bemerken, dass in den Itala-Illustrationen das landschaftliche Beiwerk gegenüber den Figuren schon vollständig zurücktritt. Der Schlagschatten scheint aber noch beobachtet.

Dagegen tragen die Miniaturbilder der Wiener Genesis (publiciert von W. v. Hartel und Wickhoff, Wien 1895) bereits alle entscheidenden Kriterien des spätrömischen Kunststiles zur Schau. Die Schlagschatten sind verschwunden; dafür hat sich der Schwebeschritt der Füße und die gelegentlichen Überschneidungen derselben, die Axialität, die Zusammenballung von Figurenmassen in einer Ebene eingestellt. Der begrenzte Tiefraum der vatikanischen Aeneis begegnet schon seltener und an seine Stelle tritt manchmal eine scheinbare Raumlosigkeit (das ist Hintergrundlosigkeit), die aber in Wirklichkeit gemäß der spätrömischen Auffassung (S. 88 f.) den Übergang zur modernen Stellung der Figur im unendlichen Raume bezeichnet. Anderseits kommen schon Hintergründe vor (Taf. 45 und 46), die wenigstens im modernen Beschauer geradewegs die Ahnung des unbegrenzten Luftraumes über der Erdfeste erwecken. Die Randschatten gewinnen mit der gesteigerten Neigung zur Massenzusammenfassung wiederum mehr die Bedeutung von Umrissen;[1] dementsprechend werden die skizzenhaft aufgelockerten

[1] Diese Erscheinung tritt namentlich an den Arbeiten desjenigen unter den Illuminatoren der Wiener Genesis hervor, den Wickhoff als den „Miniaturisten" bezeichnet hat. Er ist es daher auch, der sich in der Stilentwicklung am meisten fortgeschritten erweist. Nur darf man aus der von Wickhoff gewählten Bezeichnung des „Miniaturisten" nicht den Schluss ableiten, dass die stärkere Betonung der Umrisse

18

Baumkronen nun zu stilisierten Massengebilden. Dieser Wandel bedingt den Eindruck einer theilweisen Rückkehr zum Taktischen, den diese spätrömischen Figuren heute auf uns machen, wenngleich ihre Aufnahme fortdauernd eine optische gewesen war.

Eine solche stilistische Beschaffenheit lässt die Entstehung der Wiener Genesis im vierten Jahrhundert zwar nicht als unmöglich erscheinen, jedoch das fünfte Jahrhundert als Entstehungs-zeit mit entschieden höherer Wahrscheinlichkeit vermuthen. Zugunsten der späteren Datierung spricht auch der unzweifelhaft um das Jahr 500 entstandene Wiener Dioscorides, dem hier noch einige Worte gewidmet sein sollen, wiewohl eine brauchbare Publication davon dermalen noch nicht vorliegt. Seinen Hauptinhalt machen die Abbildungen von nahezu zweihundert Pflanzen (nebst einer Anzahl von Thieren) aus, denen aber auch einige Blätter mit menschlichen Figuren beigesellt sind. Die Pflanzen sind mit großer Naturtreue, unter Beobachtung der stärksten Verkürzungen gemalt, aber stets nach spätrömischer Weise in eine Ebene projiciert, das heißt die Pflanze nimmt wohl einen bestimmten cubischen Raum ein, jenseits dessen es aber keinen weiteren Tiefraum gibt. An den Blättern lässt sich oft unmittelbar erweisen, dass ihre Umrisse fortdauernd nicht als taktische (tastbare Begrenzungen im altorientalischen und classischen Sinne), sondern als optische (das heißt mit dem Auge wahrnehmbare Randschatten) aufzufassen sind: die dunklen Umrisslinien finden sich nämlich öfter entweder überhaupt nur auf einer (der beschatteten, gewöhnlich unteren) Seite des Blattes deutlich angegeben oder sie sind wenigstens auf dieser Seite stärker (fetter) gerissen als auf der beleuchtet zu denkenden Oberseite. Die Details innerhalb der Umrisse sind immer flau, was diese Bilder übrigens selbst mit den besten pompejanischen gemein haben; für unseren Geschmack empfangen die Dinge eben ihr eigentliches Leben an der Oberfläche, den „farbigen Abglanz", vom lichterfüllten Raume aus, in dem sie sich befinden. Die Behandlung der menschlichen Figuren ist im allgemeinen diejenige der Genesis; nur tritt hier die Silhouettenmalerei (goldene Genien als Personificationen der Künste im Dedicationsbilde) auf, die sich in Anwendung auf Figuren und Ornamente bis in die karolingische Zeit vererbt hat. Die Figurenbilder sind von Rahmen ein-gefasst, deren Ornamente schon durch ihre schattierungsmäßige Färbung verrathen, dass sie nicht als flache Ebenen, sondern als räumlich ausgedehnte Motive gefasst sein wollen. Eine besondere Bedeutung kommt dieser Handschrift endlich dadurch zu, weil darin die ältesten verzierten Initialen vorkommen: die nur mäßig vergrößerten Buchstaben sind einmal längs der Schäfte und Balken mit Punkten eingefasst (was später von den irischen Mönchen nach-gemacht wurde und von Janitschek und anderen aus einem angeblichen „irischen Metallstil" materialistisch abgeleitet wurde), dann an den Ausläufern der Schäfte mit linearen Häkchen, oder punktierten Häkchen und dreieckigen Blättchen besetzt, endlich in einigen Fällen mit unten angehängten Thierfiguren (Tintenfisch Fol. 10 v, Delphin Fol. 10, Fisch Fol. 20) aus-gestattet, welch letztere Art der Verzierung offenbar die Brücke zu der Fisch-Vogel-Ornamentik in den Handschriften des siebenten und achten Jahrhunderts (und soweit griechische und orientalische in Betracht kommen, noch weiterer fünf Jahrhunderte) herstellt.

---

der Miniaturmalerei besonders eigenthümlich gewesen wäre; dieselbe ist vielmehr gleichzeitig in demselben Maße auch in der Mosaik- und Wandmalerei aufgetreten. Es gibt eben keinen „Miniaturstil", sondern nur ein einheitliches Kunstwollen, das sich jeden Rohstoff und jede Technik dienstbar macht, anstatt sich von ihnen beherrschen zu lassen.

IV.

DIE KUNSTINDUSTRIE.

DER Ausdruck, den das spätrömische Kunstwollen auf dem Gebiete der Kunstindustrie, das ist gebrauchszwecklichen Schaffens, mit Ausschluss der Architektur, gefunden hat, soll seine Darlegung wesentlich bloß an der Hand von Metallarbeiten empfangen. Der Grund dieser Beschränkung liegt einerseits in der Unmöglichkeit, das ganze so vielseitige spätrömische Kunstgewerbe in einem hauptsächlich der Lösung großer principieller Fragen gewidmeten Bande zur Sprache zu bringen; anderseits in den glücklichen Eigenschaften der Metalle, die fast sämmtliche stilistische Behandlungsweisen — sculpturale, plastische, malende, vertiefte — zur Anschauung zu bringen gestatten. Der Stil, den die hellenistische Periode und die beginnende römische Kaiserzeit auf diesem Gebiete in Anwendung brachten, war auf kräftige und reich gegliederte krummflächige Formen gerichtet, deren Theile in der Fläche vollständig klar zusammenhiengen; für solche Zwecke war die hochgetriebene Arbeit offenbar die passendste Technik. Der Charakter des Wandels, der im antiken Kunstwollen ungefähr um Christi Geburt eingetreten ist, wurde in dem Abschnitte über das Relief in der Hauptsache dahin formuliert, dass nun die ununterbrochene tastbare Verbindung aller Theile in der Fläche nicht mehr als absolutes und principielles Kunsterfordernis aufrechterhalten wurde, sondern eine Unterbrechung derselben durch optische Pausen, über welche die geistige Erfahrung gleichsam die verbindende Brücke schlug, für zulässig galt.

In der Steinsculptur ward diese Unterbrechung durch tiefschattende Rücksprünge herbeigeführt; in den kunstgewerblichen Metallarbeiten ließ sie sich noch schärfer zum Ausdrucke bringen mittels unmittelbarer Durchbrechung der Formen. Die durchbrochenen Metallarbeiten treten daher etwa gleichzeitig mit dem Beginne einer entschieden optischen Aufnahme (also wahrscheinlich schon am Ausgange der hellenistischen Periode) auf, und lassen sich bis in das siebente und achte Jahrhundert herab verfolgen. Da die Behandlung im einzelnen im Laufe der vieljahrhundertelangen Entwicklung stets gewechselt hat, dürfen wir vom Studium dieser durchbrochenen Arbeiten in höherem Maße als von irgend einem anderen Zweige des Kunstgewerbes einen aufklärenden Einblick in den inneren Verlauf und die denselben dictierenden Gesetze der Entwicklung, vom Beginne der römischen Kaiserzeit bis an das Ende der spätrömischen Periode überhaupt, erwarten. Andere Arbeiten hatten den Zweck, die Unterbrechung des taktischen Zusammenhanges der Theile in der Fläche nicht geradewegs mittels Durchbrechung, sondern mittels eines beständigen optischen Wechsels von beleuchteten und beschatteten Partien herzustellen; der typische Repräsentant dieser Äußerungsform des herrschenden obersten Kunstwollens war der Keilschnitt, dessen frühestes Vorkommen an Steindenkmälern vom Beginne des dritten Jahrhunderts bezeugt ist und der überhaupt mehr dem mittelrömischen als dem entschieden spätrömischen Kunstwollen entsprochen haben muss, weil er seit dem sechsten Jahrhundert wenigstens aus der Kunst der führenden Völker verschwindet. Wie aber, wenn man entsprechend der fortschreitenden Tendenz auf Ermäßigung und Verflachung des Reliefs von jeder Art der Ausladung, wie sie selbst Durchbruch und Keilschnitt, wenn auch in noch so abgeschwächtem Maße, fortdauernd festgehalten hatten, absah, und die Unterbrechung durch tiefe und satte Farben im Contraste zu hellglänzenden daneben herzustellen suchte? War doch die optische Auffassung von Licht und Schatten (zum Unterschiede von der taktisch-modellierenden des Halbschattens in der altorientalischen und der classisch-griechischen Kunst) sowohl im Durchbruch als im Keilschnitt bereits eine farbige, coloristische gewesen. Diese letzte und reichste Stufe der Entwicklung, die schon ausschließlich der spätrömischen Zeit angehört, stellt die Granaten-Einlage dar, die ein tiefes sattes Roth zu gleißendem Gold in Gegensatz brachte; sie hatte ihre Vorläufer seit der früheren Kaiserzeit in der Niellierung (Contrast von blauschwarzem Niello und hellglänzendem Silber) und im Email überhaupt gehabt.

Eine Untersuchung von Denkmälern der drei genannten Hauptgattungen wird übrigens hinreichende Gelegenheit schaffen, um auch einige minder charakteristische Arten der Metallbearbeitung jener Zeit (Gravierung, Ciselierung, Filigran) kennen zu lernen.

DURCHBROCHENE ARBEITEN.

Die erste und älteste Classe derselben (Taf. XIII. 1, 2, 4, 6, 7, 8, 10, XIV. 1, 2, 3, 4, 5, 6) verräth durch die wechselnde Höhe der Ausladungen in den einzelnen Theilen (am vorgeschrittensten in XIV. 2) einen starken Rest taktischer Auffassung, durch die glatte ebene Unterseite eine Erinnerung an den classischen Reliefgrund: durch beides den Anschluss an die voraugusteische griechische Kunst. Der gleiche Eindruck wird durch eine Betrachtung der Detailbehandlung wachgerufen. Das Element der Decorationsmotive bildet die griechische Ranke, und zwar die gegabelte Ranke mit zwickelfüllender Halbpalmette, die an der Peripherie in flachem Bogen abschließt, und infolge Unterdrückung des Fächers in ein massives sphärisches Dreieck (daher auch „Trompetenmuster" genannt — vergl. namentlich XIII. 8) umgebildet erscheint. Über den Process, der von der classischen Palmettenranke zu dieser Fortbildung derselben (und mittelbar zur späteren Arabeske) geführt hat, ist in meinen Stilfragen S. 245 ff, Fig. 126—128 gehandelt. Ist somit das Rankenmotiv mit seiner aus der Kreisform entwickelten Curve zweifellos griechisch-classischer Abkunft, so hat dasselbe in dieser Denkmälergruppe eine besondere (nichtclassische) Behandlung dahin erfahren, dass die einzelnen Curven sich nicht wie in der Wellenranke in ununterbrochener Verbindung aus einander entwickeln, sondern in ihrem Flusse jäh abbrechen, so dass die darauf folgende Curve ganz unvermittelt womöglich nach der entgegengesetzten Richtung ausspringt.

Das Compositionsgesetz, das hier zugrunde liegt, ist dasjenige der contrastierenden Curven. Es beruht noch immer auf dem classischen Contrapost, der Gegensätze (Bewegungen) in einer höheren Einheit (Ruhe) ausgleicht, und in der That wird man an allen dieser Gruppe angehörigen Objecten als Endresultat eine symmetrische Einheit vorfinden. Gegenüber der classischen Wellenranke fehlt es aber an der gleichsam selbstverständlichen Verbindung und Motivierung: und darin liegt es, dass diese Compositionen den Eindruck gewaltsamer Bewegung hervorrufen. Wir erkennen darin vielmehr dasjenige Compositionsgesetz, das der Laokoongruppe oder dem borghesischen Fechter zugrunde liegt, und damit erscheint abermals der Zusammenhang dieser Denkmälergruppe mit der voraugusteischen Antike hergestellt.

Wirbelformen, wie XIII. 1 und XIV. 1, 3 sind nur ein Specialfall jenes Gesetzes, und entsprechen völlig dem Compositionsgesetze des Centralbaues in der Architektur. [1]

Die zweite Classe antiker Durchbrucharbeiten erweist sich als die nächste Stufe der Entwicklung durch namhaftes Sinken des Reliefs und Rückkehr zu größerer Ruhe, sowohl in den Umrisslinien des Ganzen, als in der Composition der Curven (Taf. XIII. 5, mit Monogramm als Füllung, 9, 11, XV. 1, 2, 4, 7). Nach wie vor bleibt die Rankencurve das Grundmotiv der Decoration; aber ihre Composition nähert sich entweder wieder der classischen (fortlaufende Wellenranke XV. 7, intermittierende Wellenranke XV. 4), oder sie rollt sich als Gabelranke in sich selbst wieder ein (XV. 2) und schafft damit ein isolirtes Motiv, das man wegen seiner äußeren Verwandtschaft mit dem Amazonenschild als Pelte bezeichnet hat, und das sich durch beliebige Vervielfältigung zu beliebigen Massenmotiven componiren lässt. In solcher Form geht die Rankencurve in die dritte Classe von antiken Durchbrucharbeiten über, worin jeder Unterschied in den Ausladungen der an der Oberfläche sichtbaren Theile verschwunden, alles in eine einzige Ebene gedrängt ist (Taf. XV. 3, 6, letzteres zwischen der zweiten und dritten Classe in der Mitte stehend; XIV. 8). Daneben treten in dieser Classe massiv gebildete, aber von fein bewegten Linien umrissene epheuartige Blätter auf, deren Spitzen sich entweder in einer geraden (XV. 5) oder in einer gekrümmten und eingerollten Linie (XIV. 7) fortsetzen und damit ein Grundgesetz der späteren Arabeskenbildung (Stilfragen 243 ff.) zum Ausdrucke bringen. Hieher gehört aber auch noch XIII. 3, dessen Wirbelcomposition den Zusammenhang mit der ersten Classe herstellt. Darin liegt eine Aufforderung, endlich die Frage nach der Entstehungszeit der zu den bisher betrachteten drei Classen gehörigen Durchbrucharbeiten aufzuwerfen. Da Arbeiten aller drei Classen in dem von den römischen Legionen in Siebenbürgen hinterlassenen Schutt gefunden worden sind, ergibt sich der zwingende Schluss, dass die bisher skizzierte Entwicklung sich innerhalb der Zeit zwischen Trajan und Aurelian vollzogen haben muss. Den Ansatz in die frühere römische Kaiserzeit hat für die Denkmäler der ersten Classe schon die stilistische Betrachtung wahrscheinlich gemacht; [1]

---

[1] Im äußeren Stilcharakter verräth diese älteste Classe antiker Durchbrucharbeiten eine nahe Verwandtschaft mit der Gothik und dem spätesten Barock. Das hat seine tiefe Begründung, denn diese beiden Stile haben mit demjenigen der früheren römischen Kaiserzeit die eigenthümliche Mischung taktischer und optischer Auffassung gemein. Es ist daher nicht ohne Interesse, sich klar zu machen, worin anderseits der Unterschied zwischen den drei Stilgattungen besteht. Das durchbrochene gothische Maßwerk ist in der strengen Zeit (vor dem fünfzehnten Jahrhundert) mehr geometrisch-architektonisch (Bogen, nicht Ranke); sobald es sich aber (in der Spätgothik) in bewegtere pflanzliche Formen umzusetzen beginnt, verläuft es mit zahllosen Überschneidungen und Verschlängungen ins Verworrene und Unklare, wozu der antike Durchbruch niemals fähig gewesen wäre. Das späte Barock berührt sich mit der in Rede stehenden antiken Denkmälerclasse ganz enge durch die beiden gemeinsame Neigung für contrastierende Curven; während aber diese Curven in der Antike immer aus der regelmäßigen Kreisform entwickelt sind (selbst an XIV. 4, wie sich bei strenger Analyse erweist), hat das späte Barock mit Vorliebe elliptische oder völlig irrationelle Curven aufgesucht.

[2] Wie die Grenzen der Stilentwicklung zwischen der ausgehenden hellenistischen Periode und der beginnenden Kaiserzeit heute über' haupt noch nicht hinreichend scharf gezogen werden können, kann es auch nicht überraschen, wenn man die Durchbrucharbeiten der ersten Classe zum Theil bis in die letzte vorchristliche Zeit hinaufzudatieren geneigt ist, zumal eine Reihe anderer Kunstwerke, die mit den in Rede stehenden die oben charakterisierte arabeske Umbildung der Ranken-Ornamentik (Lindenschmit, Alterthümer III. I, 1), ja sogar auch die Durchbrechung (ebenda II. 8 Beil.) gemein haben, von Einigen sogar bis in die Zeit der Etrusker zurückgeschoben wurden (meines Erachtens

wichtig ist es aber zu wissen, dass Arbeiten der dritten Classe schon bis spätestens 270 n. Ch. entstanden sind, und daher noch dem mittelrömischen Stile angehören. [1]

Fragen wir aber, worin die wesentlichste Neuerung der mittelrömischen Durchbrucharbeiten gegenüber den älteren der ersten Classe besteht, so wird man für die Beantwortung am besten Arbeiten gleich XV. 2 und 3 ins Auge zu fassen haben. Wir sehen hier im wesentlichen ein einziges isoliertes Motiv (die sogenannte Pelte) in einer Massencomposition immer wiederkehren; die Folge davon ist, dass auch der von dem Muster eingeschlossene und durchbrochene Grund in denselben Configurationen sich stets wiederholt. Insbesondere ist es die von der Pelte eingeschlossene bohnenförmige Figur, die in XV. 2 und 3 je achtmal wiederkehrt; in XV. 3 außerdem achtmal ein sphärisches Dreieck. Fasst man überhaupt von Fig. XV. 2 und 3 die (in der Reproduction weiß erscheinenden) Durchbrechungen ins Auge, so wird man unschwer bemerken, dass diese Durchbrechungen für sich ein vollkommen regelmäßiges, schlechtweg componiertes „Muster" darstellen. Dieses Resultat ist zur Zeit seiner Entstehung nicht allein nicht unbemerkt geblieben, sondern offenbar mit Bewusstsein angestrebt worden.

Sowie die mittelrömischen Künstler, zum Beispiel des Alexander Severus-Sarkophages (Fig. 13) Sorge getragen haben, zwischen den einzelnen hellmarmornen Figuren stets den dunkelschattigen Raum zur Erscheinung kommen zu lassen, so haben sie das Gleiche in den Durchbrucharbeiten in der Weise versucht, dass sie dem stofflosen Grunde genau so wie der stofflichen Rankencomposition durch regelmäßige lineare Umrisse und symmetrische Zusammenstellung den Charakter eines Musters, das ist einer gewollten Kunstform verliehen haben. An den Arbeiten der ersten Classe war dies noch nicht der Fall gewesen; der Durchbruch verrieth zwar eine optische Auffassung, aber diese war noch durchaus auf das stoffliche Muster gerichtet, und darin lag der Rest an taktischem Charakter. An Arbeiten gleich XV. 2, 3 soll das Auge Grund und Muster gleichmäßig sehen: der taktische Charakter tritt damit völlig zurück, und an seine Stelle die coloristische Wirkung, die alles — Grund wie Muster — als gleichwertige farbige Contraste empfinden lässt. Als nothwendige Folgewirkungen dieses Processes sind sofort zwei anzumerken: 1. die Einbuße, welche die inhaltliche, gegenständliche Bedeutung des Musters erleiden muss: das ist die antinaturalistische Richtung auf das Abstracte, die später in der sarazenischen Kunst an ihr letztes Ziel gelangen sollte; 2. das Aufkommen neuer, negativer complementärer Motive als reiner Silhouetten, wie jenes bohnenförmigen, das uns gleich dem sphärisch-dreieckigen und zahlreichen anderen noch öfter begegnen wird. [2]

An der Erkenntnis vom Ursprung und Bedeutung der complementären Motive hängt ein guter (vielleicht der beste) Theil des Verständnisses für das Wesen der Kunstentwicklung seit

haben wir es in diesen Fällen mit Producten eines nichtalexandrinischen, orientalisch-provinciellen Ablegers der griechischen Kunst in vorgeschrittener hellenistischer Entwicklungsphase zu thun). Unsere durchbrochenen Bronzen der ersten drei Classen gehörten offenbar zum fabrikmäßig hergestellten Schmuck der römischen Soldatentracht, und wurden darum überall in den Rhein- und Donauprovinzen im Schutte der römischen Niederlassungen und Standlager massenhaft vorgefunden. Vom vierten Jahrhundert an treten an ihre Stelle in den Fundstätten die Keilschnitt-Bronzen.

[1] Die durchbrochene Goldeinfassung der Caracalla-Medaillons bei Fröhner, Les medaillons de l'empire romain Seite 164, könnte mit dem Medaillon gleichzeitig entstanden sein; diejenigen von Petrianecz im Wiener kunsthistorischen Hofmuseum gehören schon dem Ausgange der mittelrömischen Periode an.

[2] Als negatives durchbrochenes Muster erscheint das Bohnenmotiv, so viel mir bekannt, zum erstenmale auf pompejanischen Bronzelaternen (Museum zu Neapel, Inv. Nr. 72.078, in paarweiser Gruppierung ebenda Inv. Nr. 72.066). In die gleiche Kategorie der negativen Motive gehören die durchbrochenen Dreipässe, sphärischen Dreiecke u. dgl. auf anderen Laternen ebenda, zum Beispiel Inv. Nr. 72.067; ferner die durchbrochenen Nadelhalter an zahlreichen Bronzefibeln, die man zum Theile noch in die spätere Diadochenzeit (sogenannte Latène-Zeit) zurückdatieren will.

dem zweiten nachchristlichen Jahrhundert überhaupt. Es sind nicht Nachahmungen von Natur-
oder Menschenerzeugnissen, sondern sozusagen spontane Erzeugnisse der bildenden Kunst, in
denen aber die römische Reichsbevölkerung der Kaiserzeit just dasjenige erkannte, was sie
aus tieferen Gründen zu sehen begehrte. So ward nun selbst der Grund zum Muster, während bei
den Altorientalen umgekehrt selbst das Muster dem Grunde möglichst angenähert werden sollte,
bei den Griechen beide in wechselseitiger Anerkennung und harmonischer Abwägung nebeneinander getreten waren.

Fig. 51. Complementäre Motive. a Sphärisches Dreieck-Motiv. b Mandel-Motiv. c Doppelmandel-Motiv. d Bohnen-Motiv. e Paragraphen-
Motiv. f Herz-Motiv. g Halbmond-Motiv. h Geschweiftes Mandel-Motiv. i Schuppen-Motiv.

In Fig. 51 ist eine Auswahl der am häufigsten vorkommenden complementären Motive
zusammengestellt; namentlich die daran zahlreich wiederkehrenden concaven Umrisse verrathen
den „negativen" Ursprung aus den Rankencurven. [1]

Die vierte Classe repräsentiren Arbeiten gleich Taf. XIV. 9.

Das entscheidende Merkmal besteht hier anscheinend darin, dass die durchbrochene Metall-
platte frei auf eine andere, nicht durchbrochene aufgelegt ist. Damit scheint äußerlich ein Reliefgrund wiederhergestellt; aber es fehlt gerade das entscheidende Merkmal des antiken Reliefs:
das Geborenwerden der Erhebungen aus dem Grunde [2]; sofern also hier von einem Relief
gesprochen werden kann, ist es mit dem constantinischen (Fig. 7) in nächste Parallele zu setzen.
Rheinische Funde (Jahrbuch des Ver. f. Alterthumsfr. im Rheinlande, Heft IC, Taf. I. 2—5) lassen
auch diese Classe noch in der mittelrömischen Periode aufgekommen erscheinen; dagegen dürfte
XIV. 9 erst nach Constantin entstanden sein. Das Muster ist hier bereits zu einem einfach
abgetreppten geometrischen geworden (ein Übergangsglied hiezu XIV. 8); dadurch war es auch
ermöglicht, den unendlichen Rapport im Muster und Durchbruchgrund völlig strenge einzuhalten.
In einem bestimmten Contrast zur kleinlichen Coloristik der Innenfläche ist das Beschläge gegen
die Ränder hin taktisch profiliert und wenigstens an den Schmalseiten schwerfällig gegliedert,
so dass der Massencharakter des Ganzen umso schärfer hervortritt.

Dass nicht das unterlegte Plättchen, sondern das kleine und dichte Durchbruchmuster und der
dadurch bewirkte unaufhörliche rhythmische farbige Wechsel die maßgebende Stileigenthümlichkeit
dieser vierten Classe gebildet hat, beweist das häufige Vorkommen der gleichen Behandlung, ohne
dass ein Blättchen unterlegt worden wäre. Hieher gehört die wohl schon dem vierten Jahrhundert
entstammende Fibel, die auf Taf. XVI. 4, 5, 6 in dreierlei Ansicht reproduciert ist. Um den Inhalt
des Musters, namentlich der rollenden Ranken auf dem halbkreisförmigen Kopfschilde, auszunehmen, bedarf es erst des näheren Hinzuschens; der oberflächliche Blick, mit dem diese Kunst-

---

[1] Zahlreiche Beispiele von Durchbruch der zuletzt geschilderten Arten und von complementären Motiven bieten auch die Marmor-
gitter aus der vorgeschrittenen Kaiserzeit.

[2] Anton Kisa, der im Jahrbuche des Vereines von Alterthumsfreunden im Rheinlande, Heft IC und im Kunstgewerbeblatt N. F. VII,
Heft 8 und 9 eine Anzahl einschlägiger Funde aus den Rheinlanden publiciert und in ausgezeichneter Weise untersucht und bestimmt hat,
äußert die Vermuthung, dass ursprünglich zwischen der Grundplatte und dem durchbrochenen Theile eine farbige Zwischenlage (wohl textiler
Art) vorhanden gewesen sein möchte. Für gothische Durchbrucharbeiten ist die Verwendung solcher Zwischenlagen bezeugt; es steht
absolut nichts im Wege, sie auch für jene römischen anzunehmen, deren coloristische Absicht allein auf Grund anderer Erwägungen
bereits völlig sicher steht.

absicht der ausgehenden Antike durchaus zu rechnen gewöhnt ist, sieht bloß einen beständigen rhythmischen Wechsel von Hell und Dunkel. Auch die durchbrochene Inschrift VTERE FELIX gibt sich erst dem aufmerksam Lesenden zu erkennen. Die einzelnen Seiten des sechseckig profilirten Fußknaufs sind mit durchgebrochenen Pelten verziert. Die zierlichen Filigranreihen, welche die sämmtlichen Seitenflächen begrenzen, contrastieren ebenso, wie das feine Spitzenmuster seltsam mit der massigen Gesammtform des sechseckigen Bügels und des überhalbkreisgroßen Kopfschildes.

Die extremste Entwicklung dieser coloristischen Tendenz der Durchbrucharbeit tritt an der Goldfibel von Apahida (im Museum zu Klausenburg, vgl. H a m p e l, Atlas, I. Taf. 35) zutage; unsere Taf. XVI. 1—3 gibt drei Ansichten davon. Diesmal ist es nicht der Bügel, der durchbrochen wäre, und auch nicht das Kopfstück, das hier bloß auf eine sechseckige Querröhre mit drei sechseckigen Zwiebelknöpfen daran zusammengeschrumpft ist, sondern das (etwas verbogene und gequetschte) Fußstück. [1] Dieses hat vor allem große Verlängerung und Verbreiterung, Vereinfachung des Umrisses zu einem strengen Oblongum und Einschränkung der polygonen Brechung auf drei Seiten erfahren, von denen oben, also von der dem Beschauer maßgebenden Richtung her überhaupt nur eine einzige, von schmalem, profilirtem, schwach ausladendem Rahmen eingefasste Ebene (XVI 2) zu sehen ist, während die Unterseite dachförmig in zwei Schrägen gebrochen erscheint (XVI. 1).

Die Oberseite des Fußstückes zeigt nun ein Durchbruchmuster von so dichter Abwechslung von hellen und dunklen Punkten, dass das zugrunde liegende Motiv nur bei genauester Betrachtung auszunehmen ist: im Innenfelde ein Mäander, in dem auf drei Seiten umlaufenden Saume ein geknicktes Flechtband. Über dieses Durchbruchmuster, an welchem Positives und Negatives, Stoff und leerer Raum in das denkbar vollkommenste rhythmische Gleichgewicht und somit in absolute coloristische Einheit gebracht erscheinen, wurde nun das gegenständliche Motiv eines christlichen (lateinischen) Kreuzes gleichsam wie über einen Teppich hinweggelegt (das heißt im Goldplättchen ausgespart), so dass das Kreuz, dessen Arme auch in den Saum einschneiden, sich klar vom Durchbruchmuster als seinem Grunde abhebt. Der Grund, der soeben erst durch das Mittel des Durchbruches vollkommen überwunden schien, kehrt hier im Wege der Massencomposition wieder als Hintergrund des Kreuzes. Der Bedeutung dieses Momentes für die Entwicklung der decorativen Kunst wird man sich erst dann vollkommen klar, wenn man sich einzelne Repräsentanten der dadurch bewirkten Nachfolge in Erinnerung ruft: aus der morgenländischen Kunst zum Beispiel arabische Fliesen mit großen Schriftzügen, die sich von einem mit feinen Ranken übersponnenen Grunde abheben; aus der abendländischen Kunst romanische Miniaturbilder, deren Figuren vor einem vom Kunstmaterialismus gewöhnlich als „Teppich" bezeichneten Hintergrunde agieren (vergl. S. 115). Es hat sich hier offenbar die gleiche Emancipation des Grundes zur Raumbedeutung vollzogen, wie wir sie im Relief von den ravennatischen Sarkophagen an beobachtet hatten, und wie sie sich später im Goldgrunde der Mosaiken ausspricht. Die Fibel von Apahida gehört somit bereits dem spät-

---

[1] Die Bezeichnung des langen Schaftes, in welchem auf der Unterseite die Nadelspitze verwahrt wurde, als Fußstück, hat sich entsprechend dem modernen Geschmacke, der einen mehr oder minder spitzen Ablauf unten zu sehen wünscht, ebenso eingebürgert wie die Bezeichnung des breiteren Endes als Kopfstück. Jedoch muss nachdrücklich betont werden, dass vom Standpunkte des antiken Gebrauches die umgekehrte Bezeichnung gerechtfertigter wäre, weil nach dem Zeugnis zahlreicher Reliefs und Mosaikgemälde diese Fibeln an der rechten Achsel mit dem „Fußstück" nach oben getragen wurden, wie dies Fig. 49 veranschaulicht, und wie sich zum Überflusse auch aus der entsprechend gerichteten Stellung der gegenständlichen und figürlichen Verzierungen (Kreuz, Vögel, Blätter) ergibt.

römischen Stile an, und dazu stimmt auch die Fundstatistik, die zwar keinen festen Anhaltspunkt für eine Datierung ergeben hat, aber (wie sich an späterer Stelle noch zeigen wird) doch mit größter Wahrscheinlichkeit auf die erste Hälfte oder Mitte des fünften Jahrhunderts hinweist.

Die beiden Pultschrägen der Unterseite enthalten ein und dasselbe Durchbruchmuster, das hier leichter zu erkennen ist, da es für kein anderes Motiv zum Hintergrunde zu dienen hatte und überhaupt eine verhältnismäßig klare durchlaufende Verbindung aufweist: eine Akanthus-Wellenranke, deren rollende Stengel in dichter Aufeinanderfolge spitze Blattzacken entsenden. [1] Aber selbst in diesem Falle ist das Muster lediglich ein Beruhigungsmittel für das Auge, was auf der Oberseite durch das Kreuz besorgt worden war; [1] die coloristische Tendenz auf stetigen flimmernden Wechsel von Hell und Dunkel ist auch hier durchaus die allein maßgebende gewesen. In Stein haben wir das gleiche Kunstwollen an den Akanthus-Blattzacken des Capitäls Fig. 3 ausgedrückt gefunden; an dem Akanthus-Fries Fig. 54 tritt es uns noch reiner und greifbarer entgegen.

War man einmal zu einer Auffassung vom Verhältnisse zwischen Grund und Muster gelangt, wie es auf der Oberseite der Fibel von Apahida (XVI. 2) entgegentritt, dann durfte man den Durchbruch fallen lassen und die Grundfläche wieder herstellen, ohne dabei Gefahr zu laufen, dass der Beschauer damit die altantike, classische Bedeutung des Stoffgrundes verknüpfen würde; wie am Sarkophag der Constantina und an den ravennatischen Sarkophagen musste diese erneuerte Grundfläche von nun an als idealer Raumgrund erscheinen. Der Übergang zu diesem Stadium wird uns repräsentiert durch die Goldfibel Fig. 52, die im Jahre 1895 im Stadium des Palatin zu Rom gefunden wurde (Notizie degli scavi 1895, S. 360) und gegenwärtig im Thermen-Museum daselbst verwahrt wird. In der Form stimmt sie so gut wie vollständig mit der Fibel von Apahida überein, was für die Zeitstellung wichtig ist; verziert ist aber lediglich die Oberseite des Fußstückes, und zwar wiederum mit einem Kreuz desselben lateinischen Typus auf einem ornamentalen Grunde; diesmal ist aber der Grund nicht durchbrochen oder wie in XIV. 9 durch Unterlegung

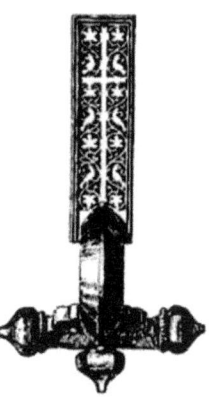

Fig. 52. Goldfibel im Thermen-Museum zu Rom, gefunden am Palatin.

hergestellt, sondern mit dem Ciseliereisen ausgehoben: völlig analog der gestochenen Arbeit in Holz in der Spätgothik oder — um ein näher gelegenes Beispiel anzuführen — nach Art der koptischen Steinreliefs Fig. 43 und 44, die uns überhaupt die unmittelbare Fortsetzung des in Fig. 52 Begonnenen veranschaulichen. Es hat dabei keine Unterschneidung der Mustermotive mehr stattgefunden (wie an den Constantinreliefs oder am lateranischen Pilaster

---

[1] Es ist lehrreich, diese durchbrochene Ranke unter dem Vergrösserungsglase zu betrachten, weil dann die wüste und skizzenhafte Arbeit derselben im Detail erst deutlich vor Augen tritt, während die Betrachtung mit freiem Auge und in natürlicher Größe eine saubere und genaue Zeichnung ergibt; ein Effect, den mit den gleichen Kunstmitteln (wenn auch natürlich mit anderen technischen Mitteln) die großen Coloristen des siebzehnten Jahrhunderts angestrebt haben.

[2] Gelegentlich finden sich in solchen spätrömischen Durchbrucharbeiten bandförmige Spitzovale, Kreise, Rauten, nach unendlichem Rapport, eingestreut, wofür ein sehr lehrreiches Beispiel (Schwertscheiden-Mundstück, zu Köln gefunden) mit der gravierten Inschrift AVSONI VIVAS A. Kisa a. a. O. publiciert hat. Wer kühn genug wäre, das Fundstück mit dem Dichter der Mosella in Verbindung zu bringen, würde wenigstens keinen chronologischen Schwierigkeiten begegnen. Das daran zutage tretende Decorationsprincip unterscheidet sich von dem späteren saracenischen nur dadurch, dass das kleine Durchbruchmuster von dem großen noch nicht schlechtweg überschnitten wird, ein Umstand, der auf den ersten Blick gar nicht auffällt und daher offenbar nicht aus Grundsatz, sondern eher um des Schwergewichts der classischen Tradition willen zunächst noch Beobachtung gefunden hat.

Fig. 10), aber infolge der dichten Aufeinanderfolge der Motive wirkt der Grund doch dunkel-schattig im Gegensatz zu den glänzenden Vorsprüngen des eine absolute Ebene einhaltenden Musters. Dieses silhouettenhafte Muster selbst lässt diesmal weder Klarheit noch Verbindung vermissen: es besteht aus einer feinen Wellenranke, deren kreisförmige Einrollungen in Wein-blätter auslaufen und auf deren Stengeln sich Vögel wiegen. In der Composition herrscht strenge symmetrische Gesetzlichkeit, denn jede Rankenwindung, sowie jedes Blatt und vollends jeder der (mit den Leibern affrontierten, mit den Köpfen adossierten) Vögel steht in unverrück-barer Beziehung zu seinem Gegenüber. Nun merkt aber der Beschauer sofort, dass man rechts und links dieselben Ranken in gleicher Abwechslung in die Unendlichkeit wiederholen kann, und je zwei benachbarte Ranken immer wieder das gleiche Verhältnis engster Wechselbeziehung zu ein-ander einhalten werden. Mit anderen Worten: es ist das Princip des unendlichen Rapports, wodurch die organisch belebten Motive von pflanzlicher und animalischer Inhaltsbedeutung hier unter das abstracte Gesetz des Krystallinismus gebeugt erscheinen. Das Mittel dazu ist das gleiche, dessen sich schon die altorientalische und die archaische Kunst bedient hatten: der sogenannte Wappenstil; war aber seine Anwendung in jenen Künsten von einer taktischen Auffassung getragen, so ist sie diesmal von einer optischen Auffassung und coloristischen Kunstabsicht dictiert. Bei dieser Stufe der Entwicklung des Kunstwollens ist der sarazenische Orient im wesentlichen bis zum heutigen Tage stehen geblieben, was natürlich das schon durch allgemeine Erwägungen geforderte bestimmte Maß an Fortschritt im einzelnen nicht ausschließt.

Fig. 53. Fibel aus vergoldeter Bronze. Ferdinandeum in Innsbruck.

Ein glücklicher Zufall lässt uns sogar ein bestimmtes Jahr des fünften Jahrhunderts als terminus ante quem für die vollzogene Ausbildung des an der Fibel vom Palatin beobachteten Decorationssystems nennen. Einer der wenigen sicher datierbaren Massen-funde der Völkerwanderungszeit und vielleicht der wichtigste von allen — derjenige aus dem Grabe des im Jahre 481 n. Ch. verstorbenen Frankenkönigs Childerich — hat auch eine Goldfibel an den Tag gebracht, deren Form und Decorationsweise sich als eine Fortsetzung derjenigen von Fig. 52 darstellt. Das Original ist zwar heute verloren, aber in Chiflet's Publication des Gesammtfundes (Anastasis Childerici regis Seite 182, danach in dem noch heute lesenswerten historischen Hauptwerke über den Fund: Cochet's Tombeau de Childéric und a. a. O.) hat sich wenigstens eine treue Zeichnung davon erhalten. Überdies hat der vielverdiente Director des Innsbrucker Ferdinandeums, Professor Franz Ritter v. Wieser in diesem Museum ein Seitenstück zur Childerich-Fibel aufgefunden und in der Ferdinandeums-Zeitschrift 1888 (Ein Seitenstück zur Fibula des Frankenkönigs Childerich I) publiciert.[1] Das Innsbrucker Exemplar (Fig. 53), über

---

[1] Professor v. Wieser vermuthet, dass beide Fibeln der gleichen Werkstatt entstammen, weil sich die Übereinstimmung bis auf unter-geordnete Details erstreckt. Der Unterschied, dass die Innsbrucker Fibel aus vergoldeter Bronze besteht, hat freilich nichts zu sagen. Doch wäre zu berücksichtigen, dass der Bügel der Childerich-Fibel noch nicht so brutal in den verzierten Theil des Fußstückes einschneidet, sondern in einen glatten Rand (wie an der Fibel von Apahida) absetzt, und dass auch der umlaufende Schmalrand am Fußstücke der Childerich-Fibel noch etwas breiter gehalten ist. Hienach erweist sich die Childerich-Fibel um eine Nuance minder „barbarisch", das heißt minder ablehnend gegen das von der classischen Antike ererbte Postulat der Verbindung der Theile in der Fläche. Wenn aber selbst die Innsbrucker Fibel etwas

dessen Provenienz leider jedwede Nachricht fehlt, zeigt gegenüber der Fibel vom Palatin vor allem einige Abweichungen in der Gesammtform, von denen hier vorläufig nur die Tonnenwölbung des Fußstückes (an Stelle der dachförmigen Brechung in zwei Schrägseiten) erwähnt sein möge. Die Decoration des Fußstückes (die sich diesmal auch auf die Unterseite erstreckt) ist genau dieselbe mit ebenem Muster auf gestochenem Grunde wie in Fig. 52; auch ist das Muster nach dem gleichen Gesetze des unendlichen Rapports componiert, aber die Motive desselben sind hier nicht mehr so deutlich der belebten organischen Natur entlehnt, sondern mehr dem geometrischen Habitus angenähert, der sich von Haus aus besser zu abstract-coloristischen Decorationszwecken eignet: Kreuze,[2] aufrecht und übereckgestellt, achteckige Sternchen in versetzten Reihen, die durch ein rautenmaschiges Netz aus verkreuzten Diagonallinien vorgezeichnet sind. Die coloristische Absicht erscheint hier dank der geometrischen Kleinmusterung in demselben unübertrefflichen Maße erreicht, wie an der durchbrochenen Oberseite der Fibel von Apahida. Wie das gleiche Kunstwollen in Stein seinen Ausdruck finden konnte, mag uns das einfassende Flechtbandmuster des Capitäls Fig. 5 lehren, das jedoch insoferne eine etwas verschiedene Behandlungsweise verräth, als das Muster hier nicht als reine Silhouette in der Ebene behandelt ist, sondern durch das Mittel der Gravierung eine Gliederung in der Fläche erfahren hat. Ein anderes Zwischenglied in Stein, das von der Durchbruchsart der Fibel von Apahida zur gestochenen Art der Palatin- und Innsbrucker Fibel überführt, dürfen wir dagegen in einem marmornen Friesfragment des fünften Jahrhunderts im Museum von Gize (Fig. 54) erkennen, dessen Akanthus-Wellenranke mit ihren dreieckigen Blattzacken selbst im Motiv unmittelbar die Unterseite der Fibel von Apahida ins Gedächtnis ruft. Zwischen den dreieckigen Blattzacken liegt hier jedesmal

Fig. 54. Ornamentaler Fries, in Kalkstein durchbrochen. Museum in Gize.

ein ähnlich gestalteter (das heißt annähernd dreieckiger) Grund, worin sich eine deutliche Neigung zur Herstellung eines sogenannten reciproken Musters, das heißt einer coloristischen wechselseitigen Compensation von Muster und Grund, Hell und Dunkel kundgibt. Man erkennt hierin deutlicher als an der Fibel von Apahida einerseits den genetischen Zusammenhang dieser spätrömischen Behandlung des Akanthus mit der vorconstantinischen Bohrtechnik, anderseits die leitenden Motive des Kunstwollens, das nun wieder zu klarerer, taktischerer Auffassung der Einzelformen zurückstrebt, ohne darum die coloristischen Grundmittel preiszugeben.

Es ziemt sich, in unserer Überschau der Entwicklung der Durchbrucharbeiten an dem nunmehr erreichten Punkte, von dem aus diese Kunstgattung bereits als überflüssig weil durch die gestochene Arbeit überwunden scheinen könnte, einen Augenblick innezuhalten und zu einer Zwischenfrage Stellung zu nehmen, die sich manchem Leser bereits aufgedrängt haben mag. Wir

---

später entstanden sein sollte, als die jedenfalls im Jahre 481 oder doch kurz vorher verfertigte Childerich-Fibel, so wird man auch mit der ersteren auf keinen Fall über den Ausgang des fünften Jahrhunderts herabgehen dürfen.

[2] Ob als christliches Symbol? Dem Heiden Childerich haben sie dafür gewiss nicht gegolten, vielleicht aber dem Verfertiger in einem reichsrömischen Atelier.

haben zuletzt eine Anzahl von Denkmälern (Fibeln) kennen gelernt, die alle dem gleichen Gebrauchszweck (Zusammennestelung der beiden Kanten der Chlamys an der rechten Schulter ihres Trägers vermittels einer Sicherheitsnadel) zu dienen hatten, und daher auch gewisse Grundzüge in ihrer äußeren Formerscheinung gemein haben mussten. Unsere kunstkritische Betrachtung hat sich aber bisher ausschließlich an die ebenen Flächen daran gehalten, die fast nur am Fußstück zutage traten; soll nun die Entwicklung des spätrömischen Kunstwollens nicht auch in den Veränderungen der krummflächigen Theile und des Zusammenschlusses aller — auch der ebenen — Theile im Raume, das ist mit einem Worte in den Veränderungen der „Form" zum Ausdrucke gelangt sein?

Gewiss ist dies der Fall gewesen; und in dem Augenblicke, wo wir diese Erkenntnis zugestehen, scheint uns schon die Verpflichtung zu erwachsen, auch das Werden dieser typischen Fibelform — der sogenannten Armbrustfibel — in die vorconstantinische Kaiserzeit zurück zu verfolgen. Eine gründliche kunsthistorische Lösung dieser Aufgabe wäre aber nicht möglich, ohne auf die übrigen, mehr oder minder verwandten Fibeltypen und ihre Entwicklung, ja in letzter Linie auf den ganzen erhaltenen überreichen Vorrath an Metallschmuck aus der römischen Kaiserzeit zu reflectieren.

Wer auch nur das in den Donauprovinzen gefundene und hauptsächlich in österreichischungarischen Sammlungen verwahrte einschlägige Material in seiner unermesslichen Fülle überschaut, wird erkennen, dass hier eine Specialaufgabe zu erfüllen wäre, die nicht von einem Einzelnen und nebenher gelöst werden kann. Eine nicht zu unterschätzende Vorarbeit dafür ist bereits seitens der Naturhistoriker geleistet worden, die im Anschlusse an anthropologische und ethnographische Vereine eine Classificierung der Funde nach Formentypen vorgenommen und auch etwaige Behelfe für die Datierung mit Eifer verzeichnet haben.[1] Es ist aber nur selbstverständlich, dass diese Forscher in der zweiten Hälfte des neunzehnten Jahrhunderts jeden Fibeltypus als „Art" in darwinistischem Sinne betrachtet und ihre Entwicklung sich bloß als eine durch Anpassung an Gebrauchszweck, Rohstoff und Technik bedingte mechanische gedacht haben. Da die Anschauung der Archäologen bisher keine andere gewesen ist, und die Naturhistoriker vor diesen in der Exactheit der Forschung eher im Vorsprung waren, so ist es nicht allein begreiflich, sondern auch durchaus sachentsprechend und ersprießlich gewesen, dass die Naturhistoriker bisher auf dem in Rede stehenden Gebiete die Führung hatten. Es darf aber nicht länger verkannt werden, dass eine endgiltige Lösung der damit zusammenhängenden wissenschaftlichen Fragen doch nur von Seite der Kunstarchäologie getroffen werden kann, — freilich nicht von derjenigen, die an den Dingen bloß die antiquarischen und ikonographischen Interessen des Philologen, Epigraphikers und Chronisten wahrnimmt, sondern von jener anderen, welcher die Zukunft gehört, und welche in der Formgebung des kleinsten gebrauchszwecklichen Geräthes dieselben leitenden Gesetze des jeweiligen Kunstwollens zu erkennen trachtet, die in der gleichzeitigen Sculptur und Malerei die Dinge in Ebene und Raum dem Beschauer zu erlösendem Gefallen gestaltet haben.

Um uns der Aufgabe, in der wechselnden Gesammtform der Fibel das Vorwalten der gleichen Entwicklungsgesetze aufzuzeigen, die auch den Wechsel der Durchbruchsarten herbeigeführt

---

[1] Es genügt hiefür beispielshalber auf Otto Tischler's zahlreiche Arbeiten (aufgezählt in den Schriften der physikalischökonomischen Gesellschaft zu Königsberg 1891, Seite 11 ff.) zu verweisen. Das verdienstvolle Buch Oscar Almgreens „Studien über nordeuropäische Fibelformen" lässt die Aufschlüsse ahnen, die eine gleich sorgfältige zusammenfassende Bearbeitung der weitaus reicheren donauländischen Funde der Wissenschaft liefern müsste.

haben, nicht ganz zu entziehen, wollen wir wenigstens die Reihe der uns schon bekannten nach-constantinischen Fibeln auf den gedachten Zweck hin betrachten, und bloß die Julianus-Fibel des Wiener kunsthistorischen Hofmuseums (Fig. 55) aus dem vierten Jahrhundert hinzufügen, weil die letztere den vermittelnden Übergang zu den älteren, zum Theil noch vorconstantinischer Zeit ent-stammenden Entwicklungsstadien der „Armbrustfibel" bildet. Einige allgemeine Vorbetrachtungen über die Fibel sind aber unerlässlich. Diese besteht von Anbeginn aus zwei wesentlichen Theilen: der Nadel und dem Bügel. Die erstere war ihrer Function halber, und weil sie obendrein im

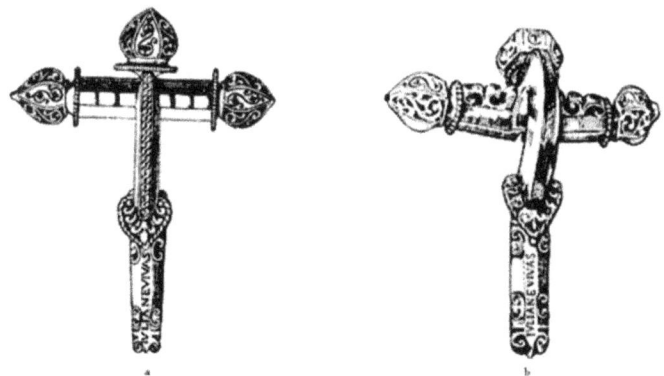

Fig. 55. Julianus-Fibel, Gold, im Wiener kunsthistorischen Hofmuseum, a In senkrechter Draufsicht. b In halber Untersicht von linksher.

Gebrauche von der zusammengenestelten Gewandmasse bedeckt wurde, einer decorativen Behand-lung nicht zugänglich; eine solche konnte somit ursprünglich nur dem Bügel zukommen. Die Punkte, in welchen Bügel und Nadel zusammentrafen, waren gleichsam die Gelenke der Fibel: im Sinne der classischen Kunst somit keine eigenen Theile, wohl aber die Grenzpartien, in denen klare Trennung und zugleich Verbindung der Theile in der Fläche ersichtlich zu machen waren. Daher sind an den ältesten Fibeln von Anbeginn neben dem den Anblick beherrschenden Bügel auch die Spiralfeder und der Schuh der Nadel deutlich wahrzunehmen.

Während der römischen Kaiserzeit beginnt sich nun auch an der Fibel jene Tendenz auf allmähliche Lockerung der Verbindung der Theile in der Fläche geltend zu machen, die uns in der Sculptur jener Zeit so charakteristischermaßen entgegengetreten war.

Es gab hiefür zwei Wege, welche diametral nach Extremen auseinanderführten: entweder der Bügel verschlang und verdeckte alles Übrige, so dass die Gelenke darunter verschwanden — die streng centralistische sogenannte Scheibenfibel; oder die Gelenke emancipierten sich zu selb-ständigen Theilen, und es entstanden Massenformen, wozu sämmtliche von uns oben betrachteten Fibeln gehören. Die Scheibenfibeln waren dem auf Verflachung der Erhebungen gerichteten Zuge der Entwicklung förderlicher, weil sie an Stelle der vormals gekrümmten, offenbar structiven Formen eine ebene, beliebig zu verzierende Scheibe darboten; wir werden ihnen bis tief in die Völkerwanderungszeit hinein begegnen. Dass sie die vornehmere Fassung repräsentierten, geht aus dem Umstande hervor, dass sie laut Münzbildern, Metallschilden (Theodosius-Schild in Madrid), Mosaiken (Justinian in Ravenna) und directen schriftlichen Zeugnissen zum Schmucke der kaiserlichen Tracht gehörten. Die zweite Form, welche die verbreitetere, und zugleich als Massenform die zukunftsreichere und entwicklungsfähigere gewesen ist, hat das ehemalige Spiralgelenk zum Kopfstück, den früheren Nadelschuh zum Fußstück emancipiert.[1] Der Bügel wurde dadurch naturgemäß in seiner Bedeutung wesentlich herabgedrückt und bildet an der neuen Massenform nur mehr einen von drei einander völlig coordinierten Theilen. Die weitere Entwicklung sollte zu einer noch größeren Einschränkung seiner Stellung innerhalb der neuen Massenform führen. Es tritt nämlich zur Tendenz der Emancipierung der Gelenktheile jene zweite auf Verflachung der sichtbaren Formtheile hinzu. Mit dieser Verflachung war der von Natur gekrümmte Bügel von Haus aus unvereinbar. Man versuchte allerdings ihn unter geradem Winkel zu brechen und seine krummflächige Form in eine polygone, aus Ebenen zusammengesetzte zu zerlegen, wofür uns die Wiener Fibel, Taf. XVI. 4—6 zum Beispiel dienen mag; doch scheint diese Lösung nicht befriedigt zu haben, weil hier der Nadelschuh hinter einer Verlängerung des Bügels verborgen werden musste, und man dasselbe vortheilhafter durch einen entschiedenen Übergang zur Scheibenform der Fibel erreichen konnte. Es blieb sonach nur der zweite Ausweg, den ungeberdigen Bügel zu Gunsten der anderen Theile und namentlich des Fußstückes immer mehr einzuschränken, und diese gefügigeren Theile ihrer vormals krummflächigen Form immer mehr zu entkleiden und der Ebene anzunähern. Nachdem wir solchermaßen die Ziele der spätrömischen Entwicklung der „Armbrustfibel" aus den maßgebenden Tendenzen des allgemeinen Kunstwollens damaliger Zeit heraus verfolgt haben, können wir uns der Betrachtung des Processes an den zur Sprache gebrachten vier Fibeln im einzelnen zuwenden.

1. Die Julianus-Fibel (Fig. 55). Der Bügel gleichwertig mit den anderen Theilen, seine Flanken steil abfallend, so dass der Beschauer davon geradeaus bloß den schmalen Rücken mit nielliertem Flechtbande zu sehen bekommt. Das classische Gefühl wirkt nach in den Verbindungen, die zur Röhre des Kopfstückes vermittels einer frei ciselierten Ranke (in anderen

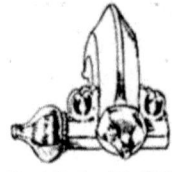

Fällen, wie Fig. 56 zeigt, vermittels einer umschriebenen Ranken-Palmette), zum Fußstück vermittels einer in den Umrissen massiven, im Detail fein gefächerten Palmette überführen. Das Kopfstück aus sechseckiger Röhre mit drei sechseckigen Zwiebelknöpfen (zwei flankierenden und einem krönenden) gebildet, die ihrerseits durch Filigranmanschetten von der Röhre abgegrenzt und an den Seiten abwechselnd durch nielliertes und durchbrochenes Ornament (Ranke in S-Form mit gegabelten Enden, die niellierte außerdem mit dreibeerigen Träubchen an den Enden) geschmückt sind. Das Fußstück auf der abgeflachten Oberseite in drei Ebenen gebrochen (also abermals an das Sechseck gemahnend), die mittlere Ebene mit der niellierten

Fig. 56. Bügel und Kopftheil einer Goldfibel im Wiener kunsthistorischen Hofmuseum.

Inschrift: IVLIANE VIVAS (die sich der Zeit nach ganz gut auf den kaiserlichen Apostaten beziehen könnte), die beiden seitlichen noch mit taktisch hervorstehenden Pelten-Ornamenten ausgestattet. Eine etwas ältere Vorstufe dieser Entwicklung zeigt die Pelten in frei durchbrochener Arbeit an die beiden Flanken des Fußstückes angesetzt; die Tendenz auf Unterdrückung der

---

[1] Aus diesem Stilwandel heraus versteht man auch am besten den Übergang von der Spiralfeder zum Scharnier, der sich in der römischen Kaiserzeit vollzogen hat; bedeutet doch das Scharnier der Feder gegenüber eine Verhüllung oder doch Vergröberung der Gelenksfunction. Ließ man aber die Feder, wie an der Julianus-Fibel (Fig. 55) im innern der polygon-massiven Querröhre verschwinden, dann war ohnehin für das Auge kein anderer Eindruck erreicht, als sich einfacher mit dem Scharnier erzielen ließ.

freien Gliederung und auf Zusammenfassung in geschlossene Massenumrisse führte dazu, die Pelten an den Kern des Fußstückes enge anzukleben, bis mit der gänzlichen Verflachung (Apahida) auch dieser Rest freier taktischer Gliederung in Wegfall kam.

2. Fibel von Apahida (Taf. XVI. 1—3). Der Bügel ist namentlich dem Fußstück gegenüber zu einem Nebentheil geworden; sein Rücken ist nun schmäler, die beiden Flanken minder steil; seine Verbindung mit dem Kopfstück ist die gleiche geblieben, diejenige zum Fußstück auf eine Filigranmanschette beschränkt (die mit Draht umwundene Einziehung zwischen Bügel und Fußstück war für die Draufsicht nicht wahrnehmbar). Das Kopfstück hat gegenüber demjenigen der Julianus-Fibel an Umfang eher etwas eingebüßt, dagegen ist das Fußstück weitaus zum quantitativ wichtigsten Theile geworden und hat sich wenigstens an der maßgebenden Oberseite zu einer einzigen Ebene verflacht. Dass dieser Process bereits gegen Ende des vierten Jahrhunderts zum Abschlusse gelangt war (obgleich die Fibel von Apahida wohl erst dem fünften Jahrhunderte entstammt), beweist eine Fibel des Museums zu Spalato (Fig. 57),[1] auf deren langem und ebenen Fußstück eine in die aufgelegte Silberplatte eingravierte Inschrift EMMANVEL gemäß Professor W. Kubitschek's freundlicher Bestimmung aus paläographischen und epigraphischen Gründen eine Datierung in die genannte Zeit fordert.

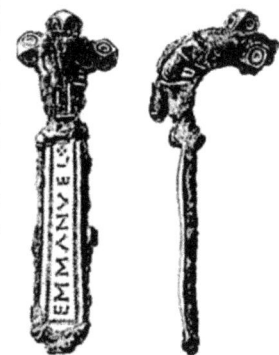

Fig. 57. Fibel aus Bronze und Silber. Museum zu Spalato.

3. Die Fibel vom Palatin schließt sich in formeller Hinsicht vollkommen derjenigen von Apahida an.

4. Die Innsbrucker Fibel. Der Bügel wiederum ganz kurz, der Rücken ist völlig verschwunden, so dass die beiden Flanken noch mehr sichtbar werden. Die Verbindung mit dem Fußstück ist vollständig in Wegfall gekommen, diejenige mit dem Kopfstück als Rudiment auf den Charakter einer technischen Spreize reduciert. Das Kopfstück zeigt in der Form keine weitere Entwicklung über das am Ende des vierten Jahrhunderts Erreichte hinaus; denn die abgestumpften Spitzen der Knöpfe hatte schon die entschieden frühere Fibel XVI. 4—6 aufzuweisen, während die der Innsbrucker so nahestehende Childerich-Fibel die gemeinüblichen Zwiebelknöpfe zeigt.[2] Das Fuß-

---

[1] Der Bügel und Fußtheil aus Eisen stark oxydiert; der Bügel war mit einem tauschierten Muster aus Edelmetall-Lamellen verziert. Am Kopfstück drei facettierte Bronzeknöpfe mit eingeschlagenen concentrischen Kreisen. Auch die Silberplatte des Fußstückes ist mehr gepunzt als graviert.

[2] Das Fehlen zweier Knöpfe am Kopfstück der Innsbrucker Childerich-Fibel erklärt sich aus dem Umstande, dass dieselben hier nicht fest angelöthet, sondern beweglich, weil mit der eigenthümlichen Manipulation des Nadelscharniers zusammenhängend, gewesen sind. Der krönende Knopf war zugleich Handhabe der Nadel, die an der Stelle, wo sie die Querröhre des Kopfstückes passierte, mit einer Öse versehen war. Der fehlende Flankenknopf hinwiederum war die Handhabe einer Querstange, welche durch jene Öse durchgeschoben die Nadel festhielt. Wollte man den Nadelverschluss öffnen, so musste zuerst die Querstange, sodann die Nadel herausgezogen werden. Den gleichen Verschluss zeigte die Childerich-Fibel; diejenige von Apahida enthält ihn mit dem Unterschiede, dass der krönende Knopf hier festgelegt und nur ein aufklappbares dreieckiges Plättchen darin ausgeschnitten erscheint, durch welches das obere (diesmal handhabenlose)

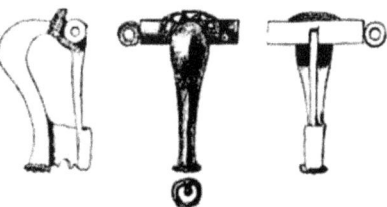

Fig. 58. Fibel aus Silber, mit Goldfiligran verziert. Sammlung Ignaz Weifert in Pancsova.

stück hat nur an der Unterseite den Fortschritt aufzuweisen, dass es die beiden Schrägen von
Apahida nunmehr in eine einzige tonnengewölbte krumme Fläche zusammengezogen zeigt: also
eine Rückkehr zum Taktischen, die aber durch eine absolute Ausfüllung der Oberfläche mit
Kleinmuster in unendlichem Rapport im weitestgehenden coloristischen Sinne ausgeglichen
erscheint.

Wir dürfen nunmehr den unterbrochenen Faden der Entwicklung der Durchbrucharbeit in
Metall wiederum aufnehmen.

Das äußerste Resultat dieser Entwicklung, das wir bisher (in der Verzierung des Fußstückes
der Fibel von Apahida) kennen gelernt haben, müssen wir ganz streng genommen doch noch
eher dem mittelrömischen als dem spätrömischen Stile zuweisen, denn ein bestimmter Rest von
Reliefbedeutung war diesem spätesten Ausläufer des kaiserrömischen Durchbruchs noch ebenso
eigen, wie seinen ersten Anfängen in der beginnenden Kaiserzeit. Im Laufe des fünften Jahrhunderts ist man darum, wie sich gezeigt hat, allenthalben zur gestochenen Arbeit übergegangen.
Erst vom sechsten oder siebenten Jahrhundert an begegnen wir wiederum durchbrochenen Metallarbeiten in großer Menge, die wir im vollsten Sinne des Wortes der spätrömischen Stilart
zuweisen dürfen. Sie stammen zum größten Theile aus Gräberfunden, die uns die Hinterlassenschaft barbarischer Völker repräsentieren.

Es erhebt sich daher angesichts dieser Funde sofort die Frage, ob wir es da wirklich noch
mit Erzeugnissen reichsrömischer Kunst, oder aber mit Originalerfindungen der Barbaren zu thun
haben. Alle jene Kunstsachen, an denen vor allem die soeben formulierte Vorfrage zur Entscheidung gebracht werden muss, sollen im zweiten Theile dieses Werkes ihre Erörterung finden.
Hinsichtlich der einschlägigen Durchbrucharbeiten dürfen wir aber das Ergebnis bereits an
dieser Stelle vorwegnehmen, um den Einblick in die Entwicklung der Durchbrucharbeit zu
einem abschließenden zu gestalten.

Hieher gehören fürs erste Ohrringe (Fig. 59, 60), meist aus Gold, mit großem Reif und
paukenförmigem Anhängsel (darum gewöhnlich „Körbchenohrringe" genannt). Das Wesentliche
für uns ist die Herstellung der halbkugelförmigen Kuppe des Anhängsels aus dünnen Lamellen,
die ein durchbrochenes, wellenbewegtes lineares Rankenmuster bilden. Diese Art des Durchbruches unterscheidet sich von den bisher betrachteten in der gründlichsten Weise durch den
Umstand, als ihr nicht sozusagen eine ideale Fläche zugrunde liegt, von der sich das Muster in
flachem Relief erhebt, sondern die Lamellen ganz frei im Raume componiert erscheinen. Somit ist
hier jede Reliefauffassung verschwunden, und damit die Brücke zur Antike abgebrochen. Der
scheibenförmige Deckel des Anhängsels, sowie ein angrenzender Theil des Reifes sind mit
Filigran und kleinen Buckeln verziert. Diese Ohrringe haben sich namentlich zahlreich in

---

Ende der Nadel vorübergehend in die Höhlung des krönenden Knopfes hinaufgeschoben werden konnte. Dass diese umständliche Art des
Scharnierverschlusses(die man als „bewegliches Scharnier" bezeichnen könnte)spätestens im dritten Jahrhundert bereits gefunden war, beweist
die in Fig. 58 in dreierlei Ansicht wiedergegebene Silberfibel aus Viminacium (an der Stelle des jetzigen Kostolac) am serbischen Donauufer
(im Besitze des Herrn Ignaz Weifert in Pancsova). Die kreisförmige durchbrochene Handhabe an dem einen Ende der cylindrischen Querröhre (der Vorläuferin der sechseckigen der nachconstantinischen Zeit) dient zum Herausziehen der Querstange, welche durch die Öse am
oberen Ende der Nadel hindurchgesteckt ist. Der Kragen, welcher die Verbindung zwischen Bügel und Röhre herstellt, bildet den Ausgangspunkt für die Entwicklung eines besonderen Fibeltypus mit großer, halbkreisförmiger Kopfplatte, wofür wir ein (allerdings im übrigen außer
der geraden Linie liegendes) Beispiel in XVI. 4—6 kennen gelernt haben. Die Goldfiligranverzierung des Kragens und des Fußendes zeugt
ebenfalls noch von einem Rest taktischer Auffassung; in der strengsten Zeit spätrömischer Kunst ist das Filigran nur in den entlegensten
Grenzgebieten des Reiches nachweisbar, wogegen es mit der zunehmenden Rückkehr zu einer taktischen Auffassung, namentlich in der
oströmischen Kunst seit Justinian, wiederum an Geltung gewonnen hat.

Longobardengräbern auf italischem Boden gefunden; auch die Exemplare Fig. 59 (im Wiener kunsthistorischen Hofmuseum, gefunden bei Trient) und Fig. 60 (im Innsbrucker Museum, desgleichen
aus Südtirol) stammen aus diesem Culturkreise. Ihre Fundstellen erstrecken sich aber nicht allein
weit nach Mitteleuropa, sondern auch auf Egypten (aus Silber, vielfach mit angehängten

Fig. 59. Ohrring, Gold, vom Dos Trento.
Kunsthistorisches Hofmuseum in Wien.

Fig. 60. Ohrring, Gold.
Ferdinandeum in Innsbruck.

arabischen Münzen), wo niemals germanische Völkerschaften Fuß gefasst haben. Wir werden
daher die Entstehung dieser Ohrringe in oströmischen Ateliers zu suchen haben, deren Export
nach Egypten und nach den der Adria zugekehrten Landschaften Italiens nichts Auffallendes an
sich hat.

 Eine andere Art durchbrochener Metallarbeiten des sechsten,
siebenten und achten Jahrhunderts bilden Schnallen gleich den
bronzenen, in Fig. 61 und 62 abgebildeten, welchen beiden der
(wohl eiserne und darum hinwegoxydirte) Dorn fehlt.

Die Durchbrechungen des Schnallenringes und der kleinen
Öffnung für den Dorn waren hier durch den Gebrauchszweck
dictiert; ein künstlerisches Wollen spricht sich allein in der Durchbrechung des Heftbeschläges aus, durch die eine umschriebene
dreispaltige Palmette zustande gebracht erscheint. Gravierte Linien
im Innern, welche die Außenconturen begleiten, lassen die Bedeutung des Musters noch schärfer erkennen. Diese Art durch-

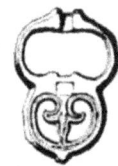

Fig. 62. Bronze-
schnalle aus dem
Kaukasus. Natur-
historisches Hof-
museum in Wien.

Fig. 61. Bronze-
schnalle. Sammlung
Tranquilli in
Ascoli Piceno.

brochener Schnallen zeigt ungefähr die gleiche Verbreitung, wie jene Körbchenohrringe. Das
Exemplar Fig. 61, beim Advocaten Tranquilli in Ascoli Piceno, ist gefunden in einem
Longobardengrabe im Picenischen; Fig. 62, im Wiener naturhistorischen
Hofmuseum, stammt aus Südrussland. Ein ähnliches Exemplar, zu Fayum
in Egypten erworben, befindet sich nebst anderen, in etwas verschiedener
Weise durchbrochenen, aber der gleichen Stilweise angehörigen Exemplaren
egyptischen Fundortes, in meinem Besitze. Für diese Schnallen lässt sich
übrigens der Nachweis des engsten Zusammenhanges mit der spätrömischen
Kunst sogar direct führen, denn genau die gleichen umschriebenen Palmetten, mit derselben charakteristischen Liniengravierung (Fig. 63) bilden

Fig. 63. Fragment eines
durchbrochenen Marmor-
gitters in S. Vitale zu
Ravenna.

das durchbrochene Muster einer Marmorschranke des sechsten Jahrhunderts in San Vitale zu
Ravenna, links vom Altare. [1]

Der Unterschied dieser Art des Durchbruchs gegenüber den früher festgestellten besteht
hauptsächlich in der Gravierung in der Ebene an Stelle der taktischen Krummflächigkeit der
früheren Kaiserzeit, der absoluten Silhouette der mittleren Kaiserzeit.

Fig. 64. Bronze-Schnalle sammt Ergänzungsbeschläg, mit Keilschnittverzierung. Aus Raab. Naturhistorisches Hofmuseum in Wien.

DER KEILSCHNITT.

Die Bronze-Schnalle, deren Abbildung (Fig. 64) wir diesem Capitel voranstellen, mag uns in
das Wesen des zweiten Kunstmittels einführen, dessen sich die vorgeschrittenere römische Kaiserzeit bedient hat, um ihrem auf coloristische Effecte abzielenden Kunstwollen Ausdruck zu
verschaffen.[2] Die zwei Theile, aus denen sich das Schmuckstück zusammensetzt — links die
eigentliche, aus Ring und (verschwundenem, wahrscheinlich eisernem und daher ausgerostetem)
Dorn bestehende Schnalle mit Beschläg, rechts das Gegenbeschläg —, sind in unserer Abbildung
der Klarheit halber auseinander gerückt, wiewohl sie wenigstens während der Zeit, in welcher die
Schnalle in thatsächlichem Gebrauche stand, ein geschlossenes Ganzes bildeten, indem der
Schnallenring den ovalen Ausschnitt des Gegenbeschläges deckte. In zahlreichen Fällen (Taf. XVII.
5, XX. 2—4, XXI. 3) erscheinen darum beide Theile in einem zusammenhängenden Stücke gear-

---

[1] Der Dom und das Museum zu Ravenna enthalten noch eine weitere Anzahl durchbrochener Marmorschranken und Transennen
spätrömischen Stils.

[2] Die Schnalle Fig. 64 ist aus der vormaligen Sammlung Spöttl in das Wiener naturhistorische Hofmuseum gelangt, und soll nach
Angabe ihres früheren Besitzers aus Raab in Ungarn, also von dem Boden der ehemaligen römischen Provinz Pannonien stammen, weshalb
sie auch von Hampel in seinen Atlas Taf. 128 aufgenommen worden ist. Zugleich mit der Schnalle wurde auch das Gürtelbeschläg
Taf. XXII. 4 gefunden.

beitet. Die Absicht war dabei offenbar darauf gerichtet, dem Schmuckstücke durch Beseitigung jeglicher äußeren Gliederung einen in der Masse möglichst einfach geschlossenen und jede Verbindung nach außen ablehnenden Gesammtumriss zu verleihen —, eine Tendenz, die wir in der Composition der kaiserrömischen Kunst bereits seit Augustus in stets wachsendem Maße beobachtet und seit Constantin in ein entscheidendes Stadium eintreten gesehen haben. Des weiteren sei noch bemerkt, dass die einschlägigen Arbeiten, als Schnallen, Beschläge, Riemenzungen, offenbar durchwegs mit dem Ledergürtel und dessen Anhängseln zusammenhiengen und wahrscheinlich zur Ausrüstung römischer Soldaten gehört haben; ihr Material ist ausschließlich Bronze gewesen, und nur in solchen Funden, die nachweislich in Beziehungen zu Barbaren gestanden hatten, und die darum erst im zweiten Theile dieses Werkes ihre Berücksichtigung finden werden, sind silberne (zum Theile vergoldete) Arbeiten dieser Art angetroffen worden.

Wenn wir von der astragalierten Röhre, die das Gegenbeschläg abschließt, und von den Thierköpfen, welche die Scharnieraxe des Schnallenringes im Rachen festhalten und von denen später die Rede sein wird, absehen, so ist die Verzierung sämmtlicher Flächen in einer Weise hergestellt, für die uns, aus der antiken Kunst jede Analogie fehlt. Das Charakteristische liegt in dem Mangel jedweder horizontalen Ebene: es sind nur breitenlose Linien, welche sowohl die höchsten Erhebungen, als die tiefsten Senkungen bilden. Abgesehen von den geperlten Säumen, welche die einzelnen Ornamentfelder von einander trennen, ist die ganze Fläche gleichsam zu lauter keilförmigen Bergen und Thälern verarbeitet, wobei aber die Bergkämme, sowie die Thalsohlen auf die ideale Breite einer Linie eingeschränkt sind. Man wird diese Technik mit dem gleichen Rechte und Unrechte positiv (als Relief) wie negativ (als Gravierung) fassen dürfen. Den gleichen Zweifeln finden wir uns ausgesetzt, wenn wir das Motiv der Muster zu erkennen uns bemühen. Hier scheitern wir schon an der Vorfrage: was Muster und was Grund sein soll? Hätten wir ein Relief vor uns, so müssten offenbar die Berge das Muster bilden; läge eine Gravirung vor, dann wären vor allem die Thäler ins Auge zu fassen. Da aber, wie schon bemerkt, über dieses Verhältnis Ungewissheit herrscht, so bleibt nur der Versuch übrig, aus der Configuration des Ornamentes selbst dessen Bedeutung eruieren zu suchen. Da begegnet uns auf dem Beschläg ein wohlbekanntes Motiv: das Flechtband; verfolgen wir es genauer, so bemerken wir, dass es durch die Thäler (das heißt die Thalwände, nicht die Thalsohlen) gebildet wird, während die Bergkämme rechts und links eine äußere Begrenzung herstellen. Auch das Gegenbeschläg weist uns bekannte Motive: längs der Astragalröhre läuft eine spiralige Wellenranke, während jede der Schmalseiten eine Spiralwelle (laufender Hund) begleitet. Hier wird aber die Wellenranke nicht durch die Thäler, sondern durch die Berge gebildet, und beim laufenden Hund bleibt es vollends unklar, ob Berg oder Thal das Muster darstellen, denn ob wir nun die Thal- oder Berglinien ins Auge fassen: das (reciproke) Muster drängt sich uns in beiden Fällen auf. Es kann hienach keinen Zweifel mehr leiden, dass die Verschleierung des Verhältnisses zwischen Grund und Muster und die dadurch bedingte Unklarheit der Ornament-Motive eine wohlbeabsichtigte gewesen ist. In diesen beiden negativen Bestrebungen kann sich aber die dem Ganzen zugrunde liegende Kunstabsicht nicht erschöpft haben; was ist denn das Positive darin gewesen? Offenbar dasjenige, was an Stelle eines klaren Musters und Grundes den Eindruck des Beschauers durchaus beherrscht: das ist der continuierliche rhythmische Wechsel von Hell und Dunkel. Von je zwei benachbarten Schrägwänden, in welche die Flächen zerlegt sind, reflectiert immer nur eine das Licht, während die andere im Schatten liegt. Es gibt kein absolutes Freilicht, das gleichmäßig und senkrecht in alle Thäler eindränge; selbst ohne ausgesprochenen ein-seitigen Lichteinfall wird unter den zahllosen directen und indirecten Lichtquellen immer irgend eine das Übergewicht behaupten, und die von ihr beleuchteten Thalseiten bilden dann gleichsam die Sonnenseiten, die complementären hingegen die Schattenseiten der Thäler. Je schärfer das Seitenlicht (Taf. XX. 1—3), desto nachdrücklicher wird sich der Gegensatz zwischen Licht- und Schattenseite, Hell und Dunkel ausprägen; völlig verwischt ist er niemals.

Wir erkennen darin sofort die gleiche coloristische Kunstabsicht, die der Durchbrucharbeit in der Art der Fibel von Apahida (S. 144, 145) zugrunde liegt; ja, diese Absicht erscheint im vorliegenden Falle eher noch vollkommener erreicht, als im Durchbruche, denn während bei dem letzteren das helle Muster und der dunkle, durchbrochene Grund unabänderlich dieselben bleiben, wechselt das Verhältnis an den Bronzen, gleich Fig. 64, mit jeder Bewegung ihres Trägers; was soeben Lichtseite war, kann im nächsten Augenblicke Schattenseite sein, wodurch der Charakter des Flimmernden, Schwankenden, Unbestimmten noch eine wesentliche Steigerung erfährt. Nun verstehen wir, warum die Oberflächen dieser Bronzen in einer Weise, die im ganzen vorhergegangenen Alterthum unerhört gewesen wäre, in lauter keilförmige Hebungen und Senkungen geschnitten wurden. Mögen dabei auch Guss und Punzierung vorgearbeitet haben, so ist doch die Vollendung auf den beabsichtigten Effect hin, wie eine aufmerksame Prüfung der besser erhaltenen Fundstücke beweist, durch den Schneidestichel herbeigeführt worden; wir wüssten daher für diese Technik keine passendere Bezeichnung, als diejenige des Keil-schnittes.

Fig. 65. Keilschnitt-Ornamente.

Haben wir sonach die Kunstabsicht festgestellt, welche zum Aufkommen der Keilschnitt-Technik in Metall geführt hat, so obliegt uns zunächst, die Ornamentmotive schärfer zu erfassen, deren sich der Keilschnitt bedient hat, um daran seine coloristi-schen Effecte in Erscheinung zu bringen. In Fig. 65 ist eine Anzahl von Motiven zusammengestellt, die sich an den auf Taf. XVII bis XXII publicierten Keilschnittbronzen vorfinden.

Vor allem sind es lauter lineare Motive, welche offenbar der beabsichtigten Wirkung und den hiefür gewählten Mitteln am besten entsprechen. Es sind aber auch durchaus wohlbekannte Motive, die sich sämmtlich auf die classische Spiralranke zurückführen lassen: S-förmige Ranke, laufender Hund, dreispaltige Palmette, entweder peltenartig oder herzförmig umschrieben, ferner Wirbel-formen, wie Drei- und Vierwirbel. Wenn sich in der Wahl dieser Motive eine Rückkehr zur classischen, ja archaischen Ornamentik der Griechen zu äußern scheint, so haben wir die Vorstufen hiezu bereits an den Durchbrucharbeiten kennen gelernt, deren Ornamentik sich ebenfalls auf der reinen vorakanthischen Ranke aufgebaut hatte. Eine Kunst mit überwiegend coloristischen Absichten kann aber überhaupt körperlich greifbare Motive nicht wohl brauchen, und muss sich daher bestrebt zeigen, deren tastbare Körperlichkeit nach Möglichkeit einzuschränken. Von diesem Standpunkte aus lässt sich auch die Umbildung der vormals fetten Akanthusblätter in schmale, tief eingekerbte Zacken am besten begreifen, wie sie sich neben dem gebohrten Akanthus, und aus der gleichen coloristischen Kunstabsicht bereits seit dem zweiten Jahrhunderte der Kaiserzeit entwickelt hatte; die Diocletians-Bauten zu Spalato bieten für beide Gattungen — gebohrten und gekerbten Akanthus — vortreffliche Beispiele aus derjenigen Phase ihrer Entwicklung, welche der vollständigen coloristischen Auflösung in helle (positive) und dunkle (negative) Kleinzacken (Fig. 54) vorausgieng; die keilförmige Einkerbung der Blätter (in Fig. 54 an dem dreispältigen Rankenkelch in der Mitte und auf der rechten Seite) hat sich die ganze spätrömische Zeit hindurch erhalten und ist insbesondere auch jener oströmischen Band-ornamentik eigen, mit deren Erfindung man neuerdings durchaus die Longobarden beehren möchte. Der Keilschnitt wusste übrigens auch minder fügsame Motive in sein Hell-Dunkel-System umzusetzen, wie zum Beispiel den Eierstab, der überaus häufig auf diesen Bronzen wiederkehrt (Taf. XVII. 3, 5, 6, XIX. 2), und gegenüber der strengen Keilform der übrigen Senkungen eine weichere, muldenartige Aushöhlung erhalten hat. [1]

Dass unter den Compositionen der Keilschnittbronzen auch der unendliche Rapport begegnet (Taf. XX. 4, XXI. 3), kann natürlich nicht überraschen.

Von den Ornamenten der Schnalle Fig. 64, welche nicht in Keilschnitt ausgeführt sind, verdienen neben der astragalierten Röhre des Gegenbeschlägs namentlich die beiden Raubthier-köpfe Beachtung, welche die Scharnieraxe im Rachen halten. Sie erfüllen hiemit die echt antike Function der Trennung und zugleich Verbindung in der Fläche; der Eindruck der Nothwendig-keit, den antike Kunstwerke auf uns machen, beruht ja zum großen Theile auf dieser durch-gängigen, evidenten Motiviertheit des Nebeneinander der einzelnen Theile, die erst von der spätrömischen Kunst geradezu grundsätzlich preisgegeben worden ist. Uns interessiert hier die taktische Behandlung der Köpfe mit Bart und geschlitzten Ohren; dagegen ist das Fell durch eingeschlagene Punkte in der gleichen coloristischen Weise markiert, die wir zum Beispiel an der Haar- und Bartbildung der Kaiserbüsten von Marc Aurel an ständig beobachten können.

Die Raubthierköpfe als Halter der Scharnieraxe kehren fast an sämmtlichen Keilschnitt-schnallen typisch wieder, wobei sie, dem Verlaufe der weiteren Entwicklung des Reliefs entsprechend, allmählich alle krummflächige Ausladung einbüßen und schließlich zu einer voll-ständigen Ebene verflachen (Taf. XIX. 2, 4, XX. 3). Die Thierfigur spielt aber in den Keilschnitt-bronzen noch eine weit bedeutendere Rolle.

Es gibt unter den Gürtelbeschlägen auch solche, die in Dreieckform zu einer Spitze zulaufen, ferner Riemenzungen, an denen eine mehr oder minder spitze Endigung schon durch den Gebrauchszweck nahegelegt war. Es verräth abermals den Nachklang classischer

Fig. 66. Gürtelbeschläg aus Bronze. Museum in Aquileia.

Empfindung, dass man in mittelrömischer Zeit, in welcher aller Wahrscheinlichkeit zufolge die ersten Erzeugnisse dieser Kunstgattung entstanden sind, die Verschneidung zweier Geraden in der Spitze eines gleichschenkeligen Dreiecks hart und störend empfand und den begrenzenden Umrisslinien bei aller durch den erfolgten Stilwandel bedingten Tendenz auf Ein-fachheit und gliederungsarme Massigkeit einen bewegten Verlauf zu geben trachtete. Darin haben wir den künstlerischen Existenzgrund für die Thier-figuren zu suchen, die wir an zahlreichen Keilschnitt-

Fig. 67. Riemen-zunge aus Bronze. Museum in Aquileia.

---

[1] Vortreffliche datierte Beispiele für diese dem Kunstwollen der vorgeschrittenen Kaiserzeit so sehr entsprechende Umwandlung des convexen Eierstabs in concave Gebilde liefern die Fassungen der in Ravenna nach 402 n. Ch. geschlagenen Medaillons von Honorius und Galla Placidia im Louvre, abgebildet bei Fröhner, les medaillons de l'empire romain S. 242. 243. Auch diese concave Bildung der Blatt-lappen hat sich in die spätrömische Zeit vererbt, und wir werden ihr im zweiten Theile dieses Werkes auf Fundstücken oströmischer Prove-nienz aus Ungarn und vom Kaukasus, des sechsten und siebenten Jahrhunderts, wieder begegnen.

bronzen längs der abschließenden Dreieckschenkel gelagert antreffen. Eines der frühesten Beispiele hiefür bietet das Beschläg Fig. 66 aus Aquileia. Hier war es offenbar auf die undulierend bewegte Rückenlinie der beiden Löwen abgesehen, die knapp vor ihrem Ablaufe sich noch einmal in dem Drachen-kopfe am Ende des Schweifes zu wirksamem Abschlusse erhebt. Die Behandlung im Detail entspricht völlig den Raubthierköpfen der Schnalle Fig. 64. Die Scheibe zwischen den Rachen der beiden Löwen beweist in gleichem Maße wie die an die Chimaera erinnernden Drachenköpfe am Ende des Schweifes die rein decorative Function dieser Thierfiguren. Auch die Riemenzunge Fig. 67 aus Aquileia zeigt zwei gelagerte Löwen in ganz ähnlicher Anordnung. Auf dem Beschläg Taf. XVII. 6 sind es fischschwänzige, marine Monstra, die ihre Zugehörigkeit zum Motivenschatz der griechischen Antike unzweideutig verrathen. An der Riemenzunge Taf. XXII. 9 hat man oberhalb des gleich-schenkeligen Dreieckschlusses eine Einziehung angebracht, die nun ihrerseits mit einem isolierten Thierkopfe ausgefüllt wurde.

Fig. 68. Riemenzunge aus Bronze. Museo Kircheriano.

Das Gleiche zeigt in flüchtigerer Ausführung die Riemenzunge Fig. 68 und Taf. XIX. 9; an Taf. XIX. 7 ist die Flüchtigkeit geradezu bis zur Rohheit gesteigert. In diesen beiden Fällen wird durch das unmittelbare Heranrücken des hinteren Kopfes an den Schweif des vorderen Thieres das uralte Motiv der einander verfolgenden Thiere (namentlich in Form der Hasenjagd) ins Gedächtnis gerufen. Die spätesten Repräsentanten der zwei gelagerten Vierfüßler im Profil bieten die Riemenzüngen Taf. XXII. 1 und 7, an denen die Thierfiguren bereits bis zur Ebene verflacht erscheinen.

An einer bestimmten Gattung von Schnallen des fünften Jahrhunderts, die den Keilschnitt-bronzen nahestehen und an späterer Stelle in Erörterung gezogen werden sollen, findet sich eine Erweiterung der Anwendung des Thierkopf-Motives auf die Spitze des Schnallendorns. Dies geschah gewiss nicht im Sinne classischer Empfindung, denn diese hätte ein Motiv, das bereits für die Function des ruhigen Festhaltens typische Anwendung gefunden hatte, niemals gleich-

zeitig für eine davon so grundverschiedene Function, wie die-jenige der vorwärts stechenden Bewegung, in Gebrauch gesetzt. Alle älteren Schnallen (zum Beispiel Taf. XIV. 6) haben daher den Dorn in eine feine Spitze auslaufen lassen. Die mittlere Kaiserzeit hat allmählich breitere und massigere Dornformen aufgebracht, und diese hat man dann an den Kanten abgeschrägt (gleich den Fibeln, vergl. Seite 150) und auch sonst mit kleinen Einkerbungen verziert (Taf. XVIII. 5, XX. 3); in einzelnen Fällen hat man sogar Flügel angebracht (Taf. XIX. 5),[1] die dann noch des weiteren Ein-kerbungen erfuhren (Fig. 69). Einen wirklichen,

Fig. 69. Bronze-Schnalle. Museo Kircheriano. Rom.

Fig. 69 a. Seiten-ansicht des Dorns der Schnalle Fig. 69.

---

[1] Diese Schnalle des vierten Jahrhundertes erinnert nur in der Oven-Reihe an die Keilschnitt-Technik, im übrigen ist ihre Verzierung durch Guss und Ciselierung, ferner Panzierung und Silberplattierung hergestellt. Trotz der Abwesenheit des eigentlichen Keilschnittes und des Durchbruches begegnen abermals die uns schon vertrauten linearen Rankenmotive (S-Ranken und spiralige Wellenranke). Auch auf die geperlte Einfassung mit eingepunzten concentrischen Kreisen darf hingewiesen werden.

unzweifelhaften Thierkopf habe ich aber bisher an keinem Dorn einer Keilschnittschnalle aufzufinden vermocht. Dass barbarische Beschauer und Gebrauchnehmer solcher Arbeiten in den
Einkerbungen der Dornspitze Augen erblickt und das Ganze für einen Thierkopf angesehen
haben mochten, erscheint freilich nicht allein denkbar, sondern sogar wahrscheinlich. Hier haben
wir nur festzustellen, dass die mittelländischen Verfertiger der Keilschnittschnallen nicht daran
gedacht haben, an die Spitze des Dorns einen Thierkopf zu setzen.

Es obliegt uns nun die Aufgabe, den Zeitpunkt des Aufkommens und des Verschwindens
des Keilschnittes und der dazwischen liegenden Entwicklung desselben zu eruieren. Der Umstand,
dass die Denkmäler dieser Technik fast ausnahmslos Schmuckstücke des Ledergürtels gewesen
sind, veranlasst uns, eine kurze Betrachtung über die historische Stellung und Bedeutung
dieses Trachtbestandtheiles überhaupt vorauszuschicken. Den wichtigsten Theil der metallenen
Ausstattung des Gürtels bildet hinwiederum die Schnalle; man könnte daher ebensogut die Frage
nach der historischen Stellung der Schnalle und der durch sie charakterisirten Tracht aufwerfen.

Zwei Schmuckstücke sind es, die innerhalb der Gesammtmasse vorkarolingischer (im
weitesten Sinne „prähistorischer") Schutt- und Gräberfunde die vornehmste Rolle spielen, und
daher seit jeher die Aufmerksamkeit der typenforschenden Naturhistoriker erweckt haben:
F i b e l und S c h n a l l e. In den ältesten Funden gibt es keine Schnallen; die Fibel behauptet hier
allein den Platz als Befestigungsmittel der Tracht. Dann sehen wir eine Zeitlang beide Arten
gemeinsam nebeneinander auftreten. Spätestens vom siebenten Jahrhundert n. Ch. treffen wir
auf Gräber, die nur mehr Schnallen und gar keine Fibeln enthalten. [1] Daraus folgt der zwingende
Schluss, dass Fibel und Schnalle zwei verschiedenen Entwicklungsstadien der Tracht angehören.
Suchen wir uns dieselben in wenigen Zügen zu vergegenwärtigen.

Die Entwicklungsgesetze der Tracht sind von dem gleichen allbeherrschenden Kunstwollen
dictiert, wie diejenigen jeder anderen kunstschaffenden Thätigkeit des Menschen. Das älteste,
streng taktische Kunstwollen fand offenbar seine größte Befriedigung bei Vermeidung aller
körperlichen Hülle, die ja nur eine Verunklärung der tastbaren Körperlichkeit mit sich bringen
konnte. Diese Auffassung klingt noch deutlich bei den Egyptern an; soweit dieses Volk eine
Kleidertracht angenommen hat, blieb dieselbe allezeit entweder taktisch-faltenlos, oder wo Falten
vorkamen, wurden sie möglichst seicht — mehr tastbar als sichtbar — gemacht. Die Weise, wie
die Griechen das Trachtproblem gelöst haben, ist bis zum heutigen Tage einer ihrer größten
Ruhmestitel geblieben. Das Grundprincip ihres Kunstwollens — klare Trennung und doch
harmonisch-nothwendige Verbindung der Theile unter einander — haben sie an der Tracht in
der Weise verwirklicht, dass sie die Kleidung sich vollkommen frei und selbständig vom Körper
loslösen und die Glieder dennoch in unmittelbarer Klarheit begleiten ließen. Das Mittel
hiezu war die gefaltete Draperie; die Kleidung wurde dem Körper frei übergeworfen, nicht
enge angezogen und auch nicht festgebunden. Das Befestigungsmittel musste vielmehr ebenfalls
ein freies und selbständiges sein: das ist der Ursprung der Fibel. Ein Hinausgehen über dieses
Stadium der classisch-antiken Tracht bedeutet schon der gegürtete Chiton. Noch bauscht sich

---

[1] Zum Beispiel auf alemannischem Gebiete. Man könnte infolge dessen versucht sein, den Übergang von der Fibeltracht zur Schnallen-
tracht als Symptom der „Barbarisierung" der Mittelmeervölker durch die Germanen aufzufassen. Diesem Irrthume mag sofort mit dem Hinweise
auf die höchst bezeichnende Thatsache begegnet sein, dass die Fibel gerade bei denjenigen Germanen, die einer unmittelbaren Berührung
mit der Mittelmeercultur dauernd fern geblieben waren — das ist bei den Nordgermanen — bis in die Wikingerzeit das beliebteste und am
reichsten verzierte Schmuckstück geblieben ist.

das Gewand in freiem Wallen um die Glieder herum, aber wenigstens an einer Stelle erscheint es bereits dem Körper darunter untergeordnet und dienstbar gemacht. Solange diese Function durch ein schmales, geknotetes Bändchen erfüllt wurde, überwiegt noch der Charakter der Fibeltracht. Allmählich wuchs aber das Streben nach Festlegung des Gewandes, das schmiegsame Band wurde zum harten Ledergürtel, der wiederum ein widerstandsfähigeres Befestigungsmittel — die metallene Schnalle — nach sich zog. Solange der Gürtel schmal blieb, genügte ein einfacher Ring mit Dorn (so noch fast ausnahmslos an den zu Pompeji gefundenen Schnallen);[1] sobald er aber breiter wurde, ergab sich allmählich die Nothwendigkeit ein Beschläg anzufügen, an welches die Schnalle im Scharnier eingehängt werden konnte, und das eine solide Befestigung mittels mehrerer Nägel am Ledergürtel gestattete. Die Ausbildung dieses Beschläges, die in die vorconstantinische Kaiserzeit fällt, scheint sehr langsam vor sich gegangen zu sein.

Die Schnalle Taf. XIV. 6 aus der früheren Kaiserzeit zeigt das Beschläg in einen oberen und unteren Theil zerlegt, wovon der untere, einfach bandförmige, die Function der Befestigung der Schnalle am Riemen eigentlich zu erfüllen hatte, aber dabei unsichtbar blieb, während der obere, durchbrochene lediglich die Ansprüche des Kunstwollens befriedigen konnte. Noch an Soldatengrabsteinen der mittleren Kaiserzeit (Lindenschmit, Alterthümer, I. 4, 6; I. 9, 4; I. 11, 6) begegnen große, halbkreisförmige Schnallenringe ohne alle Zuthat, also offenbar in das zu einer Schleife zusammengebogene Ende des Gürtelriemens eingehängt; dieselben Denkmäler zeigen aber auch den Gürtel mit einer Reihe viereckiger Beschläge ausgestattet, deren jedes mit getriebenen Buckeln (also noch in Nachwirkung der taktischen Auffassung)[2] verziert erscheint. Nun erkennt man auch die Vorzüge, welche der Keilschnitt für die metallene Gürtelausstattung mit sich brachte: er gestattete die Anbringung großer und starker flächenhafter Beschläge, die beide Functionen der Befestigung und der künstlerischen Befriedigung in gleicher Weise zu erfüllen vermochten. Wir müssen demnach schon aus Gründen, die uns allein durch die Entwicklungsgeschichte der Tracht an die Hand gegeben werden, zu dem Schlusse gelangen, dass die Keilschnittbronzen erst seit der mittleren römischen Kaiserzeit in Aufnahme gekommen sein können. Dadurch erscheint der Zeitansatz, zu dem wir durch das daran beobachtete Kunstwollen gedrängt werden, vollauf bestätigt. Wir haben nun die Geschichte des Keilschnittes, soweit dies mit den heute zu Gebote stehenden Mitteln möglich ist, des näheren zu verfolgen.

Vor allem empfiehlt sich ein Blick auf die Fundstatistik, weil sie lehrt, dass die Fundstätten fast ausnahmslos mit ehemaligen römischen Niederlassungen zusammenhängen. Um mit Österreich zu beginnen, kennen wir einschlägige Funde aus Enns (Laureacum) in Oberösterreich, und dem unfernen Oed in Niederösterreich, ferner aus Wels (Ovilabis) in Oberösterreich, Maxglan bei Salzburg, Aquileia und Salona. In den Ländern der ungarischen Krone besitzt das Museum von Agram einige einschlägige Funde aus Sissek (Siscia); ein anderes pannonisches Fundstück

---

[1] Ich entsinne mich eines einzigen Exemplares darunter, das mit einem einfachen ornamentlosen, sechseckigen Beschläge ausgestattet ist. Freilich erscheint es nicht über alle Zweifel erhaben, dass die im Museo Nazionale zu Neapel befindlichen Schnallen angeblich pompejanischer Herkunft in der That sammt und sonders aus dem ersten nachchristlichen Jahrhundert stammen. Ich meine darunter nicht die in separater Vitrine ausgelegten Schnallen, von denen schon J. Undset in einem sehr beachtenswerten, von uns noch öfter anzuziehenden Berichte über die Alterthümer der Völkerwanderungszeit in Italien (Zeitschrift für Ethnologie 1891, S. 14 ff.) vermuthet hat, dass sie der spätrömischen und der Völkerwanderungszeit angehören: auch die für eigentlich pompejanisch geltende Collection enthält vielmehr Typen, die noch in den dänischen Moorfunden nicht überraschen würden.

[2] In den Grenzgebieten der römischen Reichscultur ist, wie sich im zweiten Theile dieses Werkes des näheren zeigen lassen wird, die taktische Auffassung vereinzelt bis in die spätrömische Zeit in Geltung geblieben.

(aus Raab) haben wir in Fig. 64 kennen gelernt. Jenseits der Donau haben sich bisher nur drei versprengte Exemplare in Szamos-Ujvár (Banat) gefunden (Hampel, Atlas Taf. 315, unsere Taf. XXII. 9); doch ist auch dieses letztgenannte Gebiet nicht völlig außerhalb der römischen Einflussphäre gestanden. Dagegen fehlen bis jetzt Fundstücke aus reinem Barbarenlande vollständig. Außerhalb unserer Monarchie sind Keilschnittbronzen der vorhin festgestellten typischen Art gefunden in England,[1] Belgien,[2] Frankreich,[3] den Rheinlanden[4] und Italien;[5] ein vereinzeltes Stück im westlichen Peloponnes[6]. Die Fundstätten erstrecken sich sonach fast über das ganze weströmische Reich; auf nachmals oströmischem Boden sind solche bisher nur in den der Adria zugewandten Ortschaften Salona und Olympia festzustellen gewesen. Ferner verdient erwähnt zu werden, dass die anderweitigen Fundsachen, die man zusammen mit den Keilschnittbronzen gehoben hat, niemals auf entschieden nachrömische Zeit hinweisen.[7]

Für das älteste Zeugnis des Keilschnittes haben wir einen zu Chester in England gefundenen Denkstein anzusehen, dessen römische Inschrift aus paläographisch-epigraphischen Gründen dem Anfange des dritten Jahrhunderts zugewiesen werden muss (abgeb. bei Roach Smith, Collectanea antiqua, Part. I. Vol. VI, Taf. VII, no 2); seine kräftige Gesimsplatte weist auf einer Seite ein Zickzackmuster, auf der andern ein Ornament gleich unseren Taf. XX. 4 und XXI. 3, beide — die Richtigkeit der Abbildung bei Roach Smith vorausgesetzt — unzweifelhaft mit dem Meißel in Keilschnitt ausgeführt. Das älteste datierte Denkmal dieser Technik in Metall stammt ebenfalls noch aus dem dritten Jahrhundert: die Fassung eines Medaillons des Kaisers Tetricus (269—272), abgebildet bei Fröhner, Medaillons de l'empire romain S. 231. Nicht minder in Gold, aber weit flüchtiger ausgeführt sind die Keilschnittfassungen einiger Kaisermedaillons des vierten Jahrhunderts aus dem großen Funde von Szilágy Somlyó im Wiener kunsthistorischen Hofmuseum. Ähnlich datierbare Keilschnittarbeiten in Bronze haben sich zwar bisher nicht gefunden;[8] aber figurale

---

[1] Roach Smith, Collectanea antiqua IV. Taf. 42.

[2] Annales de la Société archéologique de Namur VI., XIV.

[3] Roach Smith a. a. O. Taf. 43 (Fundstücke aus Houdan, Seine et Oise).

[4] In allen rheinischen Museen in Fülle vorhanden und vielfach publiciert, so unter anderem von Lindenschmit im Handbuch Taf. VII.

[5] J. Undset in der Zeitschrift für Ethnologie 1891, S. 14 ff.

[6] Ausgrabungen von Olympia IV. Bronzen Taf. 71 Nr. 1357: eine Riemenzunge, deren Zugehörigkeit zur Classe der Keilschnittbronzen mit Thierfiguren zuerst B. Salin erkannt und im Månadsblad der Stockholmer Akademie 1894 (Några tidiga former af germanska fornsaker i England S. 11) zur Sprache gebracht hat, trotzdem jene Reproduction sehr viel zu wünschen übrig lässt, hauptsächlich weil der Zeichner die Vorder- und Hinterbeine der aufgelagerten Thiere nicht als solche erkannt hat.

[7] Unter den österreichischen Funden hat bloß derjenige von Maxglan im Salzburger Museum (auf Taf. XVIII vereinigt) eine Anzahl von begleitenden Gegenständen aufzuweisen. Es sind dies insbesondere: 1. zwei offene Armringe, mit spitzen Enden anstatt der verdickten der Völkerwanderungszeit; 2. ein silberner Ohrring mit anhängenden konischen Tropfen, von einem Typus, der seit dem zweiten Jahrhundert der Kaiserzeit weit verbreitet war; 3. eine einfache Schnalle, deren Beschlägblech mit eingeschlagenen Kreisen, sowie der ovale, in der Mitte der Stirnseite etwas eingebogene Ring mindestens nichts schlechtweg Unrömisches verrathen.

Selbst Lindenschmit der Ältere, der die ganze Classe für germanisch-barbarischen Ursprunges gehalten hat, fand sich bewogen, von einer von ihm (Alterthümer I. 8, 7) publicierten Keilschnittschnalle anzumerken, dass sie von dem ältesten christlichen Friedhofe nächst der Liebfrauenkirche zu Worms stamme.

[8] Dr. Bernhard Salin, Schüler von Montelius und Assistent des Stockholmer Museums, hat in einem Aufsatze, der sich hauptsächlich mit Keilschnittarbeiten beschäftigt (några tidiga former af germanska fornsaker i England), im Månadsblad der Stockholmer Akademie 1894, auch als Separatabdruck erschienen im Jahre 1897) unter anderem von einer Keilschnittbronze berichtet, in deren Gemeinschaft eine Arcadius-Münze gefunden wurde. — Bei dieser Gelegenheit möge ein- für allemale das Verhältnis zur Sprache gebracht werden, das der Verfasser dieses Werkes den Münzfunden gegenüber beobachtet zu sollen glaubt. Ein bestimmtes Maß von Wichtigkeit ist ihnen für den nordischen Funden natürlich nicht abzusprechen; andererseits darf aber auch ihre Bedeutung nicht überschätzt werden, denn es sind schon Fälle vorgekommen, dass die Münzen nicht einmal einen untrüglichen Terminus ante quem non abgegeben haben. Die Forscher, welche den Münzen eine grundlegende Bedeutung für die Datierung einzuräumen geneigt sind, müssen zwingendermaßen zu höheren Zeitansätzen gelangen, als andere, die ihre Datierungskriterien überwiegend aus den entwicklungsgeschichtlichen Wahrnehmungen schöpfen. Die chronologische Bestimmung der nordischen Funde für die Zeit von Christi Geburt bis auf Karl den Großen, wie sie von

Zuthaten ermöglichen es wenigstens an einem dieser Denkmäler, seine Zugehörigkeit zur römischen Kunst des vierten Jahrhunderts festzustellen. Es ist dies eine große Schnalle (mit ausgefallenem Ring und Dorn) in der Sammlung Augusto Castellani in Rom, die zweifellos in Italien gefunden und bereits im Jahre 1891 von J. Undset in der Berliner Zeitschrift für Ethnologie publiciert wurde, ohne aber seither die verdiente Berücksichtigung erfahren zu haben, weshalb wir sie hier in einer Originalaufnahme (Fig. 70) neuerdings zur Abbildung bringen.

Fig. 70. Bronzeschnalle, zum Theile vergoldet, mit Silber beschlagen und nielliert.
Sammlung Augusto Castellani in Rom.

Wir begegnen da einer ganz ungewöhnlichen Mischung von Techniken. In Niello ist das umrahmende Flechtband und die Reihe schräggestellter Blätter (Halbierung des Musters von Taf. XX. 4 und XXI. 3 im Sinne des unendlichen Rapports) an der Grenze zwischen dem viereckigen und dreieckigen Theile hergestellt. Die beiden Greifenköpfe, in welche die Spitze des Beschläges ausläuft, sind gepunzt. Die eigentlichen Keilschnittflächen mit ihrer geperlten Umrahmung bilden bloß Füllungen zwischen drei figural verzierten Feldern mit gravierten und ehemals vergoldeten Figuren auf silberbelegtem Grunde. Das offenbar heidnische Sujet in dem kreisrunden Felde mit den zwei weiblichen Figuren und dem Hunde dazwischen ist im fünften Jahrhundert ebensowenig mehr zu erwarten, als der leichte und sichere Fluss ihrer Umrisslinien. Dagegen verrathen die beiden Portraitköpfe — des jungen Mannes und der Frau mit Haarnetz und Diadem — bereits jene Starrheit des Blickes, die sich an den Steinporträten erst in nachconstantinischer Zeit beobachten lässt. Nach alledem werden wir die Arbeit der Zeit zwischen Constantin und Theodosius zuzuweisen haben. Selbst Undset

---

Montelius und seiner Schule durchgeführt worden ist, bedeutet vielleicht das schwierigste Stück Arbeit, das die Archäologie bisher überhaupt geleistet hat. Alle zugänglichen Fundnotizen wurden geradezu gesiebt, alle verwertbaren Parallelen zusammengestellt, den unscheinbarsten Nebenumständen Beachtung nicht versagt. Die Resultate dieser mückenseiherischen Arbeit hat Montelius selbst zuletzt niedergelegt in der „Svenska fornminnes föreningens tidskrift", und zwar in einer Serie von Aufsätzen über den „nordiska jernålderns kronologi", wovon uns namentlich der im 9. Bande 215 ff. enthaltene über „den romerska äldre jernålderns senare del" und im 10. Bande S. 55 ff. über „folkvandringenstidens förra del" interessieren. Jede künftige Forschung wird mit diesen Aufstellungen zu rechnen haben, deren statistischer Wert schon allein ein unschätzbarer ist. Aber die Zeitstellungen im einzelnen, zu denen Montelius und seine Schüler gelangt sind, dürften sich kaum allgemeine Geltung erringen; für den Norden, wie für den Süden scheinen sie vielmehr durchwegs viel zu früh gegriffen. Eine Chronologie, welche dazu führt, den Kragehul-Moorfund mit seinen kunstplanmäßig abgeplatteten und zoomorphisierten Bandverschlingungen in den Anfang des fünften Jahrhundertes zu versetzen, kann angesichts der feststehenden Gesammtentwicklung im großen, im Norden wie im Süden, unmöglich acceptiert werden. Nichtsdestoweniger ist die skandinavische Forschung heute fast die einzige auf dem uns beschäftigenden Gebiete, deren streng methodisch-geschichtswissenschaftlicher Charakter, mit wenigen Ausnahmen frei von ethnographischen Phantasien und Liebhabereien, den Anspruch auf ernste und eingehende Erörterung ihrer Ergebnisse erheben darf.

hatte sie der „spätesten antiken Kunst" zugezählt, und damit jede Vermuthung barbarischen Ursprunges ausdrücklich abgelehnt.

Welchen Ausgang die Keilschnittarbeit in Bronze gefunden hat, veranschaulichen uns erstmals Fundstücke gleich Taf. XXII. 1 und 7. Beide Riemenzungen zeigen eine so weitgehende Identität der Verzierung, dass man sie für Erzeugnisse einer und derselben Fabrik halten möchte, was mit Rücksicht auf die auch sonst nachgewiesenen Beziehungen zwischen den Fundstätten beider Stücke (Salona und Sissek) viele Wahrscheinlichkeit für sich hat; jedoch ist Nr. 1 in der Entwicklung noch um eine Nuance vorgeschrittener. Die Neuerung besteht darin, dass die Berge sich abflachen und verbreitern, während die Thäler ihre lineare Sohle behalten und nur noch schmäler und spaltenhafter werden: also abermals eine bedingte Rückkehr zum Taktischen, neben grundsätzlichem Festhalten an der optischen Auffassung.

Noch deutlicher tritt dieses Resultat an dem Beschlägstücke Taf. XXII. 2 entgegen, das nebst einer silbernen Schnalle mit Granateneinlage in der Dornwurzel — einer zweifellos römischen Arbeit — und einer verrosteten massiven Eisenschnalle zu Wels gefunden worden ist. Am nächsten dem Keilschnitte erscheinen die beiden Muster der Bordüre: an den Schmalseiten Zickzack, an den Langseiten halbierte Rosetten im Sinne des unendlichen Rapportes. Das Innenfeld ist mit geometrisch-linearen Mustern in drei Streifen ausgefüllt, von denen namentlich die reciproken Gamma-Figuren einem coloristischen, motivfeindlichen Kunstwollen auf das genaueste entsprechen, weshalb wir sie auch namentlich an den spätrömischen Textilfunden aus Egypten überaus häufig begegnen. Die technische Ausführung aber zeigt ganz flach gewölbte Bänder, die durch feine lineare Grundfurchen getrennt sind. Dank der gleichmäßigen Breite der erhabenen Theile des Ornamentes tritt hier die veränderte Kunstabsicht noch deutlicher zutage, als an den vorher genannten Riemenzungen. Der Zeitpunkt freilich, wann diese Auflösung des Keilschnittes eingetreten ist, entzieht sich dermalen noch einer genaueren Bestimmung.

Im zweiten Theile dieses Werkes werden wir Nachfolger des Keilschnittes kennen lernen, die frühestens dem sechsten Jahrhundert zugeschrieben werden müssen. Überhaupt entspricht der Keilschnitt in der Fassung, in der ihn Fig. 64 zeigt, eher dem mittelrömischen, als dem spätrömischen Kunstwollen. Man wird daher kaum fehlgehen, wenn man den Umschwung in die Zeit zwischen 450 und 550 n. Ch. versetzt.

Die Uniformität der Verzierungen, die uns an den Keilschnittbronzen der entlegensten Fundstätten (von England bis Italien, von Frankreich bis zum Balkan) begegnet, lässt auf eine fabriksmäßige Massenproduction in Staatsanstalten schließen, die den Bedarf der Soldaten und Beamten in den Provinzen zu decken hatten. Ob wir aber diese Fabriken im Osten oder im Westen des Reiches zu suchen haben, lässt sich heute noch nicht sicher ausmachen. Der Umstand, dass die bisher constatirten Fundstätten fast durchwegs auf weströmischem Reichsboden liegen, ließe sich wohl zu Gunsten weströmischer Entstehung der Fundstücke deuten. Es ist aber anderseits zu bedenken, dass der Boden des ehemals römischen Orientes bisher auf ähnliche Kunstware hin überhaupt noch nicht untersucht worden ist. Sind ja doch selbst in Italien die sogenannten völkerwanderungszeitlichen Denkmäler bis vor kurzem so gut wie unbeachtet geblieben; seitdem aber die Aufmerksamkeit darauf gelenkt worden ist, folgen die großen Entdeckungen Schlag auf Schlag, und erweist sich dieses ehemals classische Land als die reichste Fundstätte „barbarischer" Kunst in Europa. Wer kann dafür bürgen, dass man die gleiche Erfahrung nicht auch im Oriente machen wird, sobald erst die entsprechenden äußeren Bedin-

gungen für eine Hinwegräumung des anderthalb Jahrtausend alten Schuttes vorhanden sein
werden?

Es lässt sich übrigens schon heute der directe Nachweis führen, dass die eigenthümliche
Kunstweise des Keilschnittes den Oströmern nicht unbekannt geblieben ist. Die Zeugnisse
dafür sind zwar nicht Metallgegenstände, sondern Holzschnitzereien. Fig. 71 gibt die geschnitzte

Holzleiste aus einer kop-
tischen Kirche in Alt-Kairo
wieder. Die Technik ist die
typische des Keilschnittes.
Das Ornament weist eine
intermittierende Wellenranke
mit einer umschriebenen Palmette in der Mitte, je einer
gesprengten Palmette zu den

Fig. 71. Koptische Holzschnitzerei. Sammlung M. Herz in Kairo.

Seiten, durch rollende Ranken
in contrastierenden Curven untereinander verbunden; an den Enden bildet je eine halbe Palmette
des mittleren Typus den Abschluss und markiert damit den unendlichen Rapport. Die Umbildung
der griechischen Ranke zur Arabeske erscheint hier unmittelbar evident; auch die wohl-
begründete Verwandtschaft mit dem „Trompetenmuster" der durchbrochenen Arbeiten der
früheren Kaiserzeit wird niemandem entgehen.

Eine bestimmte Datierung dafür zu geben ist allerdings dermalen nicht möglich; gewiss ist
nur, dass die Arbeit nicht vor dem fünften und nicht nach dem neunten Jahrhundert entstanden
sein kann. Aller Wahrscheinlichkeit nach fällt sie somit in spätere Zeit als die oben beschrie-
benen Keilschnittbronzen. Das kann uns nicht wundernehmen, denn der coloristische Stil,
dessen beredtester Repräsentant der Keilschnitt gewesen ist, hat eben im oströmischen Reiche
weit länger gedauert als im Westen, und im sarazenischen Orient herrscht er bis zum heutigen
Tage. Die moderne orientalische Kunst ist ja die unmittelbare Erbin derjenigen der späteren
römischen Kaiserzeit, mit der sie die wesentlichen Grundzüge des Colorismus in der Ebene (nicht
im Raume) und der Gleichgiltigkeit gegenüber dem „Motiv" und insbesondere gegenüber der
lebendig gegliederten und bewegten Figur gemein hat.

Auch dieser oströmische Keilschnitt hat übrigens seine Verbreiterung des erhabenen Motivs
und Verschmälerung des Grundes dazwischen bis auf die ideale Linienbreite erfahren. Wohldatierte Zeugnisse dieses Processes bieten die Stuckornamente der Moschee Ibn Tulun zu Kairo,
deren Grundwichtigkeit für die Erkenntnis der Entwicklung der sarazenischen Kunst ich wiederholt bei früheren Anlässen (Altorientalische Teppiche S. 152 ff., Stilfragen S. 303 ff. u. a. a. O.) nach-
drücklichst betont habe; allerdings, ohne dass bisher seitens der Geschichtschreiber der
„byzantinischen" Kunst davon Notiz genommen worden wäre. Fig. 72 gibt einen Theil der Stuck-
verzierung eines Thorweges in der Moschee wieder.

Wer die Entwicklung der Palmetten-Ranken-Ornamentik seit den Durchbrucharbeiten der
früheren Kaiserzeit aufmerksam verfolgt hat, erkennt hier unschwer die Halbpalmetten mit Voluten
am Ansatz und mit ungegliedertem Fächer. Die vertieften Umrisslinien der einzelnen Halbpalmetten bilden zugleich die Umrisslinien für die benachbarten Halbpalmetten, und wo noch ein
überflüssiger Raum übrig blieb, der sich nicht mehr zu Halbpalmetten verarbeiten ließ, dort

wurde ein großes stili-
siertes Blumenmotiv von
conventioneller Form ein-
geschoben, um nur jeden
über Linienbreite hinaus-
gehenden Flachgrund zu
vermeiden.

Der unkundige Be-
trachter wird übrigens
beim ersten Anblicke
geneigt sein, die linearen
Furchen für das Muster,
das ganze somit für eine
Gravierarbeit zu halten.
In Wirklichkeit ist es die

Fig. 72. Stuck-Verzierung an der Decke eines Thorweges in der Moschee Ibn Tulun zu Kairo.

gleiche Arbeit, wie am Welser Bronzebeschläg Taf. XXII: 2, unter bloßer Ersetzung des dortigen
geometrischen Musters von gleichmäßiger Breite durch ein vegetabilisches von wechselnder
Breite. Es gehört eben zum wesentlichen der Kunstabsicht, die sowohl das Welser Beschläg, als
die Stuccos von Ibn Tulun hervorgebracht hat, dass sie den Beschauer in Zweifel lässt, wo er
das Muster und wo den Grund zu suchen habe, und dass sie ihn dadurch zwingt, vom Muster
abzusehen und nur das Ganze in seinem rhythmischen farbigen Wechsel von Hell und Dunkel
ins Auge zu fassen.

Die Technik des Keilschnittes hat sich für die Verzierung von Holzflächen als Kerbschnitt
im Norden und Süden Europas in der Volkskunst bis zum heutigen Tage erhalten. Das hat man
in der Zeit schrankenloser Herrschaft des Kunstmaterialismus zum willkommenen Anlasse
genommen, um den Keilschnitt in Bronze als bloße Übertragung vom Holz auf das Metall zu
erklären, worin man sich natürlich durch die früher beliebte Zuweisung der Keilschnittbronzen an
barbarischen Ursprung wesentlich unterstützt fühlte.

So hat Lindenschmit frühzeitig (im I. Band der Alterthümer, Heft 8, Taf. 7) in den
Keilschnitt-Ornamenten jener auf S. 161, Note 7, erwähnten Wormser Schnalle „den Charakter
der altheimischen Holzsculptur" entdeckt. Indem Jakob v. Falke sich ihm anschloss und in seiner
Geschichte des deutschen Kunstgewerbes die „germanische" Metalltechnik schlechtweg von der
altgermanischen Holztechnik ableitete, lieh er nur der Überzeugung der meisten, wo nicht aller
seiner Berufsgenossen und vollends aller Laien in deutschen Landen bündigen Ausdruck. [1]

War schon der Augenschein dieser Annahme günstig, so schien vollends jeder Zweifel
unmöglich, nachdem man monumentale Beweisstücke dafür in den sogenannten Todtenschuhen
(Fig. 73) aus einem Sarge (Todtenbaum) der alemannischen Gräber am Lupfen bei Oberflacht
gefunden zu haben vermeinte (Lindenschmit, Alterthümer II. 7, 5).

Diese sogenannten Todtenschuhe, die in Wirklichkeit krummschnäbelige Vogelköpfe[2] vorstellen und die Bekrönung eines pfahlartigen Gegenstandes gebildet haben müssen, zeigen nun

---

[1] Von nichtdeutschen Forschern sind insbesondere O. Montelius und B. Salin zu Gunsten der Vorbildlichkeit der Kerbschnitzerei
für die „frühgermanische" Metallornamentik eingetreten (vergl. weiter unten).

[2] Fig. 73 wäre sonach umzukehren; aus Rücksicht auf die Schattierung musste aber die verkehrte Stellung aus der Original-Abbildung
a. a. O. unverändert hier herübergenommen werden.

allerdings in Technik und Ornament (den aus der Durchschneidung von Kreisen entstandenen Rosetten in unendlichem Rapport, wie Taf. XX. 4 und XXI. 3, ferner den Gammafiguren von Taf. XXII. 2) die engste Verwandtschaft mit den Keilschnittbronzen. Aber schon die Disposition dieser uns von römischen Werken her bekannten Muster ist eine auffallend untektonische und disproportionale; sie erinnert an Silbersachen mit Keilschnittverzierungen aus nordgerma- nischen Funden, die sich uns bei ihrer eingehenden Besprechung im zweiten Theile dieses Werkes ebenfalls als Nachahmungen der mittelländischen Keilschnittbronzen ergeben werden. Das Entscheidende ist aber, dass die Gräber, worin diese Kerbschnitzereien gefunden wurden, erst

Fig. 73. Zwei Vogelköpfe aus Holz mit kerbgeschnitzten Verzierungen (sogen. Todtenschuhe) aus den Gräbern von Oberflacht. Stuttgart.

aus beginnender karolingischer Zeit stammen, was auch von Lindenschmit zugegeben worden ist. Diese Objecte können somit nicht die Vorstufe der römischen Keilschnittbronzen gebildet haben. Anstatt sie aber als das, was sie in der That sind, d. h. als Übergangsglieder vom römischen Keilschnitt zum modernen Kerbschnitt aufzufassen, hat man darin die Beweise einer in unvordenkliche Zeiten zurückreichenden altgermanischen Volkskunst erblicken wollen. Heute möchte es doch an der Zeit sein, sich einzugestehen, dass auch die Volkskünste irgend einmal „Modekünste" gewesen sind, die (allerdings aus tieferen Gründen und keineswegs aus Zufall) im Gebrauche des conservativen Landvolkes stecken geblieben sind. Wie tiefe Wurzeln gerade die spätrömische Kunst bei den germanischen und slavischen Völkern (von den orientalischen zu schweigen) geschlagen hat, wird uns heute täglich mehr verständlich.

Dass man nun trotz der offenkundigen Priorität der Metallsachen vor den kerbgeschnitzten „Todtenschuhen" dennoch in den letzteren die Vorbilder für die ersteren erblicken wollte, lässt sich bloß aus dem herrschenden Vorurtheile erklären, die Holzschnitzerei als „alt- germanische" Kunst könne ihren Charakter seit unvordenklicher Zeit nicht geändert haben und müsse genau so wie im 8.—9. Jahrhundert n. Chr., auch schon während der römischen Kaiser- zeit ausgesehen haben. Man hat hiebei vor allem übersehen, dass man zwei Dinge miteinander vermengte, die mit einander keineswegs unauflöslich verbunden sind: Stil und Technik. Dass ein Stil, wie er uns auf der Schnalle Fig. 64 entgegentrat, nicht von Barbaren erfunden worden sein konnte, hätte man bei vorurtheilsloser Prüfung längst einsehen müssen. Anders verhält es sich mit der Technik: die Kenntnis des Kerbschnittes den Germanen abzusprechen, läge an sich keine Veranlassung vor. Es fehlt auch nicht ganz an Funden, die seine Kenntnis wenigstens bei den Nordgermanen beweisen —, Funden, die ein respectableres Alter für sich bean- spruchen dürfen als die Todtenschuhe von Oberflacht. Der nasse Moorboden Dänemarks hat uns eine Anzahl Proben wirklich altgermanischer Holzschnitzerei bewahrt, die mit Sicherheit in die vorjustinianische Zeit datiert werden dürfen.

Aus dem Vimosefund stammt eine hölzerne Schöpfkelle mit langem Stiel (Fig. 74),[1] der mit eingeschnittenen Dreiecken verziert ist; diese bilden aber kein zusammenhängendes coloristisches Flächenmuster von Bergen und Thälern, sondern sind isoliert angebracht und dienen bloß in einer naiv-tektonischen Weise zur Garnierung der Ränder; an der angesetzten Scheibe treten sie in ähnlicher Function zu einer Rosette zusammen. Nicht wesentlich verschieden sind die Kerbschnittornamente auf einigen Fundsachen von Vallstenarum auf der Insel Gotland.[2] Und selbst diese Zeugnisse eines Kerbschnittes, dem gerade das charakteristische Merkmal des römischen Bronzekeilschnittes — die absolute coloristische Flächenbedeckung — fehlt, sind auf keinen Fall vor Constantin entstanden und somit mindestens um ein Jahrhundert jünger als die ältesten bekannten römischen Arbeiten im Keilschnitt.

Fig. 74. Schöpfkelle aus Holz. Vimose-Fund. Museum in Kopenhagen.

Die gleichen Gründe, welche gegen die Vorbildlichkeit des nordischen Kerbschnittes in Holz sprechen, sind nur in noch verstärktem Maße gegen die Vorbildlichkeit des heute im europäischen Südosten, namentlich in Griechenland heimischen Kerbschnittes ins Feld zu führen. Die ganze Volkskunst im Osten des Mittelmeeres steht heute in mehr oder minder engstem Zusammenhange mit der sarazenischen Kunst (Goldstickereien, Tauschierung, Niellierung, Intarsia u. s. w.) Dies allein verkündet schon den coloristischen Grundzug alles modernen südosteuropäischen Kunstwollens, und damit ist auch die Beliebtheit des Kerbschnittes erklärt. Es fehlt aber auch an jedem Schatten eines Beweises, dass die Griechen schon vor der römischen Kaiserzeit in ihrer Volkskunst den Kerbschnitt geübt, ja dass sie überhaupt in den letzten vier bis fünf Jahrhunderten vor Christi Geburt eine von der Modekunst wesentlich verschiedene Volkskunst gehabt hätten. Wir werden vielmehr auch im ostmittelländischen Kerbschnitte von heute den Epigonen des spätrömischen Keilschnittes zu erkennen haben, dessen Überleben bis auf unsere Tage im Süden übrigens angesichts des Gesammtcharakters der byzantinischen und orientalischen Kunst weit weniger Auffallendes an sich trägt, als die Existenz des Kerbschnittes in der nordischen Volkskunst.

Das sind aber sämmtlich nur äußere Momente, die gegen eine Entstehung des Keilschnittes im Wege einer Nachahmung des Kerbschnittes in Holz sprechen. Worauf es hiebei im letzten Grunde ankommt, ist die Einsicht, dass mit einer solchen Hypothese der mechanischen Ableitung überhaupt nichts erklärt ist. Das Entscheidende wird immer in der Antwort auf die Frage liegen: warum man just diese bestimmte Kunsttechnik nachgeahmt hat? Warum gerade sie und keine

---

[1] Engelhardt Vimosefund, Tafel 16, 1; der Fund ist jetzt im Museum zu Kopenhagen.

[2] Bernhard Salin, de nordiska Guldbrakteaterna, in der Antiquarisk tidskrift för Sverige XIV. 2, S. 60, Fig. 75; der Fund im Statens Historiska Museum in Stockholm.

andere Gefallen gefunden hat? Ist aber einmal die Frage so gestellt, so kommt wenig darauf an, ob die gewählte Technik von auswärts entlehnt oder selbständig erfunden worden ist.

Der äußeren Form nach steht zu den Keilschnittbronzen eine andere Gruppe von Schnallen in naher Verwandtschaft, deren Verzierung hauptsächlich mittels Punzen (auch des Tremolierstiches) hergestellt ist. Fig. 75 zeigt dieselbe viereckige Gestalt der Beschläge und die gleichen Raubthierköpfe als Halter der Charnieraxe, die wir an den Keilschnittbronzen kennen gelernt haben. Die Lippe des Schnallenringes ist sogar mit eingekerbten Dreiecken in reciproker Doppelreihe gemustert, worin sich gewissermaßen ein technischer Zusammenhang mit dem Keilschnitt offenbart. Aber das Beschläg ist nur an den Rändern in ähnlicher Weise mittels dreieckiger Einkerbungen ausgezackt; seine Innenfläche zeigt ein Bordürenmuster aus gereihten Punkten und Halbkreisen und einigen geraden Linien, während die Mitte ganz frei bleibt. Das bedeutet eine tektonische Trennung zwischen Innenfeld und Bordüre und somit ein Rückstreben vom schrankenlosen Colorismus zu einer taktischeren Auffassung. Das Kunstmittel jedoch, das hiebei zur Anwendung gelangt ist — die Punzierung — ist ein coloristisches. Es offenbart sich darin dieselbe spätrömische Weise, die den Reliefgrund scheinbar wieder hergestellt, aber das Relief selbst möglich flach und unkörperlich gehalten hat. Auch die ebenen Thierköpfe weisen auf Entstehung

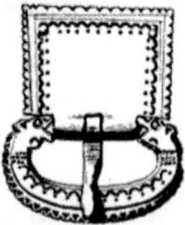

Fig. 75. Bronzeschnalle mit gepunzten Verzierungen.   Fig. 76. Bronzeschnalle mit gepunzten Verzierungen.
' Wallraf-Richartz-Museum in Köln a. Rh.   Museum in Aquileia.

in einem vorgerückten Stadium der römischen Stilentwicklung. Krummflächige Thierköpfe wie in Fig. 76 kommen in dieser Gruppe höchst selten (und zwar nur in Aquileia, nicht am Rhein)' vor und erreichen niemals die taktische Modellierung der Köpfe von Fig. 64. Das Beschläg von Fig. 76 zeigt zwar auch das Innenfeld mit gepunzten Ornamenten verziert, aber in einer concentrischen, d. i. nicht minder tektonischen Composition. Die flüchtige und sorglose Art, in welcher die Einzelornamente in Reihen gebracht erscheinen, ist ebenfalls ein sprechendes Zeugnis dafür, dass man fortdauernd im Kunstwerk in erster Linie optischen Reiz und erst in zweiter Linie taktische Ordnung suchte. Die gleiche Skizzenhaftigkeit gelangt in nur noch höherem Maße an den wenigen gleichzeitigen Beschlägen zutage, die wie Fig. 77 (aus vergoldeter Bronze) mit gravierten menschlichen Figuren verziert waren. Charakteristisch ist ferner für die Schnallen dieser Gruppe die zunehmende Massigkeit des Dorns; hie und da wurde er verdoppelt, ein andermal (Fig. 76) mit „Flügeln" versehen, die in stilisierte ebene Thierköpfe ausliefen. Aber einen ausgesprochenen Thierkopf an der Spitze des Dorns habe ich auch in dieser Gruppe bisher niemals aufzufinden vermocht; es ist immer nur bei einer reinen Profilierung ohne alle organische Nebenbedeutung verblieben. Müssen wir die Entstehung und Ausbildung dieser ganzen Gruppe in eine ausgesprochen spätrömische Zeit versetzen, so gibt es darunter einzelne Exemplare, die man sogar vor dem Jahre 500 entstanden zu denken zögern möchte. So zeigt Taf. XXI. 2 in den vier Ecken des Beschläges (neben den unvermittelt hingesetzten Köpfen der Befestigungsnägel und somit nicht zu dem classischen Zwecke, um diese mit der Beschlägfläche zu verbinden) erhaben aufgesetzte muglige Steine in massiven Fassungen. Das ist eine halbtaktische Decorationsweise, die wir erst vom sechsten Jahrhundert an auf Denkmälern barbarischer Hinterlassenschaft, aber mittelländischer Entstehung, die wir im zweiten Theile kennen lernen werden, in stärkerem Gebrauche antreffen. Eine Vorstufe hiefür bildet die Verzierung der Fläche mit eingeschlagenen concentrischen Kreisen, die untereinander in Wülsten und Kehlen modelliert sind: so an der Schnalle Taf. XXI. 1, an den Beschlägen Fig. 78, dann in Verbindung mit gepunzten Ornamenten und mit gerippten Einfassungen der concentrischen Kreise, wodurch diese geradezu als Buckel in taktischer Auffassung erscheinen, an dem Beschläge Fig. 79.

Fig. 77. Gürtelbeschläg aus Bronze mit graviertem Figuren-Medaillon. Rheinisches Provinzial-Museum in Bonn.

Fig. 78. Zwei Gürtelbeschläge aus Bronze. K. k. Museum in Spalato.

Eine andere Gruppe von Schnallen, die sich nicht minder als spätrömische Fortsetzung des mittelrömischen Typus der Keilschnittschnallen darstellt, hat seine Fundstätten hauptsächlich in Frankreich und in den Rheinlanden; von österreichisch-ungarischen Sammlungen besitzt allein das Museum von Budapest ein Exemplar (Taf. XXII. 5), ohne dass aber sein Fundort genau bekannt wäre. Das Beschläg ist hier mit einer Silberplatte belegt und mit zwei niellierten Löwen in Wappenstilcomposition verziert; nicht allein die Wahl dieser Thierspecies, sondern auch die Kopf-wendung nach rückwärts (im Gegensatze zur Richtung des Laufes) beweist das Herkommen aus der mittelländischen Kunst. Besonders reich und üppig ist der Dorn ausgestattet mit viereckiger Schildplatte, zwei marinen Monstren (mit thierkopfendigem Schweif) als Flügeln und sehr breiter Spitze, die hier zweifellos (was auf der Reproduction auf Taf. XXII. 5 nicht hinreichend klar ersichtlich ist) zu einem Thierkopf verarbeitet erscheint; auch sonst ist der Dorn in einer früher unerhörten Weise mit Schraffierungen und gravierten Flechtbändern bedeckt. Keilschnitt fehlt an diesem Exemplar vollständig; seine Verwandtschaft mit den Keilschnittschnallen beruht daher lediglich auf der allgemeinen Formgebung und den Raubthierköpfen an der Charnieraxe. Hingegen zeigen die übrigen Schnallen, die zu dieser Gruppe zu zählen sind, ausnahmslos eine Vereinigung von Keilschnitt und Niello.[1] Der Schnallendorn endigt immer in einen ausgesprochenen Thierkopf.

[1] So ein Fundstück aus Sedan im Museum zu St. Germain en Laye, publiciert von Sven Söderberg in der Antiquarisk tidskrift XI, om djurornamentiken under Folkvandringstiden S. 74, Fig. 30; ein anderer aus Misery in der Picardie, bei Rigollot, Recherches historiques sur les peuples, qui envahirent les Gaules au Vme siècle pl. X, XI); zwei rheinische bei Lindenschmit, Alterthümer II. 6, 6, Nr. 6, und IV. 12, 1).

Fig. 79. Gürtelbeschläg aus Bronze.
Rheinisches Provinzialmuseum in Bonn.

Die Gruppe gewinnt dadurch ein besonderes Interesse, dass die ihr eigenthümliche Vereinigung von Keilschnitt und Niello sowie die Vorliebe für Thiermotive um ihrer selbst willen (nicht wegen bestimmter formsprachlicher Zwecke wie an den Keilschnittbronzen) auch auf die nachweislich von den germanischen Barbarenvölkern zwischen Justinian und Carl dem Großen getragenen Schmucksachen übergegangen ist. Lindenschmit u. A. haben darum diese Arbeiten schlankweg für „fränkisch", das heißt von Barbarenhänden entstanden erklärt; eine innere Nothwendigkeit hiefür existiert gewiss nicht, weil sich die Arbeiten im allgemeinen ganz gut der uns auch von anderer, zweifellos nichtbarbarischer Seite her bekannt gewordenen Entwicklung der spätrömischen Kunst einfügen lassen. Äußere Gründe sprechen aber ganz entschieden gegen die Möglichkeit einer solchen barbarischen Metallkunst im fünften Jahrhundert und bis in die Zeit Justinians: die ehemaligen Mietsoldatenvölker der römischen Kaiser hatten vollauf zu thun, um bei ihrer relativ geringen Kopfzahl ihr Regiment in den eroberten Ländern zu befestigen; das kleinliche und peinliche Sticheln und Löthen überließen sie wohl gerne ihren kundigen romanischen Unterthanen. Nur bei den in ihren althergebrachten Sitzen verbliebenen Nordgermanen waren die äußeren Bedingungen für eine metallkünstlerische Thätigkeit in jener Zeit vorhanden; die Frage, ob sie dieselben auch ausgenützt haben, wird uns im zweiten Theile dieses Werkes beschäftigen.

Im Anhange zum Keilschnitt in Bronze sei einer Kunstgattung Erwähnung gethan, die zwar weder Metall als Rohstoff verwendet hat, noch ihren Decorationsmotiven nach mit dem Keilschnitt zusammenhängt, aber gleich diesem auf breiter Gravierung in der Ebene beruht und zugleich zu den verbreitetsten und bezeichnendsten Kunstübungen insbesondere des vierten Jahrhunderts gezählt zu haben scheint. Es sind die gravierten und geschnittenen Gläser mit Hohlschliff gemeint. In großer Anzahl sind sie in Köln[1] gefunden und schon das zahlreiche Vorkommen von figuralen Szenen christlichen Inhalts unter ihren Decorationsmotiven bezeugt ihre nachconstantinische Herkunft. Die der Zeit entsprechende optisch-skizzenhafte Stilweise, die zum Theil[2] an modernste impressionistische Kreidezeichnungen erinnert, lässt in ihrer widerspruchsvollen Verbindung mit den harten Contouren diese geschliffenen Figuren dem modernen Geschmacke besonders roh erscheinen, und diese rheinischen Funde würden zweifelsohne für barbarische Arbeiten erklärt worden sein, wenn sie sich nicht auch in Rom[3] in großer Anzahl gefunden hätten. Dagegen haben sich die Donauländer auffallend steril an einschlägigen Funden erwiesen; die zwei Fragmente einer in der gedachten Weise bearbeiteten großen und flachen Glasschale, die wir in Taf. XXIII. 1, 2 wiedergeben, sind stadtrömische Fundstücke und stammen aus Villa Nunziatella.

---

[1] Zuletzt hat darüber der Director des Suermondtmuseums zu Aachen, Dr. Anton Kisa, der vortrefflichste Kenner der rheinisch-antiken Gläser, gehandelt in seiner Publication „über die antiken Gläser der Frau Maria vom Rath". S. 70 ff. Taf. XIX—XXII.

[2] Vgl. Kisa a. a. O., Taf. XIX und XX.

[3] Auch unter den stadtrömischen Fundstücken befinden sich zahlreiche mit Darstellungen christlichen Inhaltes; die Museen des Vaticans und des Campo Santo teutonico in Rom besitzen ihrer eine große Anzahl. Desgleichen die capitolinische Sammlung im Conservatorenpalast, wo auch die Fragmente einer Schale mit den Figuren Diocletians und seiner Mitregenten (auf Grund der Inschrift Seberus) publiciert im Bulletino communale 1882 180 ff., Taf. XX. aufliegen; letztere sind namentlich durch die Datierung (gewöhnlich auf die Vicennalien im Jahre 303 n. Chr. bezogen) von Wichtigkeit.

Die ikonographische Deutung der darauf enthaltenen Reste figürlicher Darstellungen unterliegt schon der unvollkommenen Erhaltung halber Schwierigkeiten; sie fordert daher eine eingehendere Erörterung, als ihr im Rahmen dieses Werkes zugebilligt werden darf, und wird
dieselbe von zuständiger Seite an anderer Stelle finden. Beide Fragmente gehören in der Weise
zusammen, dass die sitzende Figur, von der wir auf Nummer 1 den Rumpf mit der auf den
Thronsitz aufgestemmten rechten Hand sehen, sich in Nummer 2 mit den Beinen fortsetzt. [1] Eine
Anzahl von Figuren solcher Größe scheint das Centrum der Schale radiant umgeben zu haben;
und dazwischen waren offenbar kleine Scenen figürlichen Inhalts vertheilt. In Nummer 1 sehen
wir in dieser Function links die Figur eines nackten geflügelten Eros, bis auf den (vermuthlich
zurückgewandten) Kopf fast vollständig erhalten, nach links gekehrt, auf das rechte Knie nieder-
gelassen und die gefalteten Hände auf das linke Knie gestützt, wobei die scheinbar unbehilfliche
en-face-Stellung der rechten Schulter eine verbreitete Stileigenthümlichkeit der beginnenden
spätrömischen Kunst (S. 76) in Erinnerung ruft. In Nummer 2 gewahrt man rechts eine Syrinx
von einem Stab (nach Benndorf von einer gebogenen Flöte) gekreuzt, und daneben Fuß und
unteren Gewandsaum einer nach links schreitenden menschlichen Figur. [2]

Muss die ikonographische Deutung der Figuren vorläufig eine offene Frage bleiben, so kann
über die künstlerische Absicht, die der Arbeit zugrunde lag, kein Zweifel aufkommen. Im Hohlschliff oder Intaglio, der nichts anderes ist als ein negatives Relief, hat das Kunstwollen des
Alterthums im Gegensatze zum modernen seinen eigenthümlichsten Ausdruck gefunden; wir
begegnen ihm daher in allen Phasen der Antike von der altorientalischen bis zur spätrömischen.
Der Entwicklungsgang ist natürlich demjenigen des positiven Reliefs, den wir in seinen
allgemeinen Zügen im Capitel über die Sculptur kennen gelernt haben, vollständig parallel
gegangen. Die Figuren unserer Schalenfragmente zeigen genau das gleiche Flachrelief wie der
Florentiner Silberschild des Aspar vom Jahre 434 n. Ch., nur in Hohlschliff ausgeführt. Was aber
daran die Schlussphase der antiken Kunst ganz ausschließend charakterisirt, ist die Verwendung
des Glases als Rohmaterial. Die älteste Antike hatte hiefür den stumpfen Thon verwendet; dann
kamen Steine an die Reihe, die anfänglich von opaker Färbung, allmählich eine transparentere
annahmen, bis endlich die seit Constantin begehrte wässerige und verschwommene Modellirung
innerhalb der harten Contouren ihren adäquatesten Ausdruck im Glase gefunden hat.

---

[1] Das Missverhältnis in den Dimensionen der Hand und der Füße ist so groß, dass ich anfänglich die beiden Fragmente als zu zwei
verschiedenen Figuren gehörig betrachtete, bis Benndorf meine Bedenken zerstreute. Da alle übrigen Merkmale zu Gunsten der Zusammengehörigkeit sprechen, müssen wir das erwähnte Missverhältnis auf Rechnung der (hier allerdings besonders extrem ausgearteten)
spätrömischen Vernachlässigung der Proportionen setzen. Hienach ist (außer dem Kopfe) der mittlere Theil der Figur (ein Theil der Ober-
schenkel, des Unterleibs und die vermuthlich erhobene linke Hand, deren herabfallender Ärmel auf Nummer 2 noch sichtbar ist) hinweg-
gebrochen. Die vollständig gewandete Figur sitzt mit dem Oberkörper en face, mit den Beinen nach rechts gekehrt, auf einem Thronstuhle
mit hoher quadrirter Rücklehne, der mit zwei Reihen geflügelter Eroten unter Arkaden, en face mit ausgebreiteten Armen und Flügeln
dastehend und träubchenförmige Blumen in den Händen haltend, verziert ist, und auf zwei adossirten Löwen ruht (wofür die Silberschüssel
mit dem Sassanidenkönig, beim Grafen Stroganoff in Rom, publicirt von Riegl, Ein orientalischer Teppich des dreizehnten Jahrhunderts,
Berlin 1896, zu vergleichen ist). Benndorf ist hingegen der Meinung, dass möglicherweise drei Arkadenreihen und drei Löwen vorhanden
waren, die nebst einem unsichtbaren vierten den Thron perspectivisch umgeben sollten.

[2] Benndorf vermuthet in der thronenden Figur Aphrodite, und wird darin unter anderem auch durch den Eros daneben bestärkt.
Die Ausstattung des Thrones mit mehreren Reihen von Bildwerken erinnert ihn an den Thron des olympischen Zeus.

DIE GRANATEN-EINLAGE IN GOLD.

Das Wesen dieser Technik und der ihr zu Grunde liegenden Kunstabsicht mag uns die Schnalle von Apahida im siebenbürgischen Landesmuseum zu Klausenburg (Taf. I. 7; Fig. 80—82) veranschaulichen, die zusammen mit der von uns in die erste Hälfte des fünften Jahrhunderts datierten Fibel (mit durchbrochenem Fuß) Taf. XVI. 1—3 gefunden wurde und ungefähr der gleichen Entstehungszeit wie diese entstammen dürfte.

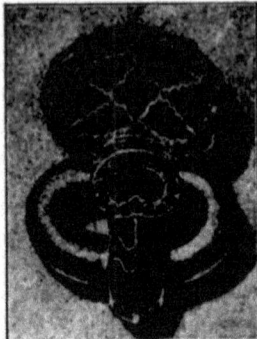

Fig. 80. Schnalle von Apahida, Obersicht.

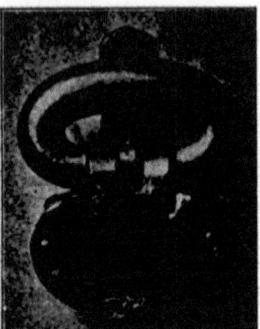

Fig. 81. Schnalle von Apahida, Untersicht.

Fig. 82. Schnalle von Apahida, Seitensicht.

Das Beschläg erscheint als ein hoher Kasten von ebener Ober- und Unterseite und ovaler Peripherie, deren winkelige Einziehung gegen den Ring hin das uns von den complementären Motiven (S. 142 f.) her bekannte Bohnenmotiv deutlich erkennen lässt. Zwischen die Unterseite und ein derselben unterlegtes Goldplättchen hatte sich einstmals der Gürtelriemen eingeschoben; die drei Goldnägel, die alle drei Lagen (Beschläg, Riemen, unteres Plättchen) durchdrangen und zusammenhielten, sind noch erhalten. Der ovale Mantel der für die normale Draufsicht die eigentliche Raumbegrenzung des Beschlägs bildet, zeigt eine kleinliche Gliederung mittels schwach vortretender quercannelierter Granatsäulchen, über denen sich die goldene Oberplatte verkröpft. Aber auch die letztere hat eine taktische Gliederung gegen den Außenrand hin durch eine Reihe kleiner gemugelter Granaten erhalten, die ohne vermittelnde Fassungen direct in den Goldsaum der Oberplatte eingebettet erscheinen. Der Gesammteindruck des Beschlägs ist somit auf den ersten Blick ein massiver, gliederungsloser, nach außen abweisender; erst die nähere Betrachtung lässt eine kleinliche, mehr optisch als taktisch wirkende Gliederung (und infolgedessen auch Verbindungsfähigkeit) der Umrisse erkennen.

Von besonderem Interesse ist aber die weitere decorative Behandlung der Oberplatte. Ihre ebene Fläche zeigt eine Abwechslung von goldenen Linien und granatrothen Flächen; das vierpassförmige Feld in der Mitte weist jetzt eine leere Höhlung, die ursprünglich ebenfalls mit einem farbigen Steine (wahrscheinlich, aus später zu erörternden Gründen, nicht von rother Färbung) geschlossen gewesen ist. In technischer Hinsicht zeigt sich hier deutlich die Construction aus zusammengelötheten Wänden, zwischen denen Hohlräume (Zellen)[1] entstehen mussten; diese wurden mit einer weißen gipsähnlichen Masse ausgefüllt, eine schraffierte Goldfolie darauf gelegt und über diese ein Granatplättchen überaus sorgfältig in den oberen Rand der Höhlung eingepasst; die unterlegte Goldfolie hatte offenbar den Zweck, das Feuer der Granatfarbe zu erhöhen.

Von entscheidender Wichtigkeit ist endlich die Behandlung des Verhältnisses zwischen Muster und Grund. Welche Rolle spielt hiebei das Gold und welche der rothe Granat? Akademisch lässt sich die Frage allerdings mit Sicherheit entscheiden: denn das Gold bildet nicht allein den abschließenden Rand, sondern überhaupt das einzige Zusammenhängende, während die Granatfelder gegeneinander isoliert dastehen; aber anderseits muss man zugestehen, dass hier Alles gethan ist, um das Verhältnis als das umgekehrte — das Gold als Muster, das Roth als Grund — erscheinen zu lassen. Fasst man freilich sämmtliche Granatfelder des Beschlägs auf einmal ins Auge, so ergibt sich das Bohnenmotiv: also eine Accompagnierung der äußeren Umrissform des Beschlägs, was wiederum in der Configuration des besäumenden Goldrandes des weiteren seinen nothwendigen Ausdruck findet. Aber dieses rothe Bohnenmotiv ist nicht allein durch den cen-

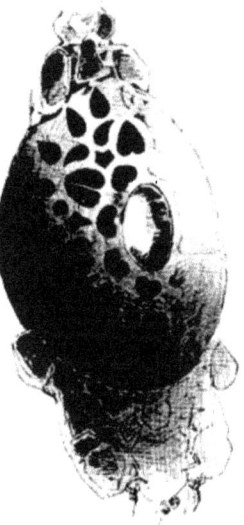

Fig. 83. Mittelschild einer Goldfibel mit Granaten aus Petrossa. Museum zu Bukarest.

---

[1] Man hat infolgedessen diese Technik als Zellengoldschmiedekunst (orfévrerie cloisonnée) bezeichnet. Es ist aber für's erste schon ein Irrthum, wenn man damit die Meinung verbindet, dass die Zellen stets durch die linear-schmalen Oberkanten (Stege) dünner Wände (wie hier im Innern des Beschläges) hergestellt sind, während dieselben nicht allein durch bandförmig verbreiterte Streifen (infolge Umbiegung des verlängerten Wandplättchens am oberen Ende) begrenzt (wie am Rande des Beschläges und am Dornschilde von Fig. 80), sondern sogar in ausgedehnten grundartigen Flächen eingebettet sein konnten (wie z. B. dem ovalen Mittelschilde einer der Vogelfibeln von Petrossa, Fig. 83, oder an der Krone des Swintila, Fig. 92)? Bedingung war bloß, dass die Zellen sich in keinem Punkte unter einander berühren durften und in unfernen regelmäßigen Abständen auf einander folgen mussten. Ja in einzelnen Fällen kann strenggenommen von Zellen gar nicht mehr gesprochen werden, wie z. B. an dem Prisma des Ohrringes, Taf. I. 2, dessen sämmtliche Seiten aus dünnen Goldplättchen zusammengebogen und zusammengelöthet sind, so dass die „Stege" wohl unter einander, aber nicht mit einer Basis zusammenhängen; das Innere des Prismas bildet vielmehr einen einzigen zusammenhängenden Hohlraum, den man dann freilich auch als Zelle bezeichnen kann, wobei jedoch gerade das Charakteristische, das wir mit dem Begriff der Zelle verknüpfen, die individuelle Geschlossenheit innerhalb weniger Wände, verloren geht. An diesem Beispiele zeigt sich abermals die Unzulänglichkeit technischer Bezeichnungen für bestimmte Kunsterscheinungen, die eben nur durch Namhaftmachung des ihnen zugrunde liegenden Kunstwollens ihren entsprechenden Ausdruck finden können. Darum wurde auch in diesem Werke die bisher gemeinübliche Bezeichnung der „Zellengoldschmiedekunst" durch „Granaten-Einlage in Gold" ersetzt, weil diese einerseits das Maßgebende der Kunstabsicht, die Verbindung der schimmernden Metallfarbe des Goldes mit der dunkelrothen Färbung der Granaten, zum Ausdrucke bringt, anderseits vom Technischen bloß das wesentliche — die coordinirende Einbettung der Granaten in das Gold — nicht aber die mannigfach wechselnde Ausführung im einzelnen namhaft macht.

tralen Vierpass, sondern auch durch fünf Stege nach allen Richtungen zerschnitten, und wer diese letzteren überhaupt mit einseitiger Aufmerksamkeit betrachtet, muss unbedingt geneigt sein, darin ein goldenes Muster auf rothem Grunde zu erkennen. Er wird diese Annahme sogar mit triftigen Beweisen belegen können: erstens zeigt sich der breite goldene Rand, über welchen die gemugelten Granaten emporragen, entsprechend diesen letzteren nach innen (d. h. gegen die Granatfelder) rund ausgezackt, so dass also hier das Gold gegenüber dem Roth ein Muster bildet; ferner sind die fünf Stege, welche die sechs Granatplättchen von einander trennen, durchwegs anstatt in gerader Linie in einem reichgekrümmten Zickzack geführt. Damit scheint dem Golde, das doch den Grund, das ruhende Element des Ganzen bilden soll, mit raffinierter Absicht möglichst viel Bewegung verliehen, die gemäß der Reliefauffassung aller antiken Kunst bloß dem Muster zukommt. Es kann somit keinen Zweifel leiden: die Kunstabsicht war auch hier, wie beim Durchbruch und Keilschnitt auf eine oberflächliche Verschleierung des Verhältnisses zwischen Grund und Muster gerichtet. Hand in Hand damit ging die Herstellung des Musters aus solchen Motiven die nicht nach der Natur gebildet waren, sondern als complementäre Motive aus der Grundfläche geboren, eine rein künstlerische Existenzursache hatten; und indem der Grund auf Linien (oder doch Stege von nicht vielmehr als Linienbreite) zwischen den Mustermotiven reduciert wurde, musste er nothwendigermaßen die äußere Configuration der ihn begrenzenden Mustermotive annehmen, woraus sich abermals complementäre Bildungen ergaben. Das gleiche Gesetz erkennen wir unschwer darin, dass sich die bohnenförmige Configuration des rothen Gesammtmusters im Innern des Beschlägs auch in dem einfassenden Rande (Grunde) unmittelbar wiederholt; das Gleiche wird uns sofort am Dornschild begegnen. Hier erscheint die Tendenz auf complementäre Bildung von Grund und Muster bis zu einem Grade der Vollkommenheit gesteigert, wie er sonst nur in den reciproken Motiven erreicht wurde. [1]

Nun werden wenige Worte genügen, um auch das künstlerisch Wesentliche an Ring und Dorn der Schnalle von Apahida zu bestimmen. Am Ring, der aus einem massiven goldenen Rundstab ohne alle Verzierung der Oberfläche gebildet ist, lässt sich das schon am Beschläg festgestellte Streben nach massiven Gesammtumrissen beobachten, welche letzteren sich auch der Configuration des Bohnenmotivs unverkennbar annähern. Vom Dorn entspricht der Schild mit seinem dreifachen bohnenförmigen Motiv in der Gesammtform und in der Decoration des Randes und des Inneren vollkommen dem Beschläg; nur ist hier das Bohnenmotiv des Innern nicht durch goldene Stege zertheilt, sondern gelangt als ungebrochenes rothes Oval mit winkeliger Einziehung an der Stachelseite zum reinsten Ausdrucke. Die gekrümmte Mantelwand des Dornschildes (Fig. 82) zeigt ein Muster von Granatplättchen zwischen ausgebauchten Goldstegen. Der Stachel des Dornes ist vor allem mit einem gewölbten Rückgrat ausgestattet, weshalb die Granaten, die darin eingelegt sind, nicht als ebene Plättchen zugeschliffen, sondern in krummen Flächen geschnitten werden mussten: offenbar eine Meisterleistung der

---

[1] Nun wird man auch die in der spätrömischen Kunst überaus häufig begegnende Erscheinung verstehen, dass im Innenmuster der äußere Umriss des Ganzen wiederklingt. So wenn z. B. an viereckigen Tüchern (in Malerei oder Mosaik öfters dargestellt, auch im Original aus egyptischen Gräbern mehrfach erhalten) statt der umlaufenden, nach classischer Auffassung zugleich einsäumenden und verbindenden Bordüre bloß die vier Ecken durch rechtwinkelige geometrische Figuren hervorgehoben erscheinen, was nach einer Mittheilung Walter Lowrie's am II. Congress für christliche Archäologie in Rom auch auf spätrömischen Marmorschranken wiederkehrt; wenn die Fensterdurchbrechungen dem Gesammtumriss der Fensterlunette folgen, wie schon in den großen mittelrömischen Sälen (Diocletiansthermen, Maxentiusbasilika), womit auch die viel kritisierte Einstellung von Säulen in Rundbogen (Hagia Sophia, Aachener Münster) genetisch zusammenhängt; wenn auch an Silberschmucksachen des siebenten und achten Jahrhunderts (Castel Trosino) die gleiche Tendenz wiederkehrt, worüber im zweiten Theile Näheres gesagt werden soll.

antiken Glyptik. Die Configuration der Granatplättchen ist wiederum nicht durch geradlinige sondern durch krummlinige, d. i. bewegte Goldstege begrenzt, so dass hier (wie auch an der soeben erwähnten Mantelwand des Dornschilds) der oberflächliche Beschauer eher die krummen Goldlinien als die rothen Plättchen dazwischen für das Muster zu halten geneigt sein wird. Anderseits stimmt die Formgebung des Dorns in der Massivität seiner Umrisse vollkommen mit der entsprechenden Stilisierung von Beschläg und Ring überein und erweist sich namentlich durch die geringe Verjüngung am glatt abgeschnittenen Ende (an Stelle des spitzen Abschlusses in der früheren Kaiserzeit) als Repräsentant der spätrömischen Stilweise.

Die coloristische Grundabsicht, welche die Granaten-Einlage in Gold mit dem Durchbruch und Keilschnitt in Metall verbindet, liegt nun wohl klar zutage. Den gleichen rhythmischen Wechsel von Hell und Dunkel (gleich Muster und Grund, tastbarem Stoff und leerem Luftraum), welchen Durchbruch und Keilschnitt mit einem allerdings zuletzt auf ein denkbares Minimum reducierten Aufwand von taktischer Ausladung herbeigeführt hatten, will die Granaten-Einlage in Gold rein in der Ebene, d. h. mit der Farbe allein, ohne alle natürlichen Licht- und Schattenwirkungen des Reliefs, hervorrufen. Nun hat auch die vorangegangene Antike in allen ihren Entwicklungsphasen Farben für eine Gesammtwirkung in der Ebene zusammengestellt. Um das Wesen des in der Granaten-Einlage in Gold (wie überhaupt in der ganzen spätrömischen Malerei) eingetretenen Wandels der künstlerischen Auffassung von der Farbigkeit zu verstehen, muss daher der Unterschied des spätrömischen Colorismus gegenüber der vorangegangenen Polychromie in wenigen scharfen Zügen festgestellt werden.

Zwischen der Polychromie der classischen Antike und dem Colorismus der ausgehenden Antike kann schon darum keine Verwechslung statthaben, weil jene auf absolute Klarstellung des Musters gesehen, dieser das Muster möglichst durch Entgegensetzung des Grundes zu verschleiern getrachtet hat. In der classischen Antike bildeten Muster und Grund zwei große Massen, deren jede in sich aus eng verbundenen und zusammenhängenden Theilen bestand, die aber zu einander in einen großen allgemeinen Gegensatz gebracht erschienen: typisch dafür sind die classischen Rankenbildungen, die sich als ein in allen seinen Theilen festverbundener, wenngleich auf das Reichste gegliederter Complex von individuellen Erscheinungen, dem nicht minder zusammenhängenden, weil gegen die Ränder des Decorationsfeldes hin vom Muster unberührten Grunde entgegensetzen. Wenngleich die Tendenz der Entwickelung von hellenistischer Zeit an immer mehr auf Einengung und Verdrängung des Grundes durch das Muster (des Ruhenden durch das Bewegte) gerichtet war, so ist doch selbst bis in die mittlere Kaiserzeit ein bestimmter Zusammenhang zwischen den Theilen des Musters noch zu vermerken; erst die Granat-Einlage in Gold zeigt das (rothe Granat-) Muster in lauter einzelne kleine Configurationen zersplittert, die untereinander in keinem Zusammenhange mehr stehen, weil sie unablässig durch den dazwischen geschobenen Grund (das Gold) von einander getrennt sind (Isolierung in der Ebene).

Von diesem Punkte aus erschließt sich uns auch erst recht die wahre Bedeutung, die der Entnaturalisierung der Mustermotive in der späten Antike zukommt. Ein Motiv, bei dessen Anblick uns eine bestimmte individuelle Naturform (z. B. eine Blume, ein Thier) in Erinnerung gebracht wird, macht sich als solches sofort übermächtig geltend und drängt die übrigen Theile der umgebenden Fläche als „Grund" zurück. Nur bei Motiven, die keine „naturalistischen" sind, sondern entweder als mathematisch-begriffliche (sogenannte geometrische Muster) der individuellen Lebensfähigkeit entbehren oder als Theilconfigurationen des (von Haus aus nicht naturalistischen, weil nichtindividuellen) Grundes bekannt sind, lässt sich eine zeitweilige Verkennung ihrer Bedeutung als „Muster" denken. So erklärt es sich, dass die classische Malerei ihre Motive erstens aus der Masse der uns bekannten individuellen Erscheinungen in der Natur geschöpft, zweitens dieselben unter einander in der Ebene verbunden hat, während der spätantike Colorismus erstens nichtnaturalistische Motive gewählt, zweitens dieselben in der Ebene unverbunden nebeneinander gestellt hat. Eine feinere Abgrenzung des Colorismus gegenüber der Polychromie wird somit erst dort nothwendig erscheinen, wo die letztere ebenfalls nichtnaturalistische Motive in unverbundener Nebeneinanderstellung gebraucht hat; das ist nicht so sehr in der classischen Kunst (wo es sich höchstens als vereinzelte rudimentäre Ausnahme findet), als in der altorientalischen Kunst geschehen.

In der altegyptischen Kunst, namentlich des alten Reiches, begegnen die sogenannten geometrischen Ornamente nicht selten. Davon sind aus unserer Betrachtung sofort diejenigen Beispiele auszuscheiden, an denen es sich um ein zusammenhängendes Muster handelt: ein Zickzackmuster z. B. steht hierin mit der classischen Wellenranke auf dem gleichen stilistischen Boden; der allerdings abgrundtiefe Unterschied ruht bloß darin, dass das Zickzack als planimetrisches Muster keinen Anspruch erhebt, die ruhende Ebene zu verlassen, während die bewegte griechische Ranke schon allein als Motiv aus der Grundebene herausspringt. Es begegnen aber unter den altegyptischen Denkmälern auch solche, an denen die gegebene Fläche in lauter geometrische Compartimente aufgetheilt erscheint.

Diese sind entweder ungleichartig gefärbt, so dass sie sich schon durch diese ihre verschiedene Färbung von einander scheiden, ohne dass aber eine bestimmte Farbe darunter deutlich als Grundfarbe hervorträte, sondern alle als gleichwerthige Muster nebeneinander zur Geltung gelangen; oder sie sind einfärbig und dann durch lineare Stege getrennt, die z. B. an den emaillierten (und pseudoemaillierten) Goldsachen in der äußeren Wirkung den Goldstegen der Granat-Einlagen ganz nahe kommen. Im ersteren Falle erscheint der Grund vollständig beseitigt: man sieht nur lauter farbige Flachmuster und keinen Grund dazwischen. Aber auch im zweiten Falle bedeuten die linearen Zwischenstege keineswegs den Grund zwischen den farbigen Musterflächen, sondern die Umrisse der letzteren, gleich den Umrisslinien der Figuren bis in die classische Kunst der Griechen (S. 63). Niemandem wird es angesichts solcher altegyptischer Goldsachen beifallen die Frage aufzuwerfen, was daran Grund und was Muster sei: es gibt nur ein einziges beständig wiederkehrendes, möglichst einfaches Farbenflächenmuster und die Goldlinien sind seine Umrisse; nach einem Grunde fragt niemand, weil das Ganze ohnehin den Eindruck einer ruhenden Ebene festhält. Wir begegnen somit in der Polychromie der ältesten Antike (der altegyptischen) der gleichen Tendenz auf Aufhebung der klaren Gegenüberstellung von Grund und Muster, die wir für die Kunst der ausgehenden Antike schon längst als eines der am meisten charakteristischen Merkmale festgestellt haben. Die tieferliegende Kunstabsicht aber, die in beiden Fällen zu der Ergreifung des gleichen Mittels geführt und damit äußerlich ähnliche, im Grunde aber diametral entgegengesetzte Wirkungen erzielt hat, ist da und dort eben nicht allein nicht identisch, sondern vielmehr genau die umgekehrte gewesen. Auch hier sehen wir somit die von uns schon wiederholt beobachtete Erscheinung wiederkehren, dass Anfang und Ende der antiken Kunst sich zu einander verhalten, wie zwei sich wechselseitig berührende Extreme.

Gemäß der uns bereits wohlbekannten, das ganze Alterthum beherrschenden Reliefauffassung bedeutet der Grund stets das ruhende Element, aus welchem das Muster als das Bewegte hervorspringt. Die altegyptische Kunst war (gemäß den Ausführungen auf S. 51 f.) grundsätzlich darauf ausgegangen, das Muster (wie überhaupt jedes Kunstwerk als materielle Erscheinung) möglichst als ruhende unbewegliche Stofflichkeit hinzustellen. Dieses Ziel war nur in dem Maße zu erreichen, als es gelang, den natürlichen Gegensatz zwischen Muster und Grund zu überwinden, das Muster grundartig, d. h. eben und unbewegt, erscheinen zu lassen. Wo naturalistische Motive (Menschen, Thiere, Pflanzen) unvermeidlich waren, konnte dieses Ziel niemals vollkommen erreicht werden, und darin lag hauptsächlich der innere Gegensatz, der zur Sprengung des altegyptischen Systems und damit zu Fortschritt und Neuentwickelung führen musste; die Egypter begnügten sich damit, die Naturmotive möglichst in ruhigen Umrissen und in der Ebene zu projiciren und den ruhenden Grund daneben, der das Muster trotz alledem als bewegtes Relief hervortreten lassen musste, nach Thunlichkeit einzuschränken, durch Inschriften zu unterbrechen, überhaupt ein merkliches Gleichgewicht zwischen Muster und Grund, wie dies die Griechen angestrebt haben, mit Bewusstsein niemals aufkommen zu lassen. Eine vollständige Beseitigung des Grundes, als des fatalen, stets zur Vergleichung herausfordernden Widerparts war aber nur in einem Falle denkbar: bei Beschränkung auf ein geometrisches (planimetrisches) Muster; hier war das Muster selbst absolute ruhende Ebene und enthielt dennoch jene Theilung und Vielheit, die nun einmal neben der Einheit eine Bedingung jedes Kunsteindrucks ausmacht. So erklärt sich die Vorliebe der Egypter für das geometrische Ornament; ein einseitiges Beharren dabei war freilich einem Culturvolke vom Range der Altegypter nicht mehr möglich, aber die planimetrische Stilisirung haben sie auch in ihrer Figurenkunst als Grundgesetz immer festgehalten.

In der altegyptischen Polychromie sollte somit alles eben, ruhend, Grund sein; im geometrischen Ornament der Altegypter wurde daher der Grund möglichst unterdrückt, um das Muster (mit oder ohne Umrisse) widerspruchlos als Ebene erscheinen zu lassen. Der Colorismus der ausgehenden Antike hingegen will alles als raumfüllend, bewegt, Muster hervortreten lassen; auch er unterdrückt nach Möglichkeit den Grund, um nicht seine Gegensätzlichkeit zum Muster offenbar zu machen: aber nicht um Alles als grundeben, sondern um Alles als musterbewegt zu charakterisieren. Deshalb ist das Muster an den Granaten-Einlagen in Gold zwar ein nichtnaturalistisches, aber keineswegs ein planimetrisches. Die Umrisse der einzelnen Granat-Compartimente sind nicht gleichförmig und ruhig-geradlinig (z. B. einfach viereckig, wie dies in der egyptischen Polychromie die Regel gebildet hatte), sondern wechselnd und bewegt-krummlinig und namentlich dort, wo sie durch lineare Stege (Tafel I. 9) geschieden sind (weniger dort, wo sie in breiten Flächen eingebettet sind, wie Tafel I. 2), zu ganz unregelmäßigen Configurationen zusammengestellt. Parallel damit geht die Neigung zur Centralisirung verschieden geformter Configurationen gegenüber der altegyptischen einfachen Reihung gleichgeformter Elemente; die Stege aber, die zwischen den einzelnen Mustercompartimenten laufen, sind nicht Umrisse dieser letzteren, sondern Repräsentanten des Grundes, den sie in bewegte complementäre Motive umsetzen. Sollte bei den Altegyptern selbst das Muster ruhig sein, so soll bei den Spätrömern sogar der Grund Bewegung zeigen: dies ist ihm aber nur dadurch möglich gewesen, dass er (idealer) Raum geworden war. Was endlich die Farbenwahl als solche betrifft, so war sie bei den Egyptern im allgemeinen durch das physische Gesetz der complementären Ergänzung dictirt gewesen, wobei der gewünschte Einheitseindruck durch den unmittelbaren Reiz der sinnlichen Wahrnehmung, unter Vermeidung jedweder Reflexion erzielt wird. Bei den Granat-Einlagen in Gold sollten hingegen die Farben den Ausdruck für den Gegensatz von Dunkel und

Hell bilden: eine der altegyptischen gegenüber raffinierte, auf geistiger Reflexion beruhende Kunstabsicht.

Die goldenen Grundlinien der Granat-Einlagen sollten somit gemäß dem spätrömischen Kunstwollen zu den rothen Granatfeldern genau in dem gleichen Verhältnisse stehen, wie die schattenden Faltenlinien der Marmorsculpturen zu den hellen Gewandflächen, wie die Furchen am Welser Beschläg (Taf. XXII. 2) zu den bandförmigen Erhöhungen dazwischen, wie die eingegrabenen Linien in den Stuccos von Ibn Tulun (Fig. 72) zu den durch sie getrennten Palmettengebilden. [1]

Die Granatenornamente sind somit nicht Flachornamente gleich den altorientalischen — absolute taktische Ebenen, die durch Umrisse nach der Höhe und Breite einerseits individuell abgegrenzt, andererseits mit der Ebene fest verbunden sind —, sondern optisch-ebene Oberflächen raumfüllender dreidimensionaler Motive, die auch nach der Tiefe abgegrenzt, daher durch Randlichter (stilistisch gleichwertig mit den Randschatten) modelliert und zugleich von der Grundebene losgetrennt sind. Die Untersuchung der Geschichte des antiken Reliefs hat uns gelehrt, dass die bezeichnete Entwicklung zwar zweifellos seit dem vierten Jahrhundert n. Ch. angebahnt, doch wesentlich erst im fünften Jahrhundert zum vollen Durchbruche gelangt ist. Daraus ergibt sich der Schluss, dass wir in der Granaten-Einlage in Gold eine specifisch spätrömische Kunstübung zu erkennen haben, die höchstens in vereinzelten Anläufen, keinesfalls aber in breiter Anwendung hinter die Epoche Constantins, in die mittelrömische Periode zurückreichen kann.

Es gibt jedoch auch solche Denkmäler der Granaten-Einlage in Gold, an denen auch andersfarbige Steine (oder Glaspasten) zur Verwendung gekommen sind; Taf. I. 9 mag uns hiefür als Beispiel dienen. Der Unterschied gegenüber den buntgewürfelten altorientalischen Decorationsflächen ist hier womöglich noch schlagender als bei den einfärbigen. Das blaue Mandelmotiv und das grüne Vierpassmotiv, deren innere stilistische Zusammengehörigkeit mit den complementären Motiven offen zutage liegt, erscheinen hier als Muster auf dem coloristisch einheitlichen Grunde der reinen Granaten-Einlage. Es offenbart sich darin dasselbe spätrömische Gesetz der Massencomposition, das uns bereits im byzantinischen Centralbau und in der Basilika, sowie in dem Kreuz auf durchbrochenem Grunde auf der Fibel von Apahida entgegengetreten war, und das vielleicht mehr als irgend ein anderes Gesetz der spätrömischen Kunst die Überwindung der Antike in ihren grundsätzlichsten Bestrebungen und den bahnbrechenden Fortschritt zu einem die Zukunft beherrschenden Neuen zum Ausdrucke gelangen lässt. Aus dem uniformen coloristischen Grunde der Granaten-Einlage springen die blauen und grünen Motive gleichsam taktisch provocierend heraus: es äußert sich darin eine Überwindung der Ebene und eine Rückkehr zum Taktischen, die consequentermaßen nur die Rückkehr zur Plastik, das ist zum Relief schlankweg zur Folge haben konnte. Und dieser Schritt ist in der That in der spätrömischen Zeit zurückgelegt worden, wie sich an zahlreichen Denkmälern der Granaten-Einlage erweisen wird. [2]

---

[1] Wenn die Rolle von Hell und Dunkel an den Granat-Einlagen in Gold in der Weise vertauscht erscheint, dass nun das Helle den Raumgrund, das Dunkle das Muster bildet, so erklärt sich dies eben daraus, dass den Linien als dem der Ausdehnung nach schwächeren Elemente die stärkere Farbe gegeben werden musste, um dasselbe dem Muster in der Wirkung gleichwertig zu machen; das Gold als Muster hätte aber jede andere Farbe geschlagen und durfte somit innerhalb des Colorismus nur als Grund zur Verwendung gelangen. In der Marmorarbeit hingegen entwickelte das Schwarz hinreichende Kraft, um sich gegenüber dem Weiß in der gewünschten Weise zu behaupten. Die gleiche Erscheinung bieten unter Anderem Bodenmosaiken mit schwarzen Figuren auf weißem Grunde (zum Beispiel in den Caracalla-Thermen), deren Modellierung (Schatten) mit weißen Linien bewerkstelligt werden musste.

[2] Schon die gemugelten Granaten am Rande von Beschläg und Dornschild der Schnalle von Apahida bedeuten einen (freilich noch möglichst einer coloristischen Wirkung angepassten) Erfolg dieser Tendenz; wir werden auch die einstige Füllung des leeren Vierpasses

Die Granat-Einlage in Gold vertritt also die reifste abschließende Phase des coloristischen Kunstwollens, soweit dasselbe in Metallarbeiten zum Ausdrucke gelangen sollte. Die Pflege dieser Technik fällt somit überwiegend in eine Zeit, da bei den Mittelmeervölkern die christlichen Anschauungen bereits vollständig durchgedrungen waren. Zu den fundamentalen Anschauungen dieser Art gehörte vor allem der Glaube an die Unsterblichkeit der Seele, und im engsten Zusammenhange damit der Glaube an die Bedürfnislosigkeit des (verklärten) Leibes im Jenseits. Die unmittelbare Folge davon war das Aufhören der heidnischen Sitte, den Todten Beigaben an Schmuck, Waffen, Geräthen, Geld für den Gebrauch im Jenseits ins Grab zu legen. Damit versiegte aber auch die ergiebigste Quelle, aus welcher die Kunsthistoriker bisher ihre Kenntnis des antiken Kunstgewerbes geschöpft haben. Etwa vom fünften Jahrhundert an bleiben wir hinsichtlich unserer Vorstellungen von der Kunstindustrie der christlich gewordenen Mittelmeervölker fast ausschließlich auf den Inhalt des Schuttes zerstörter Römerstädte angewiesen. Zufällige Einzelfunde dieser Art wurden zwar wiederholt gemacht [1], können aber hinsichtlich der Eindringlichkeit ihrer Wirkung auf den modernen Historiker nicht entfernt gegen jene compacten Massenfunde aufkommen, die, aus der gleichen Zeit stammend, aus Barbarengräbern zum Vorschein gekommen sind. Die Barbaren, namentlich germanischer Abkunft, die zuerst als militärische Stütze der römischen Kaiser in das Reich aufgenommen, allmählich selbst die Herrschaft nicht allein in den Grenzprovinzen, sondern auch in vielen westlich gelegenen Mittelmeerländern zu gewinnen wussten, sind einerseits viel länger als die eingeborenen Mittelmeervölker bei ihrem heidnischen Glauben verharrt [2], anderseits sogar nach erfolgter Christianisierung ihren ererbten heidnischen Bestattungsgebräuchen treugeblieben. Wir besitzen infolgedessen aus der Zeit zwischen Constantin und Karl dem Großen eine überaus reichhaltige Hinterlassenschaft der Franken, Alemannen, Burgunder, Longobarden, Westgothen, Nordgermanen, dagegen so gut wie gar keine der Romanen und Rhomäer. Man hat daraus etwas voreilig den Schluss gezogen, dass mindestens die Romanen (Weströmer) eben nach dem Sturze des Reiches so gut wie keine Kunstindustrie mehr gehabt hätten, das heißt dass mit der Herrschaft zugleich auch das künstlerische Culturschaffen auf die barbarischen Eroberer übergegangen wäre.

Den gleichen Schluss schlankweg auch auf die Rhomäer (Byzantiner) zu ziehen, war allerdings dadurch unmöglich gemacht, dass die germanischen Barbaren im Ostreiche niemals die politische Herrschaft in die Hände bekommen haben. Ja es hat sogar Forscher gegeben, die, wie L a b a r t e, den hervorragendsten unter jenen Funden aus Barbarengräbern des fünften bis achten Jahrhunderts (und insbesondere den Granat-Einlagen in Gold darunter) byzantinische Herkunft zugeschrieben wissen wollten. Wenn diese Hypothese keinen rechten Boden finden konnte und

auf diesem Beschläg durch einen nichtrothen Stein oder Glasfluss anzunehmen haben, in welchem Falle die Tendenz auf Schaffung eines beherrschenden Centralmotivs auch durch die Lage des Vierpasses in der Mitte des Beschläges klar gekennzeichnet erscheint.

    Eines der in der Entwicklung vorgeschrittensten Denkmäler dieser Kunstgattung bezeichnet das ovale Schmuckstück aus Salona (Taf. I. 6), das in der Mitte einen taktisch zusladenden Carneol mit Intaglio-Verzierung, am Rande alternierende blaue und grüne Glasflüsse auf einem Grunde von Granatfeldern (nach Prof. Berwerths gefälliger Bestimmung) zeigt. Die Glaspasten sind jetzt größtentheils verschwunden und nur einige Goldfolien in den Höhlungen verblieben; auch hier liegt die öfter beobachtete Erscheinung vor, dass die Granat-Einlagen sich in den Zellen erhalten haben, während die Glaseinlagen längst ausgefallen sind. Die Zellen sind aber hier durch Bronzelamellen hergestellt, die allerdings an der Oberfläche (wo sie als „Stege" sichtbar wurden) Vergoldung erfahren haben.

    [1] Unter anderem stammen die Schmuckstücke Taf. I. 1, 6, 8 aus dem Schutte von Salona.

    [2] Die Keilschnittbronzen des vierten und fünften Jahrhunderts, die wohl ausnahmslos zur Ausrüstung römischer Soldaten gehört hatten, mögen mindestens zum überwiegenden Theile von germanischen Söldnern stammen. Ein bezeichnender Grabfund dieser Art aus dem vierten Jahrhundert (jedoch ohne Keilschnittbronzen) wurde vor wenigen Jahren in der Dreikönigstraße zu Köln gemacht (jetzt in Mainz, publiciert in Lindenschmits Alterthümern, IV. Taf. 57).

in einer Zeit, da auch Kunst und Wissenschaft längstvergangener Zeiten unter modernem natio-
nalem Gesichtswinkel betrachtet wurden, hinter anderen Hypothesen, die den augenblick-
lichen Sympathien und Aspirationen der an der Forschung hauptsächlich betheiligten Völker
(namentlich Franzosen, Russen, Ungarn) schmeichelten, zurückstehen musste, so haben wir die
Ursache dieses Missverständnisses hauptsächlich in der herrschenden Unkenntnis des byzantinischen (oströmischen) Kunstgewerbes der vorkarolinischen Zeit zu suchen.

Dass die Byzantiner dieser Zeit eine Kunstindustrie besessen hatten, wagte man nicht zu
leugnen; aber es mangelte an zweifellos gesicherten Denkmälern derselben, und wenn man sich
solche in der Vorstellung construirte, so glaubte man ihnen einen bestimmten Grad von
Verwandtschaft mit der classischen Kunst zuschreiben zu müssen. Da man diesen classischen
Stempel an den Funden aus Barbarengräbern vermisste oder doch nur in kümmerlichen Resten
vorfand, meinte man ihnen auch den byzantinischen Ursprung entschieden absprechen zu sollen.
Die Granaten-Einlage in Gold gilt infolgedessen heutzutage in der außerdeutschen Forschung
ausnahmslos als „barbarische" oder „barbarisch-orientalische" Technik und zugleich als die am
meisten typische und charakteristische Repräsentantin der von Barbaren getragenen „Völker-
wanderungskunst", die namentlich durch die Wanderungen der Gothen aus Südrussland bis ins
entfernteste Westeuropa verschleppt worden wäre. Die deutsche Forschung hat hingegen dieser
Frage gegenüber bisher, offenbar abgeschreckt durch die Wahrnehmung, dass das rein wissenschaftliche Interesse hiebei allenthalben durch das nationale stark zurückgedrängt wurde, eine
auffallende Zurückhaltung bekundet und auf ein eigenes Urtheil so gut wie verzichtet.

Der Gedankengang, der bisher zur Überweisung der Granaten-Einlage in Gold an barbarischen Ursprung geführt hat, ist somit folgender: Wir besitzen keine gesicherten Denkmäler der
spätrömischen Kunstindustrie; soweit es eine solche überhaupt gegeben hat, müssen ihre Werke
den Stempel der classischen Kunst, wenn auch einer herabgekommenen, barbarisirten classischen
Kunst, getragen haben; die Granaten-Einlagen in Gold lassen diesen classischen Stempel vollständig vermissen; infolgedessen können sie nicht für Erzeugnisse der spätrömischen Kunstindustrie angesehen werden. Die entscheidende Prämisse, auf welcher sich dieser Schluss
consequentermaßen aufbaut — die Voraussetzung eines bestimmten Restes von classischem
Charakter in der spätrömischen Kunst — ist wohl durch alle unsere bisherigen Ausführungen in
diesem Werke endgiltig als falsch erwiesen: das spätrömische Kunstwollen ist ein fernsichtig-
coloristisches gewesen und daher durch einen Abgrund vom classischen Kunstwollen geschieden,
das zwischen nahsichtig-taktischer und normalsichtig-optischer (malerischer) Absicht die Mitte
einhält. Die fernsichtig-coloristische Absicht ist aber nicht erst durch die Barbaren den Mittelmeervölkern vermittelt worden, sondern — wie namentlich an der Entwicklung des Reliefs
gezeigt wurde — allmählich im Verlaufe der inneren Evolution der antiken Kunst, lange vor
Constantin, ja vor Marc Aurel, in maßgebende Erscheinung getreten. Da nun die Granat-Einlage
in Gold nichts anderes als die reifste Ausdrucksform des coloristischen Kunstwollens in Metall
bildet, so müssen wir ihren Ursprung zwingendermaßen innerhalb der spätrömischen Kunst bei
den Mittelmeervölkern suchen.

Darf sonach an der mittelländischen Herkunft der Granaten-Einlage in Gold künftig nicht
mehr gezweifelt werden, so ist doch anderseits nicht zu übersehen, dass der jahrhundertelange
Verbrauch von Arbeiten dieser Technik seitens der inzwischen sesshaft gewordenen Barbaren
auf die geschichtliche Entwicklung dieser Kunstgattung von Einfluss gewesen sein kann. Es

erscheint nicht allein die Frage zulässig, ob nicht allmählich romanische oder rhomäische Exporteure den Kunstcharakter der auszuführenden Ware zum Theile für den Geschmack (das Kunstwollen) ihrer barbarischen Kunden berechnet haben, sondern auch die sich consequentermaßen daranschließende Frage, ob nicht die germanischen Völker, seitdem sie das Schwert aus der Hand gelegt und wieder zu friedlicheren Beschäftigungen gegriffen hatten, selbst die Neigung empfunden haben mochten, ihren Bedarf an Schmuck u. dgl. durch eigenhändiges peinliches Sticheln, Löthen und Hämmern zu decken und dabei naturgemäß an die bewährten und gewohnten, auch dem Geschmacke wenigstens im allgemeinen (das ist in der coloristischen Gesammtauffassung) zusagenden Vorbilder mittelländischer Production anzuknüpfen. Um Fragen dieser Art unter Vermeidung der bisherigen oberflächlichen Auffassung vom Verhältnisse des Menschen zur bildenden Kunst möglichst wissenschaftlich zu beantworten, muss man zunächst über eine Vorfrage klar geworden sein: wie ist das Kunstwollen (der Geschmack) der germanischen Barbaren beschaffen gewesen? Erst wenn man die Richtung des barbarischen Kunstwollens kennt, vermag man in jedem einzelnen Falle zu entscheiden, ob ein Werk aus der reinen spätrömischen Kunstabsicht oder aber aus einer von Barbarenseite beeinflussten hervorgegangen ist. Da nun fast alle die unzähligen Denkmäler der Granaten-Einlage in Gold, die heute unsere Museen füllen, in Barbarengräbern gefunden worden sind, ergibt sich die Notwendigkeit, die Entwicklungsgeschichte dieser spätrömischen Kunstgattung in den zweiten Theil dieses Werkes zu verlegen. In dem vorliegenden Theile hat uns nur das zweifellos Mittelländische, das ist die Anfänge und die Vorstufen der Granaten-Einlage in Gold zu beschäftigen.

Doch muss auch hier vor Allem eine Einschaltung gemacht werden. Die heute zur allgemeinen Herrschaft gelangte Hypothese, wonach die Granaten-Einlage in Gold nicht von der Kunst der vormals classischen Mittelmeervölker ihren Ausgang genommen hätte, pflegt theils gewisse persische, theils in Sibirien gefundene Denkmäler als Zeugnisse orientalischen oder barbarischen Ursprunges dieser Technik vorzuführen. Von jenen fällt die Khosroes-Schale im Louvre in eine Zeit, die dieser zweifellos mit einem persischen König zusammenhängenden Arbeit keineswegs mehr die Priorität vor den europäischen Denkmälern der gleichen Art verleiht. Was aber das zweite Beweisstück für den persischen Ursprung betrifft — das in die Zeit des ersten Sassaniden (um 220 n. Ch.) datierte Beschläg von Wolfsheim im Museum zu Wiesbaden —, so hängt seine ganze Beweiskraft dermalen von der Richtigkeit der paläographischen Zeitbestimmung ab; der Stil, in welchem hier die Granaten-Einlage verwendet erscheint, ist übrigens kein völlig ausgesprochen coloristischer. Von weit erheblicherer Wichtigkeit sind die in Sibirien gefundenen Goldsachen mit Steineinlage, die sich gegenwärtig in der Ermitage zu St. Petersburg befinden. Da sie schon ihres Fundortes halber im Mittelpunkte der Barbarenfrage stehen, muss ihre Erörterung für den zweiten Theil dieses Werkes verspart werden. An dieser Stelle möge nur soviel Andeutung finden, dass die große Masse jener sibirischen Fundsachen noch nicht einem ausgesprochenen coloristischen, sondern vielmehr noch immer einem halbtaktischen Kunstwollen dient, was sich besonders durch die klarere Vertheilung der Steine auf dem Goldgrunde und sogar gelegentlich durch schwach gravierte Randeinfassungen der Steine kundgibt. Das Kunstwollen, das die sibirischen Steineinlagen in Gold vertreten, geht somit im allgemeinen mit demjenigen der Durchbrucharbeiten der früheren Kaiserzeit parallel; auch eine bestimmte Gattung von Emails, von welcher weiter unten die Rede sein wird, war offenbar von der gleichen Kunstabsicht hervorgebracht worden.

Es kann also in der That keinen Zweifel leiden, dass wir in jenen sibirischen Fundsachen Vorläufer der spätrömischen Granat-Einlagen zu erblicken haben, aber allerdings solche Vorläufer, die sich in den allgemeinen Entwicklungsgang der bildenden Kunst im Alterthum vollkommen zwanglos einfügen lassen. Eine nähere Ausführung und Begründung des angedeuteten Verhältnisses zwischen der mittelländischen Kunst und jenen Fundsachen muss jedoch aus bereits bekanntgegebenen Gründen dem zweiten Theile vorbehalten bleiben.

Das älteste datierte Denkmal der Granaten-Einlage in Gold von zweifellos mittelländischer Herkunft würden wir in der Fassung des Medaillons des Kaisers Maximian aus Szilágy-Somlyó (im Wiener kunsthistorischen Hofmuseum) besitzen, wenn die gleichzeitige Entstehung von Fassung und Medaillon gesichert wäre, wogegen jedoch triftige Bedenken obwalten.[1] Zweifellos nachgewiesen ist das Vorkommen der Granaten-Einlage in Gold für das Jahr 481 durch den Massenfund aus dem Grabe des Childerich zu Doornick (die Reste jetzt im Louvre), dessen Datierung nicht allein durch die zahlreichen Münzen, sondern auch durch den mitgefundenen Siegelring des Bestatteten gewährleistet erscheint. Nebst den Kronen mit Namen westgothischer Könige des siebenten Jahrhunderts bildet der Doornicker Fund die unverrückbare Grundlage für alle Erkenntnis der Entwicklung dieser Kunstgattung zwischen dem fünften und siebenten Jahrhundert, in welche zweihundert Jahre überhaupt ihre Blüte und Herrschaft gefallen ist.

Indem wir an die Betrachtung der historischen Vorstufen der Granaten-Einlage herantreten, haben wir naturgemäß nach zweierlei zu fragen: in welcher Weise wurden die Granaten oder vielmehr die Halb- und Ganz-Edelsteine überhaupt in Verbindung mit dem Metall gebracht, bevor man sie in letzteres eingelegt hat? und welchen Rohstoffes hat man sich vor der Übernahme der Granaten (des Steines) bedient, wenn es galt, farbige Verzierungen auf einer gegebenen Metallfläche herzustellen?

Die erstere Frage ist ohneweiters dahin zu beantworten, dass die classische Kunst den Stein nicht allein auf seinen optisch-farbigen Wert, sondern vorwiegend auf seinen körperlichen Formwert hin angesehen wissen wollte, und dass sie daher dem Steine einerseits eine krystallinische, in klar geschiedene Theilebenen gebrochene Form (gewöhnlich mittels Facettierung), andererseits eine eigene klare Abgrenzung (die Fassung) in Metall gab. Die classische Kunst im engsten Sinne hat den unvermeidlichen optisch-farbigen Eindruck des Steines überhaupt grundsätzlich ignoriert; erst die hellenistische Periode hat sich für den farbigen Reiz des Materials (seit der altorientalischen Zeit zum erstenmale) wieder zugänglich erwiesen; die frühere Kaiserzeit hat die Indulgenz zu einer förmlichen Vorliebe gesteigert, aber noch immer den geformten Stein als bewegtes Muster, die Fassung als zugleich isolierenden und verbindenden Grund hingestellt: sie hat den Stein nicht in Metall eingelegt, sondern auf Metall aufgelegt.

Erst von der Mitte des zweiten Jahrhunderts an, parallel mit dem Eindringen nichtweißer Steinsorten in die monumentale Sculptur, begann man an der farbigen Wirkung des Steines allein als

---

[1] Bisher hat man die Fassungen der zweifellos römischen Medaillons von Szilágy-Somlyó als Barbarenarbeiten erklärt (so Kenner und Hampel). Wer von römischen Fassungen des vierten Jahrhunderts nicht classisches Aussehen begehrt, wird auch an denjenigen der Medaillons von Szilágy-Somlyó mit ihren Keilschnitt- und Granateinlage-Mustern nichts zwingend Barbarisches finden. Nur die Fassung des Gratian-Medaillons fällt insoferne aus der Reihe heraus, als seine ungewöhnliche plastische Decoration in nächster Verwandtschaft zu derjenigen eines Brakteaten aus Öland (Antiquarisk tidskrift, XIV. 2, S. 16) steht, den Montelius frühestens in die Mitte des fünften Jahrhunderts versetzt: eine Datierung, hinter welche man umsoweniger zurückzugehen geneigt sein kann, als Montelius' Zeitansätze an früher (S. 161, Note 8) erwähnten Gründen stets eher zu früh als zu spät gegriffen sind. Ist aber eines der Medaillons (Gratian † 376) erst nahezu ein Jahrhundert nach seiner Entstehung mit der gegenwärtigen Fassung versehen worden, so müssen natürlich auch hinsichtlich der Gleichzeitigkeit der übrigen Fassungen mindestens Zweifel rege werden.

solche künstlerisches Wohlgefallen zu finden und denselben in größeren Flächen vor die Augen zu bringen. Ein vortreffliches Beispiel dieser Entwicklung, etwa in derjenigen Phase, die sie in der ersten Hälfte des dritten Jahrhunderts erreicht hat, bietet der Onyx von Osztropataka im Wiener kunsthistorischen Hofmuseum (Taf. II). Die taktische Kunstform ist am Stein auf die allgemeinen Umrisse beschränkt, dagegen die prächtige Farbwirkung in der Fläche, namentlich unter Hinzutritt der Nuancierung durch die Spiegelungen des Lichtes, mit bewusster Absicht angestrebt. Noch erscheint aber eine Einfassung nöthig, die in einer durchbrochenen linearen Wellenranke besteht und damit den Übergang vom undurchdringlich Stofflichen zum leeren Raume vollzieht. Auch die Durchbrechungen der Anhängsel entsprechen dem Kunstwollen der früheren und mittleren Kaiserzeit.

Am Sardonyx von Szilágy-Somlyó (Taf. III, aus dem zweiten Funde, der daselbst gemacht wurde, jetzt im Museum zu Budapest), der schon durch seine Größe gegenüber jenem Onyx einen Fortschritt der coloristischen Neigungen bekundet, ist die durchbrochene Fassung bereits durch eine solche in Stein-Einlage ersetzt, wobei die Granaten und die spärlich darin vertheilten grünen Glasplättchen nach dem Gesetze der Massencomposition (Muster auf bewegtem Grunde) zusammentreten. Auch der abgeschrägte Rand des Sardonyx zeigt eingelegte Granaten in Goldzellen. Am Kopfe und Fuße der Fibel, deren Bügel gleichsam der Sardonyx vertritt, sind gefasste große Steine angebracht, als Zeugnisse jener schon früher betonten theilweisen Rückkehr zum Taktischen; von den gefassten Steinen der früheren Kaiserzeit, die mittels polygonaler Facettierung in klare Theilflächen zerlegt waren, unterscheiden sie sich auf das Bestimmteste durch ihre muglige (das heißt massig-ungegliederte) Form.

Ein noch weiter vorgeschrittenes Stadium der Massencomposition repräsentiert die Fibel von Nagy Mihály im Wiener kunsthistorischen Hofmuseum (Taf. IV); sie erinnert insbesondere durch die angehängten drei Kettchen an die ähnlich ausgestatteten großen Scheibenfibeln, die an den Schultern der Kaiser von der Mitte des vierten Jahrhunderts bis Justinian namentlich auf Münzbildern immer wiederkehren.

Die Verbindung des Edelsteines mit dem Metall hat also in der römischen Kaiserzeit folgende drei Stadien der Entwicklung durchlaufen:

1. Auflage des Steines auf das Metall; der Stein durch Facettierung in klare Theilflächen zerlegt und dadurch taktisch wirkend, aber zugleich durch seine natürliche Farbe optischen Reiz ausübend.

2. Einlage des Steines (Granaten) in das Metall; Stein und Metall bilden zusammen einen ebenen Grund, aber einen mustergleichen, das heißt durchaus bewegten Grund.

3. Das eigentlich spätrömische Stadium: auf den aus Metall und Granaten gebildeten bewegten Grund werden nun neuerdings Steine ohne Fassung, und allmählich auch mit Fassung aufgelegt, wobei aber diese Steine nicht mehr facettiert, sondern in unklarer Krümmung geformt sind.

Was wir Granateinlage nennen, gehört in das 2. und 3. Stadium; ja es ist überhaupt zweifelhaft, ob dem 2. Stadium für sich eine gesonderte zeitliche Stellung einzuräumen ist, und vielmehr wahrscheinlich, dass sofort mit erfolgter Ausgleichung und Nivellierung des Musters in den Grund das neue massencompositionelle Muster darüber gelegt worden ist. Anderseits hat der alte gefasste Stein der früheren Kaiserzeit seine Existenz seit dem dritten Jahrhundert zwar niemals völlig eingebüßt, aber sich seinerseits dem Stil der Granat-Einlage nach Möglichkeit angenähert, was aus den drei Beispielen auf Taf. II—IV mit hinreichender Deutlichkeit entnommen werden konnte.

Es bleibt noch die andere Vorstufe der Granaten-Einlage zu erörtern, welche den Schwerpunkt nicht auf den Stein, sondern auf die Einlage legt: welches Rohstoffes hat man sich in vorconstantinischer Zeit bedient, wenn man metallene Flächen färben wollte? Es ist klar, dass es sich hiebei, der halbclassischen Kunstabsicht der früheren Kaiserzeit entsprechend, noch nicht um eine rein coloristische, sondern um eine wenigstens noch zum Theile polychrome Farbengebung handeln konnte. Noch war die Trennung der einzelnen Theile des Musters nicht das eingestandene Ziel, wenngleich dasselbe schon damals im letzten Hintergrunde winkte; noch wollte man die Verbindung der Mustertheile untereinander aufrecht halten und sie in ihrer Gesammtheit mehr oder minder klar der Gesammtheit des Grundes gegenübersetzen; jedoch verlangte man bereits eine fröhliche farbige Augenweide. Es galt einen Farbstoff zu wählen, der sich ebenso innig mit dem Metall verband, als sich der Stein demselben als ein Fremdes entgegensetzte. Unter allen Farbstoffen, die man im Verlaufe des Alterthums zu dem gedachten Zwecke zur Anwendung gebracht hat, hat sich das Email als der brauchbarste, wirkungsvollste, dauerhafteste erwiesen, da es sich vermittels des Brandes mit dem Metalle enge verbinden lässt und zugleich vermöge seiner glasigen Beschaffenheit Farbentöne von bestimmter Gluth und Tiefe hervorzubringen im Stande ist. Es erwächst uns daher die Verpflichtung, einen flüchtigen Abriss der Entwicklungsgeschichte des Emails im Alterthume, namentlich seit dem Beginne der römischen Kaiserzeit, an dieser Stelle einzuschalten. [1]

Das Email zählt zu jenen kunstgewerblichen Techniken, die sich in den letzten Jahrzehnten bei Kunstfreunden wie bei Historikern einer ganz ausnehmlichen Gunst zu erfreuen hatten. Es liegen daher verhältnismäßig zahlreiche Versuche vor, das Email entwicklungsgeschichtlich zu behandeln. Soweit diese Versuche die technologische Seite der Frage betrafen, sind sie vielfach nicht ohne Erfolg geblieben; insbesondere die Arbeiten von v. Cohausen (Wiesbaden) und Otto Tischler (Königsberg) wären in dieser Hinsicht rühmend hervorzuheben. [2] Für die allgemeine kunstgeschichtliche Erkenntnis ist aber dabei erstaunlich wenig herausgekommen, wie gerade kürzlich wieder das Buch von Kondakoff über die Sammlung Swenigorodskoi gelehrt hat.

Die Schuld daran trägt freilich weder das Email als solches, noch die Forscher, die sich mit seiner Untersuchung und Beurtheilung zweifellos redliche Mühe gegeben haben, sondern aber-

---

[1] Nebst dem Email ist das Niello zur Befriedigung der gleichen Kunstabsicht in der römischen Kaiserzeit zu umfassender Verwendung gelangt, und es wäre daher wohl gerechtfertigt gewesen, demselben im Rahmen dieses Bandes eine eingehendere Untersuchung zu widmen. Es wurde aber davon Umgang genommen, weil dadurch der Umfang des Buches eine noch weitere Vergrößerung erfahren hätte, ohne dass die Ergebnisse zu dem von den übrigen Metallverzierungstechniken der gleichen Zeit Nachgewiesenen eine wesentliche Bereicherung hinzugebracht hätten. Die Entwicklung im allgemeinen ist auch im Niello hinsichtlich der Motive von einer fließenden, in der Ebene verbundenen Rankenbildung ausgegangen, hat dann allmählich isolirtere complementäre Bildungen bevorzugt (überschneidende Kreise, laufender Hund in reciproker Verdoppelung), endlich in der vorgeschrittenen spätrömischen Zeit (namentlich auf den Schmucksachen des sogenannten Völkerwanderungsstils) sich fast ausschließlich auf reciproke Dreiecksäume beschränkt.

[2] Der erste der genannten Forscher, die beide bereits verstorben sind, hat seine Arbeiten in den Annalen für nassauische Alterthumskunde niedergelegt, wovon hier namentlich die Jahrgänge 1873 und 1893 in Betracht kommen. Viel zahlreicher sind die Aufsätze O. Tischlers über das Email; die wichtigsten finden sich in den Schriften der physikalisch-ökonomischen Gesellschaft in Königsberg 1886, und im Correspondenzblatte der deutschen Gesellschaft für Anthr. Ethnol. und Urgesch. 1884, 1889, 1890.

mals das materialistische Vorurtheil, das die bildende Kunst mit der Technik schlechtweg identificieren zu können glaubte. So wurde auch das Email nicht für dasjenige was es ist — ein Mittel zur Erreichung der Zwecke des Kunstwollens —, sondern für einen Selbstzweck genommen, der alle Keime seiner (mechanistisch gedachten) Entwicklung in sich trug.

Unter dem Banne dieses Vorurtheils musste man entweder bei dem descriptiven Erfassen der Einzelerscheinung (nach Kirchhoff's Recept) stehen bleiben, oder aber zu einer ganz falschen Vorstellung des Entwicklungszusammenhanges gelangen.

Die vielumstrittene Frage, ob die auf gewissen Goldsachen der Altegypter in Zellen gebetteten Farbstoffe echtes Email seien oder nicht, ist für die Kunstgeschichte als solche von ganz untergeordneter Bedeutung; entscheidend ist, dass das altegyptische Kunstwollen die Verbindung von Gold mit Farbe (namentlich Blau) zur Herstellung eines geometrischen Ornaments (vgl. Seite 176) verlangt hat, und dass diese Farbe überwiegend nicht durch Einlage eigens zugeschnittener (also individueller) Steinplättchen, sondern durch Einbettung einer pulverigen (also aus unendlich vielen kleinen Theilchen zusammengesetzten) Substanz mit dem Golde verbunden worden ist. Doch ist den Altegyptern auch die Steineinlage nicht völlig fremd gewesen, und in der That ist nicht einzusehen, warum das egyptische Kunstwollen, das das ununterbrochene (geometrische) Muster grundgleich ruhig gestalten wollte (anstatt des mustergleich bewegten Grundes der Spätrömer), nicht eben so gut durch Steineinlage wie durch Email befriedigt werden sollte. Deshalb scheinen auch die Grenzen zwischen beiden Techniken nicht ganz feste gewesen zu sein. Wenn wir einmal eine wirkliche Kunstgeschichte von Altegypten besitzen werden (wofür wohl zunächst leider noch nicht die geringste Aussicht besteht), wird sich vielleicht zeigen, dass Steineinlage und Email einander bei den Egyptern ebenso in einer bestimmten Reihenfolge abgelöst haben, wie dies später in der europäischen Kunst der Fall gewesen ist.

Die Verwendung des Emails bei den Griechen geschah in einem eminent taktischen (plastischen) Geiste: entweder parallel mit der Polychromie der Rundfiguren, wenn zum Beispiel goldene Täubchen mit Email überzogen wurden (was späterhin wieder in einer „classischen" Kunst, das ist in der Renaissance, wiedergekehrt ist), oder in ganz kleinen Flächen, zum Beispiel Blättchen, die streng von einer Filigranumrandung eingefasst wurden, so dass über die gegenständliche Bedeutung des „Musters" (zum Beispiel eines Blattes) kein Zweifel aufkommen konnte. Die Farbe diente in diesem Falle zur klareren Hervorhebung, Betonung des Musters, anstatt zur (spätrömischen) Verschleierung desselben.

Für das griechische Email haben namentlich die südrussischen Gräber vortreffliche Denkmäler geliefert; wer sie jemals zu bewundern Gelegenheit hatte, wird die geringschätzige Meinung, die Kondakoff darüber geäußert hat, von modernem Standpunkte nicht recht verständlich finden. Nur wem byzantinische Heiligenfiguren grundsätzlich ein angenehmerer Anblick sind als schönlebendig bewegte Blätterranken, wird die byzantinischen Emails künstlerisch über die classisch-griechischen stellen.

Von diesem griechischen Email in Filigranfassung, auf welches die Bezeichnung als Grubenemail ebensoviel und ebensowenig passt als diejenige als Zellenemail, liegen aus der Zeit um Christi Geburt keine Denkmäler mehr vor. Der internationalen Mode des römischen Weltreichs scheint also bereits damals diese harmonische Art der Verbindung von Gold und Farbe nicht mehr behagt zu haben.

Eine andere Frage ist es freilich, ob sich nicht auch diese altgriechische Technik wie so manche andere, in gewissen localen Volkskünsten erhalten hat, die dem Wandel des internationalen Modegeschmacks nicht gefolgt sind. Wäre dem so, dann dürften wir vielleicht im griechischen Filigran-Email den Vorläufer des sogenannten Drahtemails erblicken, das in neuerer Zeit in den Balkanländern, und von hier nördlich übergreifend in Ungarn, Siebenbürgen und noch weiter östlich nachgewiesen wurde. [1]

An der Spitze jener Emailarbeiten, die bereits ein optisch-coloristisches Kunstwollen verrathen, steht eine Gruppe von Denkmälern, die einerseits stilistisch mit der sogenannten Latène-Cultur des letzten vorchristlichen Jahrhunderts zusammenhängen, anderseits zweifellos zeitlich weit in die römische Kaiserzeit hinüberragen.

Die Farbwirkung gegenüber der Bronze erscheint an diesen Arbeiten entweder durch rothe Corallen oder durch rothes Email bewirkt. Die Verwendung der Corallen glaubt man bloß auf die älteren Arbeiten beschränkt zu sehen; allmählich wurde sie nach den bisherigen Ermittlungen vollständig durch das Rothemail verdrängt.

In Österreich-Ungarn sind Arbeiten dieser Art, deren Verbreitung von England bis Russland und Italien reicht, namentlich in den Donauländern zahlreich gefunden. Neben den großen Museen von Wien (aus Stradonitz) und Prag besitzt namentlich das Nationalmuseum von Budapest eine größere Anzahl einschlägiger Arbeiten. Als Repräsentanten, allerdings auf zwei Drittel der natürlichen Größe reducirt, geben wir auf Taf. V. 4 eine mehrgliedrige Kette, über deren Zweckbestimmung wir uns weiter nicht in Hypothesen ergehen wollen, weil sie für die künstlerische Analyse ganz unwesentlich ist. Das Original befindet sich im städtischen Museum zu Biel (Schweiz), ist aber vom Begründer dieses Museums, Herrn Schwab, aus den östlichen Donauländern, vermuthlich aus Ungarn, dahin gebracht worden.

Schon ·der erste Blick belehrt uns hinreichend, dass wir es hier mit derselben Art von Durchbrucharbeit zu thun haben, wie an jenen Beschlägen und Fibeln der früheren Kaiserzeit mit ihren aus der linearen Ranke gewonnenen Configurationen, ihren „Trompetenmustern“ und contrastierenden Curven, endlich ihren complementären Gebilden der leeren Zwischenräume. Wo aber breitere Flächen auftreten, dort erscheinen sie mit Rothemail ausgelegt; das Email wirkt hienach genau in derselben Function wie der Durchbruch, das ist optisch-farbig. Die kolbenartigen Enden, welche die Kette krönen, sind mit einer Gabelranke gemustert, und der ausgehobene Grund dazwischen mit rothem Email ausgefüllt; da aber die Bronze den Rand bildet, wird man von vornherein versucht, das Rothemail für das Muster, die Bronze für den ruhenden Grund zu halten: an der Absicht, dem Grund durch die Färbung eine mustermäßige Bewegung zu verleihen, kann daher nicht gezweifelt werden, und eine solche Absicht nennen wir eben die coloristische. Das Gleiche gilt von der Behandlung des viereckigen Täfelchens, das sich daran schließt, sowie von den herzförmigen Schildchen an den unteren Gliedern: an letzteren wiederholt das emaillierte Innenfeld in seiner Configuration den äußeren Umriss genau in der gleichen

[1] Der Vollständigkeit halber mögen hier auch die in Dänemark gefundenen Bronzearbeiten aus der sogenannten älteren Bronzezeit, mit dunklen Harzeinlagen zwischen den reliefartig ausladenden Spiralen wenigstens anmerkungsweise Erwähnung finden. Stilistisch folgen sie entschieden dem taktischen Princip: die goldig glänzenden Bronzespiralmuster sollen sich umso wirksamer vom dunklen Harzgrunde abheben, während sie sonst von dem nicht minder glänzenden Bronzegrund, wenn er durch das Harz nicht verdeckt worden wäre, eine störende Concurrenz erfahren hätten. Dagegen war die (coloristische) Möglichkeit, den Harzgrund für das Muster zu halten, und überhaupt jeder Zweifel daran, dass die Spiralen das Muster bilden sollten, schon durch die Beschaffenheit des Musters ausgeschlossen. Der „Stil“ dieser Arbeiten berührt sich somit enge mit dem classischen. Über diese nordischen Harzeinlagen auf Bronze, vgl. Sophus Müller, nordische Alterthumskunde I, 293.

Weise, wie die bohnenförmigen Motive am Beschläg und insbesondere am Dornschild der Schnalle von Apahida (Seite 174).

Ein zweites Beispiel dieser Emailgattung bietet der Hängehaken Taf. V. 2, wo das Rothemail [1] in der mittleren Scheibe als Grund der in Bronze stehen gebliebenen Wellenranke complementäre Elemente des laufenden Hundes bildet; die Roheit der Ausführung lässt weder das positive noch das negative Motiv in voller Regelmäßigkeit erscheinen. Das Stück ist wichtig, da es einen Terminus post quem non für die Datierung gibt: es ist als Ausrüstungsobject eines römischen Soldaten in Siebenbürgen gefunden (jetzt im Klausenburger Museum), und daher geradezu mit voller Sicherheit zwischen Trajan und Aurelian (107 und 270 n. Ch. anzusetzen.

Diese Emailgattung ist es, die sich in stilistischer Hinsicht mit den oben auf Seite 181 f. erwähnten sibirischen Steineinlagen am nächsten berührt. Besonders schlagende Parallelen bieten hiefür unter anderem die in England gefundenen Emailsachen im „Latène“-Charakter, wie zum Beispiel die bei Kemble, Horae ferales, (Taf. XIX, XX) abgebildeten. Stilistisch nächstverwandt und nur durch unwesentliche Details der Form- und Farbengebung verschieden sind die in Westrussland gefundenen Bronzen mit Emailverzierung, die K o n d a k o f f auf Seite 33 und Taf. XXIV seines Werkes über die Emailsammlung S w e n i g o r o d s k o i publiciert und als Zeugnisse einer „frühen, völlig selbständigen orientalisch-slavischen Cultur“ proclamiert hat. Dass dieselben Sachen sich auch in Ostpreußen (vgl. T i s c h l e r, Ostpreußische Gräberfelder III. Taf. 5, Nr. 1) gefunden haben, würde vielleicht nicht genügen, um K o n d a k o f f s Hypothese den Boden zu entziehen, wenn dies nicht durch die offenbare nächste Verwandtschaft jener russischen Funde mit den oben besprochenen Rothemails bewirkt würde. Da K o n d a k o f f diese letzteren in seinem Werke nicht erwähnt, dürften sie ihm unbekannt geblieben sein.

Nach Absolvierung dieser Emailgattung, die mit einzelnen ihrer Erzeugnisse in der That noch in vorchristliche Zeit hinaufreichen mag, gerathen wir an die Erörterung derjenigen Denkmäler, die man sich seit längerem gewöhnt hat als „römische Emails“ zu bezeichnen. Es fehlt zwar selbst heute nicht an Forschern, die dieser Bezeichnung nur eine sehr bedingte Geltung zubilligen möchten, ja den Ursprung aller hieher gehörigen Emails vielmehr auf barbarische oder orientalische Völker zurückzuführen geneigt sind, weshalb sich auch die Bezeichnung „Barbaren-Email“ noch immer bei einzelnen Autoren findet. Meiner Ansicht nach kann aber an der Zugehörigkeit dieser Arbeiten zu der aus griechischer Wurzel entsprossenen und aus derselben fortdauernd genährten internationalen Modekunst des römischen Mittelmeer-Reiches so wenig gezweifelt werden, dass ihre Erörterung nicht (wie diejenige der sibirischen Steineinlagen in Gold) erst auf den zweiten Theil verspart zu werden braucht.

Die Anzahl der einschlägigen Funde ist überaus groß; sie lassen sich aber unschwer in zwei große Gruppen theilen, von denen die erste fast ausschließlich Gefäße, die zweite ebenso überwiegend Schmucksachen, und zwar Fibeln umfasst. Der grundlegende Unterschied zwischen beiden Gruppen, der somit schon im äußeren Zweckcharakter gelegen scheint, geht überdies Hand in Hand mit ganz bestimmten stilistischen Differenzen. Gemeinsam ist beiden, dass sie aus

---

[1] Eine technische Untersuchung des Emails ergab, dass zuerst in die Gruben ein gelblichgrünes Email eingeschmolzen wurde, auf das man dann rothe Glassplitter kalt aufgesetzt hat; namentlich der dreieckige Splitter im unteren Oval ist deutlich und scharf umrandet sichtbar. Von einer Abschleifung kann nirgends die Rede sein. Unter der mittleren Scheibe, an welcher sich Spuren beiderseits angesetzter Flügel (Ringlein?) wahrnehmen lassen, liegt eine zweite (in der Abbildung natürlich nicht sichtbare) von vier kreisförmigen Öffnungen durchbrochene Scheibe.

Bronze (niemals aus Edelmetall) hergestellt sind und das Email in ausgehobene Gruben gebettet ist.[1] Der Schliff erscheint an den Objecten der zweiten Gruppe durchgehends angewendet; in der ersten Gruppe darf er mindestens als vorherrschend bezeichnet werden, doch begegnen insbesondere rothe Felder ohne Schliff, was eine besondere Erklärung nothwendig machen wird.

Die I. Gruppe, überwiegend Gefäße umfassend, hat unter den österreichischen Fundsachen einen überaus glänzenden Repräsentanten aufzuweisen in der Flasche von Pinguente, dem antiken Piquentum in Istrien (CIL. V p. 44), im kaiserlichen kunsthistorischen Hofmuseum in Wien, Taf. VI.[2] Einige Hadriansmünzen, die nebst anderen unzweifelhaft römischen Sachen dabei gefunden worden sind, lassen eine Entstehung der Flasche vor der mittleren Kaiserzeit mindestens als unwahrscheinlich bezeichnen. Die Form ist nicht ungewöhnlich und erklärt sich hinreichend aus der Bestimmung zu Transportzwecken (Feldflasche); E. v. Sacken hat für diese Form eine ganze Anzahl weiterer Beispiele aus antiker Zeit beigebracht. Der Henkel ist in der Mitte abgeplattet, aber gegen die Enden hin kräftig zur Stabform comprimirt, worin sich die innere Spannkraft aller römischen Metallarbeiten vorconstantinischer Zeit verräth. Seltsamer Weise ist die ganze Oberfläche des Flaschenleibes flach, ohne das geringste Relief (mit Ausnahme eines um die Peripherie laufenden Reifes und eines kreisrunden Basisansatzes); es war eben von vornherein beabsichtigt, die künstlerische Wirkung nicht lediglich der ungegliederten massigen Form zu überlassen, sondern durch eine Verzierung zu erzielen, welche die gesammte Oberfläche des Gefäßes und sogar die bandartige mittlere Erweiterung des „Henkels" überzieht. Die Ornamente dieser Verzierung sind in der Bronzefläche ausgespart und auf einen farbigen Emailgrund gesetzt; doch sind auch viele Ornamente, und namentlich die Epheublätter noch überdies mit farbigen Emaileinlagen von complementärer Configuration untermustert. Die Farben sind Lackroth, Kobaltblau und Orangegelb. Das jetzt ganz verblasste Lackroth erreicht nirgends die Höhe der begrenzenden Bronzeränder; man möchte daher annehmen, dass es von vornherein nicht beabsichtigt war, diese rothen Felder zu schleifen, und man dieselben daher nicht bis zum Rande mit Emailbrei gefüllt hätte. Die Oberfläche der rothen Felder sieht aber keineswegs aus wie geschmolzenes Email, das man einfach ohne Schliff belassen hat, sondern es erscheint durchwegs von Rissen durchfurcht, ja fast wie absichtlich zerhackt. Das könnte auf die Vermuthung bringen, dass die rothe Emailschichte ursprünglich nur als Grundlage für eine weitere darüber zu

---

[1] Daher nennt der Theoretiker der Emailtechnik, O. Tischler, das römische Email „echten Grubenschmelz", wogegen er dem Latène-Email die Bezeichnung „Furchenschmelz" geben zu sollen glaubte. Da aber im technischen Sinne kein wesentlicher Unterschied zwischen beiden Gattungen besteht, denn „Furchen" sind ja nichts anderes als „schmale Gruben", so hat Tischler offenbar mit seiner Scheidung einer ästhetischen Empfindung Ausdruck geben wollen, die ihm zwar unklar, aber vernehmlich die Existenz eines tieferliegenden stilistischen Unterschiedes angekündigt hat. In der That verbirgt sich hinter den „Furchen" des gedrungenen Stabwerks (Taf. V. 4) der noch halb taktisch-classische, hinter den „Gruben", welche schon die Existenz ausgedehnter ebener Flächen voraussetzen, der coloristisch-spätrömische Stil. Der chemischen Zusammensetzung nach hat, laut Tischler, das römische rothe Email („Ziegelemail" mit opaken Körpern auf blauem Grunde) seinen Vorläufer in einem kaukasischen Gürtelhaken aus Koban, dessen Entstehung in das zweite Halbjahrtausend v. Ch. (?) zurückgeführt wird. Das rothe Latène-Email hingegen („Blutemail", mit dendritenartigen rothen Krystallen in hellem transparentem Glas) findet sich nach Tischlers Untersuchungen bereits in der Masse altegyptischer Glasplättchen aus Meroe, noch aus vorchristlicher Zeit, wogegen während der römischen Kaiserzeit auch in Egypten Ziegelemail im Gebrauche stand. Stilistisch ist zwischen dem Latène-Email und dem egyptischen aus Meroe kein Zusammenhang; eher ließe schon die Existenz jenes kaukasischen Emailstück innerhalb der römischen unterbringen. So dankenswert Tischlers Untersuchungen gewiss sein mögen, lässt sich in ihren Ergebnissen bei deren heutigem Stande noch kein ausreichendes Basament für umfassendere historische Ausblicke erkennen.

[2] Von E. v. Sacken publiciert im Jahrbuche der kaiserlichen Kunstsammlungen I. 41 ff. in einer Heliogravüre; die Farbe in ihrem heutigen Zustande zeigt ein Viertelausschnitt, aber mit Ungenauigkeiten in Muster und Farbe. Ferner hat de Linas in der Gaz. archéol. 1884 die Flasche publicirt, mit dem Versuche einer Restituirung der ursprünglichen Färbung, also auch unter Beseitigung der grünen Patina. Wir geben in Radirung von Kaiser die ganze Flasche im heutigen Zustande, und fügen einige Ausschnitte in Zeichnung hinzu (Fig. 84), worin die Einzelmuster deutlicher gemacht erscheinen.

gießende Emailschichte bestimmt gewesen wäre, wobei die Unebenheiten des zerhackten Roth-emails das Eindringen und Haften des oberen Emails hätte erleichtern sollen. Von einem solchen oberen Email findet sich aber nirgends eine Spur, und es bliebe in diesem Falle keine andere Erklärung übrig, als dass die Auftragung einer oberen Emailschichte zwar beabsichtigt, aber aus irgend einem Grunde unterlassen worden war. Eine andere Möglichkeit könnte übrigens auch darin gesucht werden, dass dieses rothe Email den Schliff schlecht vertragen hätte. Merk-würdigerweise wiederholt sich dieselbe Erscheinung an einem anderen Denkmale dieser Email-gruppe, der Schöpfkelle von Pyrmont, an der es schon Lindenschmit beobachtet hat,[1] ohne gleichwohl eine Erklärung dafür bieten zu können.

Das kobaltblaue Email unserer Flasche ist überall abgeschliffen, bis auf die betreffenden Partien innerhalb des centralen Kreises; in diesem Falle scheint es sich in der That um ein ungenügendes Aufschmelzen des Emails zu handeln, was also wiederum auf Nichtvollendung schließen ließe, da schwer abzusehen ist, aus welcher Absicht gerade dieses centrale Feld beider-seits des Schliffes entbehren sollte, wenn auch die Möglichkeit nicht ganz ausgeschlossen ist, dass man die einen Flächen geschliffen, die anderen ohne Schliff belassen hat, um damit eine künstlerische Contrastwirkung zu erzielen; leider ist der heutige Zustand der Flasche, ins-besondere des ganz verblassten Lackroth nicht geeignet, darüber ein sicheres Urtheil gewinnen zu lassen. Die orangegelben Felder endlich sind sämmtlich abgeschliffen.

Fig. 84. Details von der emaillierten Flasche von Pinguente.

Wir wenden uns zur Verzierung selbst. Sie erstreckt sich, wie schon angedeutet, auf die beiden mäßig gewölbten scheibenförmigen Seiten, die beide eine vollkommen identische Ornamen-tation aufweisen, so dass die Besprechung und Abbildung einer derselben (Taf. VI. und Fig. 84 *a*) genügt; ferner auf den breiten Tambour der beide Seiten mit einander vereinigt (Fig. 84 *b*) und auf die verbreiterte Mitte des Henkels (Fig. 84 *c*), endlich auf den Deckel der kleinen Mündung (Fig. 84 *d*). Uns interessiert vor allem der daran beobachtete Decorationsstil im allgemeinen; die Motive im besonderen kommen erst in zweiter Linie in Betracht.

Die Breitseiten mit ihrer dichten buntfarbigen Verzierung wirken heute entschieden in colo-ristischem Sinne. Daran trägt aber nicht etwa die Patina des Alters die Schuld; dass eine solche

[1] Alterthümer, III. 11, 3. wo die Kelle in Farben publiciert ist.

Wirkung vielmehr von Anbeginn beabsichtigt war, beweist ein Blick auf die Reproduction der Flasche in der Gazette archéologique (1884), wo die ursprünglichen Farben restituiert sind; ja der Goldton der Bronze ruft hier direct die Erinnerung an die spätrömischen Steineinlagen wach. Dringt man aber durch den ersten oberflächlichen Eindruck hindurch in das System der gegebenen Ornamentik ein, so erstaunt man zunächst, eine völlig streng tektonische Composition zu finden.

Die Mitte ist entschieden betont durch vier ins Kreuz gestellte Epheublätter, deren centrifugale Wirkung durch einen herumgelegten ausstrahlenden Blattkranz noch erhöht wird. Um dieses centrale Motiv reihen sich drei einfassende concentrische Zonen, in denen eine intermittierende Wellenranke mit Epheublättern zwischen zwei fortlaufenden Wellenranken mit dreispaltigen Blättern umläuft. Die äußerste Begrenzung bildet ein reciproker Zackensaum. / Auch am Tambour und Henkel und vollends am Deckel lässt sich trotz der geometrischen Einfachheit der daselbst verwendeten Motive ein tektonischer Grundgedanke nicht verkennen. Über die Motive selbst, und ihre Scheidung vom Grunde herrscht wenigstens bei näherem Zusehen nirgends ein Zweifel. Und trotz dieser tektonischen Anordnung und dadurch bedingten taktischen Klarheit ein entschieden coloristischer Gesammteindruck!

Die Ursache liegt fürs erste in der ungemein dichten Aufeinanderfolge der Einzelmuster. Zone folgt auf Zone, Motiv auf Motiv, und damit wechseln auch die Farben, nicht allein des Musters, sondern auch des Grundes. Die einzelnen Zonen sind ferner nirgends durch ausladende Profile von einander geschieden, sondern bloß durch schmale flache linienhafte Bändchen begrenzt, die das Auge nicht hinreichend auf sich ziehen, so dass es die vorhandene Theilung nicht sofort bemerkt. Das Wichtigste aber ist, dass mindestens in zwei Zonen der Breitseiten eines der Grundgesetze des plastischen (taktischen) Stils überschritten erscheint: das Gesetz von der absoluten Einheitlichkeit des Grundes, als der ersten und obersten Bedingung seiner Function als ruhende Hinterlage des bewegten Musters.

Der classische Stil, der um jeden Preis Klarheit des einzelnen Kunstmotivs anstrebt, verlangt infolgedessen von der Polychromie unbedingt einheitlich gefärbten Grund. Die Muster mögen buntfarbige Abwechslung zeigen: der Grund muss innerhalb des Rahmens einfärbig sein, damit man ihn nirgends mit dem Muster verwechsle. Nun betrachte man auf Taf. VI und noch deutlicher in Fig. 84 a die zwei Zonen mit den dreispaltigen Blättern, namentlich die breitere innere. Die Wellenranke als Ganzes ist auf rothen Grund gesetzt (am Original fast gänzlich zerstört und nur noch in nächster Nähe wahrnehmbar, in Fig. 84 a hell schraffiert), aber das Blatt selbst ist von einem blauen Grunde umschlossen, der ohne Metallbegrenzung in den rothen Grund ausmündet. Aber nicht genug damit, der Grund zwischen Stengel und Blatt ist obendrein mit orangegelbem Email (in Fig. 84 a weiß belassen, im Original lebhaft sichtbar) ausgefüllt. Also statt einfärbigen Grundes ein dreifach gefärbter! Der Zweck, um dessentwillen es geschehen ist, kann keinen Augenblick zweifelhaft sein; der Emailleur beabsichtigte eine Coordination der drei Hauptfarben Roth, Blau, Gelb, und zwar in einer Mischung, die genau ihren Intensitätswerten entspricht. Trotz der tektonischen Anordnung und der Klarheit der Motive in ihrer Bedeutung im einzelnen war die Kunstabsicht eine coloristische, und wie sehr es dem Meister geglückt ist, beweist der erste Blick auf sein Werk. Wiederum das spätantike Kunstwollen in seiner Reinheit: massige, ungegliederte, klare Gesammtumrisse, bei unklarer, kleinlich flimmernder Behandlung der Flächen.

Was endlich die zur Decoration der concentrischen Seitenflächen der Flasche von Pinguente gewählten Motive betrifft, so erinnern sie in wesentlichen Punkten an diejenigen der Durchbrucharbeiten; einmal in der Ranke als Grundthema der ganzen Decoration, ferner in der unclassischen Eigenthümlichkeit, dass die Bewegungen der Ranke nicht mehr aus dem vollen regelrechten Kreis herausgeholt, sondern theils in überhöhtem Halbkreis, theils in gedrückter Form (Oval) geführt sind; endlich in der Bildung der Blattmotive, die zwar möglichst krummlinig begrenzt, aber dabei möglichst wenig gegliedert sind. Damit berühren sich diese Motive enge mit den complementären, worunter das Herzblatt mit der eigenthümlichen knopfartigen Verbreiterung des Umrisses nach Innen am Ansatze

Fig. 85. Durchbrochenes Bronzebeschläg. Museum zu Klausenburg.

des Stengels, an den Durchbruchbronzen häufig begegnet. Als Beispiel möge das Schnallenbeschläge Fig. 85 aus Siebenbürgen dienen, wo das herzförmige Durchbruchmotiv unten, mit dem Knopf an der Basis, deutlich aus dem Zusammenstoß zweier Ranken resultiert. Das geschweifte Mandelmotiv (Fig. 51 h) als Epheublatt mit gebogener Spitze wiederholt sich an dem durchbrochenen Beschläg aus Siebenbürgen, Taf. XIV. 7; in der gleichen Form kehrt es zwar nicht an der Flasche von Pinguente, wohl aber an einer ganzen Reihe anderer Denkmäler dieser Emailgruppe wieder (an der Pyrmonter Kelle, der Carlsruher Platte, der in der Themse gefundenen Platte des British Museum und anderen).

Schon v. Sacken und Kondakoff haben eine größere Anzahl von Gefäßen, die dieser Emailgattung angehören, namhaft machen können; die Liste ließe sich allein aus den rheinischen Sammlungen (Museen zu Speyer und Oldenburg, Sammlung Lückger in Köln u. a. m.) beträchtlich vermehren, und eine Specialbearbeitung derselben möchte von rein kunsthistorischem Standpunkte ein sehr lohnendes Ergebnis versprechen. Wir müssen uns an dieser Stelle mit der Hervorhebung einiger weniger Beispiele begnügen.

Da verdient vor allem die in der Themse gefundene emaillierte Bronzeplatte im British Museum (Fig. 86) einige Worte der Erwähnung. Sie bietet so viel des Merkwürdigen, dass sie eine eigene Abhandlung rechtfertigen würde, so viel auch bereits darüber gesprochen und geschrieben wurde. Was von rein kunsthistorischem Standpunkte das Wichtigste daran ist, wurde bisher von keiner Seite zur Sprache gebracht. Der Kürze halber will ich mich ausschließlich auf dieses Wichtigste beschränken, und des Übrigen nur vorausschickend betonen, dass vor allem die Technik, ferner die charakteristischen kreisrunden Scheibchen oberhalb der Stielansätze beider Mandelmotive oben in den Ecken über die enge Zusammengehörigkeit diese

Fig. 86. Emaillierte Bronzeplatte. British Museum.

Fig. 87. Das Innenmuster der Platte Fig. 86,' mit
allseitiger Fortsetzung des unendlichen Rapports.

Arbeit mit der Flasche von Pinguente keinen Zweifel übrig lassen. [1]

Man fasse lediglich das oblonge Mittelfeld ins Auge. Die feierliche Form der Aedicula, die Säulchen zur Seite mit dem greifengeschmückten Architrav und dem Giebel darüber, endlich das Basament mit den affrontierten Löwinnen zu beiden Seiten der Vase — das alles ließe in der Mitte eine figürliche oder doch emblematische Darstellung erwarten. Statt dessen begegnen uns reine Ornamente. Und welche Ornamente! Wir fragen: Was ist Muster und was Grund? Wir glauben Pelten, Voluten zu erkennen, aber die wechselnde Emailfärbung macht uns daran wieder irre. Wir sehen hellfarbige und dunkelfarbige Voluten ineinander geschoben, aber keinen Grund dazwischen. Doch halten wir uns zunächst an den Mittelpunkt: die vierblätterige Rosette in der Mitte. In ihr läuft offenbar das Gesammtmuster zusammen. Was sollen aber die ovalen Blätter, die von den Ecken hereinstarren? In ihnen ruht der Schlüssel zum Verständnis des ganzen Musters, denn sie sind nichts anderes als je ein Viertel der mittleren Rosette. Ergänzen wir jedes dieser Eckblätter zur vollen Rosette und denken wir uns überall dazu die Fortsetzung wie sie die mittlere Rosette zeigt (Fig. 87), so erkennen wir, dass sich nach allen vier Seiten des Oblongums das gleiche Muster wiederholt. Mit anderen Worten: Wir haben ein Muster nach unendlichem Rapport vor uns.

Wir haben ein solches Muster u. a. bereits an der Innsbrucker Fibel (Fig. 53) kennen gelernt; mit demjenigen des Londoner Emails verglichen, erscheint es nüchtern und kleinlich. Die frühesten Beispiele hinwiederum, die uns Pompeji geliefert hatte (Stilfragen 313, Fig. 171), wurzeln noch tief im classischen Stil; sie zeigen viel freien Grund und darinnen kleine Muster. An unserer Platte tritt der unendliche Rapport zugleich mit der Tendenz auf, die Grenzen zwischen Grund und Muster zu verwischen. Dies haben wir aber als die Haupttendenz der Kunst der späteren römischen Kaiserzeit kennen gelernt. Die nächsten Analogien für unsere Platte liegen auf solchen Stilgebieten, die den unendlichen Rapport und die Entnaturalisierung des Musters zum Princip erhoben haben. So erinnern die reciprok in einander verschobenen Voluten an arabische Intarsien in Kairo und an spanische Aufnäharbeiten des 16. Jahrhunderts; das Gesammtmuster des Oblongums hingegen ist der Prototypus geworden für die Behandlung der Innenfelder gewisser orientalischer Teppiche, wie zum Beispiel der drei sogenannten Polenteppiche im Schönbrunner Teppichdepôt (Jahrb. der kais. kunsthistorischen Sammlungen 1892, Taf. 28).

Dass uns mit Werken, wie die Londoner Platte unmittelbare Vorläufer der spätrömischen Granaten-Einlagen vorliegen, kann keinen Zweifel leiden; denn die Trennung der Farbfelder durch Metallstege, wobei es zweifelhaft bleibt, ob Farbe oder Metall das Muster darstellen, haben wir ja auch als die bezeichnendste Eigenthümlichkeit der Granaten-Einlage in Gold kennen

---

[1] Auch die complementären Calottenmotive, die hier infolge flüchtig skizzenhafter Behandlung zu Halbmonden mit abgestumpften Enden geworden sind, sowie die Pelten, endlich die grundsätzliche Zerschneidung der Grundfläche durch lauter isolierte Mustermotive charakterisieren den Stil der ausgehenden Antike.

gelernt. Die Herstellungszeit unserer Platte wird man ebenso, wie diejenige der Flasche von Pinguente in der mittleren römischen Kaiserzeit zu suchen haben. Die locale Entstehung der Londoner Platte möchten englische Forscher gerne in England suchen, wo sie gefunden worden ist, und zwar machen sie dafür ihren angeblich unvollendeten Zustand geltend. [1] Ich hätte gegen eine solche Annahme durchaus nichts einzuwenden, sofern man nur zugibt, dass der folgenschwere künstlerische Schritt, von dem sie Zeugnis gibt, nicht auf so entlegenem provinzial-römischen Boden gemacht wurde. Dass mindestens das oblonge Mittelfeld nach einer anderen, vollkommeneren Vorlage copiert wurde, beweist übrigens der Augenschein, denn die Ornamentik ist insbesondere am unteren Schmalrande offenbar verstümmelt.

Ein lehrreiches Beispiel unendlichen Rapports in unserer Denkmälerclasse liefert auch die Platte aus Badenweiler im Carlsruher Museum.[2] Hier ist die Ausführung flott und originell. Die Composition aus feingeschwungenen Ranken gebildet, an denen Epheublätter mit dem charakteristischen kreisrunden Stielansatz sitzen.

Eine der berühmtesten Vertreterinnen der ganzen Denkmälerclasse ist ferner die Kelle von Pyrmont im Museum zu Arolsen. Die große Polygonalmusterung ihrer Mantelfläche hat schon manchen „orientalisch" angemuthet; die Details der Ornamentik sind aber eher von griechischem Formengeiste erfüllt. Nur der wechselnde Grund findet sich auch hier, und zwar inmitten der Fünfecke, inner- und außerhalb der mittleren Palmette.

Ein weiteres Beispiel, namentlich für die coloristische Wirkung des wechselnden Grundes, bietet ein sechseckiges Gefäß von Pyramidenstutzform im rheinischen Provinzialmuseum zu Bonn. Eine Seite davon ist auf Taf. VII. 1 reproduciert; auch der sechseckige Deckel ist mit einer Blätterranke auf Emailgrund verziert, während die Stutzfläche als Boden dient. Die undulierenden Ranken mit dreispaltigen Blättern entfalten sich nach außen auf blauem, einwärts auf rothem Grunde; in der gleichen Weise wechselt der Grund rings um die beiden Vogelfiguren. Die Farbe soll nicht im Sinne der classischen Polychromie die klare Erscheinung des Musters unterstützen, sondern im Sinne des spätantiken Colorismus dieselbe verwischen. Nicht durch das Gleichgewicht zwischen bewegter Erhebung und ruhender Ebene, sondern durch die ausschließliche Erscheinung von Bewegung wird die erwünschte künstlerische Einheit hergestellt. Es liegt auch klar zutage, was diesen mittelrömischen Arbeiten noch gefehlt hat, um das spätrömische Ideal vollkommen zu erreichen. Das Muster ist immer noch ein unverkennbar organisches (Rankenstengel und Blätter, Vögel), und darum gegenüber dem Grunde, trotz dessen wechselnder Färbung, im Vortheile. Die spätrömische Kunst wird auch die Thiere völlig fallen lassen, und die Blattmotive noch mehr auf complementäre Formen von rein künstlerischem Existenzgrund reduciren. Ferner sind die Blattmotive in dieser Emailgruppe noch untereinander verbunden; die spätrömische Kunst wird auch diese Verbindung unterbrechen. Genau diese zwei Punkte sind es aber, welche die Musterbildung in den Granat-Einlagen in Gold von derjenigen der in Rede stehenden Emailgruppe unterscheiden.

---

[1] In diesem Zusammenhange verdient bemerkt zu werden, dass die geschwungene Rankenornamentik dieser Gefäße eine augenfällige Verwandtschaft mit derjenigen gewisser englischer Latène-Emails (Kemble, Horae ferales XIX, XX) aufweist, was uns nach allem bisher Gesagten nicht Wunder nehmen kann, da es sich hier nur um zwei Phasen eines und desselben Entwicklungsganges (Vorstufen eines und desselben Zieles) handelt. In dem (älteren) englischen Latène-Email herrscht noch insoferne ein classisch-taktischer Geist, als das Email hier entweder ein ausgesprochenes Muster, freilich auch schon von unverkennbar complementärer Form (vgl. Kemble XX. 2), oder einen ausgesprochenen Grund (Kemble XX. 4) bildet.

[2] Abgeb. bei Lindenschmit, Alterthümer, III. 9, 4 no 1.

Ist einmal dieser letzte Schritt geschehen, dann darf man sich auch auf zwei Farben (Roth und Gold gleich Hell und Dunkel) beschränken, während die vorliegenden Emailarbeiten noch mehrerer Farben bedürfen, weil sie nothwendigermaßen mit der Farbe des Grundes wechseln müssen, wenn sie der coloristischen Kunstabsicht genügen sollen. Mit anderen Worten: diese Emails haben noch einen zweifellosen Grund, wenn auch einen wechselnden, gegenüber dem Muster; die Granat-Einlagen in Gold haben den letzten Unterschied zwischen beiden vollständig verwischt, so dass der Massencomposition gegenüber selbst die gemusterte Fläche als uniformer Grund erscheint. Auf die in Rede stehenden Emails hätte sich aber eine Massencomposition noch nicht aufbauen lassen.

Da der wechselnde Grund das vornehmste Mittel des Colorismus auf derjenigen Entwicklungsstufe, die uns diese Emailgattung repräsentiert, ausmacht, erscheint es nothwendig, über seine historische Stellung noch einige Bemerkungen beizufügen. Wie der unendliche Rapport, ist auch der wechselnde Grund keine absolute Neuerfindung der mittelrömischen Zeit gewesen, sondern hat seine Vorläufer seit dem Beginne einer ausgesprochen optischen Auffassung in der antiken Kunst überhaupt, das heißt spätestens seit dem Beginne der römischen Kaiserzeit gehabt. Wie ohnehin zu erwarten, ist er am frühesten in Pompeji nachzuweisen. Die Wandmalereifragmente Inv.-Nr. 9916, 9917, 9919, 9920, 9924, 9925 u. a. im Museo Nazionale zu Neapel zeigen Ranken mit Blumen und Emblemen, die zwei verschiedenfarbige Grundfelder von einander trennen, so dass die Ranke auf zweierlei Grund gesetzt erscheint, ähnlich, wie dies an der Pinguenter Flasche der Fall ist. Aber in Pompeji hat man die zwei Farbfelder so klar von einander getrennt, dass über die Bedeutung der Ranke als eines Musters schließlich doch kein Zweifel aufkommen kann, während an der Pinguenter Flasche der blaue Grund in den rothen und der gelbe in den blauen hineingesetzt erscheint, was die offenbar schon in Pompeji beabsichtigte coloristische Verwirrung in einem weit höheren Grade herbeizuführen geeignet ist. Wie der unendliche Rapport der pompejanischen Decoration, ist also auch ihr wechselnder Grund noch ein recht zahmer gewesen. Es spiegelt sich darin dasselbe zögernde Verhältnis zur optischcoloristischen Auffassung, das uns in der Sculptur der beginnenden Kaiserzeit entgegengetreten war. Es ist eben eine und dieselbe Richtung des Kunstwollens, die sich in allen Kunstgattungen geltend zu machen sucht, aber auch auf allen in gleichem Maße zunächst noch durch die taktischpolychromistische Auffassung im Zaume gehalten wird.

Gefäße und Gefäßplatten bilden in der erörterten ersten Gruppe von „römischen" Emailgegenständen weitaus die Überzahl der erhaltenen Denkmäler; doch sind andere Gegenstände davon durchaus nicht ausgeschlossen gewesen. Sogar Scheibenfibeln, die wir als die typische Specialität der zweiten römischen Emailclasse kennen lernen werden, sind innerhalb der ersten nachgewiesen, wie unter anderem ein bei Lindenschmit, Alterthümer (III. 9, Taf. 4, no 2) publiciertes Exemplar mit krummspitzigem Mandelmotiv beweist. Eine ganz vereinzelte und in mehrfacher Hinsicht merkwürdige Ausnahme bildet ferner die Bronzefigur eines Hahnes im Paulus-Museum zu Worms (Taf. V. 1), zu Köln gefunden. Dem Thiere fehlen (vielleicht von Anbeginn) Fußzehen und Schweif; der Schnabel ist leise, wie zum Krähen, geöffnet. In der Umrisslinie der Figur allein liegt schon eine ganz eigenartige Mischung von Beobachtung der belebten organischen Natur einerseits und Tendenz auf krystallinische Ruhe anderseits. Das Gefieder ist weder durch taktisch ausladende Federn, noch durch optisch wirkende Gravierung, sondern durch bunte Emaillierung zum Ausdrucke gebracht. Auf der Brust ist dies vermittels einer diagonalen

Quadrierung geschehen; die Egypter hätten es auch so gemacht, aber sie hätten die Quadrate wagrecht neben einander gelegt, anstatt sie übereck zu stellen. In dieser Übereckstellung ruht zugleich das Grundschema des unendlichen Rapports, das heißt der unendlichen Bewegung in der Ebene, im Gegensatze zur ruhenden Geschlossenheit der liegenden Quadrierung, innerhalb welcher alle Verticalen durch die Horizontalen aufgehoben erscheinen. Die Flügel sind nicht minder stilistisch und dabei bewegt durch vier parallele Reihen von Halbmond-Motiven (Fig. 88) wiedergegeben: Motiven von ausgesprochen krummlinig-complementärer Form (vgl. Fig. 51 g). Die Hörnchen der Halbmonde sind reihenweise auf und abwärts gerichtet;

Fig. 88. Gefieder am Rücken des emaillierten Hahns im Wormser Museum.

die daraus resultierende flimmernde Bewegung wird noch durch den dreifachen Wechsel der Farben — Roth, Gelb und Weiß — gesteigert. Die beiden letzteren Farben sind allerdings stark mit Kupferoxyd durchzogen, wodurch sie einen Stich ins Grünliche erhalten haben. Das Muster bilden immer die Farbfelder; die in Bronze stehen gebliebenen Stege dazwischen repräsentieren den isolierenden Raumgrund dazwischen.[1]

Haben wir in der soeben besprochenen ersten Classe von antiken Emailarbeiten aus der römischen Kaiserzeit überwiegend Gefäße und Gefäßtheile angetroffen, so begegnen wir in der nun zu erörternden zweiten Classe fast ausschließlich Fibeln (Taf. VII. 2, 3; Taf. VIII).[2] Und zwar sind es der erdrückenden Mehrzahl nach Scheibenfibeln; Bügelfibeln mit Emailschmuck, wie Taf. VII. 2, sind verhältnismäßig seltene Ausnahmen. Dadurch allein wird bereits das Kunstwollen, dem diese Emailgegenstände zu dienen haben, von vornherein in ein helles Licht gestellt; denn die Scheibenfibel lässt die nothwendigermaßen taktisch wirkenden Glieder — die Nadel sammt Kopfansatz und Schuh — hinter einer ebenen Fläche verschwinden. Mit dem Hinwegfall des taktischen Bügels hängt auch die weitere technische Veränderung zusammen, dass an Stelle der Feder in der Regel das Scharnier getreten ist. Aber innerhalb dieser gemeinsamen antiplastischen Tendenz aller Scheibenfibeln lässt sich doch ein bestimmter Entwicklungsgang von einer zurückhaltenderen zu einer radicalen Ausdrucksform beobachten. Schon die zahlreichen durchbrochenen Exemplare beweisen den Zusammenhang mit dem Kunstwollen der früheren Kaiserzeit; übrigens haben wir unter den nichtemaillierten Durchbrucharbeiten bereits Scheibenfibeln kennen gelernt (siehe Taf. XIV. 1). Das peltenartige Grundmotiv von Taf. VIII. 11 ist uns dort als eines der gemeinüblichsten begegnet. Auch in der Verwendung der Thierfigur (VII. 3, VIII. 1—3) haben wir ein Symptom relativen Beharrens bei der taktischen Auffassung zu erblicken.

Eine Anzahl von Exemplaren (wie zum Beispiel die Eulenfibel VIII. 2) hat ferner mit den frühesten Durchbrucharbeiten noch die classische Reliefauffassung gemein, die sich darin

---

[1] Im Museo nazionale zu Neapel befindet sich unter den kleinen Bronzen die Figur eines Pfaues mit graviertem Gefieder (Inv.-Nr. 69.784, mit Cat.-Nr. 1138) angeblich aus Pompeji stammend, mit etwas steifer Körperhaltung und Kopfbildung. An den Wormser Hahn wird man dadurch kaum oberflächlich gemahnt; dagegen erinnert der pompejanische Pfau namentlich in der Anordnung und Detailbildung des Brust- und Schwanzgefieders an einen Geier auf einem jener früher erwähnten sibirischen Schmuckstücke, abgebildet bei de Linas, Les origines de l'orfévrerie cloisonnée, II, Musée de l'Ermitage pl. A. no 1.

[2] Die auf Taf. VIII vereinigten Stücke stammen sämmtlich aus dem großen Funde von Mechel (Meclo) in Südtirol (Val di Non), der theils in den Besitz des Reichsrathsabgeordneten Luigi de Campi in Cles, theils in denjenigen des Ferdinandeums in Innsbruck und des Museums zu Trient übergegangen ist. Unbekannten Fundorts sind die ebenfalls in diese Gruppe gehörigen Exemplare Taf. VII, 2, 3. Von den auf Taf. VIII abgebildeten 15 Stücken ist Nummer 5 von vornherein abzuziehen, da dieses Stück eher der ersten als der zweiten Gruppe zuzuzählen ist. Die darauf dargestellte Thierfigur (ein Reh?) ist von einem ausgesparten Bronzesteg umzogen und hebt sich heute manganviolett vom blauen Grunde ab.

ausdrückt, dass nur die Unterseite schlechthin als Ebene gebildet, die obere Schauseite dagegen, zwar in der Mitte nicht minder eben, an den Rändern jedoch nicht senkrecht abgeschnitten, sondern in einer Curve abfallend gebildet ist, worin sich ein Übergang von der Relieferhebung zur (idealen) Grundebene, und somit eine (von der classischen Kunst unabweislich postulierte) Verbindung mit dieser letzteren kundgibt. Anderseits kann aber nicht entgehen, dass die Mehrzahl dieser emaillierten Scheibenfibeln an den Rändern senkrecht beschnitten ist, worin sich die vorgeschrittene, erst seit der mittleren Kaiserzeit zu beobachtende Tendenz auf räumliche Isolierung der Einzelerscheinung manifestiert. Ferner ist das Stabwerk der durchbrochenen Emailfibeln keineswegs mehr so kräftig (taktisch) gebildet, als an den früheren Durchbrucharbeiten. Nimmt man noch den stilisierten Charakter der Thierfiguren hinzu, die zum Theile in einfache, massige, ungegliederte Umrisse gefasst sind, so gelangen wir schon auf Grund der Untersuchung der äußeren Formen zu dem unabweislichen Ergebnis, dass diese Emailclasse selbst in ihren relativ taktischesten Vertretern keinesfalls in die Zeit des durch die früheren Durchbrucharbeiten vertretenen Kunstwollens hinaufreicht. Von den nicht durchbrochenen Scheiben zeigen die älteren eine mehr oder minder reiche, aber stets kleinliche Gliederung, die bereits mit derjenigen des (allerdings weit später entstandenen) Beschlägs der Schnalle von Apahida (Fig. 80) annähernd auf der gleichen Stufe steht.

Die späteste, wohl schon an der Grenze zwischen mittel- und spätrömischer Kunst gelegene Phase repräsentieren Beispiele gleich VIII. 14, die nicht allein keine äußere Gliederung des senkrecht abgeschnittenen Umrisses, sondern auch keine innere mittels concentrischer Zonen (wie an VIII. 7, 8, 9, 12) mehr aufweisen. Dies schließt freilich nicht aus, dass VIII. 14 vielleicht sogar etwas früher entstanden sein könnte, als die anderen, ihm in der Entwicklung voranstehenden Exemplare; denn man darf niemals vergessen, dass man es hier mit der ungemein reichen Entwicklung innerhalb eines Weltreiches zu thun hat, wobei es mit Rücksicht auf die in Fabriken centralisierte Production weniger ins Gewicht fällt, dass die einzelnen geographisch weit auseinanderliegenden Theile des Reiches unmöglich gleichen Schritt gehalten haben können. Man hat vielmehr dabei nur an unsere modernen Verhältnisse zu denken, wo wir ebenfalls zur gleichen Zeit Kunstwerke entstehen sehen, die in ihrem Stile mitunter bis zu hundert Jahren und noch weiter auseinander zu liegen scheinen: je intensiver und vielseitiger das Culturleben (und diese Eigenschaft wird man dem zweiten und dritten Jahrhunderte der römischen Kaiserzeit nicht bestreiten wollen), desto größer ist der Abstand im Kunstwollen (und in der Art des Wollens überhaupt) zwischen den einzelnen Individuen, und desto größere Zeiträume müssen zusammen überblickt werden, wenn man über dem bunten Wechsel der Mode und der individuellen Neigungen das gemeinsame einheitliche Moment erkennen will.

In der Behandlung des Emails selbst unterscheidet sich diese zweite Classe von der früher erörterten erstens dadurch, dass der coloristische Eindruck nicht durch die Wechselwirkung von Bronze und Email, sondern durch das Email allein hervorgebracht wird, das heißt dass nicht allein der Grund, sondern auch das Muster durch das Email gebildet wird, dessen einzelne verschiedenfarbige Theile ganz unvermittelt aneinanderstoßen; zweitens dadurch, dass das Muster fast immer ein geometrisches ist. Wenn auch eine Farbe stets das Übergewicht behauptet und daher für sich die Bedeutung des Grundes in Anspruch nehmen darf, so sind doch die einzelnen Mustermotive darin isoliert vertheilt, und nicht mehr nach classischem Bedürfnisse als eine untereinander verbundene Gesammtheit dem Grunde entgegengesetzt.

In diesem Umstande gelangt die kunsthistorische Bedeutung dieser Emailgattung als Vorläuferin der Granat-Einlagen zum unzweideutigsten Ausdrucke. Charakteristisch ist ferner die Neigung, mehrere Farben ineinander zu setzen, wofür namentlich die Eulenfibel VIII. 2 einen lehrreichen Beleg bildet.

Auch die Millefiori-Rosetten und Schachbrett-Ausschnitte (VIII. 7, 11, 14), die kalt in den Emailbrei eingedrückt und durch Schmelzen des letzteren mit ihm fest verbunden wurden, dienen der gleichen Tendenz auf möglichst reichen und bunten Wechsel in den Farben. Der Bronze verblieb dabei nur mehr die Function der äußeren Verzierung (und tektonischen Gliederung), das heißt Einfassung in eine dünnwandige Zelle, so dass wir es in künstlerischem Sinne eigentlich mit Zellenemail zu thun haben, wenngleich der technische Vorgang eher die Bezeichnung als Grubenemail zu rechtfertigen scheint. Die coloristische Absicht, welche die erste Emailclasse durch die wechselnde Grundfarbe zu erreichen gesucht hatte, wird in der zweiten Gattung durch lebhaft wechselnde Musterfarben (und geometrische Configuration des Musters) verwirklicht. Der Granaten-Einlage in Gold kam die zweite Classe darin näher, als die erste, dass sie die einzelnen Theile des Musters bereits isolierte; sie blieb dagegen im gleichen Bestreben hinter der ersten Classe darin zurück, dass sie den einfärbigen Grund gegenüber dem Muster noch zu einem allzu klaren Bewusstsein brachte. So erklärt sich, dass beide (schon durch die Fundstatistik als ungefähr gleichzeitig erwiesenen) Emailgattungen nebeneinander existieren konnten, indem die eine gerade darin voraus war, worin die andere zurückstand.

Auch diese zweite Emailgattung ist in ihrer Anwendung gewiss ebensowenig auf die Scheibenfibeln allein beschränkt gewesen, als die erste auf Gefäße; die Überzahl derselben unter den Funden ist nur dadurch zu erklären, dass in den Gräbern, aus denen wir ja hauptsächlich die Kenntnis des Kunstgewerbes jener Zeiten schöpfen, für andere Beigaben als Schmuck und hie und da Gefäße keine Veranlassung gewesen ist. Nur aus einzelnen Funden im Schutt vermögen wir zu errathen, wie weit sich die Email-Decoration auf Bronze- (und Edelmetall-) Gegenständen aller Art in der vorconstantinischen Kaiserzeit erstreckt haben muss. Als Beispiel mag das Beschläg mit Anhenkern auf Taf. V. 3 aus Siebenbürgen (von der Stätte des römischen Castells Apulum) dienen. [1]

Die äußere Formgebung erinnert mit dem mehrfach wiederholten Bohnenprofile an die Schnalle von Apahida, und auch die vorgeschrittene Flächentendenz scheint auf die Spätzeit hinzuweisen. Aber der Belag mit gestanztem Bronzeblech, der leider nur fragmentarisch erhalten ist, zeugt noch von einem Reste taktischer Stilauffassung. Sehr merkwürdig ist der Umstand, dass das gestanzte Bronzeblech das Email bis zu einem gewissen Grade verdeckt haben muss. Es scheint sich darin ein Conflict zwischen taktischer und farbigflächenhafter Tendenz auszudrücken, für den ich keine Parallele wüsste, was uns doppelt bedauern lässt, dass die Erhaltung des Stückes eine so mangelhafte ist.

Ferner sind auf Taf. VII. 4, 6, 7 drei Gegenstände abgebildet, die sich als eine Vereinigung der ersten mit der zweiten Emailclasse darstellen. Indem die Bronze zusammenhängende

---

[1] Für eine nähere Zweckbestimmung diene die Notiz, dass sich auf der flachen Rückseite des oberen Gliedes zwei geräumige Ösen (für die Aufnahme eines Riemens?) und auf derjenigen eines jeden der beiden kleineren Glieder je zwei längere Zapfen mit Nagelkopf am Ende vorfinden, was uns somit berechtigt, in dem Ganzen nicht einen Anhenker, sondern ein articuliertes Beschläg zu erkennen. Man pflegt solche Schmuckstücke in der Regel mit dem Pferdezaumzeug in Verbindung zu bringen. Ein ähnliches emailliertes Exemplar, bisher unpubliciert, befindet sich in der Sammlung des Baron Lipperheide in Schloss Matzen (Tirol), ein tauschiertes aus Kyllburg im Museum zu Trier, publiciert in der Westdeutschen Zeitschrift XIV. Taf. 22, Nr. 2.

Muster nach Art der ersten Emailclasse darstellt, und diese auf einen kleingemusterten Email-grund nach Art der zweiten Emailclasse setzt, entsteht eine Massencomposition. Auf den einfachsten Ausdruck erscheint dieses Verhältnis in der Scheibenfibel VII. 7 mit bartloser Menschenmaske, auf blauem Grunde mit (vormals) roth-weißen Kreistupfen, gebracht.

Die große Scheibe VII. 6 erweist sich schon mit ihren Durchbrechungen einer verhältnis-mäßig frühen Entwicklungsstufe (spätestens dem dritten Jahrhundert) angehörig. Die Löwen-maske in der Mitte, die Delphine in der Randeinfassung wirken ebenso in taktischem Sinne, wie die beiden concentrischen Kreise; nur der Umstand, dass man diese Kreise nicht als taktische Rundstäbe, sondern als ebene Leisten mit farbiger Behandlung der Oberfläche (kleinen Millefiori-Rosettchen auf blauem Grunde) gebildet hat, verräth sich die coloristische Tendenz der mittel-römischen Zeit. Das vorgeschrittenste Stadium der Entwicklung scheint die Platte VII. 4 zu vertreten. Die auf den ersten Blick auffallende Disposition der beiden rothen Blätter an gebogenen Stengeln ist durch den unendlichen Rapport dictiert: denkt man sich die Platte nach rechts und links vervielfältigt, so gewinnt man ein beständig wiederkehrendes Motiv von zwei nach entgegen-gesetzter Richtung gekehrten Blättern, die durch je zwei gebogene Rankenlinien untereinander verbunden sind, oben und unten von je einer Zickzacklinie begleitet. Die Gegenübersetzung der breiten rothen Blätter und des Millefiori-Grundes ergibt hier eine besonders wirksame Massen-composition.

Im technischen Sinne verdient am ehesten die Bezeichnung „Grubenemail" eine bisher nur in wenigen Exemplaren bekannt gewordene Emailgattung, als deren Repräsentant die Scheibe VII. 5 dienen möge. Die stilistische Absicht ist derjenigen der zweiten Emailgattung offenbar nächstverwandt: denn der Grund ist auch hier ein einheitlicher, das Muster aus isolierten und in dichter Folge wechselnden Theilen zusammengesetzt. Der Unterschied besteht darin, dass die Grundfarbe nicht durch Email, sondern durch die Bronze hergestellt ist, deren Oberfläche durch wirkliche, für die Aufnahme des Emailbreis bestimmte Gruben unterbrochen erscheint. Die gedrungenen Umrisse des centralen Kreuzes und die Herzmotive künden den Zusammenhang mit der complementären Ornamentbildung. Diese Emailgattung zählt gewiss zu den spätesten der römischen Kaiserzeit, denn sie bildet den unmittelbaren Vorläufer jener Granat-Einlagen, an denen die Steinplättchen nicht in Zellen (wie an der Schnalle von Apahida, Fig. 80), sondern in massivem Goldgrunde (wie an einigen Stücken zu Petrossa Fig. 83, an der Swintila-Krone Fig. 92) gebettet sind: ersetzt man an VII. 5 die Bronze durch Gold, das Email durch Granaten, so gewinnt man unmittelbar eine Granat-Einlage des angedeuteten Typus. Jedoch scheint auch diese Emailgattung wenigstens im Principe schon gleichzeitig mit der von uns als erste Gruppe bezeichneten gefunden gewesen zu sein, denn zusammen mit der Flasche von Pinguente ist auch das Fragment eines in dieser Weise verzierten Bronzegeräthes zutage gekommen. [1]

Mit der zweiten und dritten Emailclasse enge verwandt und anderseits doch durch nicht zu übersehende Eigenthümlichkeiten davon geschieden sind die Angehörigen einer vierten Classe, wofür die Fibel Fig. 89 ein Beispiel geben möge. Es handelt sich hier nicht um eine Scheiben-fibel, sondern um eine Bügelfibel mit Scharnier, deren Bügel aber stark verbreitert und unter

---

[1] Von E. v. Sacken a. a. O. publiciert und für einen Pferdezaum erklärt. Das stark verrostete Object zeigt fünf Reihen eingeschlagener Ornamente: eine mittlere Reihe Spitzovale zwischen je zwei Reihen Epheublätter und Vierecke. Soviel sich aus zurückgebliebenen Spuren erkennen lässt, waren die Gruben sämmtlich mit Email von alternierenden Farben (blau und weiß) gefüllt; die Oberfläche scheint ohne Schliff verblieben zu sein.

einem stumpfen Winkel gebrochen erscheint. Der Emailschmuck zeigt regelmäßig reciproke Zickzackreihen, indem dreieckige Felder aus rothem Email, in
ausgehobenen Gruben, in complementärer Weise mit den im Bronzegrunde
stehen gebliebenen Dreieckfeldern abwechseln. Eine besondere Eigenthümlichkeit dieser Gattung von Emailfibeln bildet der Thierkopf, der als Verhüllung
des Nadelschuhes den Abschluss der Fibel bildet. Er hat immer die typische
Form eines von oben gesehenen und darum mit dem Scheitel in der Ebene
projicierten Kopfes, mit zwei kreisrunden Augen und drei Reihen gravierter
paralleler Strichlagen behufs Andeutung des Felles am Halse (und an der
Schnauze). Dieser Kopf ist es namentlich, in dem man gemeiniglich einen
unzweifelhaften Ausdruck des Barbarismus erblicken zu müssen vermeinte. Er
bedeutet jedoch die vom spätrömischen Kunstwollen dictierte Projection des
in der Draufsicht erfassten Kopfes in der optischen Ebene, in ganz analoger

Fig. 89. Emaillierte
Bronzefibel mit Thier-
kopf-Ablauf. Natur-
historisches Hof-
museum in Wien.

Weise, wie die Köpfe, welche die Scharnieraxe auf den Keilschnittschnallen halten (S. 157), die
gleiche Projection des im Profil gesehenen Kopfes darstellen. Die gravierte Strichelung der Haare
kennen wir von den Kaiserporträts seit Alexander Severus her als ein Ausdrucksmittel der
optischen fernsichtigen Tendenz in der römischen Bildnerei; sie ist übrigens auch in der zweiten
Emailclasse (VIII. 1, 2) nicht selten anzutreffen. Aber so viel wird allerdings richtig sein, dass
diese vierte Emailclasse unter allen den spätesten Rang einnimmt, das heißt wohl der Hauptsache nach bereits dem vierten Jahrhundert angehören dürfte. Die reciproken Dreieckzacken
(wie alle reciproken Muster) leisten in der That im coloristischen Stile das äußerste an Verwischung des Verhältnisses zwischen Grund und Muster.

Emailgegenstände der ersten Classe sind gefunden in England, Frankreich, Deutschland,
Österreich, Italien; diejenigen der zweiten Classe sogar darüber hinaus bis an den Kaukasus,
wobei noch hervorgehoben zu werden verdient, dass sich völlig identische Exemplare an
entgegengesetzten Punkten Europas wiederholt haben feststellen lassen. Wenn sie im eigentlichen Orient bisher nicht aufgetaucht sind, so folgt daraus noch nicht, dass sie nicht auch dort
verbreitet gewesen seien, denn der Orient hat nur aus äußeren Gründen bis heute nicht allein
keine Emailfunde, sondern überhaupt nur verschwindend wenig Kleinfunde aus der römischen
Kaiserzeit geliefert. Es sei hiefür nur an die egyptischen Gräberfunde aus dieser Zeit erinnert,
die zwar wohlerhaltene textile Gewänder, aber fast gar nichts an Schmuck oder Geräthen zutage
gefördert haben.

Die Verbreitung der besprochenen Emailsachen über die ganze westliche Hälfte des
römischen Reiches, aus der uns eben allein solche Gräberfunde vorliegen, und darüber hinaus in
die Einflusssphäre des Reiches im Norden des Schwarzen Meeres lässt doch den Schluss dringend
erscheinen, dass diese Emailsachen im römischen Reiche allgemein bekannt und gebraucht
worden sein müssen. Nichtsdestoweniger hat man aus der bekannten vielerörterten Stelle bei
Philostratus (Im. I. 28) entnehmen wollen, dass die culturführenden Mittelmeervölker um das Jahr 200
n. Ch. vom Email lediglich als einer von den Barbaren am fernen Ocean geübten Kunst Kenntnis
gehabt hätten. Selbst wenn man annimmt, dass Stücke wie VII. 6 und 7, deren Zugehörigkeit
zur mittelländischen Kunst schon durch die daran beobachtete Behandlung des Figuralen außer
Zweifel gesetzt erscheint, erst im dritten Jahrhundert entstanden seien, bleibt die durch Denkmäler erwiesene Thatsache bestehen, dass bereits die voraugusteischen Griechen die Emailtechnik

gekannt und geübt hatten. Die übliche Deutung der erwähnten Philostratus-Stelle kann also unmöglich richtig sein; die Frage, wie diese Auslegung durch eine andere triftigere ersetzt werden könne, ist nicht allein kunsthistorischer, sondern auch philologischer Natur und entzieht sich der Erörterung an dieser Stelle. Unsere Pflicht war es bloß, die Identität des an den besagten Emails vertretenen Kunstwollens mit dem gemein mittelländischen der römischen Kaiserzeit nachzuweisen, und diese Aufgabe glauben wir in hinreichend überzeugender Weise gelöst zu haben. [1]

Der Gebrauch des Emails zur farbigen Verzierung des Metalles hat seit dem vierten Jahrhundert fühlbare Einschränkung erfahren, die sich im fünften, nach endgiltiger Ablösung der mittelrömischen durch die spätrömische Richtung des Kunstwollens, bis zur bewussten Vernachlässigung gesteigert zu haben scheint. Gänzlich aufgehört hat er aber wohl niemals. Die Denkmäler, die davon Zeugnis geben, hängen zwar sämmtlich mit der Barbarenfrage zusammen und hätten daher erst im zweiten Theile dieses Werkes Erörterung zu finden; aber einige vorgreifende Bemerkungen an dieser Stelle dürften auch für den bisher betrachteten Entwicklungsgang von aufklärender Bedeutung sein. Zu den bekanntesten Emaildenkmälern der Völkerwanderungszeit zählen eine Fibel aus dem zweiten Funde von Szilágy-Somlyó in Budapest und die eiserne Krone der Lombarden in Monza. Die erstere (Taf. IX. 3) zeigt in der Mitte des halbkreisförmigen Kopfstückes drei im Kreise zusammengestellte, peltenartige Motive auf wechselndem Grunde von zweierlei Grün. Sowohl das Motiv, als die farbige Behandlung des Grundes ergibt einen engen Zusammenhang mit der Kunst der mittleren und späteren römischen Kaiserzeit; aber die Goldstege, welche die Zeichnung des Musters bilden, sind nicht im (ausgehobenen) Grunde ausgespart, sondern aufgelöthet, wie bei den Granat-Einlagen gleich der Schnalle von Apahida (Fig. 80): in technischem Sinne also ein Zellenemail. Die eiserne Krone der Lombarden ist ebenfalls mit Email in Goldzellen verziert. Durch L. Beltrami's dankenswerte Vermittlung war mir kürzlich Gelegenheit zu einer, nach Maßgabe der Umstände freilich nur oberflächlichen Untersuchung dieses ehrwürdigen Kunstwerkes geboten. Der Reif der Krone zeigt 24 Felder mit zweifarbigen Blümchen in Email auf translucidem grünen (vermuthlich Glas-) Grunde. In 21 Feldern ist das Email der Blümchen weiß und blau, und zeigt jenen schweren, fettigen Glanz, der den späteren byzantinischen Emails eigenthümlich ist. Drei Felder hingegen enthalten anstatt des Blau jenes rissige Rothbraun, das wir auf der Flasche von Pinguente vorgefunden und als verbreitete Eigenthümlichkeit der ersten

---

[1] Die auffallende Thatsache der gleichmäßigen Verbreitung identischer Typen über ganz Europa bis an den Kaukasus hat natürlich auch die Forscher, die an der Hypothese barbarischer Herkunft des römischen Emails festhielten, zu Erklärungsversuchen herausgefordert. De Linas hat dabei an die Zigeuner gedacht, die von altersher in mannigfachen Metalltechniken bewandert gewesen wären und als Welt vaganten die Früchte ihrer Arbeit überallhin gebracht hätten; wer den achtunggebietenden Ernst kennt, mit welchem dieser unermüdliche Forscher seinen Untersuchungen obgelegen hat, wird das Resultat, zu dem er gelangt ist, tragikomisch finden müssen. Kondakoff wollte wiederum in der fraglichen Erscheinung den Ausfluss einer „gemeinsamen barbarischen Cultur vom ersten bis zum vierten Jahrhundert n. Ch." erblicken; da muss man aber fragen, welcher allmächtige Factor die so erfolgreiche Vermittlung zwischen den über einen ganzen Welttheil und darüber hinaus verstreuten Barbaren verschiedener Sprache und Sitte übernommen haben mag? Alle diese Hypothesen sind aber überhaupt bloß vom Standpunkte der materialistischen Theorie discutabel, wonach die Technik der Kunst vorausgegangen wäre. Setzt man einmal das Kunstwollen wieder in die ihm gebürenden Rechte des allein dictierenden Factors ein, dann kann der Gedanke, dass die auf römischem Reichsboden so zahlreich gefundenen Emailgegenstände barbarischer Herkunft gewesen sein könnten, von vorneherein nicht aufkommen. Denn selbst in dem Falle, als die „Technik" des Grubenemails von irgend einem coloristisch kunstgesinnten Barbarenstamme erfunden worden und den Römern erst auf diesem Wege bekannt geworden wäre, ist es ausgeschlossen, dass eine Bevölkerung von dem uns in Pompeji tausendfach bezeugten positiven Sinne für künstlerische Gestaltung aller Dinge die Emailsachen, die ihr gefielen und die sie nach Zeugnis der Funde massenhaft verbrauchte, bloß von den Barbaren importiert und nicht selbst zu verfertigen getrachtet hätte. Sind aber die auf römischem Reichsboden gefundenen Emailsachen römische Arbeit, dann repräsentieren sie eben eine römische Kunst und nicht eine barbarische Kunst. Die Erfinderrolle der Barbaren — wenn eine solche sich zwingend nachweisen ließe — hätte dann ihre gebürende Stelle in der Geschichte der Technologie zu finden — auf einen Platz in der Kunstgeschichte würde ihr darum noch kein Anspruch zustehen.

Classe römischer Emails festgestellt haben. Dazu gesellt sich ein an sich untergeordneter Unterschied in der Bildung der verdickten Enden der Blütenstengel, indem dieselben in den zuerst genannten 21 Feldern durch massive Verbreiterung des Zellensteges, an den drei letzteren hingegen durch Umbiegung des bis ans Ende die gleiche Stärke festhaltenden Steges hergestellt erscheinen. Es leidet somit keinen Zweifel, dass wir es an der Krone der Lombarden mit Emailarbeiten aus zweierlei verschiedenen Zeiten zu thun haben. Ob die 21 Felder mit byzantinischem Email einer Erneuerung in der Zeit der Theodelinde oder aber einem späteren Zeitpunkte zuzuschreiben sind, darf hier als minder wichtig dahingestellt bleiben. Dagegen möchte ich die drei Felder mit rostbraunem Email entschieden der Entstehungszeit der Flasche von Pinguente näher bringen, was auch der bekannten Tradition entspräche, welche die Anfertigung der Krone mit Kaiser Constantin dem Großen und seiner Mutter in Verbindung bringt. Daraus gewinnen wir das Ergebnis, dass das echte Zellenemail bereits in der Grenzzeit zwischen mittelrömischer und spätrömischer Periode bei den Mittelmeervölkern in Gebrauch gestanden ist. Damit scheint aber der altverbreiteten Meinung widersprochen, als ob das Zellenemail als eine ausschließliche Eigenthümlichkeit der ausgebildeten byzantinischen Kunst zu betrachten wäre. In diesem Punkte waltet offenbar ein Missverständnis, das zu klären sich hier erwünschte Gelegenheit bietet.

Die ganze Geschichte des Emails im Alterthum lehrt, dass dasselbe niemals im künstlerischen Sinne Grubenemail, sondern immer mehr oder minder Zellenemail gewesen ist. Bei den Egyptern war dies sogar in technischem Sinne der Fall; aber selbst im Latène-Email und in der dritten römischen Email-Classe fehlt die wesentliche künstlerische Eigenschaft des echten Grubenemails (das heißt des nordischen vom XII. Jahrhundert an), wonach breite Metallflächen mit ebenso breiten Farbflächen in ausgehobenen Gruben zusammen componiert erscheinen. Gerade die wichtigsten und am zahlreichsten vertretenen Classen des römischen Emails — die erste und zweite — zeigen die Bronze zwischen den Farbfeldern lediglich oder doch nahezu auf lineare Umrisse zusammengeschrumpft. Die Metallstege sollen die Einzelformen von einander isolieren: sei es Theile eines animalischen Körpers, sei es solche von vegetabilischer Abkunft, sei es endlich ebene Zonen mit farbigem Schmucke geometrischer Art. Genau dieselbe Aufgabe ist aber späterhin den Goldstegen der byzantinischen Emails zugefallen. Begeisterte Lobredner der byzantinischen Kunst, wie Kondakoff, haben freilich den eigentlichen Ruhmestitel ihrer Emails darin erkennen wollen, dass diese sich zum erstenmale die von sämmtlichen früheren Kunstperioden vernachlässigte Aufgabe gestellt hätten, auch die menschliche Figur zur Darstellung zu bringen. Zur Widerlegung dieses Irrthums genügt der Hinweis auf die Fibel mit der Menschenmaske Taf. VII. 7, an der man nur die in der Bronze ausgesparten Stege durch aufgelöthete Goldstege zu ersetzen braucht, um ein vollkommenes byzantinisches Email zu erhalten. Gerade dieses Beispiel zeigt schlagend, wie alles am Kunstwollen und nichts an der Technik gelegen ist, wenn ein Kunstwerk von einem bestimmten Charakter zustande kommen soll. Nun wird man es auch nicht mehr als Anachronismus empfinden, wenn jene drei Zellenemail-Felder der Krone von Monza bereits in constantinischer Zeit ihre Entstehung gefunden haben sollten. Der Wunsch, das kostbare Material zu schonen, würde allein hinreichend erklären, warum man in diesem Falle die Stege aufgelöthet hat, anstatt sie im Grunde auszusparen. Denn nicht Grube oder Zelle, und überhaupt nicht irgend ein technisches Nothmittel, sondern der gewollte Effect, das heißt die farbige Erscheinung der begrenzten Form in Raum und Ebene, ist das Entscheidende, das einem Kunstwerke seinen historischen Charakter gibt.

Auf Taf. IX—XII findet sich noch eine Anzahl von Granat-Einlagen in Gold vereinigt, die fast ausschließlich auf dem Boden der ungarischen Reichshälfte ans Licht gekommen und daher sämmtlich für barbarische Arbeit in Anspruch genommen worden sind. Mit dieser Hypothese glaubt man übrigens selbst vor italienischen Fundstücken, wie Fig. 90 und 91, nicht Halt machen zu sollen. Mindestens in Italien ist jedermann überzeugt, dass diese „barbarischen" Dinger durch die Gothen ins Land gebracht wurden, obzwar sich die einschlägigen Funde längst nicht mehr auf die „Rüstung des Odovakar" im Museum zu Ravenna beschränken, und selbst in Rom vereinzelt zutage gekommen sind; und die auswärtigen Forscher sind eher geneigt, den Italienern darin Recht zu geben. Eine Entscheidung hierüber kann nur im Zusammenhange mit

Fig. 90. Goldschnalle mit Granaten. Museo Civico in Bologna.

Fig. 91. Goldschnalle mit eingelegten Steinen. Sammlung Augusto Castellani in Rom.

der Erörterung der ganzen „Barbarenfrage" gefällt werden, und muss daher dem zweiten Theile dieses Werkes vorbehalten bleiben. Aber zwei Punkte daraus dürfen, ja müssen schon an dieser Stelle vorweggenommen werden, weil sie zur Klärung der uns im vorliegenden ersten Theile gestellten Aufgabe — des Nachweises des engsten Zusammenhanges der Granaten-Einlage in Gold mit dem Kunstwollen der Mittelmeervölker in der spätrömischen Periode — ein Wesentliches beizutragen geeignet sind. Es handelt sich erstens um den Nachweis, dass die Granaten-Einlage in Gold selbst noch in nachjustinianischer Zeit bei den Mittelmeervölkern in Gebrauch gestanden ist; zweitens um eine, wenn auch nur das Wesentlichste hervorhebende Charakteristik der Unterschiede, welche die auf barbarischen Ursprung bezogenen Denkmäler der Granaten-Einlage in Gold gegenüber den von uns der spätrömischen Kunst revindicierten Denkmälern im Stile der Schnalle von Apahida aufzuweisen haben.

Den fortdauernden Gebrauch der Granaten-Einlage in Gold und zugleich die Fortdauer der führenden Stellung der Griechen im Kunstleben der Mittelmeervölker beweisen für das siebente Jahrhundert die bei Toledo gefundenen Votivkronen, die durch beigefügte Namen westgothischer Könige eine feste Datierung empfangen haben und infolgedessen, zusammen mit dem Grabfunde des Childerich, eine unverrückbare Grundlage für unsere Beurtheilung der Entwicklung der

Granaten-Einlage innerhalb der spätrömischen Kunstperiode bilden. Nun sind allerdings gerade diese Kronen seit jeher für schlagende Beweisstücke zu Gunsten des gothischen Ursprunges der ganzen Kunstgattung angesehen worden. Wir wollen hier nicht die Frage aufwerfen, wie die Gothen auf ihren jahrhundertlangen Söldnermärschen und später als militärische Herren einer zahlreichen Unterthanenbevölkerung Zeit und Lust zum Gold-

schmiedegewerbe gefunden haben mochten, und auch nicht die ergänzende Frage daran schließen, wohin denn die kunst- gewerblichen Ateliers der romanischen Unterthanen gerathen sein mochten. Schon allein die äußere Beschaffenheit der Denk- mäler liefert uns die Mittel an die Hand, um ihre Abhängigkeit von der mittelländisch-spätrömischen Kunst nachzuweisen, ob nun bei ihrer Herstellung Gothen thätig gewesen sein mochten oder nicht.

Vor allem finden sich an der Krone des Swintila (in Madrid) noch immer beide Arten der Granaten-Einlage neben-

Fig. 92. Detail vom Reif der Votivkrone des Swintila. Armeria real in Madrid.

einander im Gebrauche: einerseits in Zellen mittels aufgelötheter Stege, an den angehängten Buchstaben der Votivinschrift, anderseits in Gruben, am Reif (Fig. 92). Dieser weist in der Mitte einen breiten Streifen mit Granaten-Einlage, an den Rändern begleitet von je einer Reihe aufgesetzter mugliger Steine in Kasten-Fassungen. Die mugligen Randsteine waren uns schon an der Schnalle von Apahida (Fig. 80) aufgefallen; aber dort waren sie noch ohne Fassungen verblieben, deren Auftreten an Fig. 92 somit eine Neuerung bedeutet. Dagegen ist im Mittelstreifen mit Ausnahme der centralen gemugelten Steine absolut nichts zu entdecken, was über den durch die Schnalle von Apahida repräsentierten Entwicklungsstand hinausreichte. Auf den ersten Blick geben sich die Granatplättchen als das Muster auf Goldgrund: wir bemerken einen inneren Kranz von überhöhten Calottenmotiven und einen äußeren von sphärischen Dreieckmotiven (flachen Schuppen); sieht man aber näher zu, so gewahrt man, dass das nur complementäre Motive sind, und das ursprüngliche lineare Muster im Goldgrunde ruht: einmal ein Kreis um den centralen Stein herum, dann ein Kranz von Halbkreisbogen, endlich wieder ein einfassender Kreis rings- herum, an den dann der beiderseits benachbarte Kreis anschließt und mit dem ersteren gegen die Ränder hin dreieckige Zwickel bildet. [1] Denkt man sich den Mittelstreifen an den Stellen, wo die Granaten sitzen, einfach durchbrochen, so erhält man ein Gitter, wie deren viele in der späteren römischen Kaiserzeit in Marmor hergestellt worden sind. Die coloristische Absicht aber, die diese Verwischung des Verhältnisses zwischen Grund und Muster herbeiführte, haben wir an der Hand der Durchbrucharbeiten von einer Zeit her verfolgen können, da von einem Einflusse der „Barbaren" auf das Reich noch gar nicht die Rede sein konnte. Der Stil der Granat-Einlage im Reife ist also ein spätrömischer und kein barbarischer. In den mugligen Steinen aber, sowohl im Centrum als an den Rändern, gelangt die Massencomposition zum Ausdrucke, die wir ebenfalls bereits als spät- römisches (und ganz besonders nichtantikes und zukunftreiches) Element der Kunst kennen gelernt haben, und die durch die Aufnahme von Fassungen (worüber weiter unten noch ein besonderes) seit der Entstehungszeit der Schnalle von Apahida (fünftes Jahrhundert) allerdings eine wesent- liche Verstärkung erfahren hat.

---

[1] Ein ganz ähnliches Verhältnis zwischen den Musterzellen und dem stehengebliebenen Goldgrunde dazwischen ergibt eine aufmerk- same Betrachtung der Scheibe von der Vogelsibel von Petrossa (Fig. 83, S. 173).

Einen weiteren Beweis dafür, dass die westgothischen Kronen aus der spätrömisch-mittel-
ländischen Kunst hervorgegangen sind, liefern die ebenen, blattförmigen, durchbrochenen Glieder
(Fig. 93), die sich an den Ketten der Kronen vorfinden. Schon das Hauptmotiv der Palmette
erinnert in seinen Umrissen an die spätrömische Tendenz nach complementären Bildungen. Die

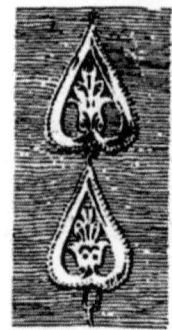

Fig. 93. Detail von den
Hängeketten der 'Votiv-'
krone des Swintila. Armenia-
real in Madrid.

Gliederung innerhalb der einzelnen Theile der Blätter ist nun durch
Combinationen von Punkten und Strichen herbeigeführt, die wir als
Strichpunkt-Motive bezeichnen wollen. Sie finden sich sehr häufig an
ungarländischen Funden aus dem siebenten und achten Jahrhundert, und
insbesondere an dem großen Massenfunde von Nagy Szent Miklós. Aber
es fehlt auch nicht an italienischen Fundsachen mit Strichpunkt-Ornamentik, und namentlich das longobardische Gräberfeld von Castel
Trosino[1] hat viele solche geliefert. Die Herkunft und Bedeutung des
Strichpunkt-Motivs ist nun nicht allein keine barbarische, sondern vielmehr eine so mittelländische, als dies überhaupt von irgend einem Motiv
der vorkarolinischen Kunst gesagt werden kann. Der Strichpunkt ist
nämlich nichts anderes als ein directer Abkömmling der Bohrtechnik
in Marmor; er lässt sich sogar an Marmorarbeiten des sechsten Jahrhunderts monumental nachweisen: so zum Beispiel an einer der Transennen im Dom zu Ravenna (Fig. 94). Desgleichen ist die Strichpunkt-
Ornamentik an Fundstücken aus Egypten zutage getreten, die man kaum
für barbarische Exportware wird ansehen wollen. Die Schnalle Fig. 95 ist von mir in Kairo bei
einem Händler erworben. Ihre Grundform ist durch zahllose Funde, namentlich aus Italien,
Egypten, Ungarn, Südrussland, aber auch darüber hinaus im Westen Europas, als die gemein-

Fig. 94. Ecke einer Marmor-Transenne im Dom zu Ravenna.

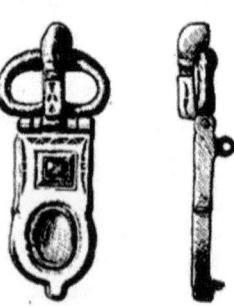

Fig. 95. Bronzeschnalle aus Egypten. Privatbesitz in Wien.

gebräuchlichste im siebenten und achten Jahrhundert erwiesen. Als Verzierung begegnen wir an
Fig. 95 neben aufgesetzten Steinen auch dem Strichpunkte (und zwar auf der Oberseite von
Beschläg und Dorn, und an den Flanken des Dornes). Die schmale Zickzackreihe im Keilschnitte

---

[1] Im Thermen-Museum zu Rom, leider noch immer nicht publiciert und der Untersuchung durch nichtitalienische Gelehrte unzu-
gänglich. Der zweite große Fund der gleichen Art, aus Nocera Umbra, ebenfalls in dem genannten Museum verwahrt, ist überhaupt nur
gegen besondere Erlaubnis der General-Inspection der italienischen Museen zu besichtigen.

lässt deutlich erkennen, wie nahe einander der gebohrte Strichpunkt und der Keilschnitt schon allein äußerlich stehen; für ihren kunstgenetischen Zusammenhang, als Ausdrucksmittel des gemeinsamen optisch-coloristischen Kunstwollens, bedarf es nach allem früher darüber Gesagten keines Nachweises mehr.

In jeder Hinsicht erweisen sich somit die westgothischen Kronen als Erzeugnisse der spätrömischen Kunst, wobei es ganz nebensächlich bleibt, ob sie von Barbaren oder aber von Romanen oder Rhomäern hergestellt worden sind. Ich möchte sie mir allerdings am liebsten aus den Händen rhomäischer Goldschmiede hervorgegangen denken, wobei ich nicht allein an die Verbreitung der Strichpunkt-Ornamentik am Mittelmeere, sondern an die nach wie vor führende Rolle der griechischen Kunst im allgemeinen denke. Die spanischen Forscher, welche vor dreißig Jahren den durch die westgothischen Kronen vertretenen Stil als latino-byzantinischen bezeichnet haben, sind somit intuitiv in der That auf der richtigen Fährte gewesen; die Vorstellungen freilich, die sie sich von diesem Stile im einzelnen gemacht haben, waren alles eher als der historischen Wahrheit entsprechend.

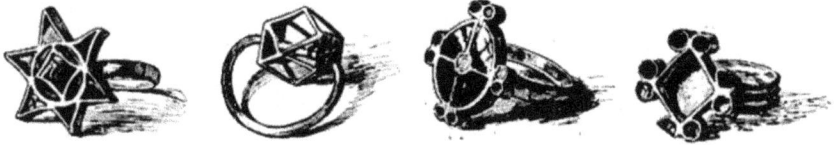

Fig. 96—99. Goldringe mit Granaten. Von Puszta Bakod (Ungarn). Ungarisches Nationalmuseum in Budapest.

Auf den Taf. IX—XII wurden absichtlich fast ausschließlich Denkmäler von solcher Beschaffenheit vereinigt, die auf den ersten Blick eher auf eine Verschiedenheit von der spätrömischen Kunst, und somit auf barbarischen oder national-orientalischen Ursprung schließen lassen möchten. Es verdient darum ausdrücklich bemerkt zu werden, dass auch die Zahl derjenigen Denkmäler mit Granaten-Einlage in Gold, für welche keine Veranlassung zur Annahme nichtmittelländischer Herkunft besteht, eine außerordentlich große ist. Für Geschmeide, wie die in Fig. 96—99 reproducirten, existiert gar kein ersichtlicher Grund, sie der spätrömischen Kunst abzusprechen. Das gleiche gilt von Anhenkern gleich Fig. 100, an denen der complementäre Ursprung der Configuration schon durch die concaven Umrisse evident gemacht erscheint.

Fig. 100. Anhenker aus Gold mit Granaten. Aus Namiest (Mähren). Kunsthistorisches Hofmuseum in Wien.

Für eine Übersicht über die späteren, angeblich barbarischen Neuerungen in der Combination von rothen Granaten mit Gold gegenüber der Schnalle von Apahida lässt sich etwa die Fibel Taf. IX. 1 aus dem zweiten Funde von Szilágy-Somlyó gut verwerten. Das auffallendste ist hier der Umstand, dass die Granaten nicht in die (sei es durch Stege, sei es durch Gruben hergestellten) Zellen eingelegt, sondern auf den Goldgrund aufgelegt erscheinen. Überdies sind sie nicht eben, sondern gemugelt, und von Filigran-Fassungen eingerahmt. Der Anhenker Taf. I. 4, gefunden zu Apahida zusammen mit der viel besprochenen Schnalle, erweist sich auch darin als ein früheres Glied in dieser Kette, als Halsband und Muster des Thierkopfes hier noch ganz im Stile der ebenen Granat-Einlage gehalten, Augen und Ohren zwar aufgelegt und in Kasten gefasst, aber auch noch nicht gemugelt, sondern noch als ebene Plättchen gebildet sind.

Die wichtigste Neuerung bezeichnen die Fassungen, weil durch sie abermals eine Verbindung der aufgesetzten Granaten mit dem Grunde (an Stelle der früheren strengen räumlichen Isolierung) hergestellt erscheint. Wir sehen hier eine ähnliche theilweise Rückkehr zum Plastischen sich vollziehen, wie in der Sculptur durch (scheinbare) Reactivierung des Reliefgrundes u. s. w. Aber ein Blick auf die Gesammtwirkung der aufgesetzten Granaten mit dem Golde genügt, um uns zu belehren, dass die Kunstabsicht nach wie vor eine wesentlich coloristische geblieben ist. Im Mittel hat man also zum Theile eine Rückschwenkung zum Taktischen vollzogen; die Grundabsicht ist aber immer noch die coloristische. Es ist der Process, der die spätrömische Entwicklung namentlich zwischen Justinian und Karl dem Großen durchaus beherrscht und geradezu das Wesen derjenigen Kunst ausmacht, die wir vom neunten Jahrhundert an als byzantinische zu bezeichnen pflegen.

In der gleichen Weise muss die reichliche Verwendung von Filigran gedeutet werden. Das Filigran als taktisch-gekörntes, aber nur in der Ebene combinierbares Element ist ein unzertrennlicher Begleiter aller jener Kunstperioden gewesen, die mit taktischen Motiven flächenhafte Wirkungen angestrebt haben: daher hat es in der archaischen Zeit bis in die classische reiche Verwendung gefunden, ist es in der hellenistischen Periode zurückgetreten, und hat es seit dem dritten Jahrhundert der Kaiserzeit allmählich, aber stetig wieder an Terrain gewonnen. Die Zusammensetzung des Filigrans zu dreieckigen Feldern (IX. 3, XII. 1) begegnet bereits an den sogenannten etruskischen Goldschmiedearbeiten, die der archaischen Kunst noch nahestehen; wer ihr neuerliches Auftauchen in der spätrömischen Kunst so erklären will, dass sie in irgend einer antiken Volkskunst das ganze Alterthum hindurch am Leben geblieben und im Momente, als die internationale Modekunst wieder zu einem verwandten (das heißt extrem entgegengesetzten) Empfinden zurückgekehrt war, von dieser als zweckentsprechend aufgegriffen worden wären, dem soll nicht widersprochen sein, wiewohl eine solche Annahme nicht zwingend nöthig scheint.

Eine weitere Eigenthümlichkeit der späteren Granat-Einlagen bildet das reichliche Vorkommen von Raubthierköpfen und krummschnäbligen Vogelköpfen. Ihre Verwendung an Halsbändern (gleich XII. 2 und 8) lässt sich ungezwungen dem antiken Gebrauche anreihen, wie er uns auch schon an den Keilschnittschnallen (als Halter der Scharnieraxe) begegnet war. Auch als freie Endigungen, wie an IX. 1, bedeuten die Thierköpfe im Grunde nichts Neues.[1] Am Schnallendorn von XII. 3, 6 ist die Spitze zu einem skizzierten Thierkopfe zugerichtet, wogegen sich die Keilschnittbronzen (S. 158 f.) bis an das äußerste Ende ihres Vorkommens beharrlich gesträubt hatten. Nur über die beiden Thierfiguren mit Schlangenleibern im Kopfstück von IX. 1 muss jede Erörterung vorläufig unterbleiben, weil sich dabei ein Eingehen auf die viel umstrittene Frage nach der „germanischen Thierornamentik" nicht mehr umgehen ließe.

Am fremdartigsten berührt das Auftreten plastischer Arbeiten, wie die Löwenfibel Taf. X und der Buckel Taf. XI, beide aus dem jüngeren Funde von Szilágy-Somlyó. Eher mag es noch gelingen, die Löwenfibel mit ihren Polygonknöpfen und dem verflachten Eierstabe am Rande in das Bild einzufügen, das wir von der spätrömischen Kunst gewonnen haben. Was dem Buckel auf Taf. XI eine völlig isolierte Stellung verleiht, ist nicht so sehr das Motiv der

---

[1] Auf der rechtseitigen Tafel des Probus-Diptychons von Aosta (Fig. 37, S. 113), vom Jahre 406 n. Ch., endigt der Griff des Schwertes, welches Honorius umgegürtet trägt, in einen „germanischen" krummschnäbligen Vogelkopf.

gereihten Vierfüßler, die sich auch auf anderen mittelländischen Denkmälern aus spätrömischer Zeit, zum Beispiel an zahlreichen gewirkten Gewandstreifen aus egyptischen Gräbern ähnlich vorfinden, sondern die getriebene Arbeit, in welcher die Thiere ausgeführt sind. Das Relief ist zwar ein verhältnismäßig flaches, übersteigt jedoch immerhin um ein Beträchtliches die Höhe desjenigen, das datierte Reliefwerke des fünften Jahrhundertes, wie der Florentiner Aspar-Schild, aufweisen. Erst im Massenfunde von Nagy Szent-Miklós aus dem achten Jahrhundert begegnen wir wieder einem Relief von gleicher Ausladung. Einen weniger befremdenden Eindruck machen die runden gemugelten Granaten, mit welchen der Grund zwischen den Thierfiguren ausgefüllt erscheint; denn innerhalb einer Kunstweise, die sich zum Unterschiede von der classisch-antiken einmal mit der Zulässigkeit der Massencomposition abgefunden hatte, kann ein solcher Vorgang, Muster über Muster zu setzen, nicht mehr überraschen.

V.

DIE GRUNDZÜGE DES SPÄTRÖMISCHEN KUNSTWOLLENS.

AS spätrömische Kunstwollen steht darin noch auf gemeinsamem Boden mit dem Kunstwollen des gesammten vorangegangenen Alterthums, dass es nach wie vor auf reines Erfassen der individuellen Einzelform in ihrer unmittelbar evidenten stofflichen Erscheinung gerichtet war, während die neuere Kunst weniger auf scharfe Trennung der Einzelerscheinungen, als auf ihre Verbindung zu Collectiv-Erscheinungen oder vollends auf die Demonstration der Unselbstständigkeit der scheinbaren Individuen bedacht ist. Das wesentliche Kunstmittel, dessen sich die spätrömische Kunst, wiederum in Übereinstimmung mit der gesammten Antike, zur Erfüllung des genannten Kunstzweckes bedient hat, ist der Rhythmus gewesen. Mittels des Rhythmus, das heißt der reihenweisen Wiederholung gleicher Erscheinungen, wurde die Zusammengehörigkeit der jeweiligen Theile zu einem individuellen Einheitsganzen unmittelbar überzeugend dem Beschauer klar gemacht; und wo mehrere Individuen zusammentraten, dort war es abermals der Rhythmus, der daraus eine höhere Einheit zu gestalten vermochte. Der Rhythmus ist aber, sofern er dem Beschauer unmittelbar evident erscheinen soll, nothwendig an die Ebene gebunden. Es gibt einen Rhythmus aus Elementen nebeneinander und übereinander, aber nicht hintereinander; in letzterem Falle würden die Einzel-Formen und -Theile einander decken und sich damit der unmittelbaren sinnlichen Wahrnehmung des Beschauers entziehen. Infolgedessen ist eine Kunst, welche Einheiten in rhythmischer Composition vorführen will, gezwungen, in der Ebene zu componiren und den Tiefraum zu vermeiden. Wie die gesammte antike Kunst, hat also auch die spätrömische die Darstellung individueller Einheitsformen mittels einer rhythmischen Composition in der Ebene angestrebt.

Das spätrömische Kunstwollen unterscheidet sich hingegen von demjenigen der früheren Kunstperioden des Alterthums — und zwar desto schärfer, je weiter sie auseinander liegen, desto geringer, je näher sie aneinanderrücken — darin, dass es sich nicht mehr damit begnügt hat, die Einzelform in ihrer zweidimensionalen Ausdehnung zu schauen, sondern dieselbe in ihrer dreidimensionalen vollräumigen Abgeschlossenheit vorgeführt sehen wollte. Damit war zwingendermaßen eine Loslösung der Einzelform aus der universalen Sehebene (Grund) und eine Isolirung derselben gegenüber dieser Grundebene und gegenüber anderen Einzelformen verbunden. Aber hiebei wurde nicht allein die Einzelform frei, sondern auch die einzelnen Grundintervalle dazwischen, die früher in der gemeinsamen Grundebene (Sehebene) gebunden gewesen waren; die vollständige Isolirung der Einzelform hatte somit zugleich eine Emancipation der Intervalle, die Erhebung des bisher neutralen, formlosen Grundes zur künstlerischen, das heißt zu einer individuellen Einheit abgeschlossenen Formpotenz zur Folge. Das Mittel dazu war aber, wie soeben festgestellt wurde, noch immer der Rhythmus, woraus folgt, dass nun auch die Intervalle rhythmisch gestaltet werden mussten.

Waren nun die Intervalle gleich den Einzelformen dreidimensional nach der Tiefe abgeschlossen, dann ergaben sie eine freie Raumnische von bestimmter Tiefe; war diese Tiefe auch niemals so beträchtlich, dass dadurch die Wirkung des an die Ebene gebundenen Rhythmus in Frage gestellt worden wäre, so reichte sie doch hin, um die also behandelten Intervalle mehr oder minder mit dunklen Schatten zu erfüllen, die mit den vorspringenden hellen Einzelformen dazwischen einen farbigen Rhythmus von Licht und Schatten, Schwarz und Weiß ergaben. Dieser Farbenrhythmus, der insbesondere den mittelrömischen Arbeiten, aber auch noch solchen des vierten Jahrhunderts (stadtrömische Sarkophage) eigen gewesen und namentlich in Architektur und Kunstgewerbe noch lange maßgebend geblieben ist, trat dann an den eigentlich spätrömischen Figurenreliefs (ravennatische Sarkophage), die wiederum eine Neigung für die Rückkehr zu einer taktischeren Auffassung verrathen, etwas zurück, um dafür dem Linienrhythmus eine umso unbeschränktere Herrschaft einzuräumen. Es begegnen aber daneben, selbst in vorgeschrittener spätrömischer Zeit, noch fortwährend Figurenreliefs, die nach mittelrömischer Weise neben dem Linienrhythmus auch den Farbenrhythmus beobachtet zeigen.

Diese Nivellierung von Grund und Einzelform führte in den Fällen, wo man doch eine Einzelform recht wirksam herausheben wollte, zur Massencomposition: eine ebenso unerhörte Erscheinung innerhalb der antiken Kunst, als sie anderseits offenbar die Vorstufe zu der modernen Auffassung vom Collectivcharakter der scheinbaren Einzelformen bildet.

Die Isolierung der Einzelform hat auch auf die Äußerungsweisen des Rhythmus ihren Einfluss dahin ausgeübt, dass der Rhythmus nun nicht mehr auf Gliederung und Abwechslung, die immer verbindend wirken, sondern auf Vereinfachung und Commassierung bedacht sein musste. War der classische Rhythmus ein solcher des Contrastes (Contrapost, Dreieckcomposition) gewesen, so wird der spätrömische ein solcher der gleichförmigen Reihung (Viereckcomposition). Haben aber die Einzelformen die Verbindung untereinander gelöst, so müssen sie in ihrer objectiven, von momentanen Beziehungen zu anderen Einzelformen möglichst entbundenen Erscheinung wiedergegeben werden. Daher die Richtung auf Objectivität der Erscheinung und der dadurch bedingte typische Charakter und die mit einem solchen anti-individualistischen Kunstschaffen immer untrennbar verbundene Anonymität der spätrömischen Kunst.

Zur Erkenntnis dieser Hauptcharakterzüge der spätrömischen Kunst sind wir lediglich auf dem Wege einer eingehenden Untersuchung der Denkmäler aller vier großen Kunstgattungen gelangt. Es gibt aber ein bisher ungenützt gebliebenes Mittel, um die Probe auf die Richtigkeit unserer Ergebnisse anzustellen. Dieses Mittel besteht in einer vergleichenden Heranziehung von literarischen Äußerungen der Spätrömer über den Charakter ihres Kunstwollens und Kunstschaffens.

Ich will hiemit die Aufmerksamkeit der Forscher auf eine Quelle der kunstgeschichtlichen Erkenntnis lenken, die bisher in dem gleichen Maße Missachtung erfahren hat, als die literarischen Quellen, welche äußere Orts- und Zeitdaten enthalten, der Gegenstand größter Wertschätzung und eifrigsten Studiums gewesen sind. Eine Zeit freilich, die sich das Kunstwerk als ein mechanisches Product aus Rohstoff, Technik und unmittelbarem äußerem Zweckanstoß vorzustellen liebte, konnte in den Äußerungen von Schriftstellern über das Kunstwollen ihrer Zeit nichts anderes als speculative Phantasien erblicken: in den Augen der Kunstmaterialisten gibt es ja kein bewusstes Kunstwollen, und was man darüber in früheren Zeiten jemals gesagt hat, konnte im besten Falle nur wertlose Selbsttäuschung, wo nicht absichtlicher Betrug sein. Wer aber einmal zur Erkenntnis gelangt ist, dass die Menschheit die sinnlichen Erscheinungen nach Umriss und Farbe in Ebene oder Raum zu verschiedenen Zeiten in verschiedener Weise vor Augen gestellt sehen wollte, wird sich auch ohneweiters mit dem Gedanken befreunden, dass die Äußerungen denkender und unterrichteter Männer über dasjenige, was sie vom Kunstwerk zu ihrer Zeit verlangten, volle Beachtung seitens der kunstgeschichtlichen Forschung verdienen. Denn es winkt uns hier ein Mittel, um uns völlig sicher zu überzeugen, ob die auf Grund unserer subjectiven Betrachtung gewonnenen Anschauungen von den vorwaltenden Kunstabsichten einer bestimmten Periode in der That auch die Anschauungen der Angehörigen jener Zeit gewesen sind, — mit anderen Worten: ob man zur damaligen Zeit in der That dasjenige von der bildenden Kunst gewollt hat, was wir uns auf Grund der Untersuchung der Denkmäler als das Gewollte vorstellen —, in welcher Übereinstimmung offenbar erst der wahre und allein zuverlässige Prüfstein zur Erhärtung unserer Forschungsresultate gelegen wäre.

Das Material, das für solche Zwecke aus der Zeit vom dritten bis zum fünften Jahrhundert vorliegt, ist ein überaus reichhaltiges und dürfte die eingehendsten Nachweise gestatten. Für die Spätheiden kommen wohl hauptsächlich die Neuplatoniker und unter diesen wieder vor Allen Plotinus in Betracht. Kaum minder ergiebig dürfte sich eine Durchsicht der christlichen Autoren gestalten. An dieser Stelle möge — weniger um den Gegenstand auch nur zu umschreiben, geschweige denn zu erschöpfen, als um einen Beweis für die Durchführbarkeit der vorhin postulierten Zukunftsaufgabe der Kunstgeschichtsforschung zu liefern — die Schönheitslehre des heiligen Augustin in ihrem Verhältnisse zur spätrömischen Kunst ihre Skizzierung finden. [1]

Nach Augustin's Anschauung ist das reine Schöne lediglich bei Gott; aber anderseits gibt es kein Ding in der geschaffenen Natur, das nicht Spuren (Vestigia) des Schönen enthielte: selbst die hässlichen Dinge sind hievon nicht ausgenommen. [2] Die bildende Kunst hat die Aufgabe, bei

---

[1] Angesichts der Skepsis, welche bisher Untersuchungen solcher Art entgegengebracht wurde, scheint es mir am Platze, von vornherein zu betonen, dass Augustinus sich durchaus nicht nach Art moderner philosophierender Ästhetiker auf die Aufstellung allgemeiner abstracter Lehrsätze beschränkt, sondern — wenn auch nicht gerade sehr häufig, so doch immerhin oft genug — auf einzelne Kunstwerke oder bestimmte Details des bildenden Kunstschaffens zu sprechen kommt. Daraus ergibt sich uns die beruhigende Gewissheit, dass Augustinus sich sehr wohl dessen bewusst war, in welcher Weise die von ihm vorgetragenen allgemeinen Sätze im einzelnen Kunstwerk ihren ganz klaren und bestimmten Ausdruck fänden.

In jungen Jahren, als er noch Heide war, hat Augustinus, eigenem Geständnisse zufolge, einige Bücher de pulchro et apto geschrieben. In dieser Fassung des Titels erkennen wir jene Scheidung zwischen Kunstzweck und äußerem Zweck (sei es Gebrauchszweck, sei es Vorstellungszweck), die durch die mechanistische Betrachtungsweise der zweiten Hälfte des neunzehnten Jahrhunderts außer Kraft gesetzt worden war, heute aber, angesichts der Unmöglichkeit das Gefallen am Kunstwerke mechanisch zu erklären, wieder in seine Geltung eingesetzt zu werden beginnt. Das genannte Jugendwerk Augustinus' ist schon zu seinen Lebzeiten verloren gegangen, was wir weit lebhafter bedauern, als er selbst gethan hat, letzteres mit der Motivierung, dass er darin das Schöne weniger in Gott, als in den sinnfälligen Erscheinungen — bildende Kunst, Tanz, Musik, Poesie — gesucht hat. Als Christ hat er sechs Bücher de musica verfasst, worin hauptsächlich metrische Dinge behandelt sind. Weit wichtiger sind zahlreiche beiläufige Bemerkungen über das Schöne und die schönen Künste, die sich in seinen Werken zerstreut finden. Eine Zusammenstellung derselben ist versucht in der im Jahre 1891 zu Poitiers erschienenen Schrift von Aug. Berthaud: Sancti Augustini doctrina de pulchro ingenuisque artibus e variis illius operibus excerpta. Eine Vollständigkeit der einschlägigen Stellen ist zwar in diesem Buche so wenig erreicht, dass selbst grundwichtige und völlig charakteristische Äußerungen Augustins darin fehlen. Anderseits hat Berthaud die Ansichten Augustins vielfach arg missverstanden, was sich hauptsächlich aus dem Umstande erklärt, dass der Bearbeiter mit dem Charakter der gleichzeitigen Kunstdenkmäler nicht vertraut gewesen ist. Doch habe ich, dem eine systematische Durchprüfung von St. Augustins Schriften bisher schon aus Zeitmangel unmöglich gewesen wäre, das Berthaud'sche Buch in seinem Citatentheile immerhin mit Nutzen für meine Studien herangezogen.

[2] Augustin ist also einer der Ersten, welche die Relativität von Schön und Hässlich erkannt haben; wie er dadurch in Gegensatz zur Anschauung der früheren Antike getreten ist, wird sich weiter unten erweisen. Das Hässliche als solches definiert er noch völlig im antiken Geiste, indem er es als das Formlose (Deforme), das heißt nicht zu einer individuellen Einzelform Abgeschlossene bezeichnet.

der Nachahmung (Imitatio) der Naturdinge jene Spuren des Schönen einseitig zum gesteigerten Ausdrucke zu bringen.[1] Alles spitzt sich somit zur Frage zu, was Augustinus unter den allverbreiteten „Spuren" des Schönen verstanden hat. Es sind, um es gleich zu sagen, die Hauptzielpunkte alles antiken Kunstschaffens: die Einheit (isoliertes Erfassen der Einzelform) und der Rhythmus.

Die individuelle Formgeschlossenheit gilt auch Augustin, wie allen seinen antiken Vorgängern sowohl als Vorbedingung alles Seins, wie als Sitz und Ausdrucksform des Schönen an allen Dingen der geschaffenen Natur.[2] Von der Anschauung der Altorientalen und der Frühgriechen trennt ihn hiebei bloß die dualistische Auffassung, wonach in jedem Dinge neben der materiellen Formeinheit auch eine seelische, und zwar von höherem Werte als die erstere, vorhanden wäre: eine Auffassung, die übrigens in ihren ersten Anfängen bekanntlich bis auf die voralexandrinischen Griechen zurückgeht.[3] Daraus ergibt sich Augustinus der Schluss, dass die Aufgabe des Künstlers in nichts anderem bestünde, als in dem Bestreben, alles dasjenige, was die individuelle Formabgeschlossenheit eines Naturdinges recht evident zu machen geeignet ist, bei der Nachahmung desselben im Kunstwerke nach Kräften hervorzukehren. Ja, was uns noch mehr wert ist: Augustinus gelangt in einzelnen Fällen sogar dazu, uns mit ausdrücklichen Worten zu sagen, worin er die Einheit als Ausdrucksform der Schönheit in bestimmten Kunstgattungen erblickt. So zum Beispiel in einem Gespräche mit einem Architekten, mit dem er darin übereinstimmt, dass dieser in seinen Bauwerken nichts als Einheit anstrebt, und dass er diese hauptsächlich durch symmetrische und proportionale Zusammensetzung der einzelnen Bautheile zum Bauganzen zu erreichen trachtet.[4]

---

[1] Die naturalistische und die idealistische Seite, die jedes Kunstwerk ohne Ausnahme in sich vereinigt, konnte nicht bündiger declariert werden, als in dieser Definition geschehen ist. — Den „Naturalismus" für einzelne Stilweisen zu reclamieren, kann daher nur zu Missverständnissen führen. Der Altegypter, der die Dinge in ihrer streng „objectiven" Erscheinung wiederzugeben suchte, glaubte dabei gewiss so „naturalistisch" als nur irgend möglich vorzugehen. Der Hellene wiederum mochte sich erst recht „naturalistisch" vorkommen, wenn er seine eigenen Werke mit den altegyptischen verglich. Und durfte sich der Meister der Constantin-Porträts mit ihrem lebhaften Augenausdruck nicht als größerer „Naturalist" fühlen, als etwa der Meister des Perikles-Porträts? Alle Drei aber hatten Dasjenige, was wir heutzutage „Naturalismus" im modernsten Sinne nennen, als die pure Unnatur empfunden. Jeder Kunststil strebt eben nach treuer Wiedergabe der Natur und nichts Anderem, aber jeder hat eben seine eigene Auffassung von der Natur, indem er eine ganz bestimmte Erscheinungsform derselben (taktisch oder optisch, Nahsicht, Normalsicht oder Fernsicht) im Auge hat. — Völlig unwissenschaftlich ist es, wenn man (was allerdings die Regel bildet) den „Naturalismus" auf die Beschaffenheit des Motives gründet. Es verräth sich darin die wie es scheint unausrottbare Verwechslung der Geschichte der bildenden Kunst mit der Ikonographie, während doch die bildende Kunst es nicht mit dem „Was", sondern mit dem „Wie" der Erscheinung zu thun hat, und sich das „Was" namentlich durch Dichtung und Religion fertig liefern lässt. Die Ikonographie enthüllt uns daher nicht so sehr die Geschichte des bildkünstlerischen Wollens, als diejenige des poetischen und religiösen Wollens. Dass zwischen beiden Gebieten eine Brücke existiert, wurde schon auf S. 120 kurz hervorgehoben, und auch auf die Bedeutung, die einer tieferen Erkenntnis dieses Zusammenhanges zukommt, nachdrücklich hingewiesen; um aber diese Verbindung mit Nutzen herzustellen, ist es vor allem nöthig, vorerst einmal scharf zu trennen. In der Herstellung einer klaren Scheidung zwischen Ikonographie und Kunstgeschichte erblicke ich die Vorbedingung eines jeden Fortschrittes der kunstgeschichtlichen Forschung in der nächsten Zukunft.

[2] . . . omnis pulchritudinis forma unitas . . . (Epist. XVIII; Augustinus Coelestino t. II. col. 85).

[3] So ist der Baum eine Einheit durch seine abgeschlossene individuelle Form (De Ordine lib. II., c. XVIII, t. I., col. 1017) und durch seine nicht minder individuelle anima vegetativa, der er seine Entwicklung und Bewegung (Wachsthum) verdankt. In den Augen der modernen Menschheit ist der Baum hingegen ein Collectivwesen, das sich aus Tausenden selbständiger Organismen zusammensetzt; und in seinen Actionen folgt er ebenfalls nicht einer treibenden Ursache, sondern tausenden solcher, die in tausendfacher Weise auf ihn einwirken. Wenn also der antike Künstler die Einheit als Wesen und Schönheit eines jeden Dinges producieren wollte, so erfüllt der moderne Künstler genau den gleichen Zweck, indem er den Collectivcharakter der Naturdinge im Kunstwerk zu einseitig gesteigertem Ausdrucke zu bringen trachtet.

[4] (De vera religione c. XXX.) Ein anderes Gespräch über den gleichen Gegenstand mit einem Artifex schlechtweg, ebenda, c. XXXII, col. 148. Als charakteristisch darf erwähnt werden, dass beidemale der Künstler mit der Antwort auf die Frage Augustin's, worin denn das Schöne liege, das er (der Künstler) in seinen Werken anstrebe, zögert. Augustin wollte damit offenbar andeuten, dass die Künstler seiner Zeit überhaupt durch solche Fragen in Verlegenheit gebracht wurden. Das ist vollkommen begreiflich in einer Zeit, da das Kunstschaffen in sichere typische Bahnen einlenkt; in der Zeit des modernen Hyperindividualismus glaubt jeder einzelne Künstler ein Buch über sein Kunstwollen schreiben zu müssen, aus wohlbegründeter Furcht, dass seine Kunstabsicht aus seinen Werken allein heraus vom Publicum nicht verstanden werden könnte.

Symmetrie und Proportion sind aber nur specielle Erscheinungsformen eines höheren Universalmittels der bildenden Kunst: des Rhythmus. Denn das Mittel, durch welches die Einheit, das heißt die individuelle Formabgeschlossenheit der Naturdinge im Kunstwerk zum evidenten Ausdrucke gelangt, ist auch nach Augustin der Rhythmus (Numerus). [1] Seine Bedeutung wird von Augustin dermaßen betont und in den Vordergrund gerückt, dass Berthaud sogar ihn als das eigentliche Princip des Schönen, gemäß Augustins Anschauung, die Einheit dagegen als Ausdrucksform des Rhythmus hinstellen wollte, während doch offenbar das Verhältnis nur das umgekehrte sein kann. Alle übrigen Merkzeichen des Schönen an den Werken der bildenden Kunst (zu den schon genannten der Symmetrie und Proportion kommt als drittes die Ordnung hinzu) sind nur specielle Ausdrucksformen des Rhythmus. Auch hier fehlt es unter den einschlägigen Äußerungen Augustins nicht an einzelnen Bezugnahmen auf bestimmte Kunstwerke. So verlangt er zum Beispiel, dass die Fenster eines Bauwerkes entweder alle untereinander gleich (Rhythmus der gleichmäßigen Reihung) oder aber, wenn ungleich, dann derart behandelt sein müssen, dass das Fenster von mittlerer Größe das kleinere um ebenso viel überragt, als es selbst vom größten Fenster überstiegen wird. [2] Da zu einer solchen aufsteigenden Reihe offenbar stillschweigend eine absteigende daneben in der gleichen Ebene hinzuzudenken ist, haben wir damit den Rhythmus des Contrastes gegeben, wie er sich zum Beispiel an den Fenstern in den halbkreisförmigen Lunetten der großen mittelrömischen Säle (Diocletians-Thermen, Maxentius-Basilika) beobachtet findet.

Die Wahl dieses Beispieles bietet noch zu zwei Bemerkungen Anlass. Für's Erste fällt auf, dass Augustinus seine concreten Beispiele von Kunstwerken mit Vorliebe der Architektur entnimmt; die Figurenkünste (Sculptur und Malerei) gehen zwar nicht ganz leer aus, stehen aber in der gedachten Hinsicht weit zurück. Diese Zurückhaltung Augustins gegenüber den Figurenkünsten gewinnt eine tiefere Bedeutung, sobald man sich erinnert, dass die Entwicklung der folgenden Jahrhunderte überhaupt für die Figurenkünste eine ungünstige gewesen ist: der semitische Orient hat sie dauernd abgeschafft, der griechische Orient wenigstens auf ein Jahrhundert mit dem Ikonoklasmus bedroht; und selbst im Abendlande sind die großen bahnbrechenden Leistungen mindestens bis zum zwölften Jahrhundert nicht in Sculptur oder Malerei, sondern in der Architektur (und im Kunstgewerbe) vollzogen worden.

Für's Zweite möchte ich noch nachdrücklich darauf hinweisen, wie sich in der Wahl der in der Bauform durchgebrochenen (perforatis) Fenster die in der späten Antike vollzogene Wandlung widerspiegelt. Aristoteles hätte zum analogen Beispiele wohl Säulen oder irgend eine andere stofflich-positive Formeinheit gewählt; Augustin hingegen verwendet hiezu eine stofflose Durchbrechung. Dies leitet uns über zur Frage, inwieferne in Augustins Schönheitslehre neben den gemeinantiken Charakterzügen der bildenden Kunst seiner Zeit auch die specifisch spätantiken (mittel- und spätrömischen) zum Ausdrucke gelangt sind.

Der Unterschied knüpft, wie wir an der Hand der Denkmäler gesehen haben, an die Behandlung der Einheit und des Rhythmus an. Noch herrscht die gemeinantike Tendenz auf Erfassen der Einzelform; aber man war sich jetzt infolge der gesteigerten Verräumlichung der

---

[1] Et (ratio) terram coelumque collustrans, sensit nihil aliud quam pulchritudinem sibi placere, et in pulchritudine figuras, in figuris dimensiones, in dimensionibus numeros (De Ordine, lib. II. c. XV, col. 1014). Unter den „figurae" sind die Einzelformen gemeint, unter den „dimensiones" die in der Ebene wirkenden (Höhe und Breite). Über die Identität von Numerus und Rhythmus: De Ordine, lib. II., c. XIV, col. 1014. t. I.

[2] De vera Religione, c. XXX, t. III, col. 146—147.

Einzelform klarer geworden, dass diese auch ein Intervall zwingend voraussetzt: es kommt daher zu einer Emancipation des Intervalls, Grundes, Raumes. [1] Ferner herrscht nach wie vor der Rhythmus mit seiner Liniencomposition in der Ebene; weil nun aber neben den Einzelformen auch die Intervalle berücksichtigt werden müssen, so überträgt sich der Rhythmus auch auf die nicht minder verräumlichten Intervalle. Damit ist die Stellung der spätantiken Kunst sowohl gegenüber der classischen Antike, als gegenüber der neueren Kunst scharf gekennzeichnet: der Raum hat sich emancipiert (zum Unterschiede gegenüber der grundsätzlich raumfeindlichen classischen Antike), aber er wird zu rhythmischen Intervallen geformt (gegenüber der die Formlosigkeit des unendlichen Tiefraumes grundsätzlich betonenden neueren Kunst).

Die Emancipation der Intervalle ist nun eines der grundlegenden Principien von Augustin's Ethik und Ästhetik, das an zahllosen Stellen [2] wiederkehrt und ihm namentlich in seinem Kampfe gegen die Manichäer die größten Dienste geleistet hat. Hier ist es, wo er unter anderem auch die Existenzberechtigung, ja Nothwendigkeit des Hässlichen, Formlosen demonstriert hat. Das Böse ist bloß eine privatio des Guten, das Hässliche bloß das Intervall des Schönen; sie sind ebenso nothwendig wie die Intervalle zwischen den Worten in der Sprache, zwischen den Tönen in der Musik. Wir pflegen das Böse und Hässliche in der Nähe zu sehen, und dann erscheint es uns natürlich böse und hässlich. Wer aber das Ganze aus der Fernsicht überblickt, gewahrt, dass das Schöne gar nicht wäre ohne sein Complement, das Hässliche, und dass beide zusammen erst ein Bild vollendeter Harmonie gewähren. [3]

Aus den zahlreichen einschlägigen Stellen möge hier bloß eine einzige herausgegriffen werden, die Berthaud entgangen ist, für uns aber allerdings ganz besondere Bedeutung beanspruchen darf, weil sie eine der wenigen ist, in denen Augustin ein concretes Beispiel aus den Figurenkünsten, hier insbesondere aus der Malerei, entlehnt hat: Sicut pictura cum colore nigro, loco suo posita, ita universitas rerum, si quis possit intueri, etiam cum peccatoribus pulchra est, quamvis per se ipsos consideratos sua deformitas turpet. [4]

Die schwarze Farbe ist hienach im gemalten Bilde dasselbe, was die Bösen in der Gesammtheit der Menschen. Schön sind die in klarer Stofflichkeit, das heißt in hellen Farben erscheinenden Einzelformen; hingegen vertritt die schwarze Farbe den Schatten, das ist das Unfassbare, Unstoffliche, Formlose, Leere, Nichtseiende. Wird aber das Schwarz im Bilde an die richtige Stelle gesetzt, dann wirkt es bei fernsichtiger Betrachtung zusammen mit den hellgemalten stofflichen Einzelformen schön. Die Function des Versetzens an die richtige Stelle vollzieht nun nach Augustin's Lehre der Ordo, der gemäß früher Gesagtem nichts anderes ist, als eine Ausdrucksform des Rhythmus; es folgt daraus, dass Augustin auch in der Malerei die rhythmische Vertheilung von Schwarz und Hell, Schatten und Licht als Kunstziel im Auge hatte. Augustin verlangt somit von der Malerei genau jene coloristische Behandlung, in der wir an

---

1 Auch die Einleitung dieses Processes geht weit in die vorconstantinische Zeit zurück. Recht bezeichnend für die antike Auffassung ist die Äußerung Cicero's (de oratore, lib. III, c. 48) über den Rhythmus „quem in cadentibus guttis quae intervallis distinguuntur, notare possumus, in amni praecipitante non possumus". Vergl. dagegen das moderne Kunstwollen, das gerade im stürzenden Bache seine Befriedigung sucht.

2 Eine Anzahl derselben ist citiert bei Berthaud a. a. O., S. 44 ff.

3 Über die Relativität der Schönheit oder Hässlichkeit von Licht und Schatten vergl. de Musica, lib. VI., c. XIII, t. I, col. 1183—84. Grelles Licht und undurchdringliche Schatten missfallen zwar uns Menschen, finden aber bei anderen Lebewesen ebenso entschiedenen Gefallen.

4 De civitate dei lib. XI, cap. 23 (Migne, Patrologie der lateinischen Väter. XLI. 336).

der Hand der Denkmäler einen entscheidenden Charakterzug der spätantiken Kunst kennen gelernt haben.[1]

Ob wir nun unsere Erkenntnis des Wesens der spätantiken (das ist der mittel- und der spätrömischen) Kunst aus der Beobachtung der Einzeldenkmäler oder aus überlieferten schriftlichen Zeugnissen schöpfen: die grundlegende Voraussetzung bleibt hiebei immer die Einsicht, dass es zu jener Zeit im allgemeinen bloß eine Richtung des Kunstwollens gegeben hat, die alle vier Gattungen des bildenden Kunstschaffens gleichmäßig beherrschte, jeden beliebigen Gebrauchszweck und Rohstoff ihrem Kunstzwecke dienstbar machte und stets autonom die dem gedachten Kunstzwecke entsprechendste Technik wählte. Unsere Überzeugung von der Richtigkeit der also gewonnenen Anschauung vom Wesen der spätantiken Kunst lässt sich aber noch weiter befestigen, indem wir uns die Thatsache klar machen, dass das Kunstwollen des Alterthums und insbesondere seiner letzten abschließenden Phase mit den übrigen Haupt-Äußerungsformen des menschlichen Wollens während der gleichen Zeitperiode im letzten Grunde schlechtweg identisch gewesen ist.

Alles Wollen des Menschen ist auf die befriedigende Gestaltung seines Verhältnisses zu der Welt (im umfassendsten Sinne des Wortes, inner- und außerhalb des Menschen) gerichtet. Das bildende Kunstwollen regelt das Verhältnis des Menschen zur sinnlich wahrnehmbaren Erscheinung der Dinge: es gelangt darin die Art und Weise zum Ausdruck, wie der Mensch jeweilig die Dinge gestaltet oder gefärbt sehen will (ähnlich wie im poetischen Kunstwollen die Art und Weise, wie er die Dinge anschaulich vorgestellt haben will). Der Mensch ist aber nicht allein ein mit Sinnen aufnehmendes (passives), sondern auch ein begehrendes (actives) Wesen, das daher die Welt so ausdeuten will, wie sie sich seinem (nach Volk, Ort und Zeit wechselnden) Begehren am offensten und willfährigsten erweist. Der Charakter dieses Wollens ist beschlossen in demjenigen, was wir die jeweilige Weltanschauung (abermals im weitesten Sinne des Wortes) nennen: in Religion, Philosophie, Wissenschaft, auch Staat und Recht, — wobei in der Regel eine der genannten Ausdrucksformen über alle anderen zu überwiegen pflegt.

Zwischen dem Wollen nun, das darauf gerichtet ist, dem Menschen die Dinge mittels der bildenden Kunst möglichst wohlgefällig vor Augen zu stellen, und jenem anderen, sie seinem Begehren möglichst entsprechend auszudeuten, herrscht offenbar ein innerer Zusammenhang, der sich auch in der Geschichte des Alterthums auf Schritt und Tritt verfolgen lässt. Dieses Verhältnis kann hier nur in seinen allgemeinsten Hauptzügen Andeutung finden, was aber gleichwohl genügen dürfte, um darin ein weiteres Fundament für unsere Ermittlungen über die Bedeutung der spätrömischen Kunst innerhalb der Gesammtgeschichte der menschlichen Cultur erkennen zu lassen.

Die Entwicklung der antiken Weltanschauung hat sich in drei deutlich unterscheidbaren Perioden vollzogen, die mit den auf S. 19 ff. dargelegten drei Entwicklungsperioden der antiken Kunst vollkommen parallel laufen. Das Gemeinsame ist auch hier die Vorstellung von der Com-

---

[1] Nun versteht man auch andere analoge Äußerungen, wie de civit. dei XI. 18: Contrariorum oppositione saeculi pulchritudo componitur, oder wenn der ordo saeculorum als pulcherrimum carmen ex quibusdam quasi antithetis bezeichnet wird. Oder Epistola, Nebridio Augustinus, t. II., col. 65: Quid est corporis pulchritudo? Congruentia partium (Rhythmus der Linie) cum quadam coloris suavitate (Rhythmus der hellen und dunklen Färbung). Das Postulat der Fernsicht geht hervor aus dem Satze: quod horremus in parte si cum toto consideramus, plurimum placet; was er sofort concreter an einem Beispiele aus der Architectur demonstriert: nec in aedificio iudicando unum tantum angulum considerare debemus (De vera Religione c. XL). Letzteres wäre am griechischen Säulenhause, wo jede Säule für sich eine abgeschlossene Form bildet, wohl möglich gewesen, an der altchristlichen Basilika aber allerdings nicht.

position der Welt aus tastbar (plastisch) geschlossenen Einzelformen gewesen. In der ältesten Periode herrschte die Anschauung, dass die Existenz und die Lebensäußerungen der Einzelformen von willkürlich schaltenden Mächten bestimmt würden; die Weltanschauung musste dementsprechend eine religiöse, das heißt auf persönliche und gütliche Gewinnung jener Mächte gerichtet sein. Erst die zweite Periode, die mit der classischen Kunst der Hellenen parallel läuft, ist (in allmählicher Wendung der Religion zur Philosophie und Wissenschaft) darauf ausgegangen, zwischen den einzelnen Erscheinungen selbst einen nothwendigen, gesetzlichen Zusammenhang herzustellen. In diesem postulierten Zusammenhang erkennen wir aber sofort die gleiche Tendenz auf Verbindung, in die auch die bildende Kunst der classischen Antike die Einzelformen zu bringen beflissen gewesen war.

Da nun der antike Mensch in der Welt bloß geschlossene Einzelformen erblickte, so konnte er den Zusammenhang zwischen diesen nur als einen mechanischen (Druck oder Stoß) denken — darin stimmen die idealistischen und die materialistischen (atomistischen) Systeme des Alterthums durchaus überein — und daran schließt sich sofort die weitere Folge, dass dieser (stets nur von einem Individuum zum nächstbenachbarten führende) Zusammenhang bloß ein reihenmäßiger (kettenförmiger) sein konnte: genau entsprechend der rhythmischen Composition der Einzelformen in der gleichzeitigen bildenden Kunst. So wie dieser die Aufgabe gestellt war, aus dem unendlichen Wirrwarr von Erscheinungen eine Anzahl von Einzelformen herauszugreifen und mittels der an die Ebene gebundenen Reihung zu einer neuen, klar abgeschlossenen Einheit zu verbinden, hatte auch die antike Naturwissenschaft den verwickelten Knäuel der Erscheinungen zu entwirren und die Einzelformen gemäß ihrer gesetzlichen Causalitäts-Abfolge auf einen zusammenhängenden Faden aufzureihen.

In der dritten Periode des Alterthums, die unser besonderes Interesse beansprucht, hat das (classische) Streben nach Herstellung eines mechanischen Causalitätszusammenhanges zwischen den einzelnen Erscheinungen nicht allein wieder an Wertschätzung eingebüßt, sondern man ist schließlich sogar so weit gegangen, die Einzelformen äußerlich neuerdings in wechselseitige Isolierung gegeneinander zu bringen. Damit war aber keineswegs gemeint, eine Rückkehr zur primitiven Zusammenhanglosigkeit zu vollziehen; man hat sich vielmehr bloß durch die bestimmte Art einer rein mechanischen Verbindung zwischen den Einzelformen nicht mehr befriedigt gefühlt, und hat sofort an ihre Stelle eine andere Art der Verbindung — die magische — gesetzt, die in der ganzen spätheidnisch-altchristlichen Welt, im Neuplatonismus und in den synkretistischen Culten ebensogut wie in den Vorstellungen des kirchlichen Altchristenthums Ausdruck gefunden hat. Die innere Verwandtschaft dieses Processes mit der Isolierung der Einzelform innerhalb der Sehebene in der gleichzeitigen bildenden Kunst liegt wohl auf der Hand: und in gleicher Weise, wie es dort geschehen ist, müssen wir auch hier die Frage erheben, ob die gedachte Wendung als Fortschritt oder als Verfall anzusehen sei.

Die Antwort lautet nicht minder analog: der Wandel in der spätantiken Weltanschauung war eine nothwendige Durchgangsphase des menschlichen Geistes, um von der Vorstellung eines (in engerem Sinne) rein mechanischen, reihenweisen, gleichsam in die Ebene projicierten Zusammenhanges der Dinge zu derjenigen eines allverbreiteten chemischen, gleichsam den Raum nach allen Richtungen durchmessenden Zusammenhanges zu gelangen. [1] Wer in jener spätantiken

---

[1] Die Alchymie, die ebensoviel Magie als Chemie gewesen ist, bildet geradezu ein directes Verbindungsglied zwischen der spätrömischen Vorstellung von einem magischen, und der modernen von einem chemischen Zusammenhang aller Dinge. Aber auch die moderne

Wendung einen Verfall erblicken möchte, vermisst sich, dem menschlichen Geiste heute den Weg vorzuschreiben, den er hätte nehmen sollen, um von der antiken zur modernen Naturauffassung zu gelangen. Freilich bedeutete die spätantike Wendung zur Magie einen Umweg; aber die Nothwendigkeit dieses Umweges liegt völlig klar zutage, sobald man sich nur gegenwärtig hält, dass es sich zunächst nicht um die Erfindung einer bestimmten naturwissenschaftlichen Theorie, sondern um die Beseitigung der gemeinantiken, Jahrtausende alten Vorstellung von der Composition der Welt aus mechanisch abgeschlossenen Einzelformen gehandelt hat. Die unerlässliche Vorbedingung hiefür war aber nicht allein die Erschütterung des Glaubens an den rein mechanischen Zusammenhang, sondern auch das Aufkommen eines neuen, positiven Glaubens an einen außermechanischen und dennoch von den Einzelformen ausgehenden — also magischen — Zusammenhang der Dinge. Erst als dieser neue Glaube seine unvertilgbaren Früchte getragen hatte, durfte der (bei den Abendländern niemals ganz in Vergessenheit gerathene) mechanische Zusammenhang (gleichmäßig in der bildenden Kunst wie in der Weltanschauung) wieder gebürende Berücksichtigung finden, denn nun war ein- für allemale die Gefahr ausgeschlossen, dass man wiederum in die Vorstellung eines ausschließlich mechanischen Zusammenhanges der aus inalterablen Einzelformen zusammengesetzt gedachten Welt hätte zurückverfallen können. Die Vorstellung von der Existenz eines außermechanischen Zusammenhanges aller Dinge der Schöpfung (neben dem mechanischen) hatte sich inzwischen im Geiste der abendländischen Menschheit ebenso unausrottbar befestigt, als die Auffassung von der Massencomposition (an Stelle der stofflichen Einzelform) und dem Tiefraume (an Stelle der Reihenebene) als Grundelementen der bildenden Kunst. Beides aber hat die Entwicklung der culturführenden europäischen Menschheit der spätrömischen Periode zu danken. [1]

Vorstellung von den durchlaufenden, nicht von der Individualität der Dinge abhängigen Kräften (zum Beispiel Elektricität), ferner die Zellen- und Gewebelehre beruhen auf der postantiken Auflösung der Einzelform in eine Massencomposition und auf der Vorstellung von der Möglichkeit der Beeinflussung eines Dinges durch Tausende und Abertausende anderer, zum Theile weit entfernter Dinge in der gleichen Secunde.

[1] Die Parallele zwischen bildender Kunst und Weltanschauung des Alterthums hier auf allen Ausdrucksgebieten der letzteren durchzuführen, verbietet der Plan und Charakter dieses Werkes. Nur auf Eines mag noch die Aufmerksamkeit gelenkt sein, weil sich dafür namentlich unter den Ausführungen im Capitel der „Sculptur" zahlreiche Anknüpfungspunkte finden. Besonders schlagend äußert sich der gedachte Parallelismus in dem gleichzeitigen Auftauchen eines ausgesprochenen Dualismus in griechischen Denken und einer Berücksichtigung des Psychischen in der griechischen Figuralkunst. Im schroffsten Gegensatz dazu steht die altorientalische und griechisch-archaische Zeit mit ihrem materialistischen Monismus (die Seele ein verfeinerter Stoff) und ihrer objectiven Darstellung der stofflichen Einzelformen. In der Ausgangsphase des Alterthums sehen wir nun scheinbar die Elemente des primitiven Stadiums — Monismus und künstlerische Objectivität — wiederkehren: thatsächlich sind es aber entgegengesetzte Extreme. Der Monismus ist nunmehr ein spiritualistischer (der Körper eine vergröberte Seele) und die Objectivität ist auf die Erscheinung des Psychischen gerichtet (einseitige Hervorhebung des Auges als Seelenspiegels, Wendung der Figuren geradeaus gegen den Beschauer); was aber die körperliche Erscheinung als solche betrifft, ist nun die Objectivität der dreidimensionalen Erscheinung angestrebt, die für die Wahrnehmung des Tiefraumes ein stärkeres Heranziehen des geistigen Bewusstseins erfordert — an Stelle der zweidimensionalen Erscheinung, auf die das altägyptische Objectivitätsstreben gerichtet gewesen war. Das Gemeinsame zwischen dem ersten und dritten Stadium ist das unwiderstehliche Begehren nach einer absolut gesetzlichen Norm und der möglichste Ausschluss alles Subjectiven: daher ist die Kunst des ersten und dritten Stadiums eine objective und anonyme und auf das engste mit dem Cultus verbunden, die gleichzeitige Weltanschauung eine streng religiöse, oder, genauer gesagt, cultusmäßige. Nur in der dazwischen liegenden classischen Phase begegnen wir Subjectivismus und Persönlichkeit in der bildenden Kunst. Philosophie und Wissenschaft (die immer subjectiv und persönlich sind) in der Weltanschauung. — Die engste Parallele zu dem angedeuteten Entwicklungsprocess, wenigstens in seinen ersten zwei Stadien, bietet eine Betrachtung der Geschichte der bildenden Künste seit Karl dem Großen: im Mittelalter das Streben nach Isolierung der Dinge (diesmal im Raume, anstatt der antiken Ebene), nach einer objectiven Norm ihrer (dreidimensionalen) Erscheinung, und nach engster Verbindung mit dem Cultus (der nichts anderes ist als das in eine objective gemeinverbindliche gesetzliche Norm gebrachte subjective Religionsbedürfnis der einzelnen Individuen); in der neueren Zeit hingegen das Streben nach Verbindung der Dinge untereinander (im Raume, sei es mittels der Linie wie im sechzehnten Jahrhundert oder mittels des Lichtes wie im siebzehnten Jahrhundert oder mittels der individuellen Färbungen wie in der modernen Kunst), nach Wiedergabe ihrer subjectiven Erscheinung, und nach Loslösung vom Cultus, wofür nun Philosophie und Wissenschaft (als diejenigen Disciplinen, welche die natürliche Verbindung der Dinge untereinander verkünden) eintreten.

VERZEICHNIS DER ABBILDUNGEN IM TEXTE.

Nr.		Seite
1	Marmor-Capital in Salona, Eckansicht. — Original-Photographie. — Verkleinert	36
2	Dasselbe, Seitenansicht. — Original-Photographie. — Verkleinert	36
3	Marmor-Capital in S. Apollinare in Classe, Ravenna. — Photographie Ricci. — Verkleinert	39
4	Marmor-Console von der Thür des sogenannten Baptisteriums in Spalato. — Original-Photographie. — Verkleinert	40
5	Marmor-Capital in S. Vitale, Ravenna. — Photographie Ricci. — Verkleinert	40
6	Gewirkte Wollborde von einem egyptisch-römischen Leinengewand im Österreichischen Museum Wien. Rechts und links von der Borde eine punktierte Fortsetzung im unendlichen Rapport. — Original-Zeichnung. — ²⁄₃ der natürlichen Größe	41
7	Relief vom Triumphbogen des Constantin in Rom, mit der Geldvertheilung des Kaisers. — Photographie Anderson. — Verkleinert	46
8	Marmorkopf des Kaisers Commodus, Conservatorenpalast. — Photographie Anderson. — Verkleinert	69
9	Marmorkopf des Kaisers Decius, Capitolinisches Museum. — Photographie Anderson. — Verkleinert	70
10	Marmor-Pilaster, Lateranisches Museum. — Nach einer Photogravüre in Hartel-Wickhoffs Wiener Genesis, Fig. 11. — Verkleinert	71
11	Marmor-Capitäl aus Salona, Staatsmuseum in Spalato. — Original-Photographie. — Verkleinert	72
12	Marmor-Sarkophag mit Achill und Penthesilea, vaticanisches Museum. — Photographie Anderson. — Verkleinert	73
13	Sogenannter Sarkophag des Alexander Severus und der Julia Mammaea, Marmor, Capitolinisches Museum. — Photographie Anderson. — Verkleinert	74
14	Marmor-Sarkophag mit der kalydonischen Eberjagd, Conservatoren-Palast. — Photographie Anderson. — Verkleinert	76
15	Vorderwand eines Marmor-Sarkophags mit Adonis' Abschied, Auszug und Verwundung. lateranisches Museum. — Original-Photographie. — Verkleinert	77
16	Rechte Seitenwand des Musen-Sarkophags in der Villa Mattei, Rom, Marmor. — Original-Photographie. — Verkleinert	78
17	Hippolyth-Sarkophag aus Salona, Marmor, Staatsmuseum in Spalato. — Photographie. — Verkleinert	80
18	Relief von einer Säulenbasis auf dem Forum Romanum, aus dem Jahre 303—304 n. Ch., Marmor. — Original-Photographie. — Verkleinert	81
19	Relief derselben Säulenbasis. — Original-Photographie. — Verkleinert	82
20	Porphyr-Sarkophag der Constantina, vaticanisches Museum. — Photographie Anderson. — Verkleinert	86
21	Zwei Wellenranken-Ornamente: a. Wellenranke vom Constantin-Tropaeum zu Adamklissi, b. Chinesische Wellenranke. — Original-Zeichnung. — Verkleinert	88
22	Porphyr-Sarkophag der heiligen Helena, vaticanisches Museum. — Photographie Anderson. — Verkleinert	90
23	Marmor-Sarkophag aus San Paolo fuori, christliches Museum des Lateran. — Photographie Anderson. — Verkleinert	95
24	Marmor-Sarkophag, christliches Museum des Lateran. — Photographie Anderson. — Verkleinert	97
25	Marmor-Sarkophag, christliches Museum des Lateran. — Photographie Anderson. — Verkleinert	98
26	Rinaldus-Sarkophag, Marmor, Dom zu Ravenna. — Photographie Ricci. — Verkleinert	100
27	Liberius-Sarkophag, Marmor, S. Francesco in Ravenna. — Photographie Ricci. — Verkleinert	102
28	Marmor-Sarkophag in S. Francesco zu Ravenna. — Photographie Ricci. — Verkleinert	103
29	Schmalwand des Theodorus-Sarkophags, Marmor, S. Apollinare in Classe bei Ravenna. — Photographie Ricci. — Verkleinert	104
30	Langwand des Theodorus-Sarkophags. — Photographie Ricci. — Verkleinert	104
31	Grabstein eines Mädchens aus Salona, Staatsmuseum in Spalato. — Original-Photographie. — Verkleinert	105
32	Deckel eines Silberkästchens mit getriebenem Relief, San Nazaro zu Mailand. — Nach einem Lichtdruck in der Zeitschrift für christliche Kunst. XII. Taf. I. — ²⁄₃ der natürlichen Größe	106
33	Porträtkopf aus Bronze, Conservatorenpalast. — Original-Photographie von Prof. E. Petersen in Rom. — Verkleinert	109
34	Marmorkopf, angeblich M. Decentius, capitolinisches Museum. — Photographie Anderson. — Verkleinert	110
35	Marmorkopf, angeblich Constantius des Großen, Louvre. — Photographie Anderson. — Verkleinert	110
36	Marmorstatue eines Consuls, capitolinisches Museum. — Photographie Anderson. — Verkleinert	111
37	Probus-Diptychon, Elfenbein, Aosta. — Photographie Moscioni. — ²⁄₃ der natürlichen Größe	113
38	Felix-Diptychon, Elfenbein, Paris, Bibliothèque nationale. — Photographie Giraudon. — ³⁄₅ der natürlichen Größe	114
39	Boethius-Diptychon, Elfenbein, Brescia. — Photographie Alinari. — ³⁄₅ der natürlichen Größe	115
40	Basilius-Diptychon, Elfenbein, Florenz, Uffizien. — Original-Photographie von H. Graeven. — ²⁄₅ der natürlichen Größe	116
41	Anastasius-Diptychon, Elfenbein, königl. Museen zu Berlin. — Original-Photographie von H. Graeven. — ²⁄₅ der natürlichen Größe	117
42	Diptychon-Tafel, Elfenbein, königl. Museen zu Berlin. — Original-Photographie. — ¹⁄₂ der natürlichen Größe	121
43	Koptischer Grabstein, Kalk; Sammlung Figdor in Wien. — Original-Photographie. — Verkleinert	122
44	Koptischer Grabstein, Kalk; Museum in Gize. — Original-Photographie. — Verkleinert	123
45 } 46 47 }	Mosaiken des tonnengewölbten Umganges von Sta. Costanza bei Rom. — Photographie Anderson. — Verkleinert	128, 129

28*

Nr.   Seite

48   Miniaturgemälde aus der Wiener Genesis: Joseph vor Pharao. — Nach dem Lichtdruck in Hartel-Wickhoffs Publication der
      Wiener Genesis. — Natürliche Größe 131

49   Mosaikgemälde mit Kaiser Justinian, in S. Vitale zu Ravenna. — Photographie Ricci. — Verkleinert 132

50   Miniaturgemälde aus dem vaticanischen Virgil Nr. 3225: Odysseus bei Circe. — Nach der Photogravüre in P. Ehrle's Publication
      dieser Handschrift. — 3/5 der natürlichen Größe. 135

51   Complementäre Motive. — Original-Zeichnung 143

52   Goldfibel im Thermen-Museum zu Rom, gefunden am Palatin. — Original-Zeichnung. — Natürliche Größe 145

53   Fibel aus vergoldeter Bronze, Museum Ferdinandeum zu Innsbruck. — Original-Zeichnung. — Natürliche Größe 146

54   Ornamentaler Fries, in Kalkstein durchbrochen, Museum in Gize. — Original-Photographie. — Verkleinert 147

55   Julianus-Fibel, Gold, kais. Kunstsammlungen in Wien.   a. in senkrechter Draufsicht, nach Arneth, Gold- und Silbermonumente.
      b. in halber Untersicht von linksher. Original-Zeichnung. — Natürliche Größe 149

56   Bügel und Kopftheil einer Goldfibel, kais. Kunstsammlungen in Wien. — Original-Zeichnung. — 2/3 der natürlichen Größe . . 150

57   Fibel aus Bronze und Silber, Staatsmuseum in Spalato. — Original-Zeichnung. — Natürliche Größe 151

58   Fibel aus Silber mit Goldfiligran, Sammlung Ignaz Weifert in Pancsova. — Original-Zeichnung. — Natürliche Größe . . . 151

59   Ohrring, Gold, vom Dos Trento, kais. Kunstsammlungen in Wien. — Original-Zeichnung. — Natürliche Größe 153

60   Ohrring, Gold, Museum Ferdinandeum in Innsbruck. — Original-Zeichnung. — Natürliche Größe 153

61   Bronzeschnalle, Sammlung Tranquilli in Ascoli Piceno. — Original-Zeichnung. — 2/3 der natürlichen Größe 153

62   Bronzeschnalle aus dem Kaukasus. Naturhistorisches Hofmuseum in Wien. — Original-Zeichnung. — 2/3 der natürlichen Größe 153

63   Fragment eines durchbrochenen Marmorgitters in S. Vitale zu Ravenna. — Original-Zeichnung. — Verkleinert 153

64   Bronzeschnalle sammt Ergänzungsbeschläg. Aus Raab in Ungarn. Naturhistorisches Hofmuseum in Wien. — Original-Photo-
      graphie. — Natürliche Größe 154

65   Keilschnitt-Ornamente. — Original-Zeichnung 156

66   Gürtelbeschlag aus Bronze, Staatsmuseum in Aquileia. — Original-Zeichnung. — 3/4 der natürlichen Größe 157

67   Riemenzunge aus Bronze, Staatsmuseum zu Aquileia. — Original-Zeichnung. — 2/3 der natürlichen Größe 157

68   Riemenzunge aus Bronze, Museo Kircheriano in Rom. — Original-Zeichnung. — Natürliche Größe 158

69   Bronzeschnalle, Museo Kircheriano in Rom. — Original-Zeichnung. — Natürliche Größe 158

69 a. Seitenansicht des Dorns derselben Schnalle. — Original-Zeichnung. — Natürliche Größe 158

70   Bronzeschnalle, zum Theile vergoldet, mit Silber beschlagen und nielliert; Sammlung Augusto Castellani in Rom. — Original-
      Zeichnung. — 6/7 der natürlichen Größe 162

71   Coptische Holzschnitzerei, Sammlung M. Herz in Kairo. — Original-Photographie von Franz Pascha. — Verkleinert . . . 164

72   Stuckverzierung an der Decke eines Thorweges in der Moschee Ibn Tulun zu Kairo. — Original-Photographie von Franz Pascha.
      Verkleinert 165

73   Zwei Vogelköpfe aus Holz mit kerbgeschnitzten Verzierungen (sogenannte Todtenschuhe) aus den Gräbern von Oberflacht,
      Museum in Stuttgart. — Nach der Lithographie in Lindenschmit's Alterthümern der heidnischen Vorzeit. II, 7, 5 166

74   Schöpfkelle aus Holz, Vimose-Fund, Kopenhagen. — Nach dem Stiche in Engelhardt's Publication. Taf. XVI. 1. 167

75   Gepunzte Bronzeschnalle, Wallraf-Richartz-Museum in Köln. — Original-Zeichnung. — 2/3 der natürlichen Größe 168

76   Gepunzte Bronzeschnalle, Staatsmuseum in Aquileia. — Original-Zeichnung. — 2/3 der natürlichen Größe . ?. 168

77   Gürtelbeschlag aus Bronze, Museum in Bonn. — Original-Zeichnung. — 1/2 der natürlichen Größe 169

78   Zwei Gürtelbeschläge aus Bronze, Staatsmuseum in Spalato. — Original-Zeichnung. — 2/3 der natürlichen Größe 169

79   Gürtelbeschlag aus Bronze, Museum in Bonn. — Original-Zeichnung. — Natürliche Größe 170

80   Schnalle von Apahida, Klausenburger Museum, Obersicht. — Original-Photographie. — Natürliche Größe 172

81   Dieselbe, Untersicht 172

82   Dieselbe, Seitensicht 172

83   Mittelschild einer Goldfibel mit Granaten aus Petrossa, Museum in Bukarest. — Original-Zeichnung. — 2/3 der natürlichen Größe 173

84   Details von der Flasche von Pinguente, kais. Kunstsammlungen in Wien. — Original-Zeichnung. — 1/2 der natürlichen Größe . . 189

85   Durchbrochenes Bronzebeschläg, Museum in Klausenburg. — Original-Zeichnung. — 2/3 der natürlichen Größe 191

86   Emaillierte Bronzeplatte, British Museum. — Nach einem Holzschnitte in Kondakoff's Publication über die Emailsammlung
      Swenigorodskoi 191

87   Das Innenmuster derselben Platte, mit allseitiger Fortsetzung des unendlichen Rapports. — Original-Zeichnung 192

88   Gefieder am Rücken des emaillierten Hahnes im Wormser Museum. — Original-Zeichnung. — Verkleinert 195

89   Emaillierte Bronzefibel mit Thierkopf-Ablauf, naturhistorisches Hofmuseum in Wien. — Original-Zeichnung. — Natürliche Größe 199

90   Goldschnalle mit Granaten, Museo Civico in Bologna. — Original-Zeichnung. — Natürliche Größe 202

91   Goldschnalle mit eingelegten Steinen, Sammlung Castellani in Rom. — Original-Zeichnung. — 2/3 der natürlichen Größe . . . 202

92   Detail vom Reif der Votivkrone des Swintila, Armeria real in Madrid. — Nach der Chromolithographie in Bock's Reichskleinodien 203

93   Detail von den Hängeketten der Votivkrone des Swintila, wie vorige 204

94   Ecke einer Marmor-Transenne im Dom zu Ravenna. — Original-Zeichnung. — Verkleinert 204

95   Bronzeschnalle aus Egypten, Privatbesitz in Wien. — Original-Zeichnung. — Natürliche Größe 204

96
97
98 } Goldringe mit Granaten, von Puszta Bakod (Ungarn), Nationalmuseum in Budapest. — Original-Zeichnung. — Natürliche Größe 205
99

100   Anhenker, Gold mit Granaten, aus Namiest (Mähren), kais. Kunstsammlungen in Wien. — Original-Zeichnung. — Natürliche Größe 205

VERZEICHNIS DER TAFELN.

I. Goldschmiedearbeiten mit Granat-Einlage (Nr. 6 und 9 aus Bronze mit vergoldeten Zellenwand-Stegen).
   Nr. 1 Hängekreuz, Nr. 6 Fibel, Nr. 8 Anhenker, aus Salona, Staatsmuseum Spalato. — Nr. 2 Ohrring, Nr. 5 Haarnadel, kais. Kunstsammlungen Wien. — Nr. 3 Riemenhalter, Österreichisches Museum Wien. — Nr. 4 Anhenker, Nr. 7 Schnalle aus Apahida bei Klausenburg, Siebenbürgisches Landesmuseum Klausenburg. — Nr. 9 Beschlag, National-Museum Budapest.
   Chromolithographie. Natürliche Größe.

II. Onyxfibel mit durchbrochener Goldfassung und Goldgehänge. Aus Osztropataka, Ungarn. Kais. Kunstsammlungen Wien.
   Farbige Radierung von Groh. Natürliche Größe.

III. Sardonyxfibel mit Goldfassung und mit eingelegten und aufgesetzten Steinen. Aus Szilágy-Somlyó, zweiter Fund. National-Museum Budapest.
   Chromolithographie. Natürliche Größe (die Seitenansicht in $^2/_3$).

IV. Goldfibel mit eingelegten Granaten und aufgesetzten Steinen. Aus Nagy Mihály, Ungarn. Kais. Kunstsammlungen Wien.
   Farbige Radierung von Groh. Natürliche Größe.

V. Email-Bronzen.
   Nr. 1 Hahn, Paulus-Museum Worms. — Nr. 2 Hänge-Hacken, Siebenbürgisches Landesmuseum Klausenburg. — Nr. 3 Beschläge, ebenda. — Nr. 4 Kette, Museum Schwab, Biel (Schweiz).
   Chromolithographie. Nr. 1—3 natürliche Größe, Nr. 4 in $^2/_3$.

VI. Bronzeflasche mit Email. Aus Pinguente (Istrien). Kais. Kunstsammlungen Wien.
   Farbige Radierung von A. Kaiser. Natürliche Größe.

VII. Email-Bronzen.
   Nr. 1 Gefäßwand, Rheinisches Provinzialmuseum Bonn. — Nr. 2, 3, 7 Fibeln, Naturhistorisches Hofmuseum Wien. — Nr. 4, 6 Zierplatten, Christliches Museum des Vatikan. — Nr. 5 Fibel, Museum Mainz.
   Chromolithographie, natürliche Größe.

VIII. Bronzefibeln mit Email. Aus Mechel (Meclo) im Nonsberg (Südtirol).
   Nr. 1—9, 11—14 Museum Ferdinandeum Innsbruck. — Nr. 10, 15 Sammlung Luigi de Campi, Cles.
   Chromolithographie, natürliche Größe.

IX. Drei Goldfibeln mit aufgesetzten Steinen, Filigran und Email. Aus Szilágy-Somlyó, zweiter Fund. National-Museum Budapest.
   Farbige Radierung von A. Kaiser. Natürliche Größe.

X. Goldfibel mit Granat-Einlage und aufgesetzten Steinen. Aus Szilágy-Somlyó, zweiter Fund. National-Museum Budapest.
   Farbige Radierung von A. Kaiser. Natürliche Größe.

XI. Goldbuckel mit getriebenen Figuren, eingelegten Granaten und aufgesetzten Steinen. Aus Szilágy-Somlyó, zweiter Fund. National-Museum Budapest.
   Farbige Radierung von Schulmeister. Natürliche Größe.

XII. Goldschmiedearbeiten mit Granat-Einlage, Filigran und aufgesetzten Steinen.
   Nr. 1 Bulle, aus Szilágy-Somlyó, erster Fund. Kais. Kunstsammlungen Wien. — Nr. 2 Armring, National-Museum Budapest. — Nr. 3 und 6 Schnallen, Eisenburger Comitats-Museum Steinamanger. — Nr. 4 Anhenker, Kunsthistorisches Hofmuseum Wien. — Nr. 5 Schnalle, Museum Belgrad. — Nr. 7 Fibel, National-Museum Budapest. — Nr. 8 Armring, Paulus-Museum Worms.
   Lichtdruck. Natürliche Größe.

XIII. Durchbrochene Bronzen.
   Nr. 1—8 Fibeln. — Nr. 9—11 Beschläge.
   Nr. 1, 4—11 Museum Francisco-Carolinum Linz. — Nr. 2, 3 Siebenbürgisches Landes-Museum Klausenburg.
   Lichtdruck. Natürliche Größe.

XIV. Durchbrochene Metallarbeiten.
   Nr. 1, 6 Silber, die übrigen Bronze. — Nr. 1—3 Fibeln. — Nr. 6 Schnalle, die übrigen Beschläge.
   Nr. 1, 4—6, 9 Sammlung Ignaz Weifest in Pancsova. — Nr. 2, 3 Siebenbürgisches Landes-Museum Klausenburg. — Nr. 7 Museum Nagy-Enyed, Siebenbürgen. — Nr. 8 Staats-Museum Spalato.
   Lichtdruck. Natürliche Größe.

XV. Durchbrochene Bronzebeschläge.
   Nr. 1—3 Siebenbürgisches Landesmuseum Klausenburg. — Nr. 4 angeblich aus Ó-Szöny (Ungarn), Sammlung Franz Trau, Wien. — Nr. 5—7 Museum Francisco-Carolinum Linz.
   Lichtdruck, natürliche Größe.

XVI. Zwei durchbrochene Goldfibeln.
　　　　Nr. 1—3 aus Apahida, Siebenbürgisches Landesmuseum Klausenburg. — Nr. 4—6 kais. Kunstsammlungen Wien.
　　　　Lichtdruck. Natürliche Größe.

XVII. Keilschnitt-Bronzen.
　　　　Nr. 5 Schnalle, die übrigen Beschläge. Staatsmuseum Spalato.
　　　　Lichtdruck. Natürliche Größe.

XVIII. Grabfund von Maxglan bei Salzburg.
　　　　Nr. 1—6 (Nr. 1 Riemenzunge; Nr. 2, 5 Schnallen; Nr. 3, 4, 6 Beschläge) Keilschnittbronzen. — Nr. 7 Bronzeschnalle. —
　　　　Nr. 8 offener Ring aus Weißbronze. — Nr. 9 silberner Ohrring. Städtisches Museum in Salzburg.
　　　　Lichtdruck. Natürliche Größe.

XIX. Keilschnitt-Bronzen.
　　　　Nr. 1, 3, 6 Gürtelbeschläge. — Nr. 4 Schnallenring. — Nr. 9 Riemenzunge. Rheinisches Provinzial-Museum Bonn. — Nr. 2, 5
　　　　Schnallen, Museum Trier. — Nr. 7 Riemenzunge, Museum Mainz. — Nr. 8 Gürtelbeschlag, Museo Civico Triest.
　　　　Lichtdruck. Natürliche Größe.

XX. Keilschnitt-Bronzen.
　　　　Nr. 1 Gürtelbeschlag; Nr. 2, 3 Schnallen, Museum Francisco-Carolinum Linz. — Nr. 4 Schnalle, National-Museum Budapest.
　　　　Lichtdruck. Natürliche Größe.

XXI. Gepunzte und Keilschnitt-Bronzen.
　　　　Nr. 1—3 Schnallen. — Nr. 4 Riemenzunge. Staatsmuseum Spalato.
　　　　Lichtdruck. Natürliche Größe.

XXII. Keilschnitt-Bronzen (und silbertauschierte Bronzeschnalle Nr. 5).
　　　　Nr. 1 Riemenzunge, Staatsmuseum Spalato. — Nr. 2 Gürtelbeschlag, Städtisches Museum Wels. — Nr. 3 Schnalle, Nr. 7
　　　　Riemenzunge, Nr. 8 Gürtelbeschlag. Museum in Agram. — Nr. 4 Riemenöse, Naturhistorisches Hofmuseum Wien. — Nr. 5 Schnalle,
　　　　Nationalmuseum Budapest. — Nr. 6 Riemenzunge (Bruchstück), Museo Civico Triest. — Nr. 9 Riemenzunge, Sammlung Professor
　　　　Temesváry Szamos-Ujvár.
　　　　Lichtdruck. Natürliche Größe.

XXIII. Fragmente eines Glasgefäßes mit Gravierung und Hohlschliff. Aus Villa Nunziatella bei Rom. Sammlung Dr. Albert Figdor, Wien.
　　　　Lichtdruck. Natürliche Größe.

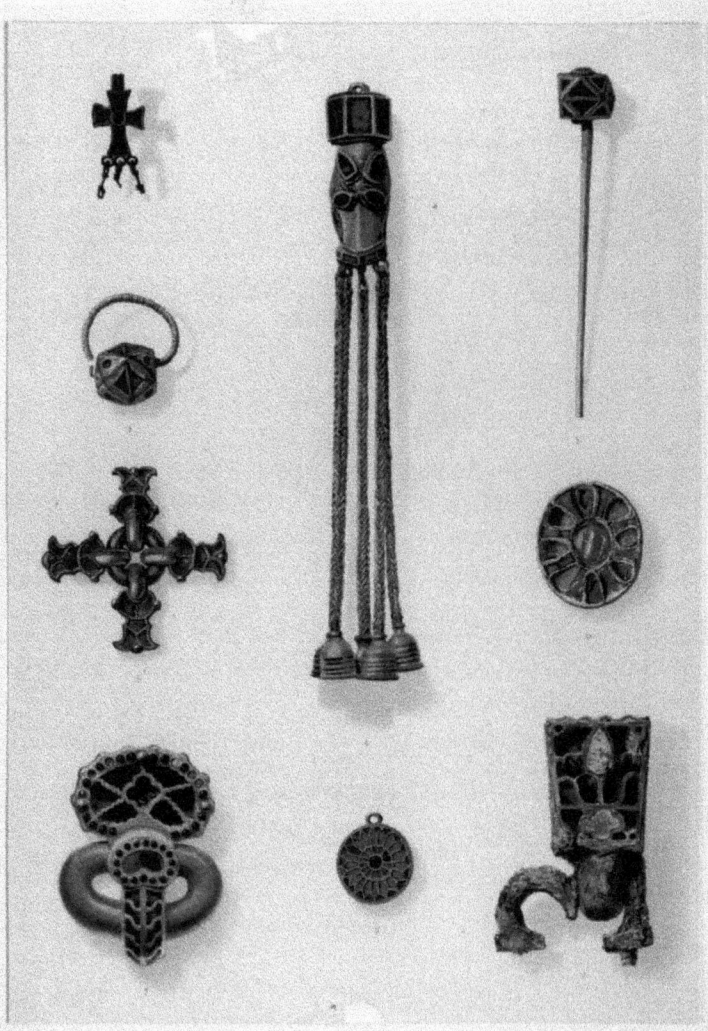

ONYXFIBEL
MIT DURCHBROCHENER FASSUNG UND GOLDGEHÄNGE

Kais. Kunsthistorisches Mus.

SARDONYXFIBEL IN GOLDFASSUNG
MIT EINGELEGTEN UND AUFGESETZTEN STEINEN

National-Museum, Budapest

GOLDFIBEL
MIT GRANAT-EINLAGE UND AUFGESETZTEN STEINEN
K.k. Kunstsammlungen, Wien

BRONZEN MIT EMAILVERZIERUNG

BRONZEFLASCHE MIT EMAIL

Kais. Kunstsammlungen Wien

BRONZEFIBELN MIT EMAILVERZIERUNG
gefunden zu Mechel (Mechl) im Nonsberg (Südtirol)

Nr. 1—9 und 11—14   N. 10 und 15
Museum Ferdinandeum in Innsbruck   Sammlung Leigh & Cauyt & Cie.

GOLDFIBELN
MIT AUFGESETZTEN STEINEN FILIGRAN UND EMAIL.

National-Museum Budapest.

GOLDFIBEL
MIT GRANAT EINLAGE UND AUFGESETZTEN STEINEN

National-Museum Budapest

SCHALLMEISTER

GOLDBUCKEL
MIT GETRIEBENEN FIGUREN EINGELEGTEN UND AUFGESETZTEN GRANATEN

National-Museum Budapest

DURCHBROCHENE BRONZEN

Nr. 4. 4—11.
Museum Linz

Nr. 4. 5.
Museum Klosterburg

DURCHBROCHENE BRONZEN

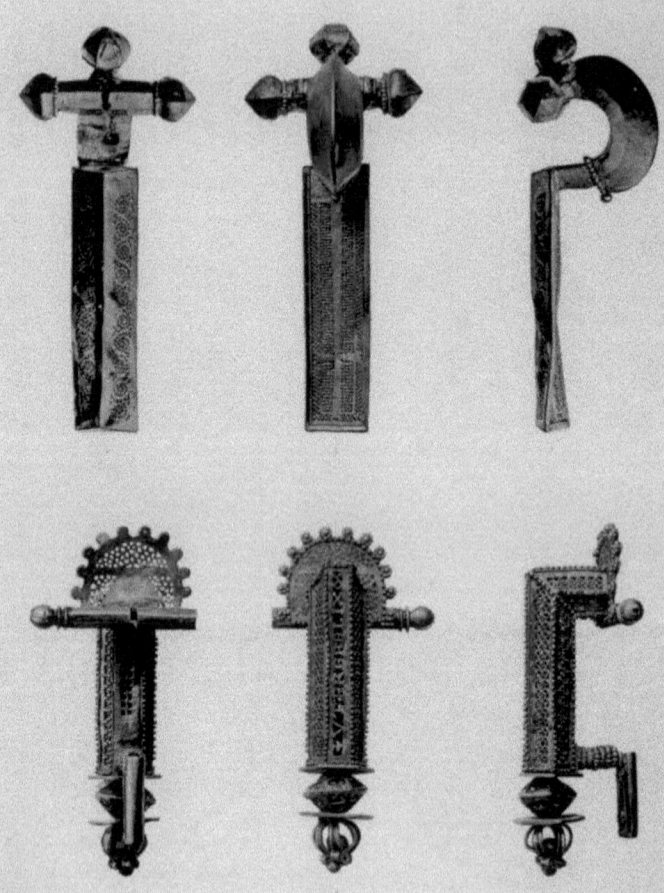

DURCHBROCHENE GOLDARBEITEN

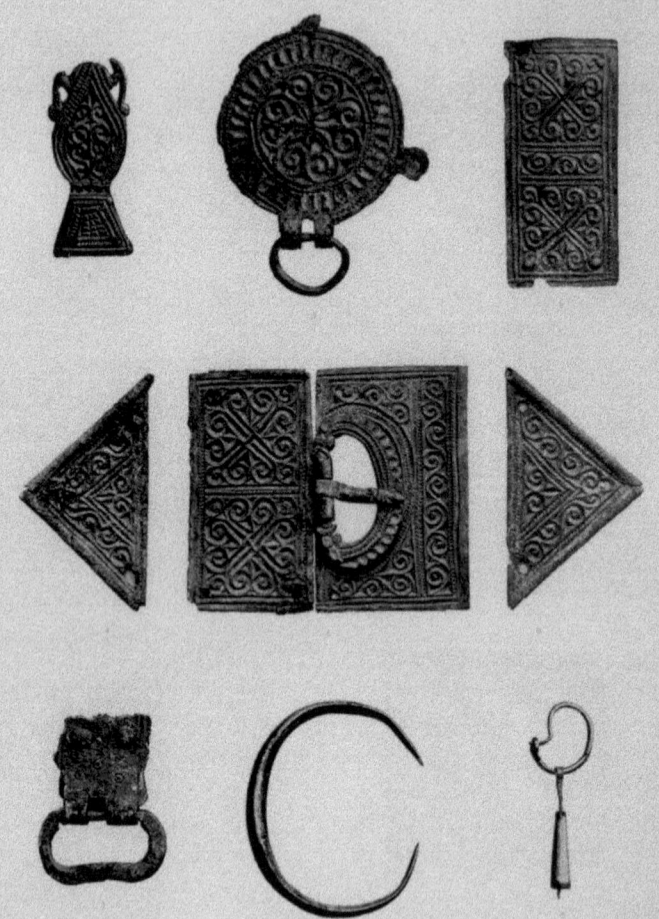

GRABFUND VON MAXGLAN

Nr. 1—6 Kettelteil Bronze · Nr. 7 Bronzeschnalle · Nr. 8 offener Ring aus Weissbronze
Nr. 9 silberner Öhrring

Städtisches Museum Salzburg

KEILSCHNITT-BRONZEN

KEILSCHNITT-BRONZEN

KEILSCHNITT-BRONZEN
und silbertauschierte Bronzeschnalle (Nr. 3)

Nr. 1   Nr. 2   Nr. 2 u. 6   Nr. 4
Museum Dieppe   Museum Well   Museum Algazu   Museum, Frankfurt am Main
Nr. 3   Nr. 6   Nr. 5
National-Museum Belgrad   Museum um... Trier   Sammlung Tournasay, München o.a.

GLAS MIT GRAVIERUNG UND HOHLSCHLIFF

Sammlung Figdor, Wien

Milton Keynes UK
UKHW010635260820
368857UK00001B/283